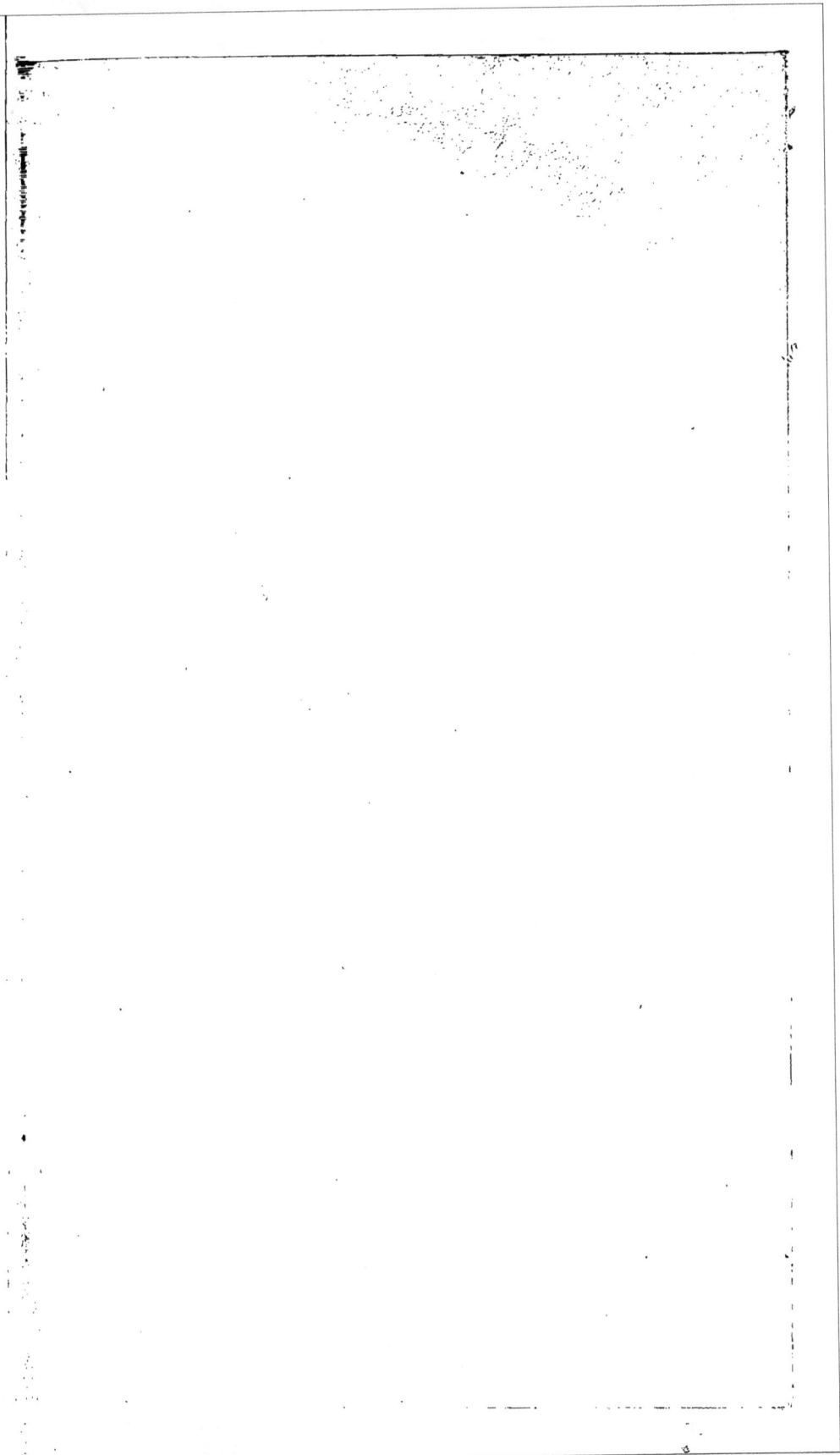

34362

COURS

DE

DROIT FRANÇAIS

SUIVANT LE CODE CIVIL.

Cet Ouvrage se trouve aussi,

A PARIS,

CHEZ VIDECOQ, PLACE SAINTE-GENEVIÈVE, N° 6 ;
CHARLES BÉCHET, QUAI DES AUGUSTINS, N° 57.

PARIS. — DE L'IMPRIMERIE DE RIGNOUX,
Rue des Francs-Bourgeois-St.-Michel, n° 8.

COURS

DE

DROIT FRANÇAIS

SUIVANT LE CODE CIVIL.

Par M. DURANTON,

PROFESSEUR A LA FACULTÉ DE DROIT DE PARIS,
MEMBRE DE LA LÉGION D'HONNEUR.

TOME SECOND.

DEUXIÈME ÉDITION,
ABSOLUMENT CONFORME A LA PREMIÈRE.

PARIS,

ALEX-GOBELET, LIBRAIRE,
RUE SOUFFLOT, N° 4, PRÈS L'ÉCOLE DE DROIT.
1828.

COURS

DE DROIT FRANÇAIS

SUIVANT LE CODE CIVIL.

TITRE V.

Du Mariage.

Observations préliminaires.

SOMMAIRE.

1. *Importance du mariage.*
2. *Le mariage tient du droit naturel par l'union des sexes.*
3. *Il puise aussi ses règles dans le droit des gens.*
4. *Le droit de chaque peuple lui prête ses formes particulières.*
5. *La religion lui imprime le caractère auguste de sacrement.*
6. *Il n'est envisagé, dans ce traité, que comme un contrat civil.*
7. *Loi pénale qui assure l'observation des formes civiles.*
8. *Définition du mariage.*
9. *Il est indissoluble dans l'intention de ceux qui le contractent.*
10. *Le principal but du mariage est la reproduction de l'espèce.*
11. *La division de la matière du mariage, adoptée par les rédacteurs du Code, pèche en plusieurs points.*
12. *Division plus régulière.*

1. De tous les engagemens que l'homme peut former, le plus important, celui qui exerce le

II. I

plus d'influence sur sa destinée, c'est le mariage.

Source des familles, le mariage est le lien qui unit les membres de chacune d'elles par des rapports certains, rarement méconnus, et c'est par lui que se fondent et se perpétuent les empires; aussi a-t-il toujours été, chez les peuples civilisés, l'objet de la sollicitude particulière du législateur, attentif à le préserver de l'inconstance des désirs, et à le soustraire à la licence des passions.

2. Le mariage tient du droit naturel par l'union des sexes. Les principes de ce droit le protégent aussi comme contrat (1), parce que, abstraction faite des règles du droit canonique qui régissent *le mariage chrétien*, il consiste essentiellement dans le consentement pur et libre des deux contractans de s'unir pour jouir en commun des biens de la vie, et pour s'aider réciproquement à en supporter les maux; tellement, dit l'auteur du *Répertoire de Jurisprudence*, que « les enfans qu'une femme « sauvage aurait eus d'un sauvage, dans un pays « où il n'y aurait point de lois établies, seraient « regardés comme légitimes, même parmi nous, « quand même le père et la mère n'auraient suivi « d'autres lois que celles qu'ils se seraient impo- « sées. »

_____

(1) Heinneiccius, *Elementa Juris*, n° 148, fait toutefois observer que le mariage n'est pas, à proprement parler, un *contrat*, puisque l'idée de contrat ne s'applique qu'aux choses qui sont dans le commerce, §. 19, Inst. *de Inutil. Stipul.*

3. Par la même raison, le mariage puise aussi ses règles dans le droit des gens, non-seulement en ce qu'il est reconnu et respecté par tous les peuples, mais encore parce qu'il se contracte valablement entre des personnes de nations différentes (1).

4. Le droit civil de chaque peuple lui prête ses formes particulières pour lui donner plus de solennité, pour en régulariser et assurer les effets; et c'est par l'accomplissement des formalités et des conditions prescrites par les lois de chaque État, que s'unissent valablement les individus qui en dépendent : en sorte que nous regardons comme légitimes les enfans de deux époux, russes ou persans, qui ont accompli les lois de la Russie ou de la Perse, tandis que ceux de deux époux français seraient considérés comme enfans naturels, par cela seul que leurs père et mère auraient négligé de remplir une des conditions dont les lois ont fait dépendre chez nous la validité du mariage.

5. Enfin la religion, en attribuant au mariage le caractère auguste du sacrement, le revendique comme une société consacrée par elle : c'est sous

---

(1) Il en était autrement suivant les principes du droit romain, du moins quant au mariage proprement dit, *nuptiæ aut connubium*; car il n'avait lieu qu'entre les personnes jouissant du droit de la cité romaine, *inter solos cives romanos*. Princip., Inst., *de Nuptiis*. L'union qu'on appelait *matrimonium* se contractait avec les personnes libres quelconques : c'est notre véritable mariage; et l'association des esclaves se nommait *contubernium*. *Voy.* Heinneccius, *loco citato*, n° 150, note.

ce rapport que les canonistes le considèrent, parce que, suivant les lois de l'Église, la bénédiction nuptiale est essentielle à sa formation. Mais, ainsi que la constitution de 1791 (1), le Code ne considère le mariage que comme un contrat purement civil, qui reçoit sa perfection du consentement des parties, exprimé sous les conditions et selon les formes déterminées par la loi.

6. Nous l'envisagerons comme le législateur l'a envisagé lui-même; car les lois religieuses, qui n'ont jamais cessé de le régir comme lien religieux, n'entrent point dans le plan d'un ouvrage uniquement destiné à l'explication des lois civiles.

7. Pour donner une sanction plus efficace à ces lois, et pour empêcher que les contractans ne se crussent suffisamment liés par la bénédiction de l'Église, et ne compromissent ainsi, en éludant les formes purement civiles, leur état et celui de leurs enfans, la loi (2) a établi des peines contre tout ministre d'un culte qui procéderait aux cérémonies religieuses d'un mariage, sans qu'il lui eût été justifié d'un acte de mariage préalablement reçu par les officiers de l'état civil.

8. Envisagé sous les rapports naturels et civils, le mariage est l'union légitime de l'homme et de la femme, qui s'associent généralement pour per-

---

(1) L'article 7 du titre 2 de cette Constitution portait que « la loi ne considère le mariage que comme un contrat civil. »

(2) Art. 199 et 200 du Code pénal.

pétuer leur espèce, et toujours pour partager leur commune destinée.

Le droit romain le définit ainsi : *Nuptiæ sive matrimonium est viri et mulieris conjunctio, individuam vitæ consuetudinem continens.* § 1er. Instit. de *Patriâ Potest.*

9. Dans l'intention de ceux qui la forment, cette union doit durer jusqu'à la mort de l'un d'eux : tel est l'objet de leurs vœux en la contractant. Mais l'événement ne répond pas toujours à cette attente; car le mariage peut être résolu dans les cas et pour les causes déterminés par les lois. C'est ainsi qu'il se dissout par la mort civile de l'un des conjoints; et c'est aussi parce que, suivant les principes du droit romain, admis en France depuis 1792 jusqu'en 1816, le mariage se résolvait par le divorce, que les interprètes de cette législation, voulant faire concorder la définition du mariage avec la réalité, disent qu'il est indissoluble *ex voto contrahentium, sed non semper ab eventu.*

10. Le principal but du mariage est la reproduction de l'espèce; mais ce n'est point son but unique; autrement il faudrait l'interdire aux personnes à qui l'âge a ravi le pouvoir de transmettre leur existence : cependant il n'en est pas ainsi. Bien mieux, suivant les principes du Code, tels qu'ils ont été développés par l'éloquent orateur chargé d'exposer les motifs de la loi sur *le mariage*, il est incontestable que les mariages contractés à

l'extrémité de la vie, et qu'on appelle, pour cela, mariage *in extremis*, sont très-valables, s'ils ne sont vicieux pour autre cause.

Il est vrai que la loi ne permet de contracter mariage qu'aux individus qui sont arrivés à cet âge où la nature a, pour l'ordinaire, reçu assez de développement pour être habile à la reproduction; mais c'est parce qu'en effet le principal but du mariage est la procréation des enfans, et que, d'ailleurs, le mariage étant un contrat, il faut, pour former ce contrat, être capable de discernement et de volonté.

En réalité, ce qui le constitue, ce qui en forme l'essence, c'est le consentement exprimé suivant les formalités et les conditions déterminées par les lois civiles ; la cohabitation n'en est que la conséquence, et la procréation des enfans en est seulement le fruit. Cette fin, que se proposent les époux, n'est donc pas essentielle à la validité du contrat : le mariage est plutôt l'union des esprits et des volontés que celle des corps : *Nuptias non concubitus, sed consensus facit.* L. 30 ff., *de Reg. jur.* — *Seu societas animorum, et affectio maritalis.* L. 32, § 13, ff. *de Donat. inter vir. et uxor.*

11. Dans l'explication de ce titre nous ne suivrons pas exactement la division adoptée par les rédacteurs du Code; elle nous paraît fautive en plusieurs points. D'abord, les formalités relatives à la célébration sont traitées avant les oppositions,

qui ne sont que la conséquence de l'inobservation des conditions requises pour la validité du mariage, et qui devaient suivre immédiatement le chapitre où ces conditions sont exposées. En second lieu, on a confondu dans un même chapitre la preuve du mariage avec les demandes en nullité, et la preuve du mariage n'a aucune relation avec les nullités : elle doit même être administrée avant que le mariage puisse être attaqué, lorsqu'il y a lieu de le faire. On a divisé en deux chapitres les obligations qui naissent du mariage, et les droits et les devoirs des époux, tandis que, bien que ces obligations, ces droits et ces devoirs soient divers par leur nature, ils dérivent néanmoins d'un même principe, du mariage. Enfin on a cru devoir faire un chapitre particulier (qui est le huitième et dernier), d'un cas de simple empêchement, qui aurait naturellement trouvé sa place au chapitre premier, parmi les conditions requises pour pouvoir contracter mariage.

12. Nous adopterons donc une division plus régulière, ainsi que nous l'avons déjà fait pour d'autres matières, en subdivisant ensuite, selon l'ordre des idées, les membres de la grande division qui demanderont eux-mêmes à être divisés.

Ainsi, nous traiterons dans un premier chapitre, des qualités et conditions requises pour la validité du mariage;

Au chapitre IIe, des oppositions au mariage;

Au chapitre IIIe, des formalités relatives à la célébration;

Au chapitre IVe, de la preuve du mariage;

Au chapitre V^e, des demandes en nullité;

Au chapitre VIe, des obligations qui naissent du mariage, et des droits et des devoirs des époux;

Enfin, au chapitre VIIe, de la dissolution du mariage.

CHAPITRE PREMIER.

Des Qualités et Conditions requises pour pouvoir contracter mariage.

SOMMAIRE.

13. *En principe, toute personne pubère est capable de contracter mariage.*
14. *Des conditions exigées par les lois à cet effet, les unes* sont affirmatives, *les autres* négatives : *celles-ci constituent ce qu'on appelle les* empéchemens.
15. *Division du chapitre.*

13. En général, toute personne pubère est capable de contracter mariage.

Mais la loi a tracé des conditions sans lesquelles cette capacité n'existe cependant pas, ou du moins n'existe qu'imparfaitement; et c'est ce qu'il importe de bien connaître pour faire une application exacte des principes qui régissent ce contrat.

14. Plusieurs de ces conditions sont affirmatives, c'est-à-dire qu'elles consistent dans l'existence de tel ou tel fait exigé pour que le mariage

puisse être célébré de l'aveu de la loi : telle est la puberté, tel est aussi le consentement des parties et des personnes sous la puissance desquelles elles se trouvent relativement au mariage.

D'autres sont négatives, c'est-à-dire que, pour que le mariage puisse être contracté, tel ou tel fait ne doit pas exister ; ce sont ces dernières qu'on appelle *empêchemens* : comme l'existence d'un premier mariage, la parenté, etc. Nous motiverons plus particulièrement dans la suite cette distinction.

15. Ce chapitre sera divisé en quatre sections :

La première traitera de la puberté ou de l'âge compétent pour pouvoir contracter mariage ;

La seconde, du consentement des contractans ;

La troisième, du consentement des personnes sous la puissance desquelles ils se trouvent quant au mariage ;

La quatrième, des empêchemens légaux, soit à la célébration, soit à la validité du mariage.

Quant aux formalités prescrites pour la célébration, et aux dispositions relatives à la compétence de l'officier de l'état civil, leur observation constitue aussi, il est vrai, une des conditions requises pour la validité du mariage ; mais, ainsi que nous l'avons dit, nous en ferons, comme a cru devoir le faire le législateur, l'objet d'un chapitre particulier.

SECTION PREMIÈRE.

De l'Age compétent pour pouvoir contracter mariage.

SOMMAIRE.

16. En ne considérant même le mariage que comme un contrat, abstraction faite de sa fin principale, les lois ne pouvaient le permettre qu'aux personnes capables de discernement, puisque tout contrat ne peut être formé que par le concours de deux volontés sur le même sujet; mais cet acte n'a pas seulement pour objet l'homme moral, il embrasse aussi l'homme physique, car son but général est la reproduction de l'espèce, la perpétuité des familles : dès-lors la raison voulait que, pour pouvoir le former, l'homme fût parvenu à cet âge où la nature lui donne la puissance de pouvoir accomplir ce vœu du mariage.

17. Cette époque de la vie où l'homme est habile à devenir père, n'arrive pas, il est vrai, au même âge pour tous les individus; mais ne pouvant suivre dans chacun le développement des opérations se-

crètes de la nature, la loi s'est vue dans la nécessité
d'établir une règle pour tous, et, après avoir consulté l'expérience, d'ériger en présomption générale
que l'homme est parvenu à la puberté à tel âge.
C'est aussi en consultant l'expérience, qui atteste
que la puberté est plus accélérée dans un sexe que
dans l'autre, qu'elle a établi une différence quant
à l'âge auquel chacun d'eux pourrait contracter mariage. Ainsi, porte l'art. 144, « L'homme avant dix-
« huit ans révolus, la femme avant quinze ans ré-
« volus, ne peuvent contracter mariage. »

18. Cette double règle devait être uniforme pour
toute la France continentale (1), quoiqu'en général
la puberté soit plus précoce dans les départemens
méridionaux que dans ceux du nord. Indépendamment des incertitudes sur lesquelles elles auraient
été basées dans beaucoup de localités, plusieurs
règles auraient offert la facilité de pouvoir les rendre illusoires, par des déplacemens préparés à l'a-
vance. Il était d'ailleurs plus prudent de retarder
pour quelques individus l'époque à laquelle ils peuvent contracter mariage, que de trop l'accélérer
pour d'autres.

19. Le droit romain et le droit canonique, dont
les règles, relativement au mariage, étaient suivies
en France, fixaient l'âge à quatorze ans pour les
hommes et douze ans pour les femmes. Cet âge

(1) Peut-être mériterait-elle d'être modifiée dans les colonies, du
moins relativement aux femmes.

était probablement suffisamment avancé pour les climats de la Grèce et de l'Italie ; mais on avait depuis long-temps pensé qu'il l'était trop peu pour le climat, plus tempéré, de la France : aussi, par la loi de 1792, cet âge fut fixé à quinze ans pour le sexe masculin, et à treize ans pour le sexe féminin. Les rédacteurs du Code l'ont encore reculé pour l'un et l'autre sexe, et l'on doit applaudir à la sagesse de leurs vues politiques.

20. Au reste, à côté du principe se trouve l'exception : la loi elle-même prévoit le cas où il y aurait nécessité de le faire fléchir. « Il est loisible au « Roi, dit l'article 145, d'accorder des dispenses « d'âge pour des motifs graves. »

21. Ces dispenses sont délivrées par une ordonnance du Roi, rendue sur le rapport du Garde des sceaux. Voici ce que portent les articles 1, 2, et 5 de l'arrêté du 20 prairial an XI, qui règle les formes à suivre à cet égard :

« Art. 1er. Les dispenses pour se marier avant « dix-huit ans révolus pour les hommes, et quinze « ans révolus pour les femmes, et celles pour se ma- « rier dans les degrés prohibés par l'article 163 du « Code civil, seront délivrées par le gouvernement « sur le rapport du Grand-Juge.

« 2. Le commissaire du gouvernement près le « tribunal de première instance de l'arrondisse- « ment dans lequel les impétrans se proposent de « célébrer le mariage, lorsqu'il s'agira de dispenses

« dans les degrés prohibés, ou de l'arrondissement
« dans lequel l'impétrant a son domicile, lorsqu'il
« s'agira de dispenses d'âge, mettra son avis au pied
« de la pétition tendant à obtenir ces dispenses, et
« elle sera ensuite adressée au Grand-Juge.

« 5. L'arrêté du gouvernement portant les dis-
« penses d'âge ou celles dans les degrés prohibés,
« sera, à la diligence du commissaire du gouver-
« nement, et en vertu de l'ordonnance du prési-
« dent, enregistré au greffe du tribunal civil de l'ar-
« rondissement dans lequel le mariage sera célébré.
« Une expédition de cet arrêté, dans laquelle il sera
« fait mention de l'enregistrement, demeurera an-
« nexée à l'acte de célébration du mariage. »

SECTION II.

Du Consentement des Parties contractantes.

SOMMAIRE.

28. *Mais le conjoint n'a pas le droit de demander la nullité.*

29. *S'il existait des enfans de ce mariage, les tribunaux rejetteraient peut-être la demande en nullité formée par l'interdit lui-même.*

3o. *Cette demande ne pourrait être formée par le tuteur de l'interdit.*

31. *La nullité serait, au surplus, couverte par la ratification expresse ou tacite donnée en temps de capacité : la ratification tacite résulterait d'une cohabitation continue pendant six mois.*

32. *Elle le serait aussi par le silence de l'interdit pendant dix ans depuis la main-levée de l'interdiction.*

33. *Les collatéraux n'auraient pas le droit, ni pendant sa vie, ni après sa mort, d'attaquer le mariage.*

34. *Le mariage contracté par un individu en état d'imbécillité ou de démence, mais non interdit, peut aussi être annulé sur sa demande, mais non sur celle de l'autre époux ou des collatéraux. Du mariage d'un prêtre. Note.*

35. *Le prodigue peut contracter mariage, même sans l'assistance de son conseil.*

36. *Silence du Code sur le mariage des interdits pour crime.*

37. *Le conjoint de bonne foi peut en demander la nullité.*

38. *Cette action n'appartiendrait pas à ses héritiers, et elle se couvrirait à son égard par une ratification expresse, ou par une cohabitation continuée pendant six mois depuis la découverte de l'erreur.*

39. *Les sourds-muets de naissance peuvent se marier en faisant connaître d'une manière certaine leur consentement.*

4o. *La violence ou la contrainte vicie le consentement, et rend le mariage nul.*

41. *Elle peut s'exercer de deux manières, c'est-à-dire que la violence peut être réelle, ou physique, ou bien morale, ou conditionnelle.*

42. *Même dans le cas de violence physique, le mariage n'est pas nul de plein droit.*

43. *Le Code a eu principalement en vue la violence morale.*

44. *Caractère que doit avoir la violence pour qu'elle soit une cause de nullité.*

45. *On a égard à l'âge, au sexe et même à la condition des personnes.*

46. *Il ne faut pas nécessairement que le mal soit présent, mais il faut que la crainte soit actuelle.*

47. *La seule crainte révérentielle ne vicierait pas le consentement.*

48. *Lorsque la violence a le caractère de gravité voulu par la loi, elle est une cause de nullité, encore qu'elle ait été exercée par un tiers.*

49. *Elle est aussi une cause de nullité si elle est exercée sur l'ascendant ou le descendant de l'époux.*

50. *La crainte qu'aurait un individu qui a abusé d'une jeune fille, d'être poursuivi pour ce fait, ne suffirait pas pour l'autoriser à demander la nullité du mariage qu'il a contracté sous l'empire de cette crainte.*

51. *Il en serait autrement si l'individu avait été contraint, par des violences ou des menaces d'une autre nature, à épouser cette fille.*

52. *Il y avait autrefois deux sortes de rapt : le rapt de violence et le rapt de séduction. Ancienne jurisprudence sur le rapt de violence.*

53. *Cette législation est abrogée ; le rapt ne donne lieu qu'à une action en nullité du mariage, et encore si la violence s'est continuée jusqu'à la célébration.* Note *relative aux peines dont ce fait est aujourd'hui puni.*

54. *La séduction n'est point, par elle-même, une cause de nullité du mariage, à la différence de l'ancien droit. Quant à la manière dont ce fait est considéré par les lois pénales actuelles,* Note.

55. *L'erreur rend aussi le mariage nul lorsqu'elle tombe sur la personne avec laquelle on a voulu le contracter.*

56. *Mais l'erreur sur les qualités morales de cette personne ne vicie pas le consentement.*

57. *Il en est de même de celle qui ne tombe que sur les avantages que donne le hasard.*

58. *Il en est de même aussi de celle qui tombe sur les qualités de famille, sur la légitimité.*

59. *L'erreur d'une femme française qui épouse un étranger n'est pas, non plus, une cause de nullité du mariage.*

22. Une des conditions essentielles du mariage, c'est le consentement de ceux qui le contractent :

comme contrat, le mariage ne se forme que par le concours des volontés de l'une et de l'autre partie, et sans cet accord point de mariage. L'article 146 consacre en ces termes ce principe fondamental : « Il n'y a pas de mariage lorsqu'il n'y a « pas de consentement. »

23. Mais si le principe paraît aussi simple que juste, son application n'est cependant pas toujours facile. En effet, il n'a pas pour objet d'établir qu'il n'y a point de mariage entre ceux qui n'ont exprimé aucune espèce de consentement à cet égard : évidemment il eût été superflu. Son véritable sens n'est pas non plus qu'un consentement supposé dans un acte par la fraude ne saurait constituer un mariage valable; car ce serait là un crime dont il n'est point ici question. Le législateur a donc eu principalement en vue de décider qu'un consentement exprimé dans un acte ne constitue néanmoins pas un mariage valable, s'il est infecté de quelque vice qui en détruise l'essence et n'en laisse subsister que le simulacre. Mais c'est dans la juste appréciation des caractères de ces vices et de leur degré d'intensité que résident les plus graves difficultés que présente la matière du mariage, parce qu'en effet la question revient toujours à cette proposition : le vice dont se plaint l'une des parties est-il tel que l'on doive raisonnablement croire que, sans le fait qui le constitue, le consentement n'eût pas été donné ?

II. 2

24. En se bornant à établir, ou plutôt à reconnaître ce principe de raison évidente, qu'il n'y a pas de mariage lorsqu'il n'y a pas de consentement, le législateur a donc ainsi rendu les tribunaux appréciateurs souverains des circonstances dans lesquelles est intervenu celui qui a été exprimé, et de la gravité des vices qu'on lui reproche.

25. C'est ainsi que dans la discussion au Conseil d'État sur l'article 146, tout fut ramené au principe général.

Le projet de loi énonçait les incapacités dans deux articles séparés : *l'un portait que l'interdit pour cause de démence est incapable de contracter mariage;* l'autre, que *les sourds-muets ne peuvent se marier qu'autant qu'il serait constaté, dans les formes prescrites par la loi, qu'ils sont capables de manifester leur volonté.* La Section de législation ajouta même une troisième disposition aux deux premières; elle portait: *l'individu frappé d'une condamnation emportant mort civile est incapable de contracter mariage, même pendant la durée du temps qui lui est accordé pour purger la contumace.*

Le Conseil d'État fut ensuite frappé de l'idée que l'incapacité de l'interdit et du sourd-muet de naissance ne peut exister que sous le rapport du défaut de consentement; que c'est parce que le premier ne peut pas consentir avec réflexion et discernement qu'il devient incapable, et parce que le second ne peut pas toujours manifester clairement ses

conceptions et sa volonté, qu'on pouvait douter
s'il ne fallait pas le déclarer inhabile à contracter
mariage : aussi le Conseil d'État crut-il devoir sim-
plifier la loi proposée, en ramenant tout à la condition unique du consentement, pensant qu'on
pouvait sans inconvénient supprimer l'article de la
Section de législation, parce que les dispositions
qu'il contenait n'étaient que des conséquences naturelles de la règle générale, qui exige pour le mariage un consentement valable.

L'article 146, ainsi resserré dans la seule disposition portant qu'il n'y a point de mariage lorsqu'il
n'y a pas de consentement, fut ensuite communiqué au Tribunat, qui présenta l'observation suivante : « On observe que cette disposition exige
« un article formel qui établisse comme règle cer-
« taine et invariable, que l'interdit pour cause de
« démence est, en fait de mariage, hors d'état de
« donner un consentement valable, lors même qu'il
« aurait des intervalles lucides. On propose l'addi-
« tion suivante : L'interdit pour cause de démence
« ne peut contracter mariage. »

Le Conseil d'État persista dans son sentiment ; la
règle générale lui parut avoir suffisamment pourvu
à tout.

26. Mais ce n'est pas seulement sous le rapport
du défaut de raison que peut être vicieux le consentement donné au mariage : la violence et l'erreur
sont aussi des causes qui l'infectent dans son essence,

et qui peuvent le faire annuler. Nous traiterons de chacun de ces vices en particulier.

Auparavant nous ferons remarquer que le dol, même tel qu'il est défini par l'article 1116, n'est point par lui-même un vice qui détruise le consentement donné au mariage, de manière à pouvoir servir de fondement à une action en nullité.

En effet, ou il a les caractères de la violence ou de l'erreur, et alors il se confond avec l'un ou l'autre de ces vices ; ou il n'a pas ces caractères, et dans ce cas la loi n'en a point fait le principe d'une action en annulation du contrat. Le Code, qui parle expressément, au titre *du Mariage*, des vices de violence et d'erreur (art. 180) comme causes de nullité, est muet sur le dol.

§. Ier.

Du Défaut de consentement par suite du défaut de raison, et, par occasion, du Mariage des interdits pour crime, et de celui des sourds-muets de naissance.

27. Lors même que la discussion élevée au Conseil d'État sur la rédaction de l'article 146 ne nous apprendrait pas que l'interdit pour cause de démence, d'imbécillité ou de fureur, ne peut valablement contracter mariage, aucun doute raisonnable ne pourrait s'élever, à cet égard, d'après l'article 502, qui porte que « tous les actes consentis par « l'interdit, postérieurement au jugement d'inter- « diction, sont nuls de droit. »

28. Mais ce principe doit être combiné avec celui que consacre l'article 1125, suivant lequel les personnes capables de s'engager ne peuvent se prévaloir de l'incapacité de l'interdit avec lequel elles ont contracté : dès lors l'interdit seul, et non l'autre époux, pourrait demander la nullité.

29. Et comme en fait de nullité de mariage, les tribunaux prennent en très-grande considération les circonstances de la cause, il serait possible, s'il existait des enfans du mariage attaqué, que la demande en nullité, formée par l'interdit lui-même, fût rejetée.

30. Cette nullité ne pourrait au surplus être demandée par le tuteur de l'interdit. Une action de cette nature aurait besoin, pour être exercée, de l'autorisation du conseil de famille; et donner cette action au tuteur, ce serait indirectement la donner aux collatéraux, qui n'ont pas le droit d'attaquer le mariage du vivant de l'époux. (Art. 187.)

31. Dans le cas où l'interdit serait relevé de l'interdiction, la nullité serait, selon nous, couverte par une cohabitation continue pendant six mois depuis la main-levée de l'interdiction. Il y a même raison que lorsque le consentement donné au mariage était vicieux pour violence ou erreur : c'est toujours du défaut de consentement qu'il s'agit dans l'un et l'autre cas. Or, d'après l'article 180, le vice qui infectait le consentement et rendait nul le mariage se purge par une ratification tacite, que

la loi reconnaît dans cette cohabitation. Par la même raison, le vice serait purgé et la nullité couverte par une ratification expresse, qui n'aurait pas même besoin, ainsi que nous le dirons ultérieurement, de réunir les formalités prescrites par l'article 1338.

32. Enfin, s'il n'y avait eu aucune ratification expresse ou tacite, soit parce que le conjoint est venu à mourir pendant l'interdiction, soit parce que l'interdit n'a pas cohabité avec lui depuis que la main-levée en a été prononcée, la nullité serait couverte par le laps de dix années, à partir du jugement de main-levée. (Art. 1304.)

33. Si l'interdit mourait en état d'interdiction, sans laisser des enfans du mariage, les héritiers au-raient-ils le droit d'en demander la nullité ? La Cour de Toulouse semble l'avoir reconnu en rejetant une demande en nullité du mariage contracté par un in-dividu en état d'imbécillité, mais non interdit à l'époque de la célébration. La Cour s'est fondée sur ce que *l'interdiction de cet individu n'avait été ni pro-noncée, ni provoquée de son vivant*, et, dès-lors, que les héritiers étaient, d'après l'article 504, non-recevables à pouvoir attaquer ses actes; donc, dans l'esprit de l'arrêt, il en eût été autrement, si l'in-terdiction avait été prononcée, ou même simple-ment provoquée du vivant de l'individu, et, à plus forte raison, s'il eût été interdit au moment du ma-

riage. L'arrêt est du 26 mars 1824. (Sirey, 1824, 1, 223.)

Mais la Cour de cassation a jugé au contraire, par arrêt de cassation, dont nous allons parler au nº suivant, que les collatéraux n'ont l'action en nullité que dans les cas seulement où elle leur est expressément accordée par la loi : or la loi ne s'est point spécialement expliquée sur celui dont il s'agit. A la vérité, dans l'espèce jugée, l'individu n'était point interdit au moment du mariage ; mais le motif général qui a dicté l'arrêt s'applique à l'un comme à l'autre cas, et de plus l'interdiction avait été prononcée depuis ; ce qui rendait les héritiers recevables à agir, du moins d'après les principes du droit commun (Art. 504.). Cette dérogation à ces mêmes principes peut très-bien s'expliquer par la disposition de l'article 174, qui donne aux collatéraux de la qualité qui y est désignée, le droit de former opposition au mariage de leur parent, quand celui-ci est en état de démence. S'ils ne le font pas, ils doivent s'imputer leur négligence.

34. Le mariage contracté par un individu en état d'imbécillité ou de démence, mais non interdit, peut aussi, selon nous, être annulé sur sa demande. Il n'y a pas de mariage lorsqu'il n'y a pas de consentement. (Art. 146.) (1) D'ailleurs, l'article 503 autorise la demande en nullité des

---

(1) *Furor contrahi matrimonium non sinit, quia consensu opus est. Sed rectè contractum non impedit.* L. 16 , §. 2 , ff. *de Ritu nupt.*

actes antérieurs à l'interdiction, si la cause de
l'interdiction existait notoirement à l'époque où
ces actes ont été faits. A ce cas s'appliquent les
observations que nous venons de faire sur celui
où l'interdiction était déjà prononcée au moment
de la célébration. En conséquence, si l'individu
recouvre sa raison, il pourra, surtout s'il n'existe
pas d'enfans du mariage, en demander la nullité;
mais après sa mort, ses héritiers n'auront pas ce
droit, « attendu, porte l'arrêt de la Cour de cassa-
« tion dont nous venons de parler, que, dans
« l'état actuel de la législation, les collatéraux ne
« sont recevables à attaquer le mariage que lors-
« qu'ils y sont formellement autorisés par la loi;
« que ce principe est établi par la combinaison de
« l'article 184 avec les articles 25, 144, 147, 161,
« 162, 163, 191 et 193 du Code civil;

« Qu'aucune loi n'a conféré aux héritiers colla-
« téraux, dans les cas qui ont donné lieu à la de-
« mande en nullité du mariage dont il s'agit, le
« droit de former cette demande;

« Que, sous ce rapport, en supposant que les
« nullités qui ont été la base de l'action eussent
« été fondées, il aurait encore été nécessaire que la
« loi eût attribué aux héritiers du sieur Martin (1)

---

(1) Le sieur Martin avait été prêtre ; son mariage, contracté en
1816, a été attaqué pour cette cause et pour celle de démence ; mais
l'on voit que la Cour de cassation n'a pas voulu s'expliquer catégo-
riquement sur l'importante question de savoir si le mariage d'un
prêtre est valable. Elle a jugé par forme de fin de non-recevoir, en

« le droit de les proposer; que par conséquent la
« Cour royale de Paris, en déclarant ses héritiers
« collatéraux recevables à attaquer ledit mariage,
« sur le fondement des nullités dont ils se pré-
« valaient, a violé l'article 184 du Code civil et

---

se bornant à déclarer que les héritiers collatéraux n'avaient pas qualité pour demander la nullité. Sa décision, comme on le voit, embrasse même le cas de mort civile, car l'article 25 y est rappelé; et c'est ce que nous ne saurions admettre, attendu que, dans ce cas, il n'y a pas de mariage; il y a seulement la forme extérieure d'un mariage.

Mais antérieurement à la Charte, la même Cour a reconnu plusieurs fois que le mariage d'un prêtre peut produire des effets civils; elle l'a ainsi jugé, le 3 floréal an XIII, à l'égard d'un mariage célébré en l'an II, c'est-à-dire sous l'empire de la loi de 1792. Même décision rendue le 22 janvier 1812 (Sirey, 12, 1, 161), relativement à un mariage aussi contracté en l'an II. Suivant l'arrêt, ce mariage a pu légitimer l'enfant que le prêtre avait eu en 1778, à une époque où il était dans l'incapacité absolue de se marier. Enfin, elle a aussi jugé qu'un prêtre, non rentré en communion avec son évêque depuis le concordat de 1801, avait pu contracter mariage. L'arrêt est du 16 octobre 1809. Sirey, 1810, 1, 60.

Sur un rapport qui lui fut présenté à cet égard par le Ministre de la Justice, le 9 juillet 1806, le Chef du précédent gouvernement s'exprimait ainsi : « S'il n'a pas été reconnu comme prêtre depuis le Concordat, il peut se marier, en s'exposant néanmoins au blâme, puisqu'il manque aux engagemens qu'il avait contractés. » Et dans une lettre du Ministre des Cultes, du 9 février 1807, adressée à M. l'évêque de Bayeux, on lit : « Il était vraiment scandaleux de voir des prêtres abdiquer leur état par un mariage que les canons de l'Église ne leur permettent pas de contracter. J'en fis mon rapport à l'Empereur. Ce rapport fut communiqué au Grand-Juge. Sa Majesté pensa que les prêtres qui n'avaient pas repris leurs fonctions depuis le Concordat devaient être abandonnés à leurs consciences; mais que, pour l'honneur du sacerdoce, et même pour la sûreté des familles, il importait d'empêcher le mariage de ceux qui ont repris leurs fonctions ou qui ont été promus aux ordres depuis le Concordat. »

« commis un excès de pouvoir, en créant au profit
« des collatéraux un droit qu'aucune loi ne leur
« conférait; Casse. » (Du 9 janvier 1821. Sirey,
1821, 1, 157.)

35. Quant au prodigue, il n'est pas douteux
qu'il ne puisse, même sans l'assistance du conseil
qui lui a été donné, contracter valablement mariage. L'orateur (1) chargé de présenter le projet
de loi relatif à *l'Interdiction* l'a formellement déclaré. D'ailleurs, au nombre des actes pour lesquels
l'article 513 exige l'assistance du conseil, on ne
voit point figurer le mariage. En vain est-il défendu
au prodigue, par cet article, d'hypothéquer ses
biens sans être assisté, et vainement dirait-on
qu'ils seront hypothéqués à la femme par le fait
seul du mariage : ce n'est pas le prodigue qui
donne l'hypothèque, c'est la loi qui l'établit, et
elle n'a voulu interdire au prodigue non assisté
que l'hypothèque conventionnelle.

36. On ne s'est pas expliqué sur le mariage que
contracterait, pendant la durée de la peine, soit
au moyen d'un changement de nom et de pièces
fausses, soit de toute autre manière, un individu
condamné aux travaux forcés à temps ou à la réclusion, qui parviendrait à s'évader; ce qui n'est
pas sans exemple.

Nous croyons qu'il faut distinguer entre le cas

(1) M. Emmery.

où le conjoint ignorait l'état du condamné, et le cas contraire.

37. Dans la première hypothèse, le conjoint peut demander la nullité, 1º parce que, pendant la durée de la peine, le condamné était en état d'interdiction légale, aux termes de l'article 29 du Code pénal, et par conséquent qu'il n'a pu valablement contracter; 2º parce que l'erreur dans laquelle est tombé le conjoint est d'une telle gravité qu'elle vicie le consentement, ainsi que nous le démontrerons en parlant de l'erreur.

Dans le second cas, il serait non-recevable à invoquer la nullité, même en se fondant sur l'article 29 précité. Il a bravé la loi, et dès-lors il ne doit point s'en faire un appui pour faire annuler un contrat qu'il a volontairement formé. En principe, le mariage était nul; mais il ne peut faire valoir cette nullité. Ce n'est pas le seul cas où, en cette matière, le contrat, quoique formé au mépris du vœu de la loi, ne peut cependant être attaqué avec succès. Le cas jugé par la Cour de cassation, et que nous avons rapporté au nº 34, nous en offre un exemple. A plus forte raison, le condamné ni ses héritiers ne pourraient-ils demander la nullité du mariage, surtout lorsque le conjoint était de bonne foi.

38. Au reste nous pensons que le conjoint seul, et non ses héritiers, aurait le droit de demander la nullité; que cette nullité se couvrirait

par la ratification expresse ou tacite, et que la ratification tacite résulterait d'une cohabitation continue pendant six mois depuis la découverte de l'erreur. (Art. 180 et 1338.)

39. On a vu, par l'exposé des discussions préliminaires du Code sur l'article 146, que l'on ne voulait permettre le mariage aux sourds-muets de naissance qu'autant qu'il serait constaté, dans les formes prescrites par la loi, qu'ils sont capables de manifester leur volonté. C'était faire de leur incapacité une règle générale, et ne les admettre à la possibilité de se marier que par exception.

M. Portalis dit au contraire qu'il faudrait renverser la proposition, poser la règle générale que les sourds-muets sont capables de se marier, et convertir ensuite en exceptions les incapacités particulières; mais la discussion se termina par la suppression de l'article qui en faisait la matière, suppression fondée sur ce que, au moyen de la règle générale de la nécessité du consentement, il était sans inconvénient de se taire sur le mariage des sourds-muets, puisqu'ils sont capables de se marier sous la condition commune à tous, de donner leur consentement. On se réserva toutefois de décider, par une disposition particulière, comment ils devraient l'exprimer; mais cette disposition n'a pas été rédigée. On a laissé à l'arbitrage des tribunaux, comme le voulait la Section, l'appréciation des circonstances et des signes qui peuvent faire juger si le sourd-muet a consenti.

Selon la décision d'Innocent III, ceux qui sont sourds-muets peuvent se marier, si leur consentement peut être exprimé par des signes certains; mais comme il est extrêmement difficile de s'assurer de leur volonté, dont les signes peuvent être très-équivoques, on ne doit célébrer leur mariage qu'après qu'ils ont donné des marques infaillibles qu'ils en connaissent la nature, l'objet et les engagemens.

§. II.

De la Violence ou de la Contrainte.

40. Si le défaut de raison vicie le consentement donné au mariage, la violence doit également le vicier : *Nihil consensui tàm contrarium est quàm vis atque metus : quem comprobare, contrà bonos mores est.* L. 116, ff. *de Reg. jur.*

On ne peut pas dire néanmoins qu'il n'y a aucun consentement dans celui qui est donné par violence, puisque la partie a choisi entre le mal dont elle était menacée ou qu'elle éprouvait déjà, et l'acte qu'on l'a obligée de souscrire. Elle a fait un exercice de sa volonté; et c'est probablement d'après ce principe, puisé dans les lois romaines (1), que l'article 1117 porte que la convention contractée

---

(1) L. 21 , §. 5, ff. Quod metus causa : *Quia , quamvis si liberum esset , noluissem , tamen coactus volui; sed per Prætorem restituendus sum , ut abstinendi mihi potestas tribuatur.*

par violence n'est pas nulle de plein droit ; qu'elle
donne simplement lieu à une action en nullité ou
en rescision dans les cas déterminés par la loi : et,
en effet, *ex duobus malis minimum elegi.* D'ailleurs,
les conventions ne devaient être annulées pour
cause de violence qu'autant qu'il serait démontré
que la violence avait réellement été la cause de
leur formation.

41. La violence peut s'exercer de deux manières ;
en d'autres termes, il est deux sortes de violences :
la violence réelle et physique, et la violence morale ou conditionnelle. La première a lieu, par
exemple, dans le cas d'un rapt exécuté à force ouverte par un individu qui veut épouser une personne malgré elle, ou dans celui d'un enlèvement
exécuté par des parens qui veulent forcer un enfant
à un mariage auquel il ne veut pas consentir. Si
la violence continue d'exister au moment de la
célébration devant l'officier de l'état civil, qui est
lui-même complice ou violenté, il est évident que
le consentement donné par la personne n'est qu'ap-
parent, et qu'il sera facile de le faire rescinder en
agissant dans les délais fixés par la loi.

42. Nous ne croyons pas, au surplus, que l'on
doive considérer le consentement, tout vicieux qu'il
est, comme n'existant pas du tout, comme absolument nul de plein droit. S'il en était ainsi, il ne
devrait pas être nécessaire de demander la nullité du
mariage dans le délai fixé par l'article 180 ; il en

devrait être de ce cas comme de celui d'un prétendu consentement exprimé dans un acte faux; et cependant tout porte à croire, d'après les articles 180 et 1117, que la nullité doit être demandée, à peine de déchéance, dans le délai fixé par le premier de ces articles.

43. La seconde espèce de violence est celle qui agit sur l'esprit quoique le corps soit libre. C'est une contrainte qui peut provenir de mauvais traitemens, de menaces antérieures à la célébration du mariage, et dont l'effet subsiste encore à cette époque. La crainte que cette violence inspire à la personne peut être telle, qu'elle la détermine à donner un consentement, libre en apparence, devant l'officier de l'état civil.

Dans ce cas, plus particulièrement que dans le précédent, il y a consentement, il y a volonté réfléchie, puisque, entre deux choses qui lui répugnent, la personne choisit celle qui lui répugne le moins, et fait, en cela, un acte de sa volonté. Mais comme ce n'est qu'un consentement imparfait, vicieux, l'annulation en pourra être demandée.

C'est principalement cette espèce de violence que définit l'article 1112, en disant : « Il y a vio- « lence, lorsqu'elle est de nature à faire impression « sur une personne raisonnable, et qu'elle peut lui « inspirer la crainte d'exposer sa personne ou sa « fortune à un mal considérable et présent. »

44. Il faut que la crainte inspirée à la personne

qui contracte soit grave : *Si talis metus inveniatur illatus qui potuit cadere in constantem virum.*

45. Mais en cette matière on a égard à l'âge, au sexe et même à la condition des personnes, attendu qu'une menace capable de faire impression sur telle personne n'en ferait aucune, ou du moins qu'une très-faible, sur une autre. (Même art. 1112.)

46. Il faut aussi, comme nous l'apprend la loi 9, ff. *Quod metus causâ*, dont le principe est adopté par notre article 1112, que la crainte soit actuelle : *Metum præsentem esse oportet, non suspicionem inferendi ejus.*

On n'entend pas dire par là qu'il faut, pour qu'il y ait violence capable de vicier le consentement, que le mal soit présent et doive suivre immédiatement le refus de consentir ; on veut dire qu'il faut du moins que la crainte du mal dont on est menacé existe déjà dans la personne, parce que l'effet doit suivre la menace à une époque plus ou moins éloignée. L'appréciation des caractères de cette violence serait nécessairement dans le domaine des tribunaux, qui prendraient en considération les circonstances dans lesquelles se trouvait placée la personne qui se plaint de la violence, la gravité des menaces, et les moyens qu'elle avait d'en prévenir les effets.

47. D'après ces principes, la seule crainte révérentielle, telle que celle de déplaire à un père, alors même que l'emportement de son caractère serait

connu, ne suffirait pas pour faire annuler le mariage, s'il n'y avait point eu de violence exercée.
(Art. 1114.)

Et même des menaces vagues, comme celles
qu'un père ferait à sa fille de lui retirer à jamais
son affection, de la priver de sa succession, ne
suffiraient pas non plus pour faire annuler le mariage. L'expérience de tous les jours n'apprend que
trop que beaucoup d'unions n'ont pas pour mobile
dans chacun des époux le désir bien vif de s'unir
l'un à l'autre : ces répugnances, plus ou moins
fortes, vaincues par des considérations particulières, plutôt que dominées par une crainte réelle,
ne sauraient, sans jeter les plus grands désordres
dans la société, motiver des demandes en nullité
de mariage.

48. Mais dans le cas où la violence a un caractère assez grave pour vicier le consentement, il est
indifférent qu'elle ait été exercée par le conjoint
ou par un autre; l'article 1111 porte positivement
que la violence donne lieu à l'annulation du contrat, encore qu'elle ait été exercée par un tiers;
et il ne suppose pas que la partie en ait été complice. Bien mieux, en donnant à chacun des époux
l'action en nullité pour cause de violence, l'article
180 suppose, par cela même, que tous deux ont
pu être contraints : or ils n'ont pu l'être que par
des tiers, probablement par les parens de chaque
côté, agissant de concert pour contraindre leurs

enfans à un mariage que ni l'un ni l'autre ne vou-laient contracter.

49. Il y aurait également lieu à la nullité si la violence avait été exercée sur le père, la mère ou un autre ascendant de l'époux, ou sur son descendant. L'application de ce principe, établi par l'article 1113 pour les contrats en général, ne saurait être récusée en matière de mariage. Dans la crainte que l'existence de son père ne fût compromise par un refus, une personne consentirait avec plus de facilité à un mariage qui lui répugnerait que si sa propre vie était menacée.

5o. Pothier dit, au n° 3i6 de son *Traité du Mariage*, que si un homme qui a abusé une jeune fille s'est porté à l'épouser par la crainte d'un décret de prise de corps qu'elle a obtenu contre lui, et qu'elle était prête à mettre à exécution, le mariage sera valable, et que cet homme ne sera pas recevable à dire qu'il l'a contracté par violence; car le décret de prise de corps obtenu contre lui était une voie de droit, et non une violence *adversùs bonos mores*.

51. Mais d'autres auteurs prétendent que le mariage contracté par crainte ne serait pas moins nul, quand même l'époux violenté aurait, par sa conduite, occasioné la violence qu'il a éprouvée; par exemple, si un homme surpris avec une personne qu'il a déshonorée, était par violence et par menaces forcé de l'épouser.

Ces deux décisions paraissent contraires; cepen-

dant elles peuvent se concilier, en supposant que
Pothier a entendu restreindre la sienne au seul cas
où l'individu n'a agi que par la crainte de voir
mettre le décret de prise de corps à exécution, et
en appliquant l'autre décision au cas où la crainte
aurait été inspirée par tout autre moyen.

Ainsi, en admettant que, dans la crainte que la
fille enlevée ou sa famille ne portât plainte, le ravisseur épousât la fille, nous pensons, comme Pothier, qu'il ne pourrait ensuite demander la nullité
du mariage pour cause de violence. Il n'a fait que
réparer le tort qu'il a causé : en le menaçant de la
plainte, la fille ou sa famille n'a point exercé une
violence *adversùs bonos mores.* La loi 21, ff. *Quod
metûs causâ*, nous offre l'exemple d'un cas qui a
beaucoup d'analogie avec celui que nous discutons,
et elle consacre un principe qui paraît devoir lui
être applicable. Cette loi est ainsi conçue : *Si mu-
lier contrà patronum suum ingrata facta sciens se
ingratam, cùm de suo statu periclitabatur, aliquid
patrono dederit, vel promiserit, ne in servitutem re-
digatur, cessat edictum, quia hunc sibi metum ipsa
infert.*

On peut dire également du ravisseur qui a consenti au mariage pour éviter l'effet de la plainte, ce
que le jurisconsulte dit de la femme affranchie,
coupable d'ingratitude, et qui a voulu éviter de
retomber dans la servitude : *ipse metum sibi intulit.*

A plus forte raison la même décision doit-elle
avoir lieu s'il n'y a eu qu'une simple séduction,

sans enlèvement ni déplacement de la fille, même mineure; puisque, dans la législation actuelle, aucune peine n'étant portée contre le séducteur, celui-ci ne pourrait alléguer que c'est par crainte des suites que pouvait avoir son action, qu'il a consenti au mariage.

Mais, dans les deux cas, nous pensons que, si l'on avait employé contre lui des violences et des menaces particulières, et sans lesquelles évidemment il n'eût pas donné son consentement, le mariage pourrait être annulé (1).

Cela nous amène à expliquer quel est aujourd'hui l'effet du vice de rapt.

52. Anciennement on en distinguait de deux sortes : le rapt de violence et le rapt de séduction.

Le rapt de violence est l'enlèvement par force d'une personne du sexe. C'est le fait qui caractérise au plus haut degré la violence. Justinien avait déclaré (2) qu'il formerait un empêchement de mariage perpétuel et absolu entre le ravisseur et la

---

(1) Dans l'ancienne jurisprudence, on a plus d'une fois annulé de pareils mariages, en condamnant néanmoins le coupable aux dommages-intérêts envers la personne ravie. Mais comme alors le rapt de séduction était puni avec sévérité, les tribunaux pouvaient facilement voir l'effet d'une crainte grave dans le consentement donné par le ravisseur : aussi les décisions rendues dans l'ancien droit ne sont pas d'un très-grand poids aujourd'hui relativement à la question; mais le principe n'en demeure pas moins vrai.

(2) Par la loi unique au Code, *de Rapt. virg.*, qui porte : *Ne sit facultas raptæ virgini vel viduæ raptorem, ut suum sibi maritum exposcere....* NULLO MODO, *nullo tempore datur licentia.*

Les Capitulaires de Charlemagne portent la même défense.

personne ravie, quand même celle-ci, placée hors de sa puissance, consentirait librement à l'épouser.

Le pape Innocent III avait modifié la rigueur de ces dispositions, en autorisant le mariage avec le ravisseur, si la personne ravie y donnait un libre consentement.

Mais pour que l'on fût plus certain de la liberté de ce consentement, le concile de Trente décida que le mariage ne pouvait être valablement contracté qu'après que la personne ravie serait mise hors de la puissance du ravisseur : *à raptore separata et in loco tuto constituta.*

53. Cette législation est abrogée. Le rapt, non plus que toute autre contrainte, ne donne lieu qu'à une action en nullité au profit de la personne violentée (1); et encore faut-il pour cela que la vio-

_____

(1) D'après les ordonnances, le crime de rapt avec violence était puni de la peine de mort. *Voy.* Rousseau de Lacombe, *Jurisprudence canonique,* V° *Rapt.*

Aujourd'hui ce fait, dégagé de tout attentat à la pudeur, n'est réputé crime que lorsqu'il a été commis sur une personne mineure ; et il n'est même qu'un simple délit, si le ravisseur n'avait pas encore vingt et un ans. *Voy.* pour la gradation des peines, les articles 354 à 357 du Code pénal.

M. Toullier dit au tome Ier de son ouvrage, pag. 431, que le Code pénal actuel ne prononce pas de peine contre le rapt de violence, lorsqu'il n'a été commis que pour épouser la personne ravie. Nous croyons que c'est une proposition inexacte. L'article 357 dit seulement que le ravisseur qui a épousé la fille ravie ne pourra être poursuivi que sur la plainte des personnes qui, d'après le Code civil, peuvent demander la nullité du mariage, ni condamné qu'après que cette nullité aura été prononcée. Il peut donc être poursuivi et condamné sur la plainte de ces personnes.

Le rapt pourrait d'ailleurs n'avoir été commis que pour épouser

lence ait été exercée lors de la célébration ; car si
la personne ravie avait recouvré sa liberté et donné
un consentement exempt de contrainte, le mariage
serait inattaquable , malgré la violence précédemment exercée : en sorte que l'on doit plutôt considérer la violence au moment de la célébration
que le rapt en lui-même. Mais si la violence a été
continuée jusqu'à cette époque, la distinction que
fait la loi pénale entre l'enlèvement des mineurs et
des majeurs n'est d'aucune application quant à la
nullité du mariage.

54. Le rapt de séduction, que l'ancienne jurisprudence punissait aussi de mort (1), s'exerçait
à l'égard d'une personne mineure de l'un ou l'autre
sexe; il était considéré comme commis contre la
famille de la personne séduite; on l'appelait, pour

---

la personne ravie, et le mariage cependant n'avoir pas eu lieu; auquel
cas , si cette personne était mineure, l'action du ministère public ne
serait point enchaînée.

(1) La déclaration de 1730, en prononçant la peine de mort contre
ceux et celles qui seraient convaincus du crime de rapt de séduction ,
défendait néanmoins d'ordonner l'exécution de cette peine , s'ils
aimaient mieux épouser la personne ravie.

Le Code pénal ne punit ce fait d'aucune peine lorsque la personne
mineure n'a été ni enlevée ni détournée des lieux où elle était placée,
et qu'il n'y a pas eu outrage public à la pudeur. C'est une lacune dans
la loi ; on peut s'en convaincre par le rapprochement des articles
330 à 334, et 354 à 357 du Code pénal; et nous avons été témoin
de l'*absolution* d'un individu déclaré par le jury coupable d'avoir con-
sommé un attentat à la pudeur sur la personne d'une jeune fille de six
ans, dans un lieu secret, mais *sans violence*. Une telle action ne devrait pas rester impunie. Il nous semble d'ailleurs qu'il y a toujours
violence dans un tel cas.

cela, *raptus in parentes.* Il n'est point aujourd'hui une cause d'annulation du mariage. La loi a suffisamment pourvu à l'intérêt de la famille en lui donnant l'action en nullité pour défaut de consentement. (Art. 182.)

§. III.

De l'Erreur.

55. S'il est un vice qui infecte le consentement et en détruise l'essence, c'est l'erreur, puisqu'elle n'offre qu'un vain simulacre au lieu de la réalité; et si, dans tous les contrats, elle est une cause de nullité, ce n'est pas dans l'acte le plus important de la vie qu'elle peut être respectée comme la vérité même.

Cependant, à raison de l'importance du mariage, de l'influence qu'il exerce sur la société entière, la loi a dû le protéger de toute sa puissance, et n'en permettre l'annulation, sur le fondement de l'erreur, que dans les cas seulement où il n'est qu'une pure fiction, revêtue, il est vrai, de formes semblables à celles qui environnent un mariage créé par un concours de volontés réelles, mais une fiction dépouillée de ce qui constitue l'essence de tout contrat quelconque, le consentement des contractans sur l'objet principal du contrat. Comment en effet le mariage eût-il été à l'abri de l'inconstance des désirs et de la licence des passions, s'il eût été permis de se plaindre de l'erreur dans laquelle on

prétendrait être tombé relativement aux qualités
de l'individu auquel on s'est uni; d'alléguer, à cet
égard, l'aveuglement, les méprises, les séductions?
Le plus grand nombre des mariages n'auraient
point eu sans doute à subir une telle atteinte;
mais, sans juger l'humanité avec trop de rigueur,
on peut dire que beaucoup d'unions en eussent été
compromises. La loi n'a donc dû avoir égard qu'à
cette erreur qui tombe sur la substance même du
contrat, sur la chose qui en est l'objet principal,
c'est-à-dire sur la personne. Les qualités réelles ou
supposées de cette personne influent, il est vrai,
presque toujours sur le choix que l'on fait d'elle;
mais ces qualités ne sont point la personne elle-
même; leur valeur est plus ou moins arbitraire;
elle est souvent en raison de l'estime qu'y attache
l'autre partie, et cette valeur varie aussi selon les
lieux, les temps et les circonstances.

56. D'après ces principes, que l'on a toujours regardés comme incontestables, et hors desquels le
mariage ne serait, dans beaucoup de cas, qu'un vain
mot, l'erreur sur les qualités morales de la personne, c'est-à-dire sur ses mœurs, son caractère, ses
inclinations, ses talens, ne saurait vicier le mariage.

57. Il en est de même, et à plus forte raison,
de l'erreur qui ne tombe que sur les avantages que
donne le hasard, comme la naissance, les richesses,
ou qui dépendent de l'opinion, comme le rang
dans la société, la considération : quel que soit le

prix que les hommes attachent à ces qualités acci-
dentelles, elles ne sont point l'objet principal du
mariage, elles ne sont point la personne elle-même;
et l'on a toujours regardé le mariage comme inattaquable, quoiqu'on eût épousé une fille pauvre que
l'on croyait riche, une roturière que l'on croyait
noble, une veuve pour une fille, parce que le consentement au mariage a son principe dans un sentiment d'affection pour l'objet auquel on veut unir
son sort; cet objet, c'est l'être que l'on connaît,
que l'on voit, et non un être moral et supposé :
aussi l'article 180 n'ouvre-t-il l'action en nullité
qu'autant qu'elle tombe sur la personne.

58. L'erreur qui ne tomberait que sur les qualités de famille, sur la légitimité, par exemple,
n'annulerait pas non plus le mariage; ce serait,
disait-on au Conseil d'État, dégrader la nature hu-
maine, que de donner la préférence à ces qualités
sur les qualités naturelles. Dans l'ordre des idées
sociales, les qualités civiles ont sans doute leur
prix; mais il est quelque chose de plus réel, comme
la pureté des mœurs, l'amour du travail, la douceur
du caractère; et celui qui les trouve dans l'être auquel il a uni son sort, est pleinement dédommagé de
s'être mépris sur de simples accessoires. Ainsi,
croyant épouser une fille légitime en m'unissant à
Sophie, je n'épouse réellement qu'une fille naturelle, parce qu'un jugement intervenu depuis le
mariage enlève à Sophie son état : je ne pourrai

pour cela demander la nullité du mariage, si Sophie est bien la personne que je voulais épouser, si c'est bien avec elle que j'ai arrêté mon mariage, si aucune autre femme n'a été substituée à celle dont j'avais fait choix. On est généralement d'accord sur ce point.

59. La même décision a lieu pour le cas où une femme française épouse un étranger le croyant Français, et perd ainsi sa qualité de Française (art. 19). Cette perte ne suffit point pour l'autoriser à demander la nullité du mariage, non-seulement parce que le mariage entre Français et étranger est valable, mais aussi parce que l'erreur ne tombe ici que sur la qualité de la personne, et non sur la personne elle-même.

60. Suivant Pothier (1), l'erreur sur les qualités dont nous venons de parler, et même sur de plus importantes encore, n'est point une cause de nullité, lors même qu'elle n'aurait été que le résultat des manœuvres frauduleuses de l'autre partie. En vain l'époux trompé alléguerait-il que, sans ces manœuvres, pratiquées pour le circonvenir et lui faire croire à l'existence de qualités chimériques, il n'eût point formé le lien dont il demande la dissolution; que s'il l'a formé, c'était dans la supposition de l'existence de ces qualités, et que, dès qu'elles n'existent pas, la condition

---

(1) Numéro 310 et suivans de son *Traité du Mariage.*

résolutoire sous-entendue s'est accomplie et doit opérer la nullité du mariage : ce langage, vrai peut-être dans certains cas, mais pouvant être mensonger dans mille autres, ne serait pas écouté, parce que généralement le dol n'est pas par lui-même une cause de nullité du mariage. Des considérations d'un ordre supérieur et puisées dans l'importance de ce contrat ont dû faire repousser des demandes en nullité fondées sur des causes incertaines de leur nature, et elles ont dû créer la présomption légale que les parties n'ont point entendu faire dépendre la validité de leur mariage de la réalité des qualités morales ou civiles qu'elles se supposaient réciproquement.

61. Néanmoins, comme l'erreur en matière de mariage peut tomber sur des qualités civiles tellement importantes qu'il est naturel de croire que l'époux trompé n'aurait point donné son consentement s'il eût mieux connu la condition de l'autre, et qu'elle peut tomber aussi sur la personne civile, plus facilement encore que sur l'être physique, il convient de bien voir dans quel esprit a été discuté l'article 146, relativement à l'erreur : ce n'est pas toutefois que nous pensions que les difficultés qui peuvent s'élever à cet égard seront aplanies par la connaissance de la discussion qui a eu lieu, car on n'a rien arrêté de positif sur ce point important, mais du moins on pourra voir ce que plu-

sieurs des orateurs entendaient par l'erreur susceptible de vicier le mariage.

La commission à laquelle avait été confiée la rédaction du projet de loi avait proposé un article
portant que « le mariage n'est pas valable, s'il y a
« erreur dans la personne que l'une des parties
« avait l'intention d'épouser. »

La Cour de cassation, dans ses observations sur
le projet, avait demandé qu'aux mots *erreur dans
la personne* on substituât ceux-ci : *erreur sur l'individu*. L'on voit que si ce changement eût été
adopté, les doutes sur ce qu'on doit entendre par
erreur *dans la personne* eussent été levés en très-
grande partie, puisque, dès qu'il y aurait eu consentement sur l'être physique, le mariage eût paru
inattaquable.

Mais la Section de législation du Conseil d'État
proposa un article dont la rédaction offrait la même
ambiguïté que celui de la commission : « Il n'y a
« pas de mariage, portait cet article, lorsqu'il n'y
« a pas de consentement. Il n'y a pas de consente-
« ment lorsqu'il y a violence ou erreur sur la per-
« sonne. »

Et sur cette proposition les avis se partagèrent,
dit M. Merlin dans son *Répertoire*, au mot *Empéchemens* : les uns voulaient que l'erreur sur la *personne civile* viciât le mariage dans tous les cas; les
autres soutenaient que le mariage auquel aurait
donné lieu une erreur de cette nature ne devait

être annulé que dans le cas où la personne sur qui cette erreur serait tombée en aurait été complice.

Tous convenaient du moins, dit encore M. Merlin, que, dans ce dernier cas, la nullité du mariage devait être prononcée.

Cependant l'article proposé par la Section de législation a été réduit à la première partie, qui porte simplement *qu'il n'y a pas de mariage lorsqu'il n'y a point de consentement.*

Le Tribunat paraît avoir inféré de ce retranchement que les tribunaux pourraient juger la question suivant les circonstances. « Pour régler le cas « où il y a erreur sur la personne, disait l'orateur « du Tribunat au Corps législatif, on a demandé « s'il fallait s'attacher aux qualités morales (c'est « sans doute qualités *civiles* que l'orateur a voulu « dire). Dans tous les cas, les décisions de la jus- « tice dépendent nécessairement des faits particu- « liers à chaque espèce. Le plus grand acte de sa- « gesse du législateur est de s'en remettre à celle « des tribunaux (1). Point de consentement ou de « consentement parfaitement libre, point de ma- « riage. Ce fanal dirigera bien plus sûrement les « juges que des idées métaphysiques ou complexes, « qui pourraient ne faire que les embarrasser ou « les égarer. »

---

(1) Nous ne pensons pas ainsi, surtout dans une pareille matière : moins il y a de cas laissés au pouvoir discrétionnaire du juge, plus la loi est parfaite. C'est un principe que Bacon a pour ainsi dire rendu populaire par la force avec laquelle il l'a exposé.

Mais, d'un autre côté, M. Portalis, portant la parole au nom du gouvernement au Corps législatif, avait présenté l'article 146 dans un sens absolument conforme à celui dans lequel la Cour de cassation avait désiré qu'il fût rédigé. « L'erreur en « matière de mariage, disait-il, ne s'entend pas d'une « simple erreur sur les qualités, la fortune ou la « condition de la personne à laquelle on s'unit, « mais d'une erreur qui aurait pour objet la *per-* « *sonne même.* Mon intention déclarée était d'é- « pouser une telle personne; on me trompe ou je « suis trompé par un concours de circonstances, et « j'en épouse une autre qui lui est substituée à « mon insu et contre mon gré : le mariage est « nul. ».

M. Malleville, qui a été membre de la commission chargée de la rédaction du projet du Code civil, et qui à ce titre a assisté à toutes les séances du Conseil d'Etat, donne à l'article 146 la même interprétation; voici comment il s'explique dans son *Analyse raisonnée,* sur l'article 180 : « Quant « à l'erreur, suivant le droit romain et canonique, « elle ne rendait le mariage nul que lorsqu'elle « tombait sur la personne même. Si, par exem- « ple, on m'a fait épouser par surprise Marie, « tandis que je croyais épouser Jeanne, ce qui « pourrait arriver dans le cas où, sous un voile, « on conduirait à l'autel ou devant l'officier public « l'une pour l'autre, le mariage est radicalement « nul; mais l'erreur dans la fortune, dans la vertu

« et dans les autres qualités de la personne ne vicie
« point le mariage. Ainsi tant pis pour moi si j'é-
« pouse une fille sans biens, sans naissance et sans
« honnêteté, croyant épouser une personne riche,
« vertueuse et d'une naissance illustre. On excep-
« tait cependant le cas où j'aurais épousé une
« esclave, croyant qu'elle était libre. Les lois s'ar-
« rêtaient après ces principes généraux, qu'on peut
« voir particulièrement dans d'Héricourt. On vou-
« lut aller plus loin, et distinguer l'identité morale
« de l'identité physique. On dit que, dans l'état de
« nature, l'identité physique faisait tout, mais que,
« dans l'ordre social, il y avait d'autres qualités
« qui personnalisaient l'individu. Si, croyant épou-
« ser la fille d'un magistrat, d'un général, j'épouse
« celle d'un homme sans nom, peut-on soutenir
« qu'il n'y a pas eu erreur dans la personne? Ce-
« pendant, dans ce cas-là même, on voulait distin-
« guer l'erreur occasionée par le dol de la per-
« sonne épousée, d'avec celle qui provenait du dol
« d'un tiers; et ce n'était que dans ce dernier cas
« qu'on prétendait faire annuler le mariage. Mais,
« après bien des élucubrations, on convint de ne
« pas entrer dans ces détails, *et les choses en sont*
« *restées sur le pied des lois anciennes.* »

62. Ce passage fait vivement sentir combien il eût
été à désirer que le législateur se fût expliqué à cet
égard. Quel est en effet le jurisconsulte qui pourrait se flatter d'avoir démêlé, au travers de ces con-

tradictions et de ces opinions diverses, la véritable
pensée de la loi sur un objet aussi important?....

Si, d'après ce que nous apprend M. Malleville,
les choses, dans l'esprit de la discussion élevée à ce
sujet, en sont restées sur le pied des lois anciennes,
il faut donc regarder comme valable le mariage
contracté par erreur avec un forçat libéré (1); car
Pothier cite plusieurs décisions qui ont maintenu
des mariages contractés par erreur avec des individus condamnés aux galères à perpétuité, qui
s'étaient évadés, ou avec des condamnés au bannissement perpétuel. Assurément le mariage d'un
condamné aux travaux forcés à perpétuité serait
nul aujourd'hui, puisque le mort civilement ne
peut contracter un mariage qui produise des effets
civils (art. 25); mais si l'on appliquait les principes
de l'ancienne jurisprudence, celui d'un forçat libéré
serait valable. Cependant ne doit-on pas plutôt,
dans l'esprit du Code, regarder ce mariage comme
nul, puisque la condamnation de l'un des époux à
une peine infamante est pour l'autre une cause de
divorce (art. 232)? Et en effet, si la loi n'a pas
voulu contraindre l'un des époux à vivre avec un
infâme, elle semble, par cela même, autoriser la
demande en nullité pour cette cause, quand elle
était ignorée de l'autre époux. Dira-t-on que l'article 232 suppose que la condamnation est posté-

---

(1) *Voy.*, pour le cas où le mariage aurait été contracté pendant la
durée de la peine, pendant l'interdiction légale, ce qui a été dit
au n° 36 et suivans.

rieure au mariage, et, dès-lors, que le fait qui l'a entraînée étant une violation des conditions nécessairement sous-entendues dans le contrat, de vivre avec honneur, la loi a bien pu autoriser la demande en divorce fondée sur ce fait, sans qu'on doive en conclure qu'elle ait voulu l'autoriser également quand le fait, comme dans l'espèce, est antérieur au mariage? Mais on pourrait répondre, ce nous semble, que la raison principale qui a dicté la disposition de l'article 232 est fondée sur l'injustice qu'il y aurait de forcer une personne à vivre en mariage avec un infâme, et de donner ainsi le jour à des enfans qui auraient à souffrir, dans l'ordre des idées sociales, ou, si l'on veut, des préjugés, d'une faute qui n'est pas la leur : or, cette situation de l'époux innocent est la même, soit que le conjoint ait encouru l'infamie avant le mariage, soit qu'il ne l'ait encourue que depuis. Celui qui l'a trompé doit être encore à ses yeux moins digne d'indulgence que dans le second cas (1). A la vérité, le divorce est aboli, même pour cette cause, et il ne pourrait y avoir lieu qu'à la séparation de corps; mais cela est indifférent quant à la question, puisqu'il s'agit de connaître quelle a pu être la pensée du législateur sur une erreur de cette nature; en sorte que, s'il est vrai qu'il ait entendu autoriser la demande en di-

_____

(1) *Voy.* au surplus *infrà*, n° 562, où ce point est discuté avec étendue, relativement à la séparation de corps.

II. 4

vorce dans le cas dont il s'agit, il est permis de croire qu'il a voulu, par la même raison, autoriser la demande en nullité du mariage; et tel est notre sentiment. Mais comme le fondement de la demande en nullité serait l'erreur, l'action, pour être recevable, devrait être exercée dans le même délai qu'elle doit l'être quand l'erreur tombe sur la personne physique. En conséquence, elle serait non-recevable après six mois de cohabitation continue depuis que l'époux trompé aurait eu connaissance de l'état du conjoint; ce délai passé, il y aurait renonciation au droit de demander la nullité pour cette cause, en un mot, ratification. (Art. 181.)

63. On peut ajouter à l'appui de notre décision sur la question de nullité, que, si l'on restreint la règle sur l'erreur au seul cas où il y a eu substitution d'une personne à une autre, elle ne présentera, pour ainsi dire, qu'une pure abstraction, attendu qu'au moyen de la publicité dont est environné le mariage, il est presque impossible que cette substitution puisse avoir lieu. Que l'on suppose en effet que par un concours de circonstances et de manœuvres un individu soit trompé au point de croire que la personne qu'il a sous les yeux, en présence de l'officier de l'état civil et des quatre témoins, est celle avec laquelle il a arrêté son mariage, et qui usurpe cependant la place d'une autre; la fraude a besoin d'aller plus loin encore pour réussir : l'offi-

cier de l'état civil doit donner aux parties lecture des pièces relatives à leur état; il reçoit de l'une après l'autre la déclaration de se prendre pour mari et femme : l'acte est signé d'elles ou contient leur déclaration qu'elles ne savent ou ne peuvent signer : si donc la personne substituée répond à des noms qui ne sont pas les siens, si elle signe l'acte de mariage d'un nom emprunté, il y a faux caractérisé avec toutes ses conséquences. Ces manœuvres ne pourraient d'ailleurs guère réussir qu'autant que l'officier de l'état civil qui, dans les campagnes, connaît généralement les parties, et les témoins, qui sont ordinairement pris parmi les parens, seraient eux-mêmes complices de la fraude. Mais quelle involution de suppositions! quel concours de faits extraordinaires et invraisemblables! Aussi plusieurs jurisconsultes qui ont écrit sur le Code pensent-ils que la règle sur l'erreur ne saurait raisonnablement être restreinte au seul cas de supposition d'une personne à une autre au moment de la célébration du mariage. Ils citent à l'appui de leur sentiment la disposition de l'article 180, qui accorde, pour demander la nullité, le délai de six mois d'habitation continue *depuis* que l'erreur a été reconnue : d'où ils concluent que la loi suppose qu'elle ne le sera qu'après un temps plus ou moins long, et non immédiatement après la célébration, puisque, dans cette hypothèse, le délai aurait dû naturellement courir du jour où elle a eu lieu : or, cette supposition est, pour ainsi dire, exclusive du cas où l'erreur tomberait sur la personne physique, attendu qu'il ne faudrait qu'un instant pour la faire cesser.

64. Mais pour étendre la règle à d'autres cas qu'à celui où l'erreur tombe sur l'individu, sur l'être physique, on dit que celle qui tombe sur le nom et la famille peut quelquefois dégénérer en erreur sur la personne ou plutôt renfermer l'erreur sur la personne; ce qui ne peut toutefois guère arriver qu'à l'égard d'une personne inconnue à l'autre avant le temps de la célébration du mariage : par exemple, dit-on, un prince demande en mariage la fille aînée d'un prince voisin, héritière de la principauté de son père; on lui envoie la cadette, qu'il épouse croyant épouser l'aînée : on dit (1) qu'il y a erreur sur la personne, aussi bien dans ce cas que dans celui où l'on a substitué Jeanne à Marie, parce qu'il est moralement certain que le prince ne voulait épouser que l'aînée, héritière de la principauté de son père; que cette considération a déterminé son choix.

Pour être conséquent, il faudrait aussi décider que si un pair de France, qui a promis d'unir son fils aîné, héritier de la pairie, à la fille d'un ami qui demeure au loin, lui envoie son autre fils, qui

---

(1) M. Toullier. M. Delvincourt dit aussi que le mariage contracté par erreur, tombant sur d'autres points que la personne réelle, pourra être annulé dans le cas où l'erreur sur la qualité emporterait erreur sur la personne : par exemple, dit-il, si voulant épouser la fille de tel individu que je ne connais pas, on me fait épouser une autre femme que l'on dit être sa fille.

dissimule sa qualité de puîné, le mariage contracté par celui-ci sera nul : car c'est l'héritier de la pairie que la fille et sa famille ont voulu agréer. Il faudrait décider la même chose dans le cas où le droit d'aînesse se bornerait même à un simple majorat, et ainsi de suite. Mais ici y a-t-il bien erreur *dans la personne?* Cette personne n'a-t-elle pas été vue avant et pendant la célébration? n'est-ce pas elle qui a été agréée avant de se présenter à l'officier de l'état civil, et n'est-ce pas elle qui a été agréée devant lui? Elle n'aurait point été acceptée si sa condition eût été mieux connue; soit : mais l'erreur dans laquelle l'autre partie est tombée à cet égard, et qui excite ses regrets, paraît n'être qu'une erreur sur la *qualité* de la personne, erreur malheureusement trop commune en matière de mariage. Elle est moins grave que celle que je commets en épousant une fille naturelle, sans parens connus, croyant épouser une fille légitime, cas dans lequel néanmoins on convient généralement (l'auteur sur l'opinion duquel nous élevons des doutes en convient lui-même) que le mariage n'est pas nul, attendu que c'est bien cette personne que j'ai voulu épouser. Or, ne peut-on pas dire la même chose dans les deux cas? D'après ce qu'a dit M. Portalis au Corps-législatif, et ce qu'a écrit M. Malleville., il serait en effet permis de croire que, pas plus dans l'un que dans l'autre, il n'y a cette erreur *dans la personne,* qui, suivant ces orateurs, est la seule qui vicie le mariage; et comme ici l'erreur ne tombe que sur

une qualité peu importante, puisqu'il ne s'agit pas,
comme dans l'espèce précédente, du déshonneur,
de l'infamie de la personne, nous serions très-portés
à croire qu'il n'y a pas nullité.

65. Quant à ce que l'un des époux a trompé l'autre,
cette circonstance ne donnant pas à l'erreur le caractère de gravité voulu par la loi pour constituer
l'erreur sur la personne, on pourrait dire aussi avec
Pothier, n°s 310 et suivans (1), qu'elle ne vicie pas
le mariage.

66. La Cour de Colmar a décidé le 6 septembre
1811 (2) que l'erreur d'une femme catholique qui
avait épousé de bonne foi un moine profès était
suffisante pour faire annuler le mariage. On a pensé
que la loi n'avait pu vouloir forcer une personne à
faire violence à sa conscience, qui, d'après ses prin-
cincipes religieux, lui reprocherait sans cesse de
commettre un adultère continuel en vivant en mariage avec un individu engagé dans les ordres sacrés.

67. L'impuissance dans l'un et l'autre sexe était
autrefois un empêchement au mariage, et en opé-

___

(1) MM. Portalis et Malleville ne considèrent non plus que l'erreur;
et nulle part au titre *du Mariage* il n'est fait mention du dol : il n'est
parlé que de l'erreur ou de la violence comme pouvant vicier le consentement. Mais il est vrai de dire que, dans la discussion, on a généralement considéré le dol de la partie comme pouvant donner à
l'erreur dans laquelle est tombée l'autre un caractère de gravité plus
prononcé, et par conséquent susceptible de donner plus de poids à
la demande en nullité.

(2) Sirey, 1812, 2, 89.

rait la nullité, parce que la procréation des enfans est considérée comme sa fin principale. Ainsi, c'était moins pour cause d'erreur que pour *inhabilité* que le mariage pouvait être attaqué pour cause d'impuissance.

68. Mais le Code garde à cet égard un silence absolu. Serait-ce parce que nos mœurs répugnent à la preuve toujours difficile, toujours indécente, et rarement sûre d'une infirmité enveloppée des mystères de la nature? On doit le penser quant à l'impuissance naturelle; et telle est la raison qui a fait proscrire toute demande en désaveu de paternité fondée sur cette cause. (Art. 313.)

69. Mais l'impuissance accidentelle s'annonce par des signes extérieurs et moins équivoques; sa preuve ne blesse pas non plus les mœurs, comme celle de l'impuissance naturelle, du moins généralement : c'est pour cela que la loi permet d'alléguer cette espèce d'impuissance, pour prouver que l'enfant n'est pas né du mari de la mère, et, en conséquence pour autoriser celui-ci à le désavouer. Ainsi, dans le cas où l'individu aurait été privé avant son mariage(1), soit par une opération de l'art, soit par un accident quelconque, des organes nécessaires à la

---

(1) Nous disons avant son mariage, car un événement postérieur ne saurait vicier un mariage valable dans son principe. Aussi, lors même que l'accident survenu depuis le mariage en aurait empêché la consommation, ce mariage n'en serait pas moins inattaquable, puisqu'il était exempt de vice lors de sa formation : *Nuptias non concubitus sed consensus facit.* L. 30, ff. *de Reg. juris.*

consommation du mariage, et aurait induit en erreur la personne qui croyait en faire son époux, on
est généralement (1) d'accord que le mariage peut
être attaqué par l'époux trompé, attendu qu'il n'y a
point de consentement lorsqu'il y a erreur sur une
qualité de cette nature.

70. Ce n'est pas sans doute qu'à cet égard il y
ait une différence entre l'impuissance naturelle et
l'impuissance accidentelle, puisque, dans l'une
comme dans l'autre, l'erreur porte sur l'absence de
la même condition; mais c'est parce que dans un
cas elle peut se constater, et non dans l'autre, ou
du moins que dans celui-ci elle ne pourrait être
établie que d'une manière peu sûre et toujours au
préjudice des bonnes mœurs : en sorte que, lors
même que le mariage serait nul en principe, la
demande en nullité serait *non recevable*, comme
elle l'est, ainsi que nous l'avons dit précédemment, dans plusieurs cas où cependant le mariage
n'a pas été contracté suivant le vœu de la loi.

71. Néanmoins, par arrêt du 27 janvier 1808,
la Cour de Trèves a décidé que la dame N. serait
visitée par les gens de l'art; et par un second arrêt,
en date du 1er juillet 1810 (Sirey, 1811, 1,401),
elle a annulé le mariage de cette dame. Si cette jurisprudence prévalait, elle ouvrirait la porte à une

(1) MM. Merlin, Toullier et Delvincourt le décident formellement :
le dernier de ces jurisconsultes pense même que l'impuissance naturelle est une cause de nullité au profit du conjoint.

sorte de divorce par consentement mutuel, au moyen du refus que ferait le défendeur d'exécuter le jugement qui ordonnerait la visite, et même plus simplement encore en faisant défaut (1). La Cour de Gênes nous paraît avoir mieux appliqué les principes du Code à cet égard, en décidant au contraire que l'impuissance naturelle n'avait point été placée parmi les causes de nullité du mariage. (Arrêt du 7 mars 1811. Sirey, 1811, 2, 193.)

SECTION III.

Du Consentement des ascendans et de la famille, et, par occasion, de celui du Ministre de la guerre, relativement au mariage des militaires.

SOMMAIRE.

72. *Le mariage embrassant des intérêts de l'ordre le plus élevé, l'homme ne peut généralement le contracter à la majorité ordinaire.*

73. *Motifs de la puissance paternelle relativement au mariage des enfans.*

74. *Suivant la législation romaine, quel que fût l'âge d'un fils de famille, celui-ci ne pouvait contracter mariage sans l'assentiment de son père.*

75. *Modification que souffrait le principe.*

76. *Chez nous, le fils de famille âgé de moins de vingt-cinq ans, et la fille de famille âgée de moins de vingt-un ans, ont besoin du consentement de leurs père et mère.*

---

(1) Cet inconvénient peut, il est vrai, exister aussi lorsque le mariage est attaqué pour cause d'impuissance accidentelle antérieure au mariage; mais, indépendamment de ce que le cas sera infiniment rare, la simulation sera bien moins facile que dans celui d'impuissance naturelle.

77. *En cas de dissentiment, le consentement du père suffit ;
mais il y a obligation de consulter la mère, et de constater que cette obligation a été remplie :* Note.

78. *Motifs de la différence relativement à l'âge requis dans
l'un et l'autre sexe.*

79. *Si le père ou la mère est mort, ou s'il est dans l'impossibilité de manifester sa volonté, le consentement de
l'autre suffit.*

80. *Le père condamné aux travaux forcés à temps ou à la réclusion est, pendant la durée de la peine, dans l'impossibilité légale de manifester sa volonté.*

81. *A plus forte raison, s'il a été condamné à une peine emportant mort civile, quoique par contumace, et quoiqu'il fût encore dans les cinq ans. Controverse sur cette
dernière proposition.*

82. *S'il a été condamné au bannissement, il n'est point légalement interdit ; il peut donner son consentement ; mais
l'enfant n'est point obligé de le produire ; celui de la
mère ou des autres ascendans lui suffira.*

83. *L'interdit pour démence est dans l'impossibilité de manifester sa volonté.*

84. *Dans ces cas, l'impuissance de père est justifiée à l'officier
de l'état civil par la représentation des jugemens.*

85. *Lorsque le père, dont les facultés intellectuelles sont
aliénées, n'est point interdit, il n'est pas régulier de
procéder à la célébration sur le consentement de la
mère ou des autres ascendans.*

86. *L'absent déclaré tel est censé être dans l'impossibilité de
manifester sa volonté.*

87. *En principe, il n'en est pas ainsi du père simplement
présumé absent. L'article 155 ne s'applique pas à ce cas.*

88. *Et l'avis du Conseil-d'État, du 4 thermidor an XIII, ne
parle que du mariage des majeurs.*

89. *Néanmoins, si les circonstances étaient graves, le mariage pourrait être célébré du consentement de la mère
ou des ascendans, ou de la famille ; mais il serait plus
régulier, et même plus sûr, d'obtenir à cet effet l'autorisation du tribunal.*

90 *Le consentement de la mère remariée, quoique non main-*

tenue dans la tutelle, suffit au mariage de l'enfant,
sans que les collatéraux puissent s'y opposer, encore
que l'enfant fût mineur de vingt-un ans. Controverse
sur ce point.

91. Le consentement donné par acte au mariage de l'enfant
doit porter sur une personne déterminée. Loi romaine.

92. Mais si le nom du futur conjoint a été laissé en blanc, qui
a été ensuite rempli, le mariage est inattaquable, bien
que ce mode ne fût pas selon le vœu de la loi.

93. Le consentement donné par acte peut être révoqué avant
la célébration.

94. Si le père, qui a donné son consentement par acte, meurt
ou est interdit avant la célébration, sans l'avoir révoqué, celui de la mère ou des autres ascendans, ou
même de la famille, selon l'ordre tracé par la loi, doit
être exigé par l'officier de l'état civil.

95. Cependant le mariage célébré sur la présentation de cet
acte, sans opposition, devrait être inattaquable.

96. Si le père et la mère sont morts, ou s'ils sont dans l'impossibilité de manifester leur volonté, les aïeuls et
aïeules les remplacent.

97. S'il y a dissentiment entre les deux lignes, le partage emporte consentement.

98. Conséquences de ces principes.

99. Manière de suppléer au défaut de représentation des actes
de décès des père et mère.

100. Lorsqu'il n'y a pas d'ascendans, la majorité, quant au
mariage, est, pour l'homme comme pour la femme,
vingt-un ans accomplis. Jusqu'à cet âge ils doivent
obtenir le consentement du conseil de famille.

101. La délibération régulière de ce conseil, soit qu'elle approuve, soit qu'elle désapprouve le mariage, n'est point
soumise à l'action des tribunaux.

102. Le conseil de famille n'est point obligé de motiver son
refus de consentir au mariage, lors même que sa délibération ne serait pas prise à l'unanimité.

103. Peine contre l'officier de l'état civil qui a procédé à la
célébration des mariages contractés par des fils âgés
de moins de vingt-cinq ans, et par des filles âgées de

72. Parvenu à sa majorité, l'homme peut générale-

ment faire tous les actes de la vie civile. Il a le droit
d'aliéner ses biens, comme il a celui d'en acquérir
de nouveaux; à cet égard, la loi lui reconnaît une
intelligence suffisamment développée. Mais le mariage embrasse des intérêts d'un ordre plus élevé;
il fait naître des droits, il produit des obligations
dont l'effet agira sur la destinée de ceux qui le contractent; et cet acte, qui demande un discernement
plus éclairé, une raison plus mûre, est précisément
par sa nature celui qui est le plus soumis à l'influence
des passions qui assiégent ordinairement la jeunesse
et l'environnent d'illusions. Tous les législateurs
l'ont senti, et tous aussi ont donné à l'homme un
guide pour le diriger dans cet acte le plus important de la vie.

73. Ces considérations ne sont néanmoins pas les
seules qui aient dicté la disposition de la loi dans la
défense qu'elle fait aux fils de famille âgés de moins
de vingt-cinq ans, de contracter mariage sans le
consentement de leurs père et mère; car leur intelligence n'est pas moins avancée que celle des enfans
de famille qui n'ont point d'ascendans, ou des enfans naturels qui n'ont point été reconnus, lesquels
cependant sont habiles à former ce contrat par leur
seule volonté, à l'âge où ils peuvent faire tous les
actes de la vie civile; mais la loi a sagement considéré l'intérêt moral des ascendans dans la bonté du
choix des enfans, le respect que ceux-ci doivent aux
auteurs de leurs jours, et ce reste de puissance pa-

ternelle qui est l'ouvrage de la nature, plus encore que celui des institutions humaines. C'est en partant de ces vues morales et politiques tout-à-la-fois qu'elle commande aux enfans, quel que soit leur âge, de demander à leurs ascendans leur conseil pour contracter mariage; et si cet acte de déférence et de soumission ne prévient pas toujours une union mal assortie et les regrets amers qui en sont la suite, du moins il est un solennel hommage rendu par le devoir aux droits sacrés de la nature.

74. Dans les principes de la législation romaine le consentement du père de famille était nécessaire pour la validité du mariage des enfans, quel que fût l'âge de ceux-ci. C'était une conséquence de la puissance paternelle, qui ne cessait pas, comme chez nous, par la majorité : en sorte que le mariage contracté sans le consentement du père de famille était nul et de nul effet; ce n'était point un mariage, et les enfans qui en provenaient étaient enfans naturels. (§. 1 et 12, Inst., *de Nuptiis.*)

75. Cependant ce principe n'était pas absolu. Le consentement du père de famille était bien requis en ce sens, que celui-ci avait le droit de choisir la personne à laquelle devait s'unir l'enfant, et que ce dernier devait d'ailleurs agréer; mais il n'était pas dans le pouvoir du père d'empêcher sans motif et arbitrairement ses enfans de contracter mariage (1).

---

(1) *Capite* 35, *legis Juliæ*, *qui liberos quos habent in potestate, injuria*

76. Suivant l'article 148 : « Le fils de famille qui « n'a pas atteint l'âge de vingt-cinq ans accomplis, « la fille qui n'a pas atteint l'âge de vingt et un ans « accomplis, ne peuvent contracter mariage sans le « consentement de leurs père et mère. (1)

« En cas de dissentiment, le consentement du « père suffit. »

77. Le père et le chef de la famille, et l'on a compris que dans une société composée de deux personnes seulement, toute délibération deviendrait impossible, si l'on n'accordait la prépondérance au suffrage de l'un des associés; la prééminence du sexe a partout garanti cet avantage au père (2).

---

prohibuerunt ducere uxorem, vel nubere; vel qui dotem dare non volunt, ex constitutione divorum Severi et Antonini per Proconsules, Præsidesque provinciarum coguntur in matrimonium collocare et dotare. Prohibere autem videtur, et qui conditionem non quærit. L. 19, ff. *de Ritu nupt.*

(1) Lors même qu'il s'agirait d'un second mariage : les motifs qui ont déterminé les père et mère à consentir au premier, peuvent très-bien ne pas exister quant au second.

(2) M. Portalis. (Exposé *des Motifs*.) Mais il ne faut pas conclure de là qu'il n'est pas nécessaire de consulter la mère. La loi dit que c'est en cas de dissentiment que le consentement du père prévaut ; il faut donc qu'il y ait dissentiment, et le dissentiment ne peut exister qu'autant que la mère a été consultée. Jusque-là, elle peut former opposition au mariage, sauf au tribunal à en donner main-levée lorsque la mère aura été consultée, et que la preuve en sera produite. *Voy.* à ce sujet un arrêt de la Cour de Riom, du 30 juin 1817. Sirey, 1818, 2, 41.

Mais l'officier de l'état civil ne devrait pas, en l'absence de toute opposition de la part de la mère, se refuser, dans tous les cas quelconques, à procéder à la célébration sur le motif que son consentement ne lui est pas représenté. La supposition qu'elle n'a point été consultée par le père, qui veut le mariage, n'est pas naturelle; il y a au contraire présomption que le mariage de l'enfant lui est agréable, puisqu'il n'y forme point opposition. Les circonstances devraient donc

78. La différence que l'on a cru devoir mettre pour le terme de la majorité entre les femmes et les hommes, est fondée sur les développemens plus rapides de la nature dans un sexe que dans l'autre : la pudeur et la retenue naturelles au sexe offrent d'ailleurs la garantie que, rarement du moins, une fille formera une union contre le gré de ses parens. Mais les passions de l'homme sont plus impétueuses, parce qu'il est plus fort et plus audacieux ; et puisque la nature ne lui a pas imposé le même frein qu'à la femme, la loi l'a soumis plus long-temps à un pouvoir dont l'amour paternel ne permet pas de supposer l'abus.

79. Si le père ou la mère est mort (1), ou s'il est dans l'impossibilité de manifester sa volonté, le consentement de l'autre suffit. (Art. 149.)

80. Le père condamné aux travaux forcés à temps ou à la réclusion est, pendant la durée de la peine, dans l'impossibilité légale de manifester sa volonté, puisqu'il est légalement interdit. (Art. 29 du Code pénal.)

81. A plus forte raison, s'il est mort civilement,

---

le déterminer à prêter son ministère, ou à le refuser jusqu'à ce que le consentement de la mère lui eût été remis.

(1) On produit l'acte de décès à l'officier de l'état civil ; cela est nécessaire surtout s'il s'agit du père, car la mère ne peut consentir au mariage avec effet tant que le père est vivant et qu'il peut manifester sa volonté. Lorsque c'est la mère qui est décédée, comme la volonté du père suffit au mariage, même en cas de dissentiment, l'acte de décès est moins nécessaire ; mais il est plus régulier de le présenter.

ne peut-il donner un consentement avoué par la loi civile. (Art. 25 du Code civil.)

M. Toullier dit que si la condamnation a été prononcée par contumace et que le condamné soit encore dans les cinq ans, il faudra obtenir *son consentement* ou constater son absence, suivant le mode tracé à l'article 155. Nous croyons que le condamné ne peut donner un consentement avoué par la loi (art. 28 du Code civil et 465 du Code d'instruction criminelle), et qu'étant par conséquent dans l'impossibilité de manifester sa volonté, il est remplacé par la mère, les ascendans ou la famille. Pothier, n° 331, est formellement de notre avis. Il cite, à l'appui de sa décision, la loi 12, § 15, ff. *de Captiv. et Post.*, suivant laquelle le mariage d'un fils de famille contracté pendant la captivité de son père est très-valable, nonobstant le retour de celui-ci, retour qui le fait cependant supposer n'avoir jamais perdu ses droits : nouvelle preuve de la justesse de l'opinion que nous avons émise au n° 230 du tome Ier.

82. S'il a été condamné au bannissement, la loi ne prononce pas dans ce cas l'interdiction légale pendant la durée de la peine. On peut néanmoins considérer l'individu comme étant dans l'impossibilité de manifester sa volonté, à raison de son absence et de la cause qui l'a produite. Au surplus il pourrait donner son consentement par un procureur fondé ; mais l'enfant ne doit pas être réduit

II. 5

à l'obligation de le produire : celui de la mère ou des ascendans lui suffira.

83. L'interdit pour démence est aussi dans l'impossibilité de manifester sa volonté.

84. Dans ces cas, il faudra justifier à l'officier de l'état civil de cette impuissance, en lui représentant une expédition en bonne forme du jugement de condamnation ou d'interdiction.

85. Si le père dont les facu'tés intellectuelles sont aliénées n'est point interdit, il serait plus prudent et plus conforme aux principes de faire prononcer l'interdiction que de lui faire donner son consentement au mariage de l'enfant. Souvent sans doute il répugne à la famille de provoquer l'interdiction de son chef, lorsque son état moral n'est pas tel qu'il le porte à faire des actes qui lui soient préjudiciables; et il pourrait arriver aussi que les retards occasionés par l'instance en interdiction fissent manquer un mariage avantageux. Mais si ces inconvéniens ne sont pas sans quelque gravité, d'autre part aussi il répugne à la raison de voir donner un consentement dans un acte solennel, par un individu entièrement dépourvu de discernement et de volonté. Au reste, l'officier de l'état civil ne peut se rendre juge de la question de savoir si le père non présent est ou non dans l'impossibilité de manifester son consentement; tant qu'on ne lui représente point un acte qui constate cette impuissance, elle est censée ne pas exister, et dès-lors

il ne peut, sans s'exposer à l'application de l'article 193 du Code pénal, célébrer le mariage, même sur le consentement donné par la mère ou par des ascendans d'un degré ultérieur : la loi a établi une hiérarchie qu'il doit respecter. S'il n'en était ainsi, dans une foule de cas la puissance paternelle deviendrait illusoire relativement à l'acte qui est le plus spécialement soumis à l'exercice de son action.

86. L'absent déclaré tel est pareillement censé dans l'impossibilité de manifester sa volonté. Il est présumé décédé, puisque son testament est ouvert et que ses héritiers présomptifs sont envoyés en possession provisoire de ses biens. En représentant à l'officier de l'état civil une expédition du jugement de déclaration d'absence, cet officier pourra donc célébrer le mariage sur le consentement de la mère, des ascendans ou de la famille, selon l'ordre tracé par la loi (1).

87. Mais en est-il de même de l'individu simplement présumé absent? L'article 155 porte « qu'en « cas d'absence de l'ascendant auquel eût dû être « fait l'acte respectueux, il sera passé outre à la « célébration du mariage, en représentant le juge- « ment qui aurait déclaré l'absence, ou, à défaut de « ce jugement, celui qui aurait ordonné l'enquête; « ou, s'il n'y a point encore eu d'enquête, un acte « de notoriété délivré par le juge-de-paix du lieu

(1) Pothier, n° 329 de son *Traité du Mariage.*

« où l'ascendant a eu son dernier domicile connu.
« Cet acte contiendra la déclaration de quatre té-
« moins appelés d'office par le juge de paix.

Comme on le voit, cette disposition n'est relative
qu'à l'acte respectueux; elle suppose par conséquent que l'enfant a acquis la majorité voulue pour
le mariage, vingt et un ans révolus si c'est une fille,
vingt-cinq ans si c'est un fils; tandis qu'il s'agit,
dans l'espèce, d'un enfant de famille qui n'a pas
encore l'âge compétent pour contracter mariage par
l'effet de sa seule volonté. On conçoit très bien le
motif de la facilité accordée par la loi pour le cas
sur lequel elle statue; mais ce motif n'a pas la
même force lorsqu'il s'agit de l'exercice de la puissance paternelle dans l'acte qui intéresse le plus
vivement un père.

88. Un avis du Conseil d'État, du 4 thermidor
an XIII (bulletin, n° 858), porte, il est vrai, « qu'à
« défaut d'acte de décès des pères, mères, aïeuls
« ou aïeules, et si leur non-présence sans nouvelles
« ne peut être prouvée dans la forme prescrite par
« l'article 155 du Code civil, il peut être procédé
« à la célébration du mariage des *majeurs*, sur leur
« déclaration à serment que le lieu du décès et ce-
« lui du dernier domicile de leurs ascendans leur
« sont inconnus; que cette déclaration doit être
« certifiée par les quatre témoins du mariage, qui
« affirmeront aussi par serment qu'ils sont dans la
« même ignorance; enfin, qu'il doit être fait men-

« tion, dans l'acte de mariage, desdites déclara-
« tions. »

De ces diverses dispositions combinées il résulte
bien que, pour le mariage de la fille de vingt et un
ans accomplis, l'acte respectueux, dont nous parlerons bientôt, doit être fait à la mère ou aux aïeuls,
suivant les distinctions posées à l'article 151 ; que le
fils de famille, majeur de vingt et un ans et mineur
de vingt-cinq, n'a pas, dans le cas de non-présence
de son père sans nouvelles, nécessairement besoin
de son consentement, en ce sens qu'il peut être
suppléé par celui de la mère ou des ascendans ; car
nous croyons bien que, par *majeurs*, l'avis du Conseil d'État a entendu parler de la majorité ordinaire,
d'autant mieux qu'il serait inconséquent de permettre à l'enfant de se marier à cet âge, quand il
n'a point d'autre ascendant que son père absent,
et de lui refuser ce droit lorsqu'il y en a d'autres qui
donnent leur consentement au mariage. Mais il ne
résulte pas de ces dispositions que la fille et le fils de
famille âgés de moins de vingt et un ans accomplis,
puissent se marier avec le seul consentement de la
mère, des ascendans ou du conseil de famille, puisque l'article suppose nécessairement la majorité requise pour le mariage, et que l'avis du Conseil d'État
statue sur le cas où les futurs mariés sont *majeurs*.
On reste donc soumis à la règle générale, que la
mère ne peut donner un consentement valable que
lorsque le père est mort ou dans l'impuissance de
manifester sa volonté. Or cette impuissance résulte-

t-elle de la non-présence du père ? la loi veut bien le reconnaître quand il ne s'agit que d'un simple acte respectueux ; mais le silence qu'elle garde sur le cas où le consentement est nécessaire fait voir qu'elle n'a pas cru qu'il y avait parité de raisons dans les deux cas. Pothier (n°. 328) rapporte que le mariage d'une demoiselle de la ville d'Orléans fut annulé pour avoir été contracté sans le consentement de la mère, qui demeurait à Saint-Domingue, quoique le prévôt d'Orléans eût homologué l'avis des parens ; qui tous avaient consenti au mariage, et avaient en conséquence permis la célébration. Il fut fait défense au prévôt d'homologuer de pareils avis. Pothier approuve cette décision, en disant toutefois, au numéro suivant, qu'il n'en est pas de même lorsque le père ou la mère du mineur est absent de *longue absence*, et qu'on ne sait où il est ; que, dans ce cas, le mineur peut, *après information faite de son absence*, être dispensé d'obtenir son consentement, qui doit être suppléé par celui du tuteur et de la famille. Il faudrait donc, d'après cet auteur, que l'absence fût constatée.

89. Mais nous n'allons pas jusque-là ; les circonstances pourraient être telles que le consentement du présumé absent serait valablement suppléé par celui de la mère, etc. Il serait alors utile, selon nous, d'obtenir l'autorisation ou l'homologation du tribunal. Au moyen de cette formalité, la nullité du mariage ne pourrait être ensuite demandée par le

père; mais dans le cas où elle n'aurait pas été observée, la question de nullité dépendrait beaucoup des circonstances de la cause. La demoiselle
Sommaripa, mineure, et sujette de l'empire ot-
toman, avait contracté mariage avec le consentement de sa mère, mais sans que celui de son père,
absent, eût été obtenu ni demandé ; le mariage
avait été célébré à Constantinople avec un Français :
vingt-trois ans après, il a été annulé pour défaut
de consentement du père. *Voy.* l'arrêt de cassation
du 16 avril 1817. Sirey, 17, 1, 232.

90. On a vu que, lorsque le père est mort, le
consentement de la mère suffit. Malgré la généralité
des termes de l'article 148, un estimable jurisconsulte (1) pense qu'à la vérité, si le mariage a été
contracté avec le consentement de la mère remariée, il serait difficile de l'attaquer pour raison d'insuffisance de ce consentement, mais que, s'il n'était
point encore célébré, et qu'il y eût opposition de
la part de la famille, les juges pourraient y avoir
tel égard que de raison. Indépendamment de plusieurs considérations puisées dans les principes généraux de la tutelle, ce jurisconsulte invoque en
faveur de son sentiment la proposition qui fut faite
au Conseil d'État, d'ajouter au projet de loi qu'en
cas de mort du père ou de la mère le consentement
du survivant suffirait, *quand même il aurait contracté un second mariage*; et il conclut de la sup-

(1) M. Delvincourt.

pression de ces mots, que l'on a sans doute pensé
que la circonstance du second mariage pouvait
avoir dans ce cas quelque influence; d'autant
mieux, ajoute-t-il, que, dans la discussion, l'on a
été jusqu'à dire qu'il pourrait arriver que le juge
eût à examiner jusqu'à quel point le consentement
du père remarié suffirait au mariage.

Il nous semble que la suppression ne prouve rien
en faveur de ce sentiment, puisqu'elle eut lieu sur
l'observation que *la règle générale suffisait;* et comme
le droit du père remarié n'a point été modifié par la loi,
bien que, dans la pensée de l'un des orateurs qui ont
pris part à la discussion, il pût l'être, nous en concluons qu'il n'y a rien à inférer de l'observation de
cet orateur; elle prouverait trop ou elle ne prouve
rien : elle fut même réfutée par celle d'un autre
orateur, qui pensa qu'il serait difficile de concilier
l'opinion émise à cet égard avec le système de la
puissance paternelle. La discussion se termina par
l'observation que toutes ces questions devaient être
subordonnées aux dispositions que l'on adopterait
sur le divorce; mais elles n'ont été décidées par
aucune de ces dispositions : en sorte que le principe de l'article 148 est toujours général et absolu.

Sur quelle loi d'ailleurs l'opposition des collatéraux serait-elle fondée? Ce n'est pas assurément
sur l'article 174, le seul cependant qui traite spécialement de l'opposition formée par les personnes
de cette qualité, car il s'exprime ainsi : « A défaut
« d'*aucun* ascendant, le frère ou la sœur, l'oncle,

« ou la tante, le cousin ou la cousine germains,
« majeurs, ne peuvent former opposition *que dans*
« *les deux cas suivans* : 1° lorsque le consentement
« du conseil de famille n'a pas été obtenu dans le
« cas où il est requis ; 2° lorsque l'opposition est
« fondée sur l'état de démence du futur époux. »

Ainsi, d'après ces dispositions combinées avec
celle de l'article 160, ce n'est qu'à défaut d'*aucun*
ascendant que les collatéraux sont recevables à
former opposition ; et dans l'espèce, non-seulement
il y a un ascendant, mais il y en a un du premier
degré, celui dont l'affection est généralement la
plus vive, et qui veut le mariage. En second lieu,
lorsque les collatéraux ont qualité pour former opposition, ils ne peuvent la fonder que sur l'une des
deux causes énoncées ci-dessus ; tellement que les
tribunaux ne pourraient, sans contrevenir à la loi,
admettre une opposition fondée sur une autre cause.
Dans le cas dont il s'agit, elle serait donc arbitraire ;
elle créerait un empêchement.

Que l'on suppose d'ailleurs que le fils de famille
ait plus de vingt et un ans accomplis, mais moins de
vingt-cinq : assurément l'opposition des collatéraux
ne serait pas recevable ; et cependant le consentement de la mère serait encore nécessaire, d'après
l'article 148, et même d'après le système que nous
combattons, car il ne restreint le pouvoir de la
mère que relativement au consentement, et non
relativement au refus de consentir. Or, s'il en est
ainsi, c'est parce que le pouvoir maternel subsiste

encore, nonobstant le convol de la mère; et s'il
subsiste à l'effet d'empêcher le mariage, à plus forte
raison doit-il subsister pour l'autoriser, puisqu'on
reconnaît généralement que le mariage est favorable, et qu'aucune affection n'est comparable à
l'amour maternel.

On dit, pour le cas où la mère remariée n'a pas
été maintenue dans la tutelle, qu'il serait contre les
principes que son avis pût l'emporter sur celui de
la famille; que, d'après l'article 1398, le mineur
habile à contracter mariage peut consentir valablement toutes donations, pourvu qu'il soit assisté,
dans son contrat, des personnes dont le consentement est nécessaire pour la validité du mariage;
et que, si le consentement seul de la mère suffisait,
il s'ensuivrait que ce consentement suffirait aussi
pour autoriser l'époux à disposer de tout son bien
par contrat de mariage, tandis que la mère, non
maintenue dans la tutelle, ne peut autoriser la disposition de l'objet le plus modique appartenant à
ses enfans; enfin, que, soumise au pouvoir marital,
elle est placée dans l'impossibilité de manifester sa
propre volonté, qu'elle est supposée n'en avoir pas
d'autre que celle de son mari.

Comme la question est de la plus grande importance, et qu'elle peut se présenter journellement,
nous croyons devoir ne point laisser sans réponse
ces raisons, qui pourraient jeter des doutes sur la solution qu'elle mérite, du moins selon notre opinion.

D'abord, et l'on en convient dans le système contraire, le raisonnement qui tend à établir que la femme remariée est censée n'avoir d'autre volonté que celle de son mari, s'applique aussi bien à la mère maintenue dans la tutelle, qu'à celle qui ne l'a point été; et c'est pour cela que l'on finit par ne faire aucune différence entre l'une et l'autre, quant au droit que l'on reconnaît aux collatéraux, de former opposition au mariage, en subordonnant toutefois cette opposition à la sagesse des tribunaux.

Et quant à ce que l'on dit, qu'il serait contraire aux principes que la mère non tutrice pût autoriser le mariage, et par conséquent le mineur à disposer de tout son bien, tandis qu'elle ne pourrait, hors ce cas, l'autoriser à disposer de l'objet le plus modique, cette objection n'est que spécieuse : si elle était fondée, non-seulement le consentement de la mère remariée et maintenue dans la tutelle pourrait être combattu par le dissentiment des collatéraux, mais celui du père tuteur pourrait l'être aussi; car un tuteur n'a pas le pouvoir d'autoriser valablement le mineur à donner une partie de ses biens, et encore moins à les donner en totalité, puisqu'il a lui-même besoin d'une autorisation du conseil de famille pour aliéner les immeubles, intenter une action immobilière ou y acquiescer, pour provoquer un partage, transiger, etc. Donc, si l'insuffisance du consentement pour le mariage pouvait s'induire de l'insuffisance de l'autorisation accordée à l'enfant de faire des donations par son contrat,

il faudrait, pour être conséquent, décider aussi que
le consentement même du père est insuffisant pour
le mariage, et rayer ainsi la disposition de l'article 148 : il faudrait encore bien mieux le prétendre
pour le cas où le père veuf n'est pas tuteur, à raison, par exemple, de ses infirmités ; car alors il
ne peut, non plus que la mère remariée et non
maintenue dans la tutelle, autoriser l'enfant à disposer de l'objet le plus modique (art. 450). Mais
on ne doit point argumenter de l'étendue des pouvoirs relativement aux biens à l'étendue de la puissance relativement au mariage; ce sont des objets
distincts par leur nature et leurs effets : les conventions matrimoniales ne sont que des accessoires;
l'objet principal c'est le mariage, et la loi donne
pouvoir aux père et mère de l'autoriser ou de l'empêcher. Pourrait-on prétendre, par exemple, que
le prodigue ne peut se marier sans l'assistance de
son conseil, parce que la loi lui défend d'hypothéquer ses biens sans cette assistance, et qu'elle attribue à la femme une hypothèque sur ces mêmes
biens? Non certainement. Le raisonnement que
nous réfutons n'étant d'ailleurs applicable qu'au
cas où l'enfant ferait des avantages à son conjoint;
dans le cas contraire, l'opposition des collatéraux
n'aurait plus de motif. Or, peut-on naturellement
supposer qu'une mère, quoique non maintenue
dans la tutelle, ira sacrifier les droits de son enfant?
On a pu lui retirer la tutelle, parce qu'on a craint
que le nouveau mari n'exerçât sur l'administration

une influence préjudiciable aux intérêts du mineur ; mais on ne doit pas conclure de là que l'affection maternelle soit effacée ni même affaiblie. Ajoutez que l'intérêt du nouveau mari, qui, de fait, aurait été l'administrateur de la tutelle, n'est point en contact avec celui de l'enfant quand il s'agit du mariage : aussi la loi ne fait-elle aucune distinction ; elle dit positivement que, si le père est mort, le consentement de la mère suffit.

91. Lorsque le père ou la mère donne son consentement par acte, est-il absolument nécessaire que cet acte indique spécialement la personne que l'enfant doit épouser ? La loi 34, ff. *de Ritu Nuptiarum*, paraît vouloir que le consentement du père porte sur une personne déterminée : *Generali mandato quœrendi mariti filiæfamilias non fieri nuptias, rationis est. Itaque personam ejus patri demonstrari qui matrimonio consenserit, ut nuptiæ contrahantur, necesse est.* Mais dans cette loi, c'est un mandataire chargé de choisir un mari qui ferait choix d'un époux à la fille du mandant, et il est naturel qu'un mandat général ne soit pas valable pour un objet aussi important ; au lieu que, dans l'espèce de la question, c'est un père qui donne à son fils, par acte authentique et d'une manière générale, le pouvoir de se marier. Or ne peut-on pas dire qu'il est le premier juge de la prudence et du discernement de son fils ? Sa confiance à cet égard peut-elle être repoussée ? Dans tel cas le consentement ne pourrait même

être donné avec utilité pour l'enfant qu'autant qu'il
serait donné d'une manière générale. Par exemple,
un jeune homme s'embarque pour aller fonder
dans un pays éloigné un établissement de commerce : il sent qu'il pourra s'y marier avantageusement; mais que s'il fallait, lorsqu'il sera parvenu dans
ce pays, demander en France le consentement de
ses parens, les distances et des événemens de force
majeure, pourraient apporter, pendant un temps
pour ainsi dire indéfini, des obstacles au mariage
qu'il a intérêt de contracter : il préfère donc emporter avec lui le consentement de ses parens, qui,
tout en le donnant librement, ne peuvent cependant le donner d'une manière spéciale. On peut
dire aussi que l'article 73, qui explique avec détail
tout ce que doit contenir l'acte, ne fait aucune mention du nom de la personne avec laquelle l'enfant
doit contracter mariage. Cependant tel n'est pas
notre avis : la raison de la loi romaine est également
applicable; elle a même plus de force, à cause de
l'obsession à laquelle les parens pourraient être
forcés de céder. Nous pensons que tel est l'esprit
du Code; mais , si le mariage était contracté, il
serait bien difficile de fonder l'action en nullité
sur une de ses dispositions.

92. Comme la loi n'a pas défendu aux notaires de
recevoir l'acte portant consentement, dans lequel
l'ascendant laisserait en blanc le nom du futur conjoint, si cela avait lieu, il semble, lorsque cet acte

serait rempli, que l'officier de l'état civil ne pourrait se refuser à la célébration, sur le motif que le nom de ce futur conjoint n'est pas écrit de la même main que le corps de l'acte; et nous pensons aussi que ni l'ascendant, ni l'enfant, ne seraient recevables ensuite à attaquer le mariage. L'acte ferait foi.

93. Lorsque le père, ou la mère survivante, ou tout autre ascendant, ont donné leur consentement par acte, il n'est pas douteux qu'ils ne puissent le révoquer avant la célébration; et pour cela, ils devront retirer l'acte (1) des mains de l'enfant, s'il lui a été remis : dans le cas où il ne leur serait pas rendu, ils s'empresseront de former opposition. C'est leur consentement libre qui est exigé par la loi, et il doit exister au moment même du mariage.

94. Mais si le père qui a donné son consentement par acte meurt ou est interdit avant la célébration, sans l'avoir révoqué, y a-t-il besoin de celui de la mère, ou des ascendans, ou enfin de la famille, suivant l'ordre tracé par la loi?

Ceux-ci peuvent-ils du moins s'opposer à la célébration?

On pourrait croire qu'un nouveau consentement de la part de la mère, etc., n'est pas nécessaire, parce que celui du père serait censé subsister encore au moment de la célébration. On pourrait d'autant

_____

(1) Il est ordinairement délivré en brevet.

mieux le penser que ce consentement n'a pas pour
objet de former un contrat entre le père et l'enfant;
et dès-lors que le principe suivant lequel la mort
de l'un des contractans, arrivée avant que l'autre
ait légalement consenti, et que nous trouvons implicitement consacré par l'article 932, n'est point
applicable. Aussi M. Delvincourt, déterminé par
cette raison, a-t-il écrit qu'un nouveau consentement n'est pas nécessaire. On pourrait ajouter que
le testament fait par un individu qui tombe ensuite
en démence et qui meurt en cet état est cependant
valable; ce qui ne peut être fondé que sur ce que
la loi, en exigeant la capacité dans le testateur au
moment de la confection du testament et au moment de la mort, suppose qu'il a persévéré dans sa
volonté, puisqu'il n'a pu manifester qu'il en a
changé. Or, dirait-on, le père décédé ou interdit
n'ayant point changé de sentiment à l'égard du mariage, son consentement subsiste toujours; de telle
sorte que non-seulement celui de la mère, etc., n'est
pas nécessaire, mais encore que celle-ci ne peut empêcher le mariage : car, en cas de dissentiment, la
volonté du père a la prépondérance.

Néanmoins nous ne sommes pas de cet avis. Dans
l'esprit de la loi, le consentement de l'ascendant est
requis au moment de la célébration, parce que ce
n'est qu'à cette époque qu'il peut être donné avec
le plus d'avantage pour l'enfant ; ainsi que, pour le
même motif, l'autorisation du tuteur, chez les Romains, devait être exprimée *in præsenti negotio*. Il

est vrai que le consentement du père peut être donné par acte antérieur à la célébration, qu'il peut
être aussi exprimé par un mandataire, toutes
choses interdites dans l'autorisation du tuteur, suivant les lois romaines (1); et il est vrai aussi que celui
dont il s'agit n'a point été révoqué; mais la raison
décisive, c'est que le consentement du père n'était
que l'exercice de la puissance paternelle dans ses
effets relativement au mariage : or cette puissance,
passant par sa mort dans la personne de la mère
ou des ascendans, ou dans la personne morale appelée conseil de famille, tellement que le père ne
pouvait la leur ravir qu'en en consommant l'usage
par le mariage même de l'enfant, elle doit avoir
l'effet de révoquer un consentement que le père
eût pu anéantir par une volonté contraire. Et comme elle réside maintenant en propre dans la personne de la mère, c'est la mère qui doit l'exercer,
c'est son consentement qui doit présider à la célébration. A cette raison de droit nous ajouterons la
considération que la position respective des parties
qui se proposent de contracter mariage a pu changer depuis que le père avait donné son consentement, et que, s'il était vivant, il repousserait
peut-être avec force un mariage qui lui paraissait
d'abord devoir faire le bonheur de son enfant. D'a-
près cela, nous pensons que si l'acte de décès du

(1) C'était *actus légitimus* : or *les actes légitimes* ne pouvaient se faire
par mandataire. L. 77. ff. *de Reg. juris.* Heinneccius, *Elementa juris,*
n°s 249 et suiv.

II.   6

père était représenté à l'officier de l'état civil, ou que cet officier eût d'une autre manière connaissance de sa mort ou de son état de démence, il devrait se refuser à célébrer le mariage, nonobstant l'acte portant consentement, tant que celui de la mère, etc., ne lui serait pas représenté. A plus forte raison, ne pourrait-il procéder à la célébration s'il y avait opposition.

95. Mais si le mariage avait été célébré sans opposition de la part de la mère, et sur le vu seulement de l'acte dont il s'agit, il serait bien difficile, même en invoquant les principes que nous venons de poser, d'en pouvoir demander avec succès l'annulation : on verrait probablement dans le silence de la mère une confirmation de la volonté du père.

96. « Si le père et la mère sont morts, ou s'ils « sont dans l'impossibilité de manifester leur vo- « lonté, les aïeuls et aïeules les remplacent.

« S'il y a dissentiment entre l'aïeul et l'aïeule de « la même ligne, il suffit du consentement de l'aïeul.» (Art. 150.)

97. « S'il y a dissentiment entre les deux lignes, « ce partage emporte consentement. » (*Ibid.*)

98. Ainsi, la volonté de l'aïeul, paternel ou maternel, doit être suivie quand il n'y a ni aïeul ni aïeule dans l'autre ligne; il représente le père ou la mère de l'enfant. Et quoique la loi se serve de ces expressions : « En cas de dissentiment entre l'aïeul « et l'aïeule de la même ligne, *il suffit du consente-*

ment de l'aïeul, » elle ne veut pas seulement dire
que la volonté de l'aïeul suffit au mariage, elle veut
dire aussi que sa volonté peut l'empêcher; car les
aïeuls et aïeules remplacent les père et mère, et la
volonté du père fait loi aussi bien à l'effet d'empêcher le mariage qu'a l'effet de l'autoriser.

Il résulte aussi de l'article que, s'il y a des aïeuls
et aïeules dans les deux lignes, le consentement d'un
aïeul, même de celui de la ligne maternelle, l'emporte sur le dissentiment de l'aïeule de sa ligne et
des deux ascendans de l'autre ligne; parce qu'en
effet ce consentement est censé celui de la ligne à
laquelle appartient cet aïeul, et que, dès qu'il y a
partage entre les lignes, le partage vaut consentement. A ce degré, la ligne paternelle n'a aucune
prépondérance sur la ligne maternelle : bien mieux,
si l'aïeule maternelle était seule de sa ligne et qu'elle
voulût le mariage, son consentement l'emporterait
sur le dissentiment de l'aïeul et de l'aïeule paternels, puisqu'elle représenterait sa ligne et que le
partage vaudrait consentement. On s'est plutôt déterminé par la faveur du mariage que par les principes ordinaires d'après lesquels la tutelle est déférée.

Quoique l'article 150 ne parle que des aïeuls et
aïeules, nul doute que le principe qu'il consacre
ne s'applique aussi aux bisaïeuls et bisaïeules : c'est
la qualité d'ascendant que la loi a considérée; et
si elle s'est servie de dénominations dont le sens
est plus restreint, c'est qu'elle a eu en vue les cas

les plus fréquens : *Statuit lex de eo quod plerùmque fit.* Mais la graduation doit être observée : en sorte que l'on devra suivre la volonté de l'ascendant le plus proche en degré , lors même que des ascendans de la même ligne , mais à un degré plus éloigné, auraient une volonté contraire : par exemple, la volonté de l'aïeule doit prévaloir sur celle du père de celle-ci.

99. Comme ce n'est qu'en cas de décès des père et mère, ou lorsque ceux-ci sont dans l'impossibilité de manifester leur volonté, que les ascendans les remplacent, et qu'il est souvent difficile, surtout à la classe pauvre, de se procurer les actes de décès, faute de connaître le dernier domicile des père et mère, le Conseil-d'État a décidé, par un avis approuvé le 4 thermidor an xiii, et dont nous avons précédemment parlé (1), « qu'au défaut d'actes de « décès des père et mère des futurs mariés , il suffit « que le décès soit attesté par les aïeuls et aïeules, « et qu'il soit fait mention de cette attestation dans « l'acte de mariage.»

100. Lorsque tous les ascendans sont morts, ou dans l'impossibilité de manifester leur volonté, la majorité pour le mariage est fixée , comme pour les autres actes de la vie civile, à vingt et un ans accomplis pour les hommes et les femmes indistinctement; jusqu'à cet âge, ils doivent obtenir le consentement du conseil de famille. (Art. 160.)

(1) Au n° 88.

101. L'article 883 du Code de procédure porte que «les tuteur, subrogé-tuteur ou curateur, même « les membres de l'assemblée, pourront se pourvoir « contre la délibération : ils formeront leur demande « contre les membres qui auront été d'avis de la « délibération.» Mais cet article n'est point applicable à celle qui est prise d'une manière régulière relativement au mariage du mineur, qu'elle ait pour résultat de l'approuver ou de l'empêcher. La loi exige le consentement du conseil de famille, et non pas une décision des tribunaux. Ce point, selon nous, n'est pas susceptible de controverse sérieuse, quoique l'article ne distingue pas entre les diverses matières sur lesquelles délibère la famille.

102. Si le conseil de famille refusait son consentement, on ne pourrait pas plus le forcer à donner ses motifs qu'on ne pourrait obliger un ascendant à donner les siens dans le même cas. D'abord, la loi ne l'oblige pas à les donner; en second lieu, il remplace les ascendans; enfin, ses motifs pourraient être peu honorables pour l'autre partie; et la crainte raisonnable qu'auraient les membres du conseil de s'attirer son animadversion, et peut-être une demande en réparation ou en dommages-intérêts, pourrait leur ôter l'indépendance nécessaire dans l'importante mission qui leur est confiée, et les exposer ainsi à consentir à un mariage qu'ils ne croiraient cependant pas propre à faire

le bonheur de la personne soumise à leur autorité. (1)

Cette décision s'applique aussi au cas où la délibération ne serait pas prise à l'unanimité. L'article 883 précité dit bien à la vérité que toutes
les fois que les délibérations du conseil de famille
ne seront pas unanimes, l'avis de chacun des membres qui le composent sera mentionné dans le procès-verbal; mais il ne résulte pas de là que l'avis
de chacun doive être *motivé* : il suffit qu'il soit *mentionné.*

103. Pour assurer l'exécution des dispositions
ci-dessus, l'article 156 porte que « les officiers de
« l'état civil qui auraient procédé à la célébration
« des mariages contractés par des fils n'ayant pas
« atteint l'âge de vingt-cinq ans accomplis, ou par
« des filles n'ayant pas atteint l'âge de vingt et un ans
« accomplis, sans que le consentement des père et
« mère, celui des aïeuls et aïeules, et celui de la
« famille, dans les cas où ils sont requis, soient
« énoncés dans l'acte de mariage, seront, à la dili-
« gence des parties intéressées, et du procureur du
« Roi au tribunal de première instance du lieu où
« le mariage aura été célébré, condamnés à l'a-
« mende portée par l'article 192, et en outre, à
« un emprisonnement dont la durée ne pourra être
« moindre de six mois. »

_____

(1) M. Delvincourt est aussi de cet avis. M. Toullier a écrit le contraire.

L'article 193 du Code pénal fixe l'amende à la somme de seize francs à trois cents francs, et l'emprisonnement à six mois au moins et à une année au plus.

Mais la peine est applicable, par cela seul que le consentement des ascendans ou de la famille, dans le cas où il était requis, n'a point été énoncé, encore qu'il eût été donné lors du mariage (art. 156, Code civil analysé) (1), ou, dans le cas où il n'aurait pas été donné, lors même que la nullité du mariage n'aurait pas été demandée ou aurait été couverte ; le tout, sans préjudice des peines plus fortes prononcées en cas de collusion, et sans préjudice aussi des autres dispositions du titre V du livre Ier du Code civil. (Art. 195, Cod. pén.)

104. La loi n'exige pas absolument le consentement des ascendans pour le mariage des hommes majeurs de vingt-cinq ans, et de la femme âgée de vingt et un ans accomplis; mais comme l'enfant doit, à tout âge, honneur et respect à ses ascendans, elle lui impose l'obligation de demander leur conseil. C'est ce que nous avons dit en commençant l'explication de ce chapitre.

105. Ce conseil doit être demandé aux ascendans auxquels l'enfant devrait demander le consentement s'il était mineur pour le mariage : par con-

(1) L'officier est en faute d'avoir exposé par sa négligence un mariage légitime à être attaqué, sous prétexte du défaut de consentement des ascendans ou du conseil de famille.

séquent aux père et mère ; et si ceux-ci sont décédés ou dans l'impossibilité de manifester leur volonté, aux aïeuls et aïeules, suivant le degré de proximité. (Art. 151.)

106. Si les père et mère sont tous deux en état de manifester leur volonté, l'acte respectueux doit être notifié à chacun d'eux, attendu que, si, d'une part, le consentement du père prévaut en cas de dissentiment, d'autre part, il faut, pour qu'il y ait dissentiment, qu'ils soient consultés tous deux (1); en sorte que si, dans le cas où les père et mère sont tous deux dans l'impuissance de manifester leur volonté, il y a plusieurs ascendans au même degré dans une ligne ou dans les deux, il faut notifier l'acte respectueux à chacun de ces ascendans.

107. Depuis l'âge de vingt-cinq ans accomplis, jusqu'à celui de trente ans révolus, pour les fils, et depuis l'âge de vingt et un ans révolus jusqu'à l'âge de vingt-cinq ans accomplis, pour les filles, l'acte respectueux, sur lequel il n'y a pas de consentement au mariage (2), doit être renouvelé (3) deux

---

(1) Ainsi jugé par la Cour de Bruxelles le 5 mai 1808 (Sirey, 1809, 2, 840); par celle de Caen, le 12 décembre 1812 (*Ibid.*, 1813, 2, 157); et par celle de Douai, le 25 janvier 1815. (Sirey, 1816, 2, 114.)

(2) S'il y a consentement de la part d'un aïeul de l'une ou l'autre ligne, ou même d'une aïeule qui est seule dans la sienne, le mariage peut être célébré de suite. (Art. 150 analysé.)

(3) La Cour de Paris a jugé le 19 octobre 1809 (Sirey, 1810, 2, 271), que l'acte signifié le 20 juin, par exemple, avait pu être renouvelé le 20 juillet suivant; que l'article 1033 du Code de procédure, qui veut que le jour de la notification et celui de l'échéance ne soient

fois, de mois en mois; et un mois après le troisième acte, il peut être passé outre à la célébration du mariage. (Art. 152.)

108. Après l'âge de trente ans pour les fils, et de vingt-cinq ans pour les filles (1), il peut être, à défaut de consentement sur un acte respectueux, passé outre, un mois après, à la célébration du mariage. (Art. 153.)

109. L'acte respectueux doit être notifié à celui ou à ceux des ascendans auxquels l'enfant devrait, comme nous l'avons dit, demander le consentement, s'il était mineur pour le mariage. Il doit l'être par deux notaires (2), ou par un notaire et deux témoins. Dans le procès verbal qui en est dressé, il doit être fait mention de la réponse. (Art. 154.)

Le défaut de réponse équivaut à un refus de répondre, et il doit être aussi mentionné dans le procès verbal.

110. Quoique la loi prescrive de faire, dans le procès verbal, mention de la réponse de l'ascendant, il ne faut cependant pas conclure de là que

---

pas comptés dans les actes à personne ou domicile, ne s'applique point aux actes respectueux, attendu que l'article 152 dit simplement *de mois en mois.* En effet, on a entendu parler de *quantième à quantième.*

(1) Cet article ne dit pas cela aussi clairement; mais il doit se combiner avec le précédent, dont il aurait dû faire partie. La discussion au Conseil-d'État ne laisse d'ailleurs aucun doute.

(2) La loi a repoussé le ministère des huissiers, qui généralement est un ministère de rigueur, et dont l'emploi aurait pu indisposer l'ascendant. Celui des notaires est plus révérentiel.

l'acte ne peut lui être signifié qu'à personne; car il
peut l'être aussi à domicile : autrement, en s'éloignant, l'ascendant éluderait le but de la loi, et
rendrait ainsi arbitrairement le mariage impossible (1).

111. Il n'est pas nécessaire, non plus, que l'enfant soit présent à la notification; la loi ne l'exige
pas. Dans les dispositions où sont, en ce moment,
l'ascendant et l'enfant, à l'égard l'un de l'autre, la
présence de celui-ci ne produirait peut-être pas
l'effet qu'on pourrait en désirer. En prescrivant au
notaire de faire dans le procès-verbal mention de
la réponse de l'ascendant, l'article 154 paraît d'ailleurs supposer que l'enfant n'est point présent à la
notification, et que c'est par la lecture de ce procès verbal qu'il pourra connaître les motifs de l'ascendant (2).

112. Nous avons dit précédemment qu'en cas
d'absence de l'ascendant auquel eût dû être fait
l'acte respectueux, il sera passé outre à la célébration du mariage, en représentant le jugement qui
aurait été rendu pour déclarer l'absence, ou, à défaut de ce jugement, celui qui aurait ordonné l'enquête, ou, s'il n'y a point encore eu de jugement,
un acte de notoriété délivré par le juge-de-paix

---

(1) Jugé en ce sens par la Cour de Douai le 22 avril 1819. Sirey,
1820, 2, 116.

(2) *Voy.* un arrêt de la Cour de Bordeaux, qui a jugé en ce sens le
22 mai 1806. (Sirey, 7, 2, 768.) La Cour de Caen avait toutefois jugé
le contraire, le 1er prairial an XIII. Sirey, 5, 2, 143.

du lieu où l'ascendant a eu son dernier domicile connu ; et que cet acte doit contenir la déclaration de quatre témoins appelés d'office par le juge-de-paix (art. 155). Mais il ne faut pas conclure de là que, si le père, par exemple, est absent ou non présent, et qu'il y ait un aïeul, soit paternel, soit maternel, l'enfant est dispensé de faire les actes respectueux ; car cet article doit se combiner avec l'article 151, suivant lequel l'aïeul remplace le père qui est dans l'impossibilité de manifester sa volonté : par conséquent, s'il est vrai de dire, d'une part, que c'est au père qu'aurait dû être fait l'acte respectueux, d'autre part on doit dire aussi que l'aïeul le remplace quant à cet acte, comme il le remplacerait quant au consentement, ainsi que le décide l'art. 150.

113. Lorsqu'il n'y a pas eu d'actes respectueux dans les cas où ils sont prescrits, l'officier de l'état civil qui a célébré le mariage doit être condamné à l'amende de seize francs à trois cents francs, et à un emprisonnement qui ne pourra être moindre d'un mois. (Art. 157, Code civil.)

Mais le mariage ne peut être attaqué pour cette cause.

114. Toutes les dispositions dont nous venons de parler, relativement à la nécessité du consentement des père et mère (1), si les époux sont mineurs

_____

(1) Mais non des aïeuls et aïeules : car l'enfant naturel ne peut être reconnu que par ses père et mère, et cette reconnaissance ne lui

quant au mariage, ainsi qu'aux actes respectueux, s'ils sont majeurs, sont applicables aux enfans naturels légalement reconnus. (Art. 158.)

115. Puisqu'il faut que l'enfant soit *légalement* reconnu, il résulte de là que celui qui ne l'a été que par acte sous seing privé n'est point soumis à ces dispositions; car une telle reconnaissance n'est point légale. Comme elle ne produit généralement aucun effet au profit de l'enfant, il est conséquent qu'elle ne lui impose aucune obligation.

116 L'enfant naturel qui n'a point été reconnu, ou celui qui, après l'avoir été, a perdu ses père et mère, ou dont les père et mère ne peuvent manifester leur volonté, ne peut, avant l'âge de vingt et un ans révolus, se marier, qu'après avoir obtenu le consentement d'un tuteur *ad hoc*, qui lui sera nommé (art. 159); en sorte que, s'il en a déjà un, il faut que ce tuteur soit spécialement autorisé à l'effet de consentir au mariage.

117. Ce tuteur ne peut être nommé par la famille, puisque l'enfant naturel, même reconnu, n'en a pas, du moins aux yeux de la loi. On a supposé, dans la discussion, que le conseil serait composé des amis de l'enfant. S'il avait été reconnu, le juge-de-paix pourrait aussi, conformément à l'article 409, appeler des citoyens connus pour

---

donne des droits qu'à leur égard, et nullement à l'égard de leurs parens.

avoir eu des relations habituelles d'amitié avec les père et mère décédés.

118. Par décret du 16 juin 1808 (Bulletin, n° 3463), les militaires en activité de service sont tenus, pour contracter mariage, de rapporter, savoir : les officiers, la permission par écrit du ministre de la guerre; et les sous-officiers et soldats, celle du conseil d'administration de leur corps; sous peine, pour les officiers, d'être destitués et de perdre tout droit, tant pour eux que pour leurs veuves et leurs enfans, à toute pension ou récompense militaire.

Tout officier de l'état civil, porte le même décret, qui aura sciemment célébré le mariage d'une des personnes indiquées ci-dessus, sans s'être fait remettre la permission exigée, ou même qui aura négligé de la joindre à l'acte de célébration, sera destitué.

Mais le mariage n'est pas moins valable.

Ces dispositions ont été étendues par un décret du 28 août 1808 (Bulletin, n° 3681):

1° Aux commissaires ordonnateurs et ordinaires des guerres (1), leurs adjoints, et aux élèves en cette partie;

2° Aux officiers de santé militaires de toutes classes et de tous grades;

3° Aux officiers, sous-officiers et soldats en activité de service dans les bataillons d'équipages;

---

(1) Aujourd'hui intendans et sous-intendans militaires.

Par un avis du Conseil-d'État, approuvé le 21 décembre 1808 (Bulletin, n° 4032), 4° aux officiers réformés et jouissant d'un traitement de réforme;

Enfin, d'après le décret du 3 août 1808 (Bulletin, n° 3604), 5° aux officiers et aspirans de la marine royale, aux officiers de troupes d'artillerie de la marine, aux officiers du génie maritime, aux administrateurs de la marine, et enfin à tout officier militaire ou civil du département de la marine, nommé par le Roi ; lesquels en conséquence ne peuvent se marier sans en avoir obtenu la permission par écrit du ministre de la marine. Sont néanmoins autorisés, les capitaines généraux des Colonies et les chefs coloniaux, à consentir au mariage des officiers qui leur sont respectivement subordonnés, si toutefois les circonstances ne permettent pas d'attendre la permission du ministre, et à la charge par eux de lui en rendre compte par la plus prochaine occasion ;

6° Aux sous-officiers et soldats de troupes appartenant au même département : ils ne peuvent pareillement se marier qu'après en avoir obtenu la permission du conseil d'administration de leur corps.

SECTION IV.

Des Empéchemens au Mariage.

SOMMAIRE.

120. *Dans la loi, cette distinction n'eût pas été sans danger.*

121. *On distingue aussi, dans la doctrine, les empéchemens en* relatifs *et* absolus.

122. *Corrélation des empéchemens avec les nullités du mariage.*

123. *Les empéchemens sont des conditions* négatives, *tandis que les qualités requises pour pouvoir contracter mariage sont des conditions* affirmatives.

124. *Le défaut de publications est un empéchement prohibitif.*

125. *Il en est de même de tout acte d'opposition.*

126. *Le défaut de représentation des pièces requises constitue pareillement un empéchement prohibitif.*

127. *Il est quelques empéchemens que la loi n'a pas caractérisés ; en sorte qu'ils ont fait naître des opinions divergentes sur la question de savoir s'ils sont dirimans ou simplement prohibitifs.*

128. *Celui apporté par l'article* 228 *est de ce nombre.*

129. *Il en est de même de celui établi par l'article* 298.

130. *L'engagement dans les ordres sacrés est-il, depuis la Charte, un empéchement au mariage ; et dans le cas de l'affirmative, est-il dirimant ou simplement prohibitif?* Renvoi, note.

131. *La mort civile, le lien d'un premier mariage subsistant, la parenté et l'alliance sont des empéchemens dirimans.*

132. *Le mort civilement ne peut contracter un mariage qui produise des effets civils par rapport à lui.* Renvoi.

133. *Il en est autrement de l'individu rentré dans la vie civile.* Renvoi.

134. *Le mariage produirait néanmoins tous ses effets civils en faveur du conjoint de bonne foi et des enfans.* Renvoi.

135. *Il les produirait même en faveur des enfans conçus depuis que l'époux aurait connu l'état de son conjoint.*

136. *Du mariage contracté par le mort civilement en pays étranger.* Renvoi.

137. *Le fait de bigamie commis sciemment est un crime.*

138. *L'officier de l'état civil qui a célébré le second mariage, connaissant l'existence du premier, a aussi commis un crime.*

139. *La défense de contracter un second mariage avant la dis-*

solution du premier, ne résulte pas seulement de la loi religieuse ; elle est fondée aussi sur la loi civile. Conséquences.

140. *L'absent dont le conjoint a contracté une nouvelle union ; est seul recevable à attaquer ce mariage par lui-même ou son fondé de pouvoir, muni de la preuve de son existence.*

141. *Quand il n'y a plus d'incertitude sur la vie de l'absent, parce qu'il est de retour dans ses foyers, les principes reprennent leur empire. L'article 139 ne s'applique pas nécessairement au cas où, à l'époque du second mariage, l'individu n'était qu'en simple présomption d'absence. Renvoi.*

142. *L'absent n'aurait pas le droit de profiter de la faute ou de l'erreur de son conjoint, pour contracter un second mariage avant la dissolution du premier.*

143. *De ce qu'un mariage serait susceptible d'être annulé, l'un de ceux qui l'ont contracté n'aurait pas le droit de passer à de secondes noces avant d'en avoir fait prononcer la nullité.*

144. *Si les nouveaux époux opposent la nullité du premier mariage, cette nullité doit être préalablement jugée.*

145. *Après leur mort, les enfans pourraient aussi invoquer l'exception préjudicielle.*

146. *Dans le cas où l'accusé de bigamie nierait la validité du premier mariage, la Cour criminelle ne pourrait faire juger cette question par le jury, ni la juger elle-même : elle devrait surseoir et renvoyer devant les tribunaux civils.*

147. *Si, lorsqu'à l'époque où le second mariage a été contracté, l'époux avait à faire valoir contre le premier une nullité temporaire, couverte au moment où le second est attaqué, ce moyen de nullité serait sans effet, et l'époux serait coupable du fait de bigamie.*

148. *De l'empêchement pour cause de parenté. Ce que c'est que la arenté.*

149. *Il y en a trois sortes : la parenté naturelle, la parenté naturelle et civile, et la parenté purement civile.*

150. *Dans la parenté, on distingue la ligne et le degré ; ce*

que c'est que la ligne : la ligne est directe ou collatérale.

151. *Les degrés se comptent par les générations.*

152. *Ce qu'on entend par l'alliance ou l'affinité.*

153. *Les prohibitions de mariage pour cause de parenté ou d'alliance étaient autrefois fort étendues.*

154. *En ligne directe, le mariage est prohibé entre tous les ascendans et les descendans légitimes ou naturels, et les alliés dans la même ligne.*

155. *Je ne puis donc épouser la veuve de mon père naturel, ni la veuve du père de celui-ci ; vice versâ, mon père naturel ne peut épouser ma veuve ni la veuve de mon fils.*

156. *La discipline ecclésiastique reconnaît une sorte d'affinité entre une personne et les enfans et descendans d'une autre personne avec laquelle elle a vécu en concubinage.*

157. *L'esprit du Code ne permettrait pas qu'il fût fait des recherches pour établir le concubinage à l'effet d'empêcher le mariage.*

158. *Si le concubinage était établi par la reconnaissance d'un enfant naturel par deux individus, le mariage serait-il interdit entre l'un d'eux et les enfans de l'autre ? Non.*

159. *Le mariage devrait cependant être interdit, pour cause d'honnêteté publique, entre un individu et la fille de celle avec laquelle il avait contracté un mariage qui a été annulé, lors même que, attendu la mauvaise foi des époux, ce mariage ne produirait point les effets civils.*

160. *Il est indifférent, quant à la prohibition, que la parenté soit adultérine, incestueuse, ou naturelle simple.*

161. *En ligne collatérale, le mariage est prohibé entre le frère et la sœur, légitimes ou naturels, et les alliés au même degré.*

162. *Je ne puis donc épouser la sœur, même naturelle, de ma femme.*

163. *La prohibition suit les individus en pays étranger, et rend nul le mariage qu'ils y auraient contracté, encore qu'ils ne l'eussent pas fait transcrire en France, et qu'ils n'y prissent pas publiquement la qualité d'époux.*

164. *Il en serait ainsi, lors même que la femme serait étrangère et appartiendrait à une nation chez laquelle le mariage entre beaux-frères et belles-sœurs serait permis.*

II.   7

165. *Même décision, encore bien que le mari fût étranger.*

166. *Dans le cas où l'une des personnes qui se proposent de contracter mariage serait enfant naturel non reconnu, le ministère public aurait-il le droit de rechercher soit la paternité, soit la maternité, à l'effet d'établir l'empêchement pour parenté ou alliance?*

167. *Quid si, après le mariage d'un individu avec une fille naturelle non reconnue, le père de cet individu, qui n'a pas consenti au mariage, reconnaît sa bru pour sa fille?*

168. *Le mariage est également prohibé entre l'oncle et la nièce, le grand-oncle et la petite-nièce; aut vice versâ.*

169. *Le Roi peut lever la prohibition pour des motifs graves.*

170. *Chez les Romains le mariage était aussi prohibé à ces degrés. Il fallut un sénatus-consulte pour autoriser celui de Claude avec Agrippine, fille de son frère Germanicus.*

171. *La prohibition ne s'étend point aux oncles et tantes, nièces et neveux par alliance.*

172. *Elle n'a pas lieu, non plus, à ce degré, dans le cas de parenté naturelle.*

173. *De l'empêchement résultant de l'adoption.*

174. *La femme ne peut contracter un nouveau mariage avant dix mois révolus depuis la dissolution du premier.*

175. *Il fallait éviter la confusion des familles.*

176. *Mais généralement l'empêchement n'est que prohibitif.*

177. *De l'empêchement résultant du divorce prononcé pour cause d'adultère. Il subsiste toujours, quoique le divorce soit aboli.*

178. *Mais il n'est que prohibitif.*

179. *La prohibition n'existerait pas si l'époux innocent avait, au lieu du divorce, obtenu la séparation de corps.*

180. *Les époux divorcés ne peuvent, en principe, se réunir; mais le rétablissement du mariage devrait être vu avec faveur, surtout s'il y avait des enfans.*

119. Les empêchemens au mariage sont de plusieurs sortes.

Les uns, tout en formant légalement obstacle

à ce que le mariage soit contracté tant qu'ils sub-sistent, ne sont néanmoins pas une cause suffi-sante pour en faire prononcer la nullité (1).

Les autres sont tout-à-la-fois un obstacle à la célébration du mariage, et en même temps une cause d'annulation de celui qui aurait été contracté : de là vient que, dans la jurisprudence, on appelle les premiers, empêchemens prohibitifs, et les se-conds, empêchemens dirimans.

120. Cette distinction a peut-être quelque uti-lité dans la doctrine, en ce que, généralement du moins, elle fait connaître d'abord les causes d'an-nulation du mariage et les simples obstacles à sa célébration. Mais le Code ne l'a point consacrée, probablement parce que, dans ses conséquences, elle n'aurait pas été sans quelque danger ; car tel empêchement que l'on eût classé parmi ceux que l'on appelle dirimans, attendu qu'ordinairement il suffit pour faire prononcer la nullité du mariage, pouvant, dans certains cas, se résoudre en un simple empêchement prohibitif, ainsi qu'on le verra dans la suite, le juge, lié par la disposition générale de la loi, n'aurait pu exercer le pouvoir discrétionnaire qu'elle a cependant voulu lui laisser d'après les circonstances de la cause. Les classifica-

____

(1) Il n'en était pas ainsi suivant les principes de la législation ro-maine : tout empêchement établi par la loi rendait le mariage nul de plein droit, §. 12, Instit. *de Nuptiis ;* et L. 5, Cod. *de Legibus,* qui s'appliquait même à toute espèce de contrats, d'actes ou de clauses que la loi avait prohibés.

tions, et surtout les qualifications des empêchemens, auraient donc eu des inconvéniens, sans
avantages réels pour la juste application de la loi.
D'ailleurs elles appartiennent plutôt à l'école.

121. On distingue aussi, dans la doctrine, les
empêchemens en relatifs et absolus. Les premiers
sont ceux qui n'apportent point obstacle au mariage
en général, mais qui s'opposent à ce qu'un individu
le contracte avec certaines personnes : la parenté,
l'alliance, sont des empêchemens de cette nature.

Les derniers sont ceux qui s'opposent à ce qu'un
individu contracte mariage avec qui que ce soit,
tant qu'ils subsistent : par exemple, l'existence
d'un premier mariage.

122. Comme la théorie des empêchemens est en
corrélation intime avec celle des demandes en nullité, puisque les premiers produisent les secondes,
il nous suffira de rappeler succinctement en ce
moment les divers empêchemens, en remettant à
traiter de leurs effets quand nous parlerons des
nullités du mariage.

123. D'après la manière d'envisager les conditions requises pour la validité du mariage, on peut
les transformer en empêchemens. En effet, nous
avons appelé ces conditions, conditions *affirmatives*;
tandis que les empêchemens sont, selon nous, des
conditions *négatives*, c'est-à-dire que, pour que le
mariage puisse être célébré de l'aveu de la loi, tel
fait ne doit pas exister. Ainsi, par exemple, nous

avons dit, et avec le Code , que l'âge compétent,
quinze ans révolus pour les femmes, dix-huit ans
accomplis pour les hommes, est une condition
affirmative, requise pour la validité du mariage;
qu'il en est de même du consentement libre des
contractans et de celui des personnes sous la puissance desquelles ils se trouvent relativement au
mariage. Mais d'autres jurisconsultes envisageant
ces conditions sous un autre aspect et renversant
la proposition disent que le *défaut* d'âge compétent, le défaut de consentement des époux et
des parens, sont des empêchemens au mariage;
ce qui est également incontestable. Néanmoins,
comme l'âge compétent, le consentement libre des
contractans et de leurs parens, ne suffisent pas
toujours; que le mariage ne peut être contracté
par tout individu quelconque, ni entre toutes
personnes indistinctement, nous voyons plutôt
un empêchement dans l'existence du fait, qui,
nonobstant l'accomplissement de toutes les autres
conditions, forme obstacle au mariage, que nous
ne voyons, à proprement parler, une condition
requise par la loi dans l'absence de ce fait. Au reste,
comme ces observations ne tiennent qu'à la doctrine, nous ne les pousserons pas plus loin.

124. On doit considérer comme empêchemens
simplement prohibitifs :

1° Le défaut de publications (art. 192), en supposant d'ailleurs que les autres élémens consti-

tutifs de la publicité exigée par la loi pour la célébration du mariage n'ont point été non plus négligés; car alors l'empêchement pourrait, comme on le verra par la suite, produire la nullité du contrat. (Art. 191.)

125. 2° Tout *acte* d'opposition, quelle que soit la personne qui l'ait fait signifier à l'officier de l'état civil, et sur quelque cause qu'il soit fondé, est aussi un empêchement prohibitif tant qu'il subsiste : l'officier n'est pas juge du mérite de cet acte (art. 68). Mais la *cause* de l'opposition peut constituer un empêchement dirimant. C'est ce qu'on verra plus loin.

126. 3° Le défaut de représentation, à l'officier de l'état civil, des actes respectueux, dans les cas où ils sont requis (art. 157); ou, à l'égard des militaires, le défaut de représentation du consentement par écrit du ministre de la guerre ou de la marine, ou du conseil d'administration du corps, selon les distinctions précédemment établies. Le défaut de représentation des pièces nécessaires, comme les actes de naissance, ou de l'acte par lequel ils peuvent être suppléés, forme un empêchement de même nature.

Nous avons parlé des actes respectueux et de l'autorisation nécessaire aux militaires : quant aux publications et aux actes d'opposition, nous en parlerons ultérieurement.

127. Mais il existe quelques empêchemens que

la loi n'a point caractérisés ; en sorte qu'ils ont fait naître des opinions divergentes sur la question de savoir si le mariage contracté au mépris de ces empêchemens doit être annulé ou maintenu , ou du moins si les tribunaux ont à cet égard un pouvoir discrétionnaire ; tels sont :

128. 1° L'empêchement apporté par l'article 228 à ce que la femme contracte un mariage dans les dix mois de la dissolution du premier ;

129. 2° La disposition de l'article 298 , qui défend à l'époux coupable d'adultère, et contre lequel le divorce a été prononcé pour cette cause, de s'unir à son complice, même après la mort de l'époux innocent; et celle de l'article 295, qui interdit aux époux divorcés, pour quelque cause que ce soit, de pouvoir jamais se réunir. Quoique le divorce soit aboli, la question de savoir si les empêchemens créés par ces articles subsistent encore, pourra se présenter, même pendant long-temps. Elle peut aussi se présenter relativement à l'époux contre lequel la séparation de corps a été prononcée pour cause d'adultère, et qui veut s'unir ou qui s'est uni à son complice depuis la mort de son conjoint ;

130. 3° L'engagement dans les ordres sacrés est-il, depuis la Charte, un empêchement au mariage ? et, dans le cas de l'affirmative, constitue-t-il un empêchement prohibitif, ou bien un empêchement dirimant ?

Quant à ce point, *voyez* ce que nous avons dit au n° 34, Note.

131. Nous traiterons des deux premiers empêchemens ci-dessus après avoir parlé de ceux qui, sans le moindre doute, créent réellement une cause de nullité du mariage.

Ces derniers sont :

1° L'état de mort civile dont est frappé l'un des contractans;

2° Le lien subsistant d'un premier mariage;

3° La parenté et l'alliance.

Nous n'avons plus à nous occuper, si ce n'est sous le rapport de la nullité, de ce qui concerne le défaut d'âge compétent, le défaut de consentement de la part des contractans et des personnes sous la puissance desquelles ils sont relativement au mariage.

Nous ne parlons pas non plus ici du défaut d'observation des formalités relatives à la célébration, ni de la compétence de l'officier de l'état civil, parce que ces formalités constituent plutôt une condition requise, comme le consentement lui-même, dont elles ont pour objet de garantir la certitude, qu'un *empêchement* au mariage. Ce sera l'objet du chapitre III.

§. Ier.

De l'État de mort civile dont est frappé l'un des contractans.

132. On a vu, au titre de la Mort civile (1), que l'individu qui en est frappé ne peut contracter un mariage qui produise aucun effet civil; que celui qu'il avait contracté est dissous quant à tous ses effets civils. (Art. 25.)

On a même vu, au n° 25, *suprà*, que le projet de loi portait que le condamné par contumace à une peine emportant mort civile ne peut, même dans les cinq ans donnés pour purger la contumace, contracter valablement mariage, et qu'on a retranché cette disposition comme superflue, attendu que les principes généraux suffisaient.

La nullité résultant de la mort civile est perpétuelle parce que l'obstacle est perpétuel.

133. Cependant, si l'individu rentrait, par la clémence du prince, dans la vie civile, l'incapacité étant effacée, il pourrait contracter mariage (2).

134. Si le conjoint ignorait l'état du mort civilement au moment du mariage, ce mariage produirait en sa faveur et en faveur des enfans qui en seraient issus tous les effets civils (art. 202), même

_____

(1) Tome 1er, n° 256.
(2) *Voy.* tome 1er, n°s 240 et 252.

en ce sens que ces enfans pourraient succéder aux parens du mort civilement (1).

135. Nous le décidons ainsi, même à l'égard des enfans conçus depuis l'époque où l'époux de bonne foi aurait connu l'état de son conjoint. La décision contraire tendrait à faire scinder les effets civils du mariage, tandis que l'article 202 les attribue intégralement à l'époux de bonne foi et aux enfans qui en sont issus. En continuant de cohabiter avec le mort civilement, cet époux ne commet point d'ailleurs une action qui blesse la morale, comme celle que commettraient des individus qui, parens au degré prohibé par la loi pour le mariage, se sont unis d'abord de bonne foi, ont ensuite connu leur état, et ont néanmoins continué de vivre ensemble; ou comme celle d'un individu qui, s'étant uni de bonne foi à une personne engagée dans les liens d'un premier mariage, connaît ensuite l'existence de ce mariage, et continue cependant de vivre avec cette personne : dans le premier cas, il y a inceste; dans le second, adultère. Mais sans préjuger, quant à présent, la question de savoir si, dans ces deux cas, les enfans conçus depuis l'époque où la bonne foi a cessé pourront jouir, comme ceux nés antérieurement, de tous les effets civils du mariage, nous pouvons néanmoins dire que le cas d'une union contractée de bonne foi avec le mort civilement diffère de beaucoup des précé-

_____

(1) *Voy.* Tome Ier, n° 257 et suivans.

dens. La morale n'y est point outragée par la continuation de la vie commune depuis que l'erreur a été découverte. Ajoutez que la crainte de compromettre le conjoint qui n'aurait point encore prescrit la peine s'opposerait naturellement à ce que l'autre époux se séparât de lui. Cette séparation, lors même qu'elle serait faite d'un commun accord, pourrait éveiller les soupçons de la justice et la mettre sur la voie propre à en pénétrer la cause; ce qui serait une raison assez puissante pour que le conjoint n'osât pas se séparer du mort civilement.

136. Relativement au mariage contracté par le mort civilement en pays étranger, *voyez* ce que nous avons dit au Tome Ier, n° 245 et suivant.

§. II.

Du Lien d'un premier mariage subsistant.

137. Suivant les lois françaises, comme selon la législation romaine (1), la polygamie et la polyandrie sont interdites : en conséquence on ne peut contracter un second mariage avant la dissolution du premier. (Art. 147.)

La bigamie est même rangée en France et dans

---

(1) §. 6, Instit. *de Nupt.*, L. 2, Cod. *de Incest.*, *nupt.* et L. 18, Cod. *ad Leg. Jul. de Adulter.* Le christianisme repousse plus spécialement encore la bigamie, à cause de l'institution primitive établie par Dieu même. Saint Mathieu, 19, vers. 8. *Voy.* Heinneccius, *Elementa juris*, n° 149.

presque tous les états de l'Europe, au nombre des
crimes qui portent la plus grave atteinte à l'ordre
social. Ce crime est puni, par l'article 340 du Code
pénal, de la peine des travaux forcés à temps, à
moins que le bigame ne puisse prouver une bonne
foi qui le rende excusable (1).

138. L'officier de l'état civil qui aurait prêté son
ministère à ce mariage, connaissant l'existence du
précédent, serait puni de la même peine. (*Ibid.*)

139. La prohibition de contracter un second
mariage avant la dissolution du premier ne résulte
pas seulement de la loi religieuse; elle est fondée
aussi sur la loi civile : en sorte que les sectateurs
d'une religion qui admettrait la polygamie ne pourraient contracter en France un second mariage
avant la dissolution du premier. Le Français com-
mettrait également le crime de bigamie si, marié,
il allait épouser une autre femme dans un pays où
la polygamie est permise; les lois qui régissent sa
personne le suivent partout. (Art. 3.)

Il en serait autrement si, lors du second mariage, ce Français avait perdu sa qualité de Français.

140. Mais si, malgré la défense faite par la loi
à un individu engagé dans les liens d'un mariage,
d'en contracter un nouveau avant d'avoir acquis
la preuve de la dissolution du premier, le conjoint

(1) Voir ce que nous avons dit , tome Ier , n° 526.

d'un absent contracte, de fait, une nouvelle union, cette nouvelle union, ainsi que nous l'avons dit précédemment (1), ne peut être attaquée que par l'absent, soit par lui-même, soit par son fondé de pouvoir, muni de la preuve de son existence (art. 139); car l'incertitude qui règne sur sa vie et sa mort ne permet pas que l'on s'expose à rompre un mariage qui est peut-être très-valable sous tous les rapports.

141. Quand cette incertitude n'existe plus, parce que l'absent est de retour, alors les principes reprennent leur empire; et selon notre opinion, contraire à celle de quelques personnes, mais conforme à celle de plusieurs autres, conforme surtout à l'honnêteté publique et à la morale, le mariage peut être attaqué par le procureur du Roi, par le nouvel époux et par le conjoint lui-même, s'il était de bonne foi lorsqu'il a contracté ce nouveau mariage (2).

142. Au reste, l'absent n'aurait pas le droit de profiter de la faute ou de l'erreur de son conjoint,

_____

(1) Tome 1er, n° 524.

(2) *Voy. ibid.*, n° 526, où nous professons aussi l'opinion que, en principe, la disposition de l'article 139 a été portée pour le cas où, à l'époque de la célébration du mariage, l'individu était déjà déclaré absent, attendu que cet article est placé sous le chapitre qui traite *des effets de l'absence,* par conséquent, de l'absence déclarée; mais où nous disons aussi que la disposition de cet article pourrait, à raison des circonstances, s'appliquer également au cas où l'individu n'était qu'en présomption d'absence au moment où le second mariage a été contracté.

qui a formé une nouvelle union, pour en former lui-même une nouvelle avant la dissolution de son mariage : ce mariage subsiste encore; il n'a point été dissous par la nouvelle union du conjoint. Si la loi, lorsqu'il y a incertitude sur la vie et la mort de l'absent, enchaîne l'action du ministère public, et autorise même cet absent à se taire, elle ne l'autorise point pour cela à contracter un second mariage tant que le premier n'est pas rompu. Le principe de l'article 147 lui est donc applicable dans toute sa force.

143. De ce qu'un mariage serait susceptible d'être annulé, l'un de ceux qui l'auraient contracté ne serait point pour cela autorisé à en contracter un nouveau avant d'avoir fait prononcer en justice la nullité du premier. L'officier de l'état civil qui en connaît l'existence ne devrait point prêter son ministère tant qu'on ne lui remettrait pas une expédition en bonne forme du jugement passé en force de chose jugée qui en aurait prononcé l'annulation : il s'exposerait, dans le cas où le premier mariage serait maintenu, à l'application de la disposition pénale de l'article 340 précité; et, lors même qu'à raison de l'annulation de ce premier mariage, il serait affranchi de cette peine (1), il serait toujours coupable d'une faute grave.

_____

(1) Nous n'exprimons sur ce second point qu'un doute, car nous trouvons dans un arrêt de la Cour de cassation (du 19 novembre 1807, Sirey, 1813, 1, 389) ce considérant remarquable : « Attendu, sur le

144. Mais quoique les principes défendent à un individu engagé dans les liens d'un mariage susceptible d'être annulé d'en contracter un nouveau avant d'avoir fait prononcer la nullité du premier, néanmoins il est possible que, de fait, ce second mariage ait été contracté : alors, si les nouveaux époux opposent la nullité du premier, cette nullité doit être préalablement jugée (art. 189). La question élevée à cet égard est une de celles qu'en droit on appelle *préjudicielles.* Car si le premier mariage est nul, comme il n'a pu produire aucun effet, il n'a point empêché par conséquent l'existence du

« second moyen, que le second mariage du réclamant, ayant les « *formes extérieures de la loi*, sa nullité n'aurait point couvert le délit, « et que dès-lors il n'y avait lieu *à aucune question préjudicielle.* » Mais comme on va le voir, cette jurisprudence n'a pas prévalu.

Dans l'espèce, un individu fut poursuivi criminellement pour fait de bigamie, et condamné pour ce crime à douze années de fers. Il n'avait pas fait valoir devant la Cour criminelle un prétendu moyen de nullité de forme dans le second mariage ; et il voulut s'en prévaloir devant la Cour de cassation, qui n'y eut aucun égard, non seulement parce que n'ayant pas été proposé dans la défense, les jurés avaient déclaré en fait la culpabilité ; mais encore parce que, dit la Cour, la nullité n'aurait point couvert le délit. Cet arrêt est rapporté au *Répertoire de Jurisprudence*, v° *bigamie*, avec une observation qui n'est pas certes approbative de ce principe, mais qui est fautive en un point essentiel, en ce que l'auteur dit que, si l'exception de nullité eût été présentée devant la Cour criminelle, cette Cour eût dû la juger ; ce qui n'est pas, ainsi qu'on va le voir au n° 146, où nous citons un arrêt de la même Cour, qui a même jugé au contraire que la nullité de l'un des mariages couvre le délit, en décidant que les tribunaux criminels doivent surseoir et renvoyer préalablement devant les tribunaux civils. Au surplus cette décision de la Cour de cassation fait voir que l'officier de l'état civil s'expose grandement à célébrer un second mariage avant que la nullité du premier ait été légalement prononcée.

second. Mais les fausses déclarations faites pour parvenir à le faire célébrer pourraient être l'objet d'une
instruction criminelle contre les contractans et
contre ceux qui ont assisté comme témoins à la
célébration.

145. Les époux ne sont désignés dans l'art. 189
que d'une manière énonciative : après leur mort, ou
celle de l'un d'eux, les enfans pourraient également
faire valoir l'exception préjudicielle.

146. Dans le cas où l'époux, accusé de bigamie,
nierait l'existence valable du premier mariage, la
Cour criminelle ne pourrait ni la juger elle-même,
ni la faire juger par le jury ; elle devrait en délaisser
la décision aux tribunaux civils, et surseoir aux
poursuites criminelles jusqu'à ce que les tribunaux
civils eussent statué. En effet, les tribunaux civils
sont seuls compétens pour juger les questions d'é-
tat (1). Peu importe qu'aux termes de l'art. 198, la
preuve de la célébration d'un mariage puisse résulter d'une procédure criminelle ; car ce qui est jugé
par les tribunaux criminels, c'est simplement le fait
de suppression ou altération d'un acte de mariage
réellement existant ; au lieu que lorsqu'un époux
accusé de bigamie oppose la nullité du premier ma-

(1) Ainsi jugé par la Cour de cassation, section criminelle, le 25
juillet 1811. Sirey, 1813, 1, 390.

Cet arrêt a toutefois décidé que la Cour criminelle n'était point,
par suite de l'exception préjudicielle de l'accusé, obligé d'ordonner sa
mise en liberté provisoire.

riage, cette exception se résout réellement en une question d'état proprement dite.

147. Si, lorsqu'à l'époque où le second mariage a été contracté, l'époux avait à faire valoir contre le premier un moyen de nullité, susceptible d'être opposé seulement dans un certain temps qui se trouve expiré au moment où le second est attaqué, cet époux aurait-il le droit de faire valoir l'exception préjudicielle ? Par exemple, une fille de famille s'est mariée à l'âge de dix-huit ans sans le consentement de son père : elle avait, suivant l'art. 183, le droit d'attaquer son mariage jusqu'à ce qu'elle eût accompli sa vingt-deuxième année, s'il n'y avait pas eu ratification expresse ou tacite de la part du père, et il n'y a en effet pas eu de ratification. Elle s'est de nouveau mariée avant cet âge. Le premier époux, qu'elle avait quitté, instruit de l'existence de ce mariage, mais postérieurement à l'époque à laquelle la femme a eu accompli sa vingt-deuxième année, en demande la nullité, aux termes des articles 147, 184 et 188, combinés.

Cette femme n'a pu, par son délit, prolonger la durée de l'action en nullité que la loi lui donnait, il est vrai, contre son premier mariage, mais qu'elle ne lui donnait que sous la condition de l'exercer dans un certain temps qu'elle a laissé passer : le premier mariage est devenu inattaquable, et le second doit être annulé. Il y a véritablement bigamie, parce que le premier mariage subsistait réellement. Les mariages

II.   8

ne sont pas nuls de plein droit, si ce n'est peut-être dans le cas de mort civile; et encore, comme il y a un acte public, il est plus régulier d'en faire prononcer l'annulation lorsque le conjoint du mort civilement veut contracter un nouveau mariage. *Voyez*, au surplus, un arrêt de la Cour de Cassation, du 8 avril 1811 (Sirey, 1813, 1, 388), qui a rejeté le pourvoi formé contre une décision de la Cour de Nancy, chambre des mises en accusation : « Attendu, porte ce dernier arrêt, que les irrégula-« rités reprochées à l'acte de mariage n'en opére-« raient pas la nullité, et qu'en tout cas ce ne serait « là qu'une action en nullité susceptible d'être cou-« verte par le renonciateur. » (1)

§. III.

De la Parenté et de l'Alliance.

148. La parenté est un lien qui unit deux personnes par des rapports dérivant de la nature ou de la loi.

149. On distingue trois sortes de parenté : la parenté purement naturelle, c'est-à-dire le lien qui unit les enfans naturels (2) et leurs descendans à leurs père et mère, et aux parens de ceux-ci;

___

(1) *Voy.* aussi l'arrêt de la Cour de cassation, cité au n° 143 ; note.
(2) En droit, le mot enfant *naturel* se prend dans diverses acceptions. Opposé au mot *légitime*, il désigne l'enfant né hors du mariage; opposé au mot *adoptif*, il signifie l'enfant légitime, et quelquefois l'enfant naturel de l'adoptant.

La parenté naturelle et civile tout à la fois, et que, pour cela, on appelle parenté mixte : elle a lieu entre les enfans légitimes, leurs père et mère, et tous les parens de ces derniers.

Dans l'un et l'autre cas, la parenté s'appelle aussi consanguinité, puisqu'elle est formée par le sang.

La troisième est la parenté purement civile, parce qu'elle est l'ouvrage de la loi seule; c'est celle qui résulte de l'adoption. Elle a lieu entre l'adoptant, l'adopté et les descendans de celui-ci, ainsi qu'entre les enfans légitimes ou adoptifs de l'adoptant.

150. On distingue dans la parenté (1) la ligne et le degré.

La ligne est la série des parens : elle est directe ou collatérale. Elle se forme de la suite des degrés.

La ligne directe est la série de ceux qui descendent l'un de l'autre. Les individus qui la composent sont désignés sous la domination générique d'ascendans et de descendans; aussi la ligne directe se divise-t-elle en ligne ascendante et en ligne descendante. (Art. 736.)

La ligne collatérale est la série des personnes qui, sans descendre l'une de l'autre, descendent néanmoins d'un auteur commun. (*Ibid.*)

151. Le degré est la distance d'un parent à un autre. Les degrés se comptent par génération. (Art. 735.)

___

(1) Mais, à proprement parler, il n'y a pas de degrés dans *l'alliance*, parce que les alliés ne descendent point les uns des autres, ni d'un auteur commun.

Ainsi, dans la ligne directe, autant il y a de personnes engendrées, autant il y a de degrés : le fils est à un degré de son père, le petit-fils à deux degrés de son aïeul, etc. (Art. 737.)

Dans la ligne collatérale, les degrés se comptent en partant de l'un des parens, et remontant jusqu'à l'auteur commun, qui n'est pas compté, et en redescendant à l'autre parent ; et autant, d'après ce calcul, il se trouve, dans les deux lignes, de personnes engendrées, autant il y a de degrés de parenté : il y en a donc deux entre deux frères, trois entre un oncle et son neveu, quatre entre deux cousins germains, et ainsi de suite. (Art. 738.)

152. L'alliance ou l'affinité est le lien qui unit l'un des époux aux parens (1) de l'autre époux : *Est necessitudo inter unum è conjugibus et alterius conjugis cognatos.* D'où il suit que tous les parens de ma femme sont mes alliés, comme tous, mes parens sont les alliés de ma femme.

(1) Aux *parens*, mais non aux *alliés* de l'autre époux. Ainsi la femme du frère de mon épouse n'étant point la *parente*, mais l'alliée de celle-ci, n'est pas, par conséquent, mon alliée, et il n'y a point entre elle et moi prohibition de mariage pour cette cause. Après avoir dit que tout juge peut être récusé s'il est parent ou *allié* de l'une des parties, l'article 378 du Code de procédure ajoute qu'il peut être aussi récusé si sa femme est parente ou *alliée* de l'une des parties : donc l'allié de la femme du juge n'est pas l'allié de ce dernier ; autrement ce second cas de récusation ne serait que la répétition du premier. Dans la société on regarde ordinairement comme alliés, beaux-frères, ceux qui ont épousé les deux sœurs, mais il n'y a point alliance entre eux dans le sens de la loi. Il y a toutefois alliance suivant les règles canoniques. (*Voy.* Pothier, n° 161.) Mais le concile de Latran leva la prohibition de mariage pour cette prétendue affinité.

153. Les prohibitions de mariage pour cause de parenté ou d'alliance étaient autrefois fort étendues, et la discipline ecclésiastique avait beaucoup varié sur ce point, selon les diverses époques.

Voici les règles que le Code civil a établies à cet égard, en matière de parenté naturelle ou mixte, et en matière d'alliance. Quant à la parenté civile, nous en parlerons après.

154. 1° « En ligne directe, le mariage est pro-« hibé entre tous les ascendans et descendans légi-« times ou naturels, et les alliés dans la même « ligne. » (Art. 161.)

Tous les peuples ont eu en horreur les mariages entre les ascendans et les descendans. De telles unions sont repoussées par les lois divines et humaines. (M. Portalis, *Exposé des motifs.*)

155. Puisque le mariage est prohibé entre tous les ascendans et descendans, légitimes ou naturels, et les *alliés* dans la même ligne, il faut conclure de là que l'*affinité* naturelle est un empêchement dans toute la ligne : ainsi je ne puis épouser la veuve de mon père *naturel*, ni la veuve du père de celui-ci; comme, *vice versâ*, mon père naturel ne peut épouser ma veuve, ni la veuve de mon fils.

156. La discipline ecclésiastique reconnaît une autre sorte d'affinité (1) dont elle a fait aussi, dans

(1) Le dernier canon du concile d'ANCIRE, tenu en l'année 304, et le concile de TRENTE, chap. 4 de la session 24, ainsi que plusieurs décrétales, ont reconnu cette *sorte* d'affinité. Un arrêt du 20 août 1664 a

certains cas, un empêchement de mariage. Elle
dérive du concubinage, et a lieu entre l'individu
qui a vécu en mauvais commerce avec une femme,
et les enfans de celle-ci, *aut vice versâ.*

157. Cette sorte d'affinité, comme l'appelle
Pothier, forme-t-elle, dans le droit actuel, un empêchement au mariage?

D'abord, la négative ne peut être douteuse dans
le cas où la preuve du commerce illicite ne serait
pas acquise, soit par un précédent mariage annulé,
soit par la reconnaissance que les individus auraient faite l'un et l'autre d'un enfant naturel. Les
allégations de l'opposant, que l'un des futurs a vécu
en mauvais commerce avec le père ou la mère de
celui ou de celle qu'il se propose d'épouser, fussent-
elles appuyées sur une rumeur publique plus ou
moins fortement prononcée, ne devraient point
être écoutées : la loi actuelle, qui prohibe même
la recherche de la paternité, ne permet pas la
preuve de faits de cette nature. Ce serait livrer la

---

même cassé un mariage sur la preuve qui fut faite que le mari avait
publiquement entretenu la fille de sa femme. *Voy.* Pothier, *du Mariage*, n° 162 et suiv.

La loi 4 Cod. *de Nupt.*, porte : *Liberi concubinas parentum suorum
uxores ducere non possunt.* Mais tout en disant qu'il est à croire que les
Romains, religieux observateurs des mœurs, repoussaient le mariage
entre un individu et la fille de celle avec laquelle il avait vécu en mauvais commerce, Pothier fait néanmoins observer que cette loi ne décide cependant pas la question telle qu'elle peut se présenter aujour-
d'hui, attendu qu'elle statue sur le cas du concubinage, qui, chez les
Romains, était une sorte de mariage, quoique les enfans qui en provenaient fussent enfans naturels.

vie des citoyens à des investigations tout-à-fait contraires à son esprit, et ressusciter des abus dont le moindre inconvénient était le scandale qui en était inséparable. La qusetion a été jugée en ce sens par la Cour de Nîmes, le 3 décembre 1811 (Sirey, 1812, 2, 438.), dans une espèce où cependant c'était le père qui s'opposait au mariage de sa fille majeure, en alléguant que celui qu'elle se proposait d'épouser avait vécu avec sa femme, mère de cette fille, avant qu'elle fût mariée et depuis. « Considérant, porte l'arrêt, que l'art. 161 du « Code civil, qui prohibe le mariage entre les as- « cendans et les descendans, légitimes ou naturels, « et les alliés dans la même ligne, doit être en- « tendu, tant à l'égard des ascendans et descen- « dans et alliés naturels, qu'à l'égard des légitimes, « d'une affinité ou d'une parenté *déjà constante et* « *légalement établie* à l'époque où l'empêchement « est opposé, genre de preuve qui n'existe point « dans l'espèce de la cause; rejette l'appel de l'op- « posant. »

158. Dans l'esprit de cet arrêt, que nous croyons être aussi celui de la loi, comme il faut que *l'affi- nité soit légalement* établie au moment de l'opposi- tion, le mariage ne serait point non plus interdit dans le cas dont nous venons de parler, quand bien même le concubinage se trouverait prouvé par la reconnaissance d'un enfant naturel faite par l'une et l'autre personne; car le concubinage n'est

point *légal*, et par conséquent il ne saurait produire une *affinité légale* entre un des individus qui s'y sont livrés et les descendans ou ascendans de l'autre. C'est d'ailleurs un fait qui peut n'être que peu notoire, et les mœurs publiques seraient plus sensiblement affectées par l'admission des oppositions pour une telle cause, et par l'éclat qu'elles feraient nécessairement, qu'elles ne le seraient par le mariage lui-même. « Gardons-nous, disait « M. Portalis (*Exposé des motifs*), de donner à « cette censure, confiée au ministère public pour « l'intérêt des mœurs et de la société, une étendue « qui la rendrait oppressive et qui la ferait dégé- « nérer en inquisition. Le ministère public ne « doit se montrer que quand le vice du mariage « est notoire, quand il est subsistant; ou quand une « longue poursuite n'a pas mis les époux à l'abri « des recherches directes du magistrat. *Il y a sou- « vent plus de scandale dans les poursuites indiscrè- « tes d'un délit obscur, ancien ou ignoré, qu'il n'y « en a dans le délit même.* »

159. Mais si le mariage de deux individus était annulé pour une cause quelconque, nous pensons qu'il pourrait être interdit à l'un d'eux d'épouser l'enfant de l'autre. Les bonnes mœurs seraient, en effet, gravement offensées, si un individu, après avoir publiquement épousé la mère, pouvait aussi épouser la fille; §. 9, INST. *de Nuptiis.* Ajoutez, d'ailleurs, que si, attendu la bonne foi des époux,

le mariage annulé était susceptible de produire tous ses effets civils, aux termes de l'article 201, l'alliance pourrait être considérée comme existant aux yeux de la loi entre l'un d'eux et les enfans de l'autre. Dans ce cas, l'empêchement pourrait être dirimant; mais, dans l'hypothèse où l'article 201 ne serait point applicable, l'empêchement pourrait n'être que simplement prohibitif.

160. Au reste, il est indifférent, quant à la prohibition, que la parenté d'où vient l'alliance soit adultérine ou incestueuse, ou naturelle simple : la loi ne distingue pas. Ainsi, un mari devenu veuf ne pourrait épouser la fille que sa femme avait eue d'un premier mariage, et qui avait été désavouée par le premier mari. Pareillement, un oncle, au mépris de la loi, avait épousé sa nièce; de ce mariage, qui a été annulé, est née une fille. La mère, après s'être remariée, est venue à décéder : la fille ne pourra épouser le second mari de sa mère.

161. 2° En ligne collatérale, le mariage est prohibé entre le frère et la sœur légitimes ou naturels, et les alliés au même degré. (Art. 162.)

Et il n'y a aucune différence à cet égard entre les consanguins ou les utérins par rapport aux germains, et les germains entre eux. (1)

_____

(1) Mais il n'y a ni parenté ni affinité entre l'enfant que j'ai eu d'un premier mariage, et celui qu'a eu aussi, d'un premier mariage, la femme que j'ai épousée en secondes noces; et lors même qu'il y aurait des enfans de cette nouvelle union, l'enfant de mon premier lit pourrait épouser celui de ma femme. §. 8, INST., *de Nuptiis*. Ces enfans sont appelés *comprivigni*, dans le droit romain.

« La famille, disait M. Porlalis, dans l'*Exposé*
« *des motifs*, est le sanctuaire des mœurs; et l'espé-
« rance du mariage entre des êtres qui vivent sous
« le même toît, et qui sont déjà invités par tant de
« motifs à se rapprocher et à s'unir, pourrait allu-
« mer des désirs criminels et entretenir des désor-
« dres qui souilleraient la maison paternelle, en
« banniraient l'innocence, et poursuivraient ainsi
« la vertu jusque dans son dernier asile. »

Ces raisons, exprimées avec éloquence, n'ont
toutefois pas prévalu chez tous les peuples : le
mariage entre le frère et la sœur était en usage
chez les anciens Perses, et la loi de Moïse l'autorisait aussi, mais entre les frères et sœurs qui n'é-
taient pas unis par le double lien. Elles sont sans
force à l'égard des *alliés*. Quant à eux, on s'est
décidé par les principes ecclésiastiques, suivant
lesquels les époux ne font qu'une seule et même
chair. Cependant, si, suivant le Lévitique (xx, xxi,
et au chap. xvii, *vers.* 16), le mariage était interdit
entre les alliés à ce degré, il était recommandé par
le Deutéronome (xxv, 5), lorsque le défunt n'avait
pas laissé d'enfans; auquel cas son frère *devait*
épouser la veuve. (Pothier, n° 154, Note.)

162. De ce que le mariage est interdit entre le
frère et la sœur légitimes ou naturels et les *alliés*
au même degré, il résulte que je ne puis épouser
la sœur, même naturelle, de ma femme; mais,
comme nous le dirons plus loin, je puis épouser la

fille de cette sœur, celle-ci fût-elle sœur légitime de ma femme.

163. La prohibition ne s'applique point seulement au cas où les individus voudraient contracter mariage en France; elle les suit partout, parce qu'elle est un statut personnel qui accompagne le Français même en pays étranger. En conséquence de ces principes, on doit décider que le mariage contracté en pays étranger entre un Français devenu veuf et sa belle-sœur, *vel vice versâ*, est nul, quand bien même il n'a point été transcrit sur les registres de l'état civil en France, et que les époux ne prennent point publiquement cette qualité. Le ministère public a le droit d'en faire prononcer l'annulation, conformément aux articles 3, 162, 170 et 184, combinés. La Cour de Colmar avait néanmoins jugé le contraire, par la considération que le mariage n'avait pas été transcrit sur les registres de l'état civil en France, et que les époux ne prenaient point publiquement cette qualité; mais sa décision a été cassée par arrêt du 8 novembre 1824. Sirey, 1824, 1, 428.

164. Il en devrait être ainsi, lors même que la femme serait étrangère et appartiendrait à une nation chez laquelle le mariage serait permis entre les beaux-frères et les belles-sœurs. L'action en nullité serait ouverte non seulement au ministère public et au mari (art. 184), mais elle le serait aussi à la femme; car si, en ce qui la concernait

personnellement, cette femme ne violait pas la loi spéciale de son pays, elle violait du moins la loi générale de tous les pays civilisés, qui proscrit l'inceste : or, d'après nos lois, son mari commettait un inceste ; donc le mariage ne pouvait être contracté entre eux. L'empêchement dont il s'agit n'est pas comme celui qui résulte du défaut d'âge compétent, lequel est relatif ; cet empêchement est absolu, en sorte que l'incapacité de l'un des contractans rejaillit sur l'autre. Enfin, par son mariage, cette femme étrangère devient Française, et par conséquent son union l'a conduite à un point où elle ne peut vivre avec son beau-frère français sans commettre un inceste ; et c'est le cas de dire : *Corrumpitur conventio si in eum casum inciderit à quo incipere non potuisset.*

165. Quoique cette dernière raison ne soit point applicable au cas inverse, celui où c'est le mari qui est étranger et que la femme est française, la nullité n'en aurait pas moins lieu : car, pour prétendre que la femme française est affranchie, par son mariage avec un étranger, de l'obligation d'observer les lois françaises qui régissent sa capacité personnelle, il faut supposer, ce que l'on nie, que son mariage est valable. C'est ainsi mettre l'effet avant la cause.

166. Dans le cas où l'une des deux personnes qui se proposent de contracter mariage serait enfant naturel non reconnu, le ministère public, quoiqu'il

ait, ainsi que nous le démontrerons plus tard, le droit de s'opposer à la célébration des mariages dont il pourrait demander la nullité aux termes de l'article 184; le ministère public, disons-nous, n'aurait pas le droit, pour s'opposer à celui dont il s'agit, de rechercher la paternité contre l'enfant, sur le motif que les individus sont frère et sœur ou alliés naturels. Cette recherche est interdite (art. 340) d'une manière absolue. On doit, selon nous du moins, porter la même décision, encore que ce fût la maternité que le ministère public voulût rechercher : cette recherche pourrait compromettre l'honneur d'une femme sans motif réel. Si l'article 341 l'autorise en faveur de l'enfant, c'est lorsqu'il a un commencement de preuve par écrit, et qu'il offre de prouver qu'il est identiquement le même dont la femme est accouchée. Mais si le ministère public était muni de cette preuve, et qu'il offrît d'établir clairement l'identité, son opposition, prévenant un inceste, devrait être accueillie.

167. Une fille naturelle non reconnue épouse Paul, qui, âgé de plus de vingt-cinq ans, s'est marié sans le consentement de son père, et après lui avoir fait signifier les actes respectueux requis. Le père reconnaît ensuite comme sa fille naturelle, celle qui est maintenant sa bru; le mariage devra-t-il être annulé?

En principe, nous ne le croyons pas : 1° parce qu'il ne doit pas être laissé au pouvoir du père de faire ainsi arbitrairement annuler un mariage, qui est peut-être très valable; 2° parce que ce serait mettre dans la main des époux le moyen très facile de divorcer par consentement mutuel; 3° enfin, parce que, ainsi que l'a reconnu l'arrêt de la Cour de Nîmes cité au n° 157, il faut, du moins en général, pour que la parenté soit un obstacle au mariage, qu'elle soit constante et légalement établie au moment où l'empêchement est opposé. Nous répondons ainsi à l'argument tiré de ce que la reconnaissance a un effet rétroactif au jour de la naissance. Mais si la reconnaissance ne présentait aucun caractère de fraude, si elle était le résultat d'un concours de circonstances propres à porter une conviction intime dans l'esprit des juges, surtout si elle était faite par une mère, alors il devrait y avoir lieu à l'annulation du mariage, qui produirait toutefois tous ses effets civils, attendu la bonne foi des époux.

168. 3° Le mariage est aussi prohibé entre l'oncle et la nièce, la tante et le neveu (art. 163); et d'après un avis du Conseil d'État, approuvé le 7 mai 1808, il est également prohibé entre le grand-oncle et la petite-nièce; et par la même raison, il doit l'être entre la grande-tante et le petit-neveu : en un mot, entre ceux *qui inter eos se referunt imaginem parentum et liberorum.*

169. Mais il est loisible au Roi de lever, pour des causes graves, la prohibition portée à l'article

163, et celles résultant de l'interprétation du Conseil d'État. (Art. 164.) Les formes à suivre sont celles que nous avons rapportées en parlant des dispenses d'âge, n° 21.

170. Le mariage était également prohibé chez les Romains entre l'oncle et la nièce , la tante et le neveu, et ainsi de suite; et ce fut pour s'affranchir de la loi, que l'empereur Claude, violemment épris des charmes d'Agrippine, fille de son frère Germanicus, et séduit par elle, fit rendre un sénatus-consulte qui permettait aux oncles d'épouser la fille de leur frère. Mais Suétone (vie de Claude) dit que ces mariages furent toujours regardés comme incestueux , *quæ ad id tempus incesta habebantur*, et que Claude n'eut pas d'imitateurs : *non repertis qui sequerentur exemplum.*

171. En rapprochant l'article 163 des deux précédens , l'on voit clairement que la prohibition ne s'étend point aux oncles et tantes , nièces et neveux par *alliance;* en sorte que si je ne puis épouser la sœur légitime ou naturelle de ma femme (art. 162), je puis du moins épouser la fille naturelle ou légitime de cette sœur.

172. Le Code ne reconnaît aussi la parenté *naturelle*, même quant aux prohibitions de mariage, qu'entre les ascendans et les descendans, et les frères et sœurs. Ainsi, je puis épouser, sans dispense, la fille de mon frère ou de ma sœur naturels. Je puis,

par la même raison, épouser la fille naturelle de mon frère ou de ma sœur, même légitimes.

173. Comme l'adoption est une image plus ou moins parfaite de la parenté légitime, on a voulu mettre la fiction en harmonie avec la réalité; pour cela on a cru devoir établir des prohibitions de mariage entre l'adoptant (1), l'adopté et ses descendans;

Entre les enfans adoptifs du même individu; entre l'adopté et les enfans (2) qui pourraient survenir à l'adoptant;

Entre l'adopté et le conjoint de l'adoptant, et réciproquement entre l'adoptant et le conjoint de l'adopté. (Art. 348.)

§. IV.

De l'empéchement résultant du délai que doit observer la femme entre la dissolution d'un premier mariage et la célébration d'un nouveau.

174. Suivant l'article 228, la femme ne peut contracter un nouveau mariage qu'après dix mois révolus depuis la dissolution du premier.

---

(1) Mais non entre les ascendans de l'adoptant et l'adopté. En cela, la fiction n'est point en concordance avec les effets de la parenté légitime. Serait-ce parce que ceux de l'adoption ne commencent que dans la personne de l'adoptant? Mais ne serait-il pas inconvénant et contraire aux principes, qu'une fille adoptive fût cependant la belle-mère de son père adoptif? Qu'elle fût ainsi tout à la fois, à l'égard du même individu, descendante et ascendante?

(2) Même naturels : la loi ne distingue pas.

Et d'après l'article 194 du Code pénal, l'officier de l'état civil doit être puni d'une amende de seize francs à trois cents francs, lorsqu'il a reçu avant ce terme l'acte de mariage.

175. Le législateur a eu pour objet d'éviter la confusion des familles, ce qu'on appelle en droit *partûs confusio;* car, si une femme se remariait aussitôt après la mort de son mari, et qu'elle vînt à accoucher après les cent quatre-vingts jours, mais avant les trois cents jours depuis la dissolution du premier mariage, l'enfant, d'après les présomptions de la loi, pourrait être réputé le fruit des œuvres du premier mari comme celui des œuvres du second, parce qu'en effet les lois de la nature se prêteraient à l'une et à l'autre supposition. Son état serait donc incertain. Nous traiterons, au surplus, de ce cas en parlant de *la paternité et de la filiation.*

176. Mais l'empêchement créé par l'article 228 est-il dirimant ou simplement prohibitif?

Il est bien vrai que la disposition est conçue en termes absolus (la femme ne peut); néanmoins la loi n'a pas prononcé la peine de nullité, ni dans cet article ni dans aucun de ceux qui se trouvent placés au chapitre des Demandes en nullité du mariage; dès-lors il y aurait une rigueur exagérée à annuler l'acte le plus important et le plus favorable de la vie civile par l'application trop étendue de cet article qui n'a créé qu'un empêchement temporaire,

de précaution et de police, quand d'ailleurs, pour
en remplir le vœu et en assurer l'exécution, il est
des moyens suffisans dans l'attention des officiers
de l'état civil, dans la peine qui maintenant leur
est infligée (art. 194, Cod. pén.), et dans la surveillance active des magistrats exerçant le ministère
public. Enfin, si l'article devait être entendu avec
cette rigueur, il faudrait annuler le mariage d'une
femme parvenue à un âge où, ne pouvant plus
concevoir, la confusion de part ne serait plus à
craindre; et c'est ce qui nous paraîtrait aussi contraire à l'esprit de la loi qu'à la raison. Il faudrait
aussi, pour être conséquent, annuler le mariage
contracté seulement quelques jours, un jour même
avant l'expiration des dix mois, encore que le mari
eût été pendant un temps plus ou moins long avant
sa mort dans l'impossibilité de cohabiter avec sa
femme, par l'effet de la maladie qui l'a conduit au
tombeau, ou pour toute autre cause. Une doctrine
aussi absolue ne saurait être admise. Nous consi-
dérons donc l'empêchement comme simplement
prohibitif, du moins généralement. La question a
été jugée en ce sens le 3 juillet 1807, par la Cour
de Dijon, dont l'arrêt a été confirmé par la Cour
de cassation, le 29 octobre 1811. (Sirey, 12, 1, 46.)
Même décision rendue par la Cour de Colmar le
7 juillet 1807. (Sirey, 1809, 2, 168.) (1)

_____

(1) Celle de Trèves a jugé, le 30 avril 1806 (Sirey, 6, 2, 139), que
l'officier de l'état civil s'était sagement refusé à la célébration d'un
nouveau mariage qu'une femme voulait contracter dans les dix mois

§. V.

Des Empêchemens qui naissent du divorce.

177. Suivant les principes du Code civil, l'adultère n'est un empêchement au mariage que dans un seul cas, lorsque le divorce a été admis en justice pour cette cause. Alors, d'après l'article 298, l'époux coupable ne peut jamais se marier avec son complice.

Cet empêchement est perpétuel, en sorte que l'époux coupable ne peut épouser son complice, même après la mort de l'époux innocent.

Le divorce est aboli par la loi du 8 mai 1816; mais les lois n'ayant pas d'effet rétroactif, celui produit par le divorce prononcé avant cette loi doit continuer de subsister, tellement que l'époux coupable ne pourrait, même aujourd'hui, du moins selon notre opinion, épouser son complice, quoique le conjoint fût décédé.

178. Mais cet empêchement est-il simplement prohibitif, ou est-il dirimant?

Malgré les termes absolus de l'article 298, nous pensons qu'il n'est que prohibitif. L'article 184, qui énumère les cas dans lesquels le ministère pu-

---

de l'*annulation* du premier. En vain prétendait-elle qu'un mariage annulé est censé n'avoir pas existé, et en conséquence, que l'article 228 n'est pas applicable à ce cas : la Cour a pensé avec raison qu'il pouvait également y avoir lieu à la confusion de part, et qu'il fallait l'éviter.

blic peut demander la nullité du mariage, ne parle
point de celui dont il s'agit. Or, d'après la jurisprudence constante de la Cour de cassation, il est
démontré que, dans l'esprit de la loi sur le mariage, l'action en nullité ne peut être exercée hors
des cas formellement déterminés par elle, et que
l'on ne saurait arbitrairement étendre le cercle des
nullités. D'ailleurs, on ne saurait dire que nous
rendons ainsi la loi illusoire, car la prohibition
prononcée par elle aura toujours un puissant effet;
et cet effet sera même rarement éludé. L'empêchement résultant de l'existence d'un premier mariage
est bien d'une nature plus grave, et cependant,
quand l'un des époux est absent, cet empêchement
dégénère en quelque sorte en empêchement prohibitif.

179. Mais le Code se tait sur le cas où l'époux
innocent aurait, au lieu du divorce, obtenu la séparation de corps pour cause d'adultère. La raison
paraît la même; néanmoins nous ne pensons pas
que l'on doive, en l'absence d'une loi expresse,
étendre la prohibition d'un cas à l'autre. La jurisprudence de la Cour de cassation est aujourd'hui
formelle : les dispositions pénales du titre du divorce ne s'appliquent point au cas de séparation
de corps (1). En conséquence, comme l'empêche-

_____

(1) Cette Cour a notamment décidé, par deux arrêts de cassation,
que la révocation des donations prononcée contre l'époux ingrat par
l'article 299, dans le cas du divorce, n'a pas lieu dans celui de simple

ment est une incapacité, dès lors une sorte de peine, nous croyons qu'il n'a pas lieu dans ce cas.

180. Quant à l'empêchement temporaire, créé par l'article 297, pour le cas où les époux ont divorcé par consentement mutuel, il est clair que maintenant il est sans application, du moins si l'on ne consulte que la loi civile.

Mais l'empêchement perpétuel et relatif prononcé par l'article 295, qui défend aux époux divorcés, pour quelque cause que ce soit, de se réunir, est-il maintenant sans effet?

En principe, on devrait décider la question négativement. Cette prohibition était une peine portée pour mettre un frein au divorce. On n'avait pas voulu et on n'avait pas dû permettre que le mariage pût être considéré comme un simple contrat ordinaire; qu'il fût loisible de le rompre et de le rétablir tour à tour. Par leur séparation, les époux avaient donné la preuve qu'ils n'étaient pas nés l'un pour l'autre. Cependant, comme d'une part l'empêchement n'était probablement pas dirimant et que, d'autre part, la réunion des époux est favorable dans l'état de nos mœurs, surtout lorsqu'il y a des enfans, il est à croire que si quelque opposition était formée sur cette seule cause, les tri-

séparation de corps. Le premier de ces arrêts est du 17 juin 1822 (Sirey, 1822, 1, 359); l'autre du 19 août 1823. (Sirey, 1824, 1, 30.)

Nota. Il en a été rendu plusieurs autres dans le même sens depuis la publication de la première édition de cet ouvrage.

bunaux en donneraient main-levée, encore qu'elle eût été signifiée à la requête du ministère public, ce qui très-probablement n'aura pas lieu.

Telles sont les conditions requises pour pouvoir contracter mariage. Nous allons parler des oppositions que l'on peut former à sa célébration, et qui sont généralement la conséquence de l'inaccomplissement de ces conditions.

CHAPITRE II.

Des Oppositions au mariage.

SOMMAIRE.

181. *En général, du droit de consentir au mariage dérive celui de s'opposer à ce qu'il soit célébré.*
182. *Le droit d'opposition est bien moins étendu qu'il ne l'était dans l'ancienne jurisprudence.*
183. *Dans le système du Code, le droit d'opposition est, en général, fondé sur la qualité de la personne à qui il est attribué.*
184. *Division du chapitre.*

181. En général, du droit de consentir au mariage dérive celui de s'opposer à ce qu'il soit célébré. Il vaut mieux d'ailleurs prévenir un mariage qui serait contracté au mépris de la loi, que d'avoir ensuite à le faire annuler.

182. Mais la loi actuelle s'éloignant des usages abusifs de l'ancienne jurisprudence, qui autorisait des oppositions dictées plutôt par l'ambition ou la vanité, que par un véritable attachement pour la personne, a resserré ce droit dans des limites qu'il

n'est pas permis de franchir. Ces limites sont-elles trop étroites? L'intérêt des familles est-il suffisamment garanti par elles? ou fallait-il gêner davantage la faculté naturelle qu'a tout homme, doué de la plénitude de sa raison, de former un engagement dans lequel son intérêt est placé en première ligne, et qui, trompant toutes les prévisions, peut cependant lui procurer une existence plus heureuse? Ce sont des questions théoriques, susceptibles, selon nous, d'être jugées en sens divers, suivant la manière d'envisager les inconvéniens de l'un et de l'autre système. Quoi qu'il en soit, c'est après avoir mûrement pesé les uns et les autres que le législateur a cru devoir poser ces limites, aimant mieux tolérer ainsi quelques unions désavouées par les convenances sociales, et même par la raison générale, que d'exposer une foule de mariages à subir des entraves suscitées par la cupidité ou apportées par un zèle irréfléchi.

183. C'est par ces motifs qu'il a jugé utile de ne point séparer les causes des oppositions au mariage des personnes auxquelles il a donné le droit de les former, parce que, quelquefois, la qualité de l'opposant renferme implicitement la cause de l'opposition, comme dans le cas où elle est formée par un ascendant, et que, d'autres fois, c'est la cause qui donne qualité à l'opposant, comme dans celle formée par les collatéraux à raison de la démence du futur époux.

Nous aurons à voir sur ce sujet :

184. 1° Quelles sont les personnes qui peuvent former opposition au mariage, et les causes qui autorisent les oppositions ;

2° Les formes à suivre, et comment les oppositions sont jugées.

SECTION PREMIÈRE.

Quelles sont les personnes qui peuvent former opposition au mariage, et quelles sont les causes qui autorisent les oppositions.

SOMMAIRE.

185. *Quatre classes de personnes peuvent former opposition à la célébration du mariage.*

186. *Ce droit appartient à la personne engagée par mariage avec l'une des parties contractantes.*

187. *Mais une promesse de mariage ne donne pas ce droit; en principe, elle est sans effet.*

188. *Les père, mère et autres ascendans peuvent former opposition, encore que l'enfant ait plus de vingt-cinq ans accomplis.*

189. *Ils ne le peuvent que dans l'ordre tracé relativement au consentement.*

190. *Leur droit n'est pas limité à certaines causes : il est absolu.*

191. *Mais lorsque l'enfant a acquis l'âge compétent pour pouvoir contracter mariage par l'effet de sa seule volonté, l'opposition des ascendans est rejetée, si elle n'est fondée sur un empêchement d'ordre public ou sur l'état de démence de l'enfant.*

192. *Arrêt de cassation, fondé sur la loi, qui donne lieu de regretter qu'elle n'ait pas plus étendu le droit d'opposition dans la personne des ascendans.*

193. *A défaut d'ascendans, les collatéraux de la qualité ex-*

primée à l'article 174 ont personnellement. le droit de former opposition pour défaut de consentement du conseil de famille, dans le cas où il était requis, et pour démence du futur époux.

194. Les alliés n'ont jamais personnellement le droit d'opposition.

195. L'ascendant placé dans l'impossibilité de manifester sa volonté est considéré comme n'existant pas ; en conséquence, l'article 174 reçoit aussi son application dans ce cas.

196. Il n'est pas nécessaire , lorsque l'opposition est fondée sur la démence, que l'opposant poursuive l'interdiction avant que la main-levée de l'opposition soit demandée.

197. A défaut d'ascendans , le conseil de famille peut, par une délibération, charger le tuteur ou un de ses membres de former opposition au mariage du mineur de vingt-un ans.

198. Cela ne peut s'appliquer à l'individu majeur non interdit, lors même qu'il serait en état de démence : alors il n'y a que les parens de la qualité exprimée à l'article 174 qui aient le droit de former opposition.

199. Si l'individu était interdit, le tuteur, en sa seule qualité , pourrait former opposition ; et le conseil de famille pourrait lui ordonner de le faire.

200. Il est du devoir des parens qui n'ont pas qualité pour former opposition, et qui ont connaissance d'un empêchement d'ordre public, d'en prévenir l'officier de l'état civil, et même le ministère public.

201. Dans les cas d'inceste , de bigamie et d'incompétence de l'officier de l'état civil , le ministère public a le droit de s'opposer à la célébration du mariage.

202. Il peut interjeter appel du jugement qui a rejeté son opposition.

203. De quelque personne que provienne l'opposition , l'officier de l'état civil ne doit point célébrer le mariage que la main-levée ne lui en ait été remise.

204. L'officier de l'état civil doit faire, sans délai, mention sommaire des oppositions sur le registre des publications.

185. Quatre sortes de personnes peuvent former opposition au mariage :

1° Le conjoint ;

2° Les ascendans ;

3° Les collatéraux, sous les distinctions exprimées par la loi ;

4° Le ministère public dans certains cas.

C'est ce que nous allons expliquer successivement.

186. « Le droit de s'opposer à la célébration du « mariage, porte l'article 172, appartient à la per- « sonne engagée par mariage avec l'une des deux « parties contractantes. »

Cette personne devait incontestablement avoir la faculté de défendre son titre, et d'empêcher l'usurpation de ses droits.

187. Mais une simple promesse de mariage arrêtée entre deux personnes ne motiverait point l'opposition. Elle n'est point obligatoire. Quant à la question de savoir si la convention de payer une somme en cas d'inexécution, et qu'on appelle *dédit*, constitue une obligation valable, nous l'avons décidée, en principe, négativement dans notre *Traité des Contrats*, n° 286 et suivans. La jurisprudence est conforme à notre opinion. Du reste, l'inexécution de la promesse de mariage peut, suivant les circonstances, donner lieu à des dommages et intérêts si elle a réellement causé un préjudice.

188. On a vu précédemment que, pour être valablement contracté, le mariage des mineurs doit

être célébré avec le consentement des ascendans; en conséquence, le père, et à défaut du père, la mère, et à défaut des père et mère, les aïeuls et aïeules, peuvent former opposition au mariage de leurs enfans et descendans. (Art. 173.)

189. Et l'on suit à cet égard l'ordre tracé par les articles 148, 149 et 150, relativement au consentement; en sorte que si les père et mère consentent au mariage, ou même s'ils gardent le silence, lorsqu'ils sont en état de manifester leur volonté, les aïeuls et aïeules sont sans droit à former opposition, puisque le mariage ne pourra être célébré que de l'aveu des père et mère. Par la même raison, la mère, lorsque le père est en état de manifester sa volonté, et qu'il veut le mariage, ne peut s'opposer à sa célébration (1).

190. Le droit qu'ont les ascendans de former opposition n'est point limité à certaines causes particulières; il est absolu. Il n'est même pas restreint au cas où l'enfant n'aurait point encore atteint la majorité déterminée pour le mariage, vingt-un ans pour les femmes, vingt-cinq ans pour les hommes, il s'étend aussi à celui où l'enfant a acquis sa majorité, quoiqu'il eût précédemment contracté, de l'agrément des ascendans, un mariage qui est venu à se dissoudre. L'article précité leur donne ce droit de la manière la plus générale, en disant : « encore

(1) Mais *voyez* ce qui a été dit au n° 77, note, pour le cas où elle n'a point été consultée.

« que ceux-ci (les enfans) aient vingt-cinq ans
« accomplis. »

191. Cependant si, d'une part, la loi a permis
aux ascendans de former opposition, afin de donner
à l'enfant, quel que fût son âge, le temps de réflé-
chir sur les conséquences de l'engagement qu'il se
propose de contracter; d'autre part, elle n'a pu
vouloir se contredire elle-même en n'exigeant leur
consentement que jusqu'à la majorité fixée par
l'article 148, et en autorisant néanmoins une opposition dont l'effet serait absolu. Il faut au contraire
distinguer : Si l'enfant n'a point acquis la majorité
relative au mariage, l'opposition des ascendans est
péremptoire; elle n'a pas besoin d'être motivée ni
dans la forme ni quant au fond. L'idée du consentement, exigé par la loi pour la validité du mariage,
est incompatible avec l'obligation de déduire les
motifs du refus de consentir; car, de deux choses
l'une : ou les tribunaux auraient le pouvoir d'ordonner la célébration si les motifs ne leur paraissaient pas fondés, et alors ce seraient réellement
eux qui consentiraient au mariage, tandis que la
loi exige le consentement des ascendans; ou bien,
dans la même hypothèse, ils seraient cependant
forcés de respecter la volonté de ces derniers, et
alors il y aurait plus que de l'inutilité à obliger
ceux-ci à déduire les motifs de leur opposition; il y
aurait de graves inconvéniens. Mais lorsque l'enfant a acquis la majorité requise, l'opposition des

ascendans arrêtera bien le mariage, si les actes respectueux n'ont pas été faits, ou s'ils ne l'ont pas
été dans les formes et avec les conditions prescrites; mais dans le cas contraire cette opposition,
quoiqu'admise par la loi, et sans qu'il soit même
besoin de la motiver, est plutôt autorisée comme
un avertissement salutaire, que comme un empêchement absolu, quand d'ailleurs le mariage ne serait infecté ni du vice d'inceste, ni de celui de bigamie, et que l'opposition ne serait point fondée
sur l'état de démence du futur époux. (Art. 174,
à fortiori.)

192. Ces principes ont été appliqués par la Cour
de cassation à un cas qui a pu faire naître dans
de bons esprits le regret que la loi n'ait pas plus
étendu le droit d'opposition, du moins dans la
personne des ascendans. La Cour de Bourges, par
son arrêt du 30 mars 1813 (Sirey, 1813, 2, 169),
avait maintenu celle formée par un père au mariage de sa fille, qui avait été séduite par un domestique, forçat libéré. Mais cet arrêt, dénoncé à la
Cour suprême, a été cassé le 7 novembre 1814
(Sirey, 1815, 1, 245), par les motifs qu'il tendait
à prolonger l'autorité paternelle, relativement au
mariage, au-delà de l'époque déterminée par la loi;
qu'il ouvrait la porte à l'arbitraire, et qu'il créait
ainsi un empêchement. En principe, nul doute que
l'arrêt de la Cour de Bourges, quoique très moral
dans l'espèce sur laquelle il est intervenu, ne violât

la loi ; par conséquent il devait être cassé. En cela,
nous différons d'opinion avec M. Delvincourt; mais
nous pensons, comme lui, qu'il y a lieu de regretter
que le droit d'opposition n'ait pas été plus étendu
dans la personne des ascendans, lorsqu'ils auraient,
comme dans l'espèce, à faire valoir de graves motifs, dont, au surplus, les tribunaux seraient les
appréciateurs (1).

193. « A défaut d'aucun ascendant, le frère ou la
« sœur, l'oncle ou la tante, le cousin ou la cousine
« germains, majeurs (2), ne peuvent former aucune
« opposition que dans les deux cas suivans :

1° « Lorsque le consentement du conseil de fa-
« mille, requis par l'art. 160, n'a pas été obtenu ;

2° « Lorsque l'opposition est fondée sur l'état de
« démence du futur époux : cette opposition, dont
« le tribunal pourra prononcer main-levée pure et
« simple (3), ne sera jamais reçue qu'à la charge,
« par l'opposant, de provoquer l'interdiction, et

---

(1) La Cour de Caen a jugé dans le même sens que celle de Bourges,
le 9 juin 1813. (Sirey, 1813, 2, pag. 377.)

.(2) Mais non le neveu ou la nièce, quoiqu'ils soient à un degré de
parenté plus rapproché que les cousins germains. On a eu plutôt
égard à la nature des rapports qu'à la proximité des degrés : or l'oncle
et le neveu *referunt inter se speciem parentum et liberorum.* Le neveu
n'aurait pas le droit d'opposition, lors même, ce qui n'est pas sans
exemple, qu'il serait plus âgé que son oncle.

(3) M. Tronchet a observé que le juge en ce cas « userait du droit
« qui lui appartient de faire comparaître d'office le prévenu de dé-
« mence, de l'examiner et de prononcer la main-levée de l'opposition
« s'il la trouve mal fondée; » et l'article a été rédigé dans le sens de
l'observation de M. Tronchet.

« d'y faire statuer dans le délai qui sera fixé par le
« jugement. (Art. 174.) »

Dans les deux cas prévus à cet article, les parens
ont individuellement le droit de former opposition.
Il n'exige pas qu'elle soit le résultat d'une délibération d'un conseil de famille. Il fallait prévenir le
mariage. Dans le premier cas, ce sera au futur époux
mineur à requérir la convocation d'un conseil afin
d'obtenir, s'il y a lieu, son consentement; et, au
moyen de ce consentement, il obtiendra la main-
levée de l'opposition. Les frais devront, au surplus,
rester à sa charge; nonobstant la généralité des termes de l'art. 130 du Code de procédure, attendu
qu'elle avait été légalement formée.

194. On voit que les alliés n'ont point individuellement le droit de former opposition : l'article ne
parle que des parens. Lorsqu'elle a voulu leur assimiler les alliés du même degré, elle l'a dit positivement, notamment aux articles 161 et 162.

195. L'on voit aussi que ce n'est qu'à défaut
d'aucun *ascendant* que l'opposition des personnes
de la qualité exprimée ci-dessus peut être reçue;
mais comme l'ascendant qui se trouve dans l'impossibilité de manifester sa volonté est considéré,
quant au mariage du mineur de vingt-un ans,
comme s'il était décédé, et que c'est pour cela que,
suivant l'article 160, son consentement est suppléé par celui du conseil de famille, on doit penser que, dans le cas même où il y aurait un ascen-

dant, mais placé dans l'impossibilité de manifester sa volonté, l'opposition de ces personnes serait recevable, si, d'ailleurs, elle était fondée sur l'une des causes mentionnées à l'article 174.

196. Suffit-il que l'opposant motive son opposition sur l'état de démence, sans être obligé de se pourvoir devant les tribunaux pour faire statuer sur l'interdiction tant que la demande en main-levée de l'opposition n'est pas formée? Nous le croyons; car tant que celui sur qui porte l'opposition garde le silence, il prouve, par cela même, qu'elle est bien fondée. Mais dès qu'il en demande la main-levée, alors l'opposant doit provoquer l'interdiction, sinon l'opposition tomberait : pour cela, il doit se conformer à la disposition de l'article 493, c'est-à-dire articuler les faits par écrit, présenter les témoins et les pièces, ainsi que l'a jugé la Cour de Colmar, le 15 décembre 1810. (Sirey, 1811, 2, 93.) Que l'on remarque bien, en effet, que l'opposition est un acte extrajudiciaire, et, par conséquent, que ce n'est pas le tribunal qui la reçoit; il l'a recevra lorsqu'elle lui sera déférée : alors l'interdiction devra être provoquée par l'opposant, pour qu'il soit *recevable dans la maintenue de son opposition*. Voilà ce qu'a voulu dire l'article. D'ailleurs, si la loi eût entendu que l'opposant dût nécessairement provoquer l'interdiction avant même d'être assigné en main-levée, elle eût dû fixer un délai à cet effet, et elle n'en fixe pas; elle dit seu-

lement que les tribunaux en fixeront un pour qu'il ait à faire statuer sur l'interdiction par lui provoquée, ce qui n'est, certes, pas la même chose. Nous ne sommes entré dans cette explication que parce que la discussion au Conseil-d'État, sur cet article, est fort obscure, qu'elle permettrait en quelque sorte de penser que l'opposant doit nécessairement provoquer l'interdiction avant même d'être assigné en main-levée; et c'est ce que nous ne croyons pas, par la raison, encore une fois, que la loi n'a pas fixé de délai à partir de l'opposition, pendant lequel l'interdiction devrait être provoquée; ce qu'elle a bien eu soin de faire en matière de saisie-arrêt, relativement à la dénonciation de la saisie et à l'assignation en validité. (Art. 563, Code de procéd.) Aussi, dans l'espèce de l'arrêt précité, l'opposant avait été assigné en main-levée, et ce qu'on lui reprochait, ce n'était pas de s'être laissé prévenir, mais de n'avoir pas ensuite articulé les faits de démence.

197. Il faut remarquer, bien que l'on ait écrit le contraire, que la loi ne limite pas aux seules personnes de la qualité exprimée à l'article 174, le droit qu'ont, en général, les collatéraux de s'opposer au mariage des enfans de famille, mineurs de vingt-un ans, qui n'ont point d'ascendans en état de manifester leur volonté, et qui n'ont pas obtenu le consentement du conseil de famille; car il serait bien inconséquent de déclarer, d'une

II.   10

part, le mariage nul ou du moins susceptible
d'être annulé (articles 160 et 182 combinés),
et, d'autre part, de méconnaître dans ceux qui
auraient le droit de demander la nullité, celui
de former opposition. Il vaut mieux prévenir les
contraventions que d'être obligé de les punir ou de
les réparer : c'est sur ce principe de raison évidente
qu'est fondé le droit d'opposition aux mariages. Il
résulte de là qu'un conseil de famille, composé de
parens ou même d'alliés plus éloignés, pourrait,
non pas former lui-même opposition, mais autoriser le tuteur à la former (art. 175); et c'est une
différence notable d'avec les personnes désignées à
l'article 174, qui peuvent, comme nous l'avons dit,
former opposition en vertu de leur seule qualité,
et qui le peuvent individuellement. Ainsi, comme
l'article 160 ne restreint pas l'obligation du mineur,
d'obtenir le consentement du conseil de famille, au
seul cas où ce conseil devrait, par le fait, être composé de parens de la qualité mentionnée à l'article
174; que même un enfant naturel non reconnu,
âgé de moins de vingt-un ans, ne peut se marier
sans le consentement d'un tuteur *ad hoc*, il nous
paraît certain que, dans le cas dont il s'agit, le conseil de famille, en général, a qualité pour autoriser
le tuteur et même pour lui prescrire de former
opposition au mariage. Que dit d'ailleurs cet article
174? « Qu'à défaut d'aucun ascendant, le frère ou la
« sœur, etc., ne peuvent former opposition *que dans*
« *les deux cas suivans.* » La restriction n'est donc

relative qu'aux cas dans lesquels l'opposition est avouée par la loi : elle ne porte point sur les personnes. Quant à elles, la disposition est simplement explicative. Enfin l'article 175, en donnant au conseil de famille le droit d'autoriser le tuteur à s'opposer au mariage, ne distingue en aucune manière la qualité des parens qui ont composé ce conseil : à cet égard le législateur s'en est référé par la pensée aux règles de la tutelle, relatives à la composition du conseil de famille. Et nous croyons aussi que, lors même que des parens de la qualité exprimée à l'article 174, qui n'auraient pas cru devoir user du droit personnel qu'ils ont de s'opposer au mariage, seraient appelés à faire partie du conseil et seraient même d'avis du mariage, si la majorité était d'un avis contraire, l'opposition serait bien fondée : car l'article 160 n'exige pas seulement le consentement de tel ou tel parent, comme l'article 148 exige seulement celui du père; il exige le consentement du conseil de famille, dont la délibération est indivisible.

198. Au surplus, notre décision ne serait point applicable au cas où l'opposition serait fondée sur l'état de démence de l'individu *majeur*, attendu que, dans ce cas, s'il n'est point interdit, il n'y a point de conseil de famille; et dès-lors l'article 160, sur lequel nous appuyons principalement cette décision, n'est point applicable. L'opposition ne

serait donc reçue qu'autant qu'elle serait formée
par une des personnes de la qualité exprimée à l'article 174.

199. Mais s'il était interdit, non-seulement le
conseil de famille, en général, pourrait autoriser
le tuteur à former opposition, mais le tuteur, en
sa seule qualité, pourrait la former. Ce n'est point
à ce cas que s'applique l'article 175, ainsi conçu :
« Dans *les deux cas prévus* par le précédent article,
« le tuteur ou curateur ne pourra, pendant la durée
« de la tutelle ou de la curatelle, former opposition,
« qu'autant qu'il y aura été autorisé par un conseil
« de famille qu'il pourra convoquer. » Car cet article
175 ne régit pas *deux cas*, mais bien un seul, celui
où le futur époux est *mineur*. Sa lettre, nous en
convenons, est contraire à cette interprétation ;
mais l'interprétation opposée renferme un non-sens,
ou une disposition incompatible avec les vrais principes. En effet, veut-on supposer que, même dans
le second cas de l'article 174, il s'agit d'un individu
mineur ? Mais alors il n'y a pas nécessité pour qu'un
oncle, par exemple, puisse valablement s'opposer
au mariage, qu'il se fonde sur l'état de démence de
son neveu, et qu'il soit obligé ensuite de provoquer
son interdiction. Le défaut de consentement du
conseil de famille est une cause suffisante de son
opposition. Supposera-t-on que le conseil de famille
a consenti au mariage ? Mais l'opposition indivi-

duelle de l'oncle ne serait plus que l'application de l'article 174-2°, et l'on ne serait plus dans le cas de l'article 175.

Enfin, supposera-t-on que l'individu est majeur? Mais il faut supposer aussi qu'il est interdit, puisqu'il *a un tuteur* : l'article 175 le dit positivement; or, précisément l'art. 174 suppose qu'il n'est point interdit, puisqu'il faut le faire interdire; et d'ailleurs, pourquoi le tuteur n'aurait-il pas, en sa seule qualité, le droit de former opposition? Ce serait pour lui un devoir de le faire, plutôt que de laisser contracter un mariage qui serait nul par défaut de consentement de la part de l'époux. Que l'on remarque bien, en effet, qu'il n'en saurait être du majeur interdit comme du mineur; celui-ci est protégé par la nécessité d'obtenir le consentement du conseil de famille (art. 160); mais celui-là n'est protégé que par son tuteur, si le conseil de famille garde le silence. Donc le tuteur peut, dans ce cas, et en sa seule qualité, former opposition, donc l'article 175, qui parle de deux cas, ne s'applique réellement qu'à un seul.

200. Les parens qui n'ont pas, d'après la loi, qualité pour former opposition, peuvent du moins avertir le ministère public des causes qui motiveraient une nullité d'ordre public; ils peuvent aussi, et c'est même pour eux un devoir, prévenir l'officier de l'état civil, afin qu'il se refuse à procéder à la célébration.

201. Dans tous les cas d'empêchemens dirimans et d'ordre public, résultant de l'existence d'une première union, de l'inceste et du défaut d'âge compétent, le ministère public aura le droit d'empêcher la célébration du mariage, puisque son devoir lui prescrirait d'en demander la nullité, s'il était contracté. Nous en disons autant pour le cas où l'officier qui se proposerait de le célébrer serait incompétent à raison du domicile des parties, attendu que la nullité qui en résulterait serait aussi d'ordre public. Enfin, nous portons la même décision relativement au mariage que voudrait contracter un mort civilement.

Il ne faut point en effet conclure, de ce qu'au chapitre *des Oppositions,* la loi a gardé le silence sur le ministère public, qu'elle a entendu lui refuser le droit de s'opposer à un mariage dont elle lui prescrirait de demander la nullité s'il était célébré : si telle eût été sa pensée, il faut le dire, elle eût été dirigée par des vues contradictoires et tout-à-fait opposées à la saine raison. Il a même été formellement reconnu par un arrêt de la Cour de cassation, cité au n° 176, que le ministère public peut s'opposer au mariage que la femme se propose de contracter avant les dix mois révolus depuis la dissolution du premier ; et cependant il fut reconnu aussi que l'empêchement résultant de l'article 228 n'est point dirimant. A plus forte raison en doit-il être ainsi, lorsque la cause sur laquelle le ministère public fonde son opposition serait de nature à entraîner la nullité du mariage sur sa poursuite. Enfin il est pareillement constant depuis la Charte, selon nous du moins, qu'il peut s'opposer au mariage d'un prêtre rentré depuis le concordat en communion avec son évêque (1).

202. Du droit que nous reconnaissons au ministère public de former opposition à un mariage qui ne pourrait être célébré qu'au mépris du bon ordre, résulte nécessairement celui d'interjeter appel de la décision qui aurait rejeté son opposition. Cette opinion n'est point contraire à la jurisprudence de la Cour de cassation, suivant laquelle le ministère public, hors les cas mentionnés à l'article 184, n'a pas la voie d'action pour faire annuler un mariage, ni, dans aucun cas, la voie d'appel pour faire maintenir un mariage annulé par un jugement de première instance. Nous reviendrons sur ces points, à la section II du chapitre V, où nous citerons deux arrêts de cassation susceptibles toutefois de quelques observations, qui ont ainsi jugé.

203. Au reste, de quelque personne que provienne l'opposition, l'officier de l'état civil à qui elle est signifiée ne peut célébrer le mariage avant qu'on lui en ait remis la main-levée, sous peine de trois cents francs d'amende et de tous dommages-intérêts. (Art. 68.) Il n'est pas juge de la qualité de l'opposant, ni du mérite de l'opposition. La loi, d'ailleurs, par les dispositions des articles 176

_____

(1) *Voy.* à cet égard le n° 34, note.

et 179, que nous allons expliquer, offre aux citoyens une suffisante garantie contre l'abus qui pourrait en résulter.

204. L'officier de l'état civil doit faire sans délai une mention sommaire des oppositions sur le registre des publications; il doit faire aussi mention, en marge de l'inscription desdites oppositions, des jugemens et des actes de main-levée dont expédition lui aurait été remise. (Art. 67.)

SECTION II.

Des Formes de l'Opposition, et de la Manière de la juger.

SOMMAIRE.

214. *S'il y a appel, il doit y être statué dans les dix jours de la citation.*

215. *Le pourvoi en cassation contre l'arrêt qui a rejeté l'opposition est-il suspensif ?*

216. *Si l'opposition est rejetée, les opposans, autres que les ascendans, peuvent être condamnés aux dommages-intérêts.*

217. *En principe, l'opposant qui succombe doit supporter les dépens.*

205. Suivant l'article 176, « Tout acte d'oppo« sition doit énoncer la qualité qui donne à l'op« posant le droit de la former;

« Il doit contenir élection de domicile dans le « lieu où le mariage devra être célébré;

« Il doit aussi, à moins qu'il ne soit fait à la re« quête d'un ascendant, contenir les motifs de l'op« position;

« Le tout, à peine de nullité et de l'interdiction « de l'officier ministériel qui aura signé l'acte d'op« position. »

206. Mais il ne faut pas conclure de ce que le tribunal annulerait l'acte d'opposition pour vice de forme, qu'il pourrait ordonner, dans tous les cas, de passer outre à la célébration du mariage. Cela ne pourrait évidemment avoir lieu, si l'opposition était formée par un père, ou tout autre ascendant dont le consentement serait requis pour la validité du mariage, ni dans le cas de bigamie ou d'inceste, et probablement dans quelques autres.

La Cour de Bruxelles a jugé, le 26 décembre

1812 (Sirey, 1813, 2, 379), qu'une opposition nulle en la forme ne pouvait être réitérée. D'abord, il serait contre tous les principes, s'il s'agissait d'une nullité d'ordre public, ou si l'opposition était formée à la requête d'un ascendant dont le consentement était requis, d'ordonner, en annulant l'opposition quant à la *forme*, de passer outre à la célébration. En second lieu, une nullité de forme dans une signification d'opposition, ne doit pas plus empêcher la réitération de l'acte, qu'elle n'empêche la réitération de tout autre exploit, ou la réitération d'une demande pour vice de forme : seulement, les frais, dans tous les cas, restent à la charge de celui qui a fait signifier l'acte irrégulier.

207. En disant que l'acte d'opposition doit énoncer la qualité qui donne à l'opposant le droit de la former, la loi n'a point entendu constituer l'officier ministériel juge de cette qualité : autrement il faudrait lui soumettre l'arbre généalogique de la famille, les actes des naissances, etc., ce qui exigerait souvent plusieurs années. La qualité de l'opposant se confond d'ailleurs, dans plusieurs cas, avec la cause de l'opposition, dont assurément l'officier ministériel ne pourrait apprécier le mérite dans toutes les hypothèses. La loi a donc voulu simplement dire que l'opposition doit énoncer la qualité d'après laquelle l'opposant *se prétend* en droit de la former.

208. Quant à l'élection de domicile *dans le lieu*

où le mariage devra être célébré, comme il peut
l'être en deux endroits différens, si les parties ont
leurs domiciles dans des communes distinctes,
l'opposant est dans l'incertitude relativement à
celle dans laquelle il doit, pour obéir au vœu de
la loi, faire cette élection.

Cette incertitude s'augmenterait encore, si chacune des parties avait tout à la fois une résidence
de six mois dans une commune et son domicile
réel dans une autre, et si, comme l'a dit M. Tronchet, dont au surplus le sentiment ne fut point
partagé par MM. Malleville et Bigot-Préameneu (1),
le mariage pouvait être indifféremment célébré
dans l'une ou l'autre commune; car alors il pourrait l'être dans quatre endroits. Quoi qu'il en soit,
même dans ce système, nous pensons qu'il suffit
que l'opposant fasse élection de domicile dans la
commune où celui sur qui l'opposition est formée
a une résidence de six mois, ou son domicile réel,
sans qu'il soit besoin de la faire dans l'une ou l'autre
des communes où, à raison de l'autre partie, le
mariage pourrait aussi être célébré : l'opposant ne
peut en effet savoir si les contractans choisiront
cette commune. Nous dirons, de plus, que l'élection
de domicile est attributive de compétence; elle est
prescrite afin que la partie sur qui l'opposition est
formée ne soit point forcée d'aller plaider au loin
pour en demander la main-levée. D'après cela, elle

(1) *Voy.* le n° 221 et suiv., *infrà.*

doit même, pour remplir plus spécialement le but de la loi, être faite au domicile ou à la résidence de cette partie. Mais si la célébration peut avoir lieu dans l'une ou l'autre commune de la partie au mariage de laquelle on s'oppose, l'élection de domicile peut être valablement faite dans l'une comme dans l'autre commune : la loi n'a pu vouloir que l'incertitude dans laquelle est forcément l'opposant à cet égard, fût une cause de nullité de l'opposition. Au reste, il est plus prudent de faire l'élection de domicile dans toutes les communes où le mariage pourrait être célébré; on éviterait de cette manière toute difficulté sur ce point.

209. L'acte d'opposition doit être signé sur l'original et la copie par l'opposant ou par son fondé de procuration spéciale et authentique; il doit être signifié, avec la copie de la procuration, à la personne ou au domicile des parties, et à l'officier de l'état civil, qui met son *visa* sur l'original. (Art. 66.) La loi prescrit de signifier l'opposition aux parties indistinctement, non pas afin que celle qu'elle ne concerne pas puisse en demander la main-levée, mais afin qu'elle soit avertie de l'obstacle apporté au mariage, qu'elle puisse en connaître les causes et agir en conséquence.

210. Il faut observer que, lors même qu'à raison de la diversité des domiciles ou résidences, le mariage pourrait être célébré dans plusieurs communes, il n'est pas nécessaire de signifier l'oppo-

sition à l'officier de l'état civil de chacune d'elles, attendu que celui qui procédera à la célébration ne pourra le faire que sur le vu d'un certificat de chacun des officiers des communes où les publications ont été faites, qu'il n'y a pas eu d'opposition, ou qu'il en a été donné main-levée (art. 67, 69 et 76 combinés) : car le mariage ne peut être célébré que dans une commune où les publications ont été faites.

Cependant il peut résulter une difficulté de l'interprétation donnée par M. Tronchet à l'article 74 combiné avec la disposition de l'article 176, et voici comment : Le mariage, suivant M. Tronchet, peut être célébré au domicile réel comme au lieu de la résidence. L'opposant, d'après cela, a fait dans son opposition élection de domicile dans la commune du domicile réel, et a notifié son opposition seulement à l'officier de l'état civil de cette commune; mais les publications n'y ont pas été faites, parce que la résidence dans l'autre commune était de plus de six mois, qu'elle était même, nous le supposons, de plus d'une année, et que, dans ce cas, l'article 167 était inapplicable (1). L'officier de l'état civil de cette résidence, choisi pour célébrer le mariage, n'a évidemment aucune connaissance de l'opposition, puisqu'il ne lui est présenté aucun extrait de la part de celui du domicile réel. *Vice versâ*, l'opposition a été signifiée seulement

(1) *Voy.* le n° 230, *infrà.*

à l'officier de la résidence, parce que l'opposant croyait que le mariage y serait célébré; mais les parties, qui, conformément à l'interprétation donnée par M. Tronchet, le font célébrer au domicile réel, n'ont point fait faire les publications au lieu de la résidence, attendu qu'aucune loi, du moment que le mariage n'y devait pas être nécessairement célébré, ne leur prescrivait de les y faire faire, comme elle leur prescrit, en sens inverse, de les faire faire à l'ancien domicile, lorsque le mariage est célébré à la résidence de six mois. Dans notre manière d'entendre l'article 74, cette difficulté n'existerait pas. Au surplus, cela fait sentir à tout opposant l'utilité de faire élection de domicile dans toutes les communes où le mariage peut être célébré, et de notifier l'opposition à chaque officier de ces diverses communes.

211. Les demandes en main-levée d'oppositions aux mariages sont des matières qui requièrent célérité : en conséquence, le tribunal doit prononcer dans les dix jours sur la demande en main-levée. (Art. 177.)

Le demandeur en main-levée peut demander et doit obtenir la permission d'assigner à bref délai. *Voy.* à cet égard l'article 72, Code de procéd. Il n'y a pas lieu, par cela même, au préliminaire de conciliation.

Par ces mots, *dans les dix jours*, on doit entendre les dix jours à partir de celui où le tribunal a été saisi de la demande, quoique l'article suivant dise qu'il sera statué sur l'appel dans les dix jours *de la citation.*

212. Le tribunal est celui dans le ressort duquel est la commune (ou l'une des communes) dans laquelle l'opposant a fait élection de domicile. Le demandeur en main-levée peut au surplus porter sa demande au tribunal du domicile réel de l'opposant. (Art. 59 du Code de procéd.)

213. La disposition de l'article 177 ne doit toutefois pas être entendue en ce sens, que le fond doive toujours être décidé dans ce délai : il n'est pas toujours susceptible de l'être; par exemple, dans le cas où l'opposition serait formée pour cause de démence du futur époux, pour l'admission ou le rejet de laquelle il peut être nécessaire de procéder préalablement sur son interdiction, ou si elle est fondée sur un précédent mariage, dont l'époux conteste l'existence, etc. Mais il est nécessaire, même dans ces cas, que le tribunal prononce préparatoirement dans les dix jours.

214. S'il y a appel, il doit y être statué dans les dix jours de la citation. (Art. 178.)

215. La loi n'a pas prévu le cas où l'arrêt aurait rejeté l'opposition, et qu'il y aurait pourvoi en cassation : ce pourvoi est-il suspensif? La raison de le penser se tire de ce que, dans le système contraire, le mariage venant à être célébré, il

serait inutile, du moins généralement, que l'arrêt fût cassé. Or, lorsque l'exécution d'un arrêt produirait un mal irréparable en définitive, le pourvoi en cassation contre cet arrêt en suspend l'exécution. Tel est le principe en matière criminelle, et nous le voyons aussi consacré, en matière de mariage, par l'article 263, au titre *du Divorce.* Néanmoins, le contraire a été jugé par la Cour de Paris, le 19 septembre 1815 (Sirey, 1816, 2, 343), attendu qu'en matière civile le pourvoi en cassation ne suspend l'exécution des arrêts que dans les cas d'exception indiqués par la loi, et qu'aucune loi n'a introduit, relativement aux oppositions aux mariages, d'exception au principe.

216. Si l'opposition est rejetée, les opposans, autres néanmoins que les ascendans, qui sont toujours présumés agir par de bons motifs (1), pourront être condamnés à des dommages-intérêts (art. 179). La loi laisse aux tribunaux le pouvoir d'apprécier le tort réel qu'a pu causer l'opposition, le motif qui a dirigé l'opposant, sa qualité et toutes les circonstances de la cause.

217. Quant aux frais et dépens, l'opposant qui succombe doit les supporter (art. 130, Code de procéd.), à moins qu'à raison de la qualité des parties, surtout lorsque l'opposant est un ascendant, le tribunal n'estime convenable, en vertu

_____

(1) Cette présomption, qui est absolue à l'égard des ascendans, existe aussi à l'égard du ministère public.

de l'article 131 du même Code, de les compenser en tout ou partie.

CHAPITRE III.

Des formalités relatives à la célébration du Mariage, et du Domicile en ce qui le concerne.

De ces formalités, les unes précèdent le mariage, les autres sont celles de la célébration. Nous les traiterons dans les deux Sections suivantes.

SECTION PREMIÈRE.

Des Formalités qui précèdent le Mariage.

SOMMAIRE.

II.   11

faite à toute époque : conséquences de la transcription tardive.

218. Les formalités qui précèdent la célébration sont : 1° les publications; 2° la remise des pièces exigées par la loi. Mais nous parlerons d'abord du domicile relativement au mariage, et nous traiterons, dans un quatrième paragraphe, de la célébration du mariage en pays étranger.

§. Ier.

Du Domicile en ce qui concerne le Mariage.

219. Suivant l'article 74, « le mariage sera célébré dans la commune où l'un des deux époux « aura son domicile. Ce domicile, quant au mariage, s'établira par six mois d'habitation continue dans la même commune. »

Il suffit donc d'avoir résidé sans interruption pendant six mois dans une commune, pour pouvoir y célébrer son mariage. Il n'est pas nécessaire d'avoir eu l'intention d'y fixer son principal établissement, comme cela est exigé pour acquérir le domicile réel et ordinaire : une simple habitation continue remplit le vœu de la loi; tellement que le militaire qui aurait demeuré en garnison pendant six mois dans une commune du territoire français, pourrait s'y marier, en faisant d'ailleurs les publications ordinaires. (1)

(1) Avis du Conseil-d'État approuvé le 4 complémentaire an XIII.

Mais deux questions se sont élevées sur le domicile relatif au mariage.

220. La première est de savoir si l'individu qui a abdiqué le domicile réel qu'il avait dans telle commune, mais qui n'a point encore acquis une habitation continue pendant six mois dans le lieu où est son nouveau domicile (1), peut célébrer son mariage à l'un ou à l'autre lieu, ou s'il ne peut le célébrer que dans le nouveau, et seulement après six mois de résidence non interrompue?

La seconde est celle-ci: l'individu qui a une résidence de six mois dans une commune, mais qui a son domicile réel dans un autre lieu, peut-il se marier indifféremment dans l'une et l'autre commune?

On doit dire, sur la première question, que le mariage ne peut être célébré au domicile abdiqué, ni au nouveau tant qu'il ne sera pas accompagné d'une résidence de six mois.

Il ne peut être célébré à l'ancien, parce que ce domicile abdiqué est censé n'avoir jamais existé; et si, avant qu'il fût changé, la personne y avait une résidence plus que suffisante pour y célébrer son mariage, cette résidence n'existe plus. Ainsi, comme il n'y a ni domicile réel ni résidence à

---

(1) D'après ce que nous avons dit au tome I, n° 357, il suffit d'une habitation réelle quelconque dans une commune, jointe à l'intention d'y fixer son principal établissement, pour y acquérir le domicile réel et civil proprement dit.

cet endroit, l'officier de l'état civil de cette commune serait incompétent.

Le mariage ne peut non plus, disons-nous, être célébré au nouveau lieu; car, bien que la personne y ait acquis un domicile réel, elle n'y a néanmoins pas encore une habitation continue pendant six mois, comme l'exige l'article 74. Il ne faut pas, en effet, oublier que les rédacteurs du Code ont entendu adopter, du moins en général (1), les principes de l'ancienne jurisprudence; les discussions préliminaires et les discours des orateurs du gouvernement font foi de la justesse de cette observation (2). Or, suivant l'ancienne jurisprudence, l'on ne pouvait se marier dans une paroisse qu'après y avoir résidé sans interruption pendant six mois; et si l'on avait changé de diocèse, il fallait une résidence d'une année. (3)

_____

(1) Nous disons *en général*, parce qu'on verra sur la seconde question, que, dans la discussion qui a eu lieu au Conseil-d'État, on a paru s'en éloigner pour le cas où le futur époux qui a une résidence de six mois dans une commune, a néanmoins conservé son domicile dans une autre.

(2) L'orateur du gouvernement s'exprimait ainsi : « La célébration « doit avoir lieu dans la commune où l'un des deux époux a son do- « micile : le domicile, quant au mariage, s'établit par six mois d'habi- « tation : *c'est un principe consacré par toutes les lois.* » Ainsi on n'a pas voulu innover sur ce point.

(3) Voici ce que portait l'édit de 1697 : « Défendons à tous curés et « prêtres...... de conjoindre en mariage autres personnes que ceux qui « sont leurs vrais et ordinaires paroissiens, demeurant actuellement « et publiquement dans leurs paroisses au moins depuis six mois, à « l'égard de ceux qui demeuraient auparavant dans une autre paroisse de la même ville ou dans le même diocèse; et depuis un an, pour

L'avis du Conseil-d'État, du 4e jour complémentaire an XIII, précité, a confirmé ces principes, en défendant aux militaires de se marier en France avant d'avoir acquis une résidence continue pendant six mois dans une commune, à moins que leurs futures épouses n'y eussent cette résidence.

On peut cependant faire quelques objections : on peut dire que l'article 74 n'a entendu exiger une résidence de six mois dans la commune où l'on veut célébrer un mariage, que parce qu'on n'y a pas encore son domicile ; que sa disposition a eu pour objet de favoriser le mariage en établissant un domicile spécial, tandis que l'autre interprétation l'entraverait. On peut ajouter, à l'appui de ce raisonnement, que l'article 102 dit d'une manière générale que le domicile de tout Français, quant

---

« ceux qui demeuraient dans un autre diocèse ; si ce n'est qu'ils en « aient une permission spéciale du propre curé des parties qui con- « tractent, ou de l'archevêque ou évêque diocésain. » *Voy.* Pothier, n° 355 et suiv.

L'Édit était tellement suivi à la rigueur, que le Parlement de Paris a annulé des mariages, parce qu'il manquait quelques jours au temps prescrit. Un mariage a même été annulé parce qu'il manquait un *seul* jour. *Voy.* Denisart, au mot *Mariage.*

Quant aux mineurs, comme ils ont le domicile de leurs père et mère ou tuteurs, leur résidence dans un autre lieu, où ils font leurs études, n'était point considérée : ils devaient, d'après l'édit précité, se marier au domicile des personnes sous la puissance desquelles ils étaient placés ; tandis qu'à l'égard des majeurs on considérait moins le domicile que la résidence. Il en devrait être de même sous le Code, sauf que les mineurs pourraient toujours se marier, conformément à l'article 74, dans la commune où ils auraient une résidence de six mois continus.

à l'exercice des droits civils, est au lieu où il a son principal établissement, et que, dans l'espèce, le principal établissement est dans le nouveau lieu, quoique l'individu n'y réside pas depuis six mois. Enfin, le système contraire n'est pas sans inconvéniens: un individu qui aurait changé de domicile, soit par l'acceptation de fonctions conférées à vie, soit pour toute autre cause, et qui serait obligé d'attendre, pour se marier, qu'il eût résidé pendant six mois dans la commune où est son nouveau domicile, serait exposé, par l'effet de ce retard, à manquer un mariage avantageux. Il ne pourrait non plus y faire célébrer celui de ses enfans mineurs, qui n'ont d'autre domicile que le sien ; et, probablement, telle n'a pas été la pensée du législateur.

Mais nous répondons que l'article 74 a précisément exigé une résidence continue de six mois dans la commune où doit être célébré le mariage, sans distinction entre le cas où la personne y a acquis ou non un domicile réel, attendu que c'est le lieu où les oppositions peuvent être signifiées avec le plus d'efficacité: car ce lieu est plus particulièrement connu des tiers que le domicile réel, qui, résultant de l'intention, et souvent d'un fait passager d'habitation, ne présente assurément pas les mêmes caractères de certitude ; et voilà pourquoi, dans l'ancienne jurisprudence, on s'attachait uniquement à la résidence, qu'elle fût ou non accompagnée du domicile, c'est-à-dire, qu'elle fût

ou non accompagnée de l'intention d'y fixer le
principal établissement.

Quant aux inconvéniens qui pourraient résulter
des retards, ils sont peu graves, au moyen de la
faculté qu'ont les époux de célébrer le mariage
dans la commune de l'un ou de l'autre, à leur
choix. Ainsi, soit que l'on se reporte à l'ancienne
jurisprudence, soit que l'on considère l'esprit dans
lequel les rédacteurs du Code ont conçu l'article
74, on doit demeurer convaincu que le mariage
ne peut être célébré ni au domicile abdiqué, ni au
nouveau, tant que celui-ci ne sera pas accompagné
d'une habitation continue pendant six mois.

221 La seconde question offre plus de difficulté.
Assurément, s'il fallait la décider d'après les anciens
principes, elle n'en offrirait point : car, on dirait
que le mariage ne peut être célébré qu'au lieu de
la *résidence actuelle* (1), puisque, à l'exception du
domicile relatif au mariage des mineurs, qui était
celui des père et mère, quoique les mineurs rési-

_____

(1) Il n'est toujours question dans les édits et dans les commenta-
teurs, que de la *demeure*, de la *résidence* : or, si ces termes sont parfois synonymes de *domicile*, d'autres fois aussi ils sont loin de l'être :
nous l'avons suffisamment démontré au titre *du Domicile*, et dans l'ancien droit ils ne l'étaient pas non plus toujours : les monumens de la
jurisprudence en offrent de nombreuses preuves. Ainsi, dans l'esprit
de l'édit on n'entendait pas, par *demeure*, un domicile ancien et ignoré,
comme celui que le sieur Carraugeau avait conservé à Paris, après
avoir demeuré pendant soixante-quatre ans en Bretagne, comme di-
recteur des fortifications; on entendait la demeure, la résidence réelle
et actuelle. *Voy.* Pothier, n° 355.

dassent ailleurs pour leurs études, cette résidence était le véritable domicile quant au mariage. Mais la discussion au Conseil-d'état, et qu'il n'est pas inutile de retracer ici, à raison de l'importance de la question, fait naître des doutes.

« M. Tronchet dit qu'il s'agit, dans l'article 74, « de la simple habitation.

« Le premier Consul répond qu'alors il faut « changer la rédaction, et ne parler que d'une ha- « bitation de six mois, afin que l'article n'apporte « aucune modification aux dispositions sur le do- « micile.

« M. Malleville dit qu'il est nécessaire d'expliquer « que *la loi entend parler de la dernière résidence*, et « d'une résidence continue.

« M. Tronchet répond que *la rédaction ne laisse* « *aucun doute à cet égard.*

« M. Réal propose de rédiger ainsi l'article : *Le* « *mariage sera célébré dans la commune où l'un des* « *époux aura son domicile, il pourra l'être également* « *dans la commune où l'un des époux aura six mois* « *d'habitation.*

« M. Bigot-Préameneu demande qu'on ne se « serve pas du mot *pourra*, pour ne pas déroger à « la règle générale.

« Le premier Consul demande si une personne « pourra célébrer son mariage dans le lieu de son « domicile, quoique depuis six mois elle ait résidé « ailleurs.

« M. Tronchet répond qu'elle le pourra, parce

« qu'on ne perd pas le droit de célébrer son ma-
« riage dans le lieu de son domicile, pour avoir
« acquis le droit de le célébrer ailleurs.

 « Mais M. Bigot-Préameneu observe que la célé-
« bration du mariage est entourée *d'une plus*
« *grande publicité, lorsqu'elle est faite dans le lieu*
« *de la résidence.* (1)

 « Enfin, M. Tronchet répond que la publicité du
« mariage a pour objet de donner aux personnes
« intéressées à l'empêcher le moyen de former
« leur opposition : or, le domicile d'un homme est
« toujours plus certain et plus connu que sa rési-
« dence (2). La disposition qui permet de célébrer
« le mariage dans le lieu de la résidence n'est qu'une
« exception à la règle générale : d'ailleurs les pu-
« blications sont faites et au lieu de la résidence et
« au lieu du domicile. » (3)

 222. On voit, d'une part, que MM. Malleville

---

(1) Nous partageons l'opinion de M. Bigot - Préameneu ; et c'était,
comme nous l'avons dit, dans cet esprit qu'étaient conçus les anciens
édits rendus sur ce point.

 (2) Nous ne le croyons pas, attendu que le domicile est subordonné
à l'*intention*, ce qui rend souvent les questions sur ce sujet très-diffi-
ciles à juger, tandis que la résidence est un *fait* très-facile à constater.

 (3) Cela n'est pas exact ; car, si la loi dit que lorsque le domicile
n'est établi que par six mois de résidence, les publications seront
faites en outre au dernier domicile (art. 167), c'est qu'elle suppose
évidemment que les parties veulent célébrer le mariage dans le lieu
de cette résidence. Mais s'il peut être célébré au domicile réel, et
qu'en effet les parties veulent l'y célébrer, aucune loi ne leur prescrit
de faire les publications au lieu *de la résidence ;* elle est considérée
comme non avenue. C'est dans l'opinion de MM. Malleville.et Bigot-
Préameneu, que l'observation de M. Tronchet serait vraie, mais non
dans son propre système.

et Bigot-Préameneu entendaient la disposition de l'article 74 dans le sens de l'ancienne jurisprudence, s'attachant à la résidence actuelle, qui est un fait, plutôt qu'au domicile réel, qui, dépendant de l'*intention*, n'est pas toujours bien connu des tiers, ni même des tribunaux appelés à juger la question, quoique toutes les circonstances caractéristiques de l'intention soient exposées devant eux avec la contradiction nécessaire pour les faire ressortir ou les énerver. Suivant ces orateurs, l'article 74 n'établit donc pas une simple faculté, mais bien une défense de pouvoir célébrer le mariage ailleurs qu'au lieu de la dernière résidence. Cette manière d'entendre l'article a été confirmée, comme nous l'avons dit, par l'avis du 4 complémentaire an XIII, qui interdit aux militaires de se marier, en France, tant qu'eux ou leurs futures épouses n'ont pas acquis une résidence de six mois dans une commune; car il est de principe que le militaire, en entrant au service, conserve son domicile, par conséquent, dans le système de M. Tronchet, il pourrait s'y marier, tandis que l'avis du Conseil-d'État lui refuse cette faculté.

D'autre part, on voit que M. Tronchet entendait l'article 74, non pas comme imposant l'obligation de ne célébrer le mariage que dans la commune où l'une des parties aurait acquis une résidence de six mois, mais comme créant une simple faculté à cet égard. (1)

_____

(1) MM. Merlin et Toullier décident la même chose, en s'appuyant

223. Nous n'entendons pas l'article de la même manière; il dit : « Le mariage *sera* célébré dans la « commune où l'un des deux époux aura son domi- « cile. Ce domicile, *quant au mariage, s'établira* « *par six mois d'habitation continue dans la même* « *commune.* » Or, lorsqu'on a demeuré six mois continus dans une commune, on n'a point eu, pendant ce temps, une habitation continue dans une autre, quoi qu'on y eût encore son domicile réel; et comme il a été généralement reconnu, et par M. Tronchet lui-même, que la loi entendait parler de la *dernière résidence*, il est évident, selon nous du moins, qu'il ne s'agit pas, dans l'espèce, de la commune du domicile, puisque depuis six mois la personne n'y réside plus.

Nous ferons enfin observer que, dans le système opposé, le mariage dans tel cas donné pourrait être célébré indifféremment dans quatre communes distinctes (1); ce serait celui où chacune des parties aurait tout à la fois un domicile particulier et une résidence de six mois dans une autre commune. Or, si l'on est quelquefois embarrassé de savoir à quel officier de l'état civil les oppositions doivent être signifiées, conformément à l'article 66, on le

---

sur l'observation de M. Tronchet, et en disant d'une manière générale, mais à tort, que *cela fut reconnu au Conseil-d'État.* Tout ce qu'on peut dire, c'est que M. Tronchet a parlé le dernier. M. Locré a écrit dans le sens de l'observation de M. Tronchet, et M. Delvincourt dans un sens opposé.

(1) Au reste, dans quelque commune qu'il soit célébré, il faut toujours que les publications y aient été faites.

serait bien davantage si, par le fait, quatre officiers de l'état civil étaient compétens.

224. Au surplus, à raison du doute que présente la question, nous n'hésitons pas à penser que le mariage qui serait célébré dans la commune du domicile, au lieu de l'être dans celle de la résidence, ne saurait être annulé pour cette cause. Les parties ne doivent point souffrir de l'obscurité de la loi. Mais, selon nous, il est plus régulier de le célébrer au lieu de la résidence, et l'officier de l'état civil du domicile pourrait, et même devrait refuser son ministère jusqu'à ce que les tribunaux en eussent autrement décidé.

225. Quant aux mineurs, on doit suivre l'ancienne jurisprudence, c'est-à-dire avoir plutôt égard à leur véritable domicile, qui est celui de leurs père, mère ou tuteur, qu'à leur résidence dans un autre lieu où ils font leurs études. Il y aurait, en effet trop d'inconvéniens à arrêter pendant six mois le mariage des filles que l'on sort ordinairement de leur pension pour les marier. Il est vrai qu'il pourrait être célébré à la résidence du mari, mais les bienséances ne se prêtent pas toujours à l'adoption de ce parti. Si ces inconvéniens ne nous ont pas paru décisifs sur la première question, c'est parce que les père et mère n'ont point encore un domicile de six mois d'habitation dans le nouveau lieu, et que la loi s'oppose alors à ce que le mariage y soit célébré, tandis que dans le cas dont il s'agit

maintenant, les père et mère ont cette résidence de six mois. Mais en vertu de l'article 74, les mineurs pourraient célébrer leur mariage dans la commune où ils auraient une résidence de six mois continus.

226. Nous terminerons cette discussion par les observations suivantes :

1°. Le domicile réel ne serait point perdu, quant au mariage, par des absences plus ou moins prolongées durant les six mois.

2°. Il ne le serait même pas par une absence de plus de six mois, si la personne n'avait pas résidé dans une autre commune, mais voyagé : n'ayant acquis, dans aucun autre endroit, la faculté d'y célébrer son mariage, elle a naturellement conservé le droit de le célébrer à son domicile.

Mais, 3°, si l'absence avait été très-longue, si, comme les colporteurs, la personne avait conservé son domicile plutôt en *droit* qu'en *fait*, alors nous croyons qu'elle devrait acquérir une résidence de six mois dans une commune quelconque pour y célébrer son mariage, si l'autre partie n'avait elle-même cette résidence : l'avis du Conseil-d'État, relatif aux militaires, nous paraît en effet applicable à tout gyrovague;

Enfin 4° si, après avoir résidé pendant six mois entiers dans une commune, une personne la quitte pour aller résider dans une autre, où elle habiterait depuis peu de temps, ce ne serait pas la précédente résidence qu'elle vient de quitter, qu'on devrait considérer comme son domicile, quant au mariage, attendu qu'elle n'existe plus, qu'elle ne remplit plus le vœu de la loi ; il lui faudrait, selon nous, une nouvelle résidence de six mois, soit à son domicile réel, soit ailleurs.

§. II.

Des Publications de mariage.

227. Avant la célébration du mariage, l'officier de l'état civil doit faire deux publications, à huit jours d'intervalle, un jour de dimanche, devant la porte de la maison commune. Ces publications et l'acte qui en doit être dressé, énonceront les prénoms, noms, professions et domiciles des futurs époux, leur qualité de majeurs ou de mineurs, et les prénoms, noms, professions et domiciles de leurs pères et mères ; et en outre, les jours, lieux et heures où les publications ont été faites.

Il est inscrit sur un seul registre, qui est coté et paraphé, comme il est dit à l'article 41, et déposé, à la fin de chaque année, au greffe du tribunal. (Art. 63.)

128. Il est néanmoins loisible au Roi, ou aux officiers qu'il a préposés à cet effet, de dispenser, pour des causes graves, de la seconde publication. (Art. 169.)

Cette dispense est accordée au nom du Roi, par

son procureur près le tribunal dans l'arrondissement duquel les pétitionnaires se proposent de
célébrer leur mariage. Ce magistrat est tenu de
rendre compte au ministère de la justice des causes
qui ont donné lieu à la dispense.

Elle est déposée au secrétariat de la commune où
le mariage doit être célébré; le secrétaire en délivre
une expédition dans laquelle il est fait mention du
dépôt, et qui demeure annexée à l'acte de célébration. (Arrêté déjà cité, du 20 prairial an II.)

229. Un extrait de l'acte des publications est
affiché, et doit rester affiché à la porte de la maison commune pendant les huit jours d'intervalle
de l'une à l'autre publication. (Art. 64.)

Le mariage ne peut être célébré avant le troisième jour, depuis et non compris celui de la seconde publication (1), c'est-à-dire, avant le mer-
credi; mais il peut l'être ce jour-là.

S'il n'a point été célébré dans l'année, à compter
de l'expiration du délai des publications, il ne
pourra plus être célébré qu'après que de nouvelles
publications auront été faites en la forme ci-dessus
prescrite. (Art. 65.)

230. Mais les publications ne doivent pas seulement être faites dans une commune, lorsque les
deux parties et les personnes sous la puissance desquelles elles sont placées relativement au mariage,
n'y ont pas aussi leur domicile.

---

(1) Ou celui de la publication unique, s'il y a eu dispense.

Suivant l'article 166, elles doivent être faites à la municipalité du lieu où chacune des parties contractantes a son domicile.

Et si le domicile n'est établi que par six mois de résidence, elles doivent être faites, en outre, à la municipalité du dernier domicile. (Art. 167.)

Il est indifférent, à cet égard, que ce domicile existe encore ou non : la loi, par ces mots *dernier domicile*, laisse même supposer qu'il n'existe plus comme domicile réel et ordinaire; et bien que, d'après notre opinion, le mariage, régulièrement, ne doive pas y être célébré, néanmoins les publications doivent y être faites. La loi prescrit bien d'ailleurs de les faire dans telle commune où le mariage ne pourrait cependant être célébré, parce que les époux n'y auraient ni résidence ni domicile. (Art. 168.)

Mais à quelle époque, après les six mois de résidence, avec ou sans domicile réel, cessera l'obligation de faire les publications au dernier domicile? Évidemment la loi n'a pas voulu limiter cette obligation au seul cas d'une résidence de six mois juste, car sa règle ne serait qu'une pure abstraction; et il suffirait, pour la rendre illusoire, d'attendre un jour de plus pour célébrer le mariage Elle n'a pas voulu, non plus, contraindre le futur époux à faire faire les publications à son dernier omicile, quelque longue que fût sa résidence dans le lieu où il veut célébrer son mariage : autrement il eût été bien inutile de spécifier le cas où la

II.   12

résidence est seulement de six mois. A cet égard, nous croyons qu'il faut distinguer : si la résidence est accompagnée d'un véritable domicile, on sera dispensé, après un an, depuis qu'elle existe, de faire les publications au dernier domicile. Dans l'ancienne jurisprudence on était en effet dispensé de les faire faire après un an de résidence dans la commune où le mariage devait être célébré. Mais si ce n'est qu'une simple résidence, nous croyons qu'à toute époque les publications doivent être faites au domicile réel dûment conservé. Il n'y a pas d'inconvéniens à ce qu'un individu fasse connaître son mariage dans le lieu où est le siége de son principal établissement, et il pourrait y en avoir beaucoup à ce qu'il ne le fît pas.

Si un individu, qui a conservé un domicile réel dans telle commune, avait eu successivement, depuis, plusieurs résidences de six mois au moins dans d'autres communes, les publications commandées par l'article 167 devraient être faites au lieu du domicile. Ces résidences intermédiaires ne doivent être d'aucune considération. La loi parle du *dernier domicile.*

Si les futurs époux, ou l'un d'eux, sont, relativement au mariage, sous la puissance d'autrui, les publications doivent encore être faites à la municipalité du domicile de ceux sous la puissance desquels ils se trouvent. (Art. 168.)

Ainsi, le mariage va être célébré à Paris, parce que l'une des parties, le futur, par exemple, y réside depuis six mois continus, mais ayant son domicile réel à Orléans ; son père, ou tout autre ascendant du consentement duquel il a besoin, a le sien à Lyon : les publications devront être faites dans ces trois villes.

Si l'on suppose aussi que la future a son domicile à Bordeaux, et que l'ascendant sous la puissance duquel elle se trouve placée quant au mariage, a le sien à Marseille, les publications devront aussi être faites dans ces deux villes.

Si les futurs n'ont ni pères ni mères, ou que les pères et mères se trouvent tous dans l'impossibilité de manifester leur volonté, qu'il y ait des aïeuls ou aïeules dans chacune des deux lignes, ayant leurs domiciles dans des communes distinctes, les publications devront avoir lieu dans chacune de ces communes.

Enfin, s'il n'y a point d'ascendans, ou s'ils sont tous dans l'impossibilité de manifester leur volonté, comme l'on ne peut, avant l'âge de vingt et un ans accomplis, contracter mariage sans le consentement du conseil de famille, les publications devront être faites à la municipalité du domicile du mineur, parce que c'est dans cette commune qu'ordinairement s'assemble le conseil de famille.

§. III.

Des Pièces exigées par la loi, qui doivent être remises à l'officier de l'état civil avant le mariage (1).

231. Ces pièces sont :

1° L'acte de naissance de chacun des futurs époux. Celui des deux qui serait dans l'impossibilité de se le procurer, peut le suppléer en rapportant un acte de notoriété délivré par le juge-de-paix du lieu de sa naissance, ou par celui de son domicile. (Art. 70.) Cet acte doit contenir les déclarations faites par sept témoins, de l'un ou de l'autre sexe, parens ou non parens, des prénoms, noms, profession et domicile du futur époux, et de ceux de ses père et mère, s'ils sont connus, le lieu de sa naissance et les causes qui empêchent d'en rapporter l'acte. Les témoins doivent signer l'acte de notoriété avec le juge-de-paix ; et s'il en est qui ne puissent ou ne sachent signer, il en doit être fait mention. (Art. 71.)

2° Les certificats des publications faites dans les divers domiciles. (Art. 69.)

3° L'acte portant le consentement des ascendans ou de la famille, lorsque les ascendans ne sont pas présens à la célébration. Cet acte doit être authentique, et il doit contenir les prénoms, noms

_____

(1) Lorsqu'il y a du doute sur l'identité de la personne qui veut se marier, avec celle dont il est mention dans les pièces exigées par la loi, c'est aux tribunaux, et non à l'autorité administrative, de décider sur cette contestation. Décret du 16 août 1808. Sirey, 1816, 2, 394.

et profession de l'époux auquel ce consentement est nécessaire, ainsi que de tous ceux qui ont concouru à l'acte, et leur degré de parenté. (Art. 73.)

La loi n'exige point qu'il soit produit par un mandataire chargé de représenter l'ascendant; en sorte qu'il suffit que l'époux lui-même le produise (1).

4° A défaut du consentement des ascendans, exprimé par leur présence ou par acte authentique, les futurs époux doivent représenter les procès-verbaux des actes respectueux qui ont été faits.

5° Dans le cas où les futurs époux, ou l'un d'eux, ne pourraient représenter ni le consentement de leurs ascendans, ni les actes respectueux, parce que ces ascendans sont morts ou absens (2), il faut, dans le premier cas, représenter les actes de décès ou y suppléer de la manière expliquée précédemment, n° 88; et dans le second, constater l'absence par la représentation des jugemens qui l'ont déclarée, ou qui ont ordonné l'enquête, ou enfin par un acte de notoriété, dans la forme expliquée au n° 87. (Art. 155.) (3)

_____

(1) Sur la question de savoir s'il peut contenir l'autorisation générale donnée à l'enfant de se marier avec qui bon lui semblera, ou s'il peut être délivré *en blanc*, *voy.* ce qui a été dit au n° 91 et suiv., *suprà*.

(2) *Voy.*, pour le cas où le père est interdit pour crime ou démence, ce qui a été dit aux n°s 34, 80 et suiv., *suprà*.

(3) Mais nous disons ceci principalement pour le cas où c'est l'acte respectueux qui est exigé, parce que l'époux a acquis la majorité relative au mariage; car quand il s'agit du consentement de l'ascendant, il faut faire les distinctions que nous avons établies aux endroits cités,

6° La main-levée des oppositions, s'il y en a eu, ou les certificats délivrés par les officiers de l'état civil des communes où les publications ont été faites, attestant qu'il n'existe point d'opposition. (Art. 69.)

Enfin, 7.° une expédition authentique des dispenses qui ont été accordées.

§. I V.

De la Célébration du mariage en pays étranger.

232. Par application de la règle *locus regit actum*, consacrée par l'article 47, le mariage contracté en pays étranger (1) entre Français, et entre Français et étranger, est valable, s'il a été célébré dans les formes usitées dans le pays, pourvu qu'il ait été précédé des publications prescrites par l'article 63, et que le Français n'ait point contrevenu aux dispositions relatives aux conditions requises pour la validité du mariage (art. 170), c'est-à-dire à celles qui concernent sa capacité, l'âge requis, le consentement des ascendans, etc.

233. Mais ces dispositions ne sont relatives qu'au Français : la capacité de l'étrangère à laquelle il s'unit est régie par les lois du pays de celle-ci ; en sorte que si ces lois lui permettent de se marier à douze, treize ou quatorze ans, elle peut se marier

_____

(1) La loi n'exige pas qu'on y ait une résidence de six mois : la règle des six mois de résidence continue n'est que pour les mariages célébrés en France.

à cet âge avec un Français, quoiqu'une Française ne puisse nulle part se marier avant d'avoir accompli sa quinzième année, si elle n'a obtenu des dispenses du roi. Mais voyez toutefois ce que nous avons dit au n° 164, relativement au cas où une femme étrangère appartenant à une nation chez laquelle le mariage entre les beaux-frères et belles-sœurs serait permis, épouserait son beau-frère, Français.

234. Quant au mariage contracté entre Français, non-seulement il est valable, s'il a été célébré dans les formes et par les officiers du pays; mais il est valable aussi, s'il a été reçu, conformément aux lois françaises, par les agens diplomatiques français ou par les consuls. Cela résulte de l'article 48, qui porte que « tout acte de l'état civil des Français « en pays étranger sera valable, s'il a été reçu, « conformément aux lois françaises, par les agens « diplomatiques ou par les consuls. » Cet article ne distingue pas entre les actes qui ne concernent qu'un Français, comme ceux de naissance et de décès, et ceux qui concernent deux Français, comme ceux de mariage. « Aujourd'hui, dit M. Merlin, dans son Répertoire, au mot *Mariage*, sect. 4, « §. 2, aujourd'hui tout Français peut se marier « en pays étranger sans la permission du gouvernement; et son mariage est valable, pourvu qu'il « ait été célébré soit dans les formes usitées dans « le pays, comme le permet l'article 170, soit de-

« vant les agens diplomatiques ou consulaires de
« France, dans les formes prescrites par les lois
« françaises, comme le permet l'article 48. » Mais
tout en citant cette décision, nous ne l'adoptons
pas dans son entier; elle a besoin, pour être juste,
d'une distinction qu'elle ne fait pas : elle va au-
delà du véritable esprit du Code. Quoi qu'il en soit,
nous croyons la nôtre d'autant mieux fondée,
qu'elle a été confirmée par l'arrêt de la Cour de
cassation, dont il sera bientôt parlé. « Attendu,
« dit cet arrêt, que si les agens diplomatiques ou
« les consuls ont été autorisés à recevoir les actes
« de l'état civil des Français en pays étranger, con-
« formément aux lois françaises, il résulte claire-
« ment, et de l'essence des choses et du texte de
« la loi, qu'il ne s'agit ici *que des Français unique-*
« *ment,* nos lois et nos agens n'ayant de pouvoir à
« l'étranger que *sur les nationaux,* etc. » Donc le
mariage des nationaux peut être célébré par nos
agens diplomatiques ou nos consuls. Ainsi, nous
croyons que c'est à tort aussi qu'il est dit, dans le
Répertoire de M. Favart de Langlade (1), ouvrage
bien fait et d'une très-grande utilité, que le mariage entre Français ne peut être célébré que suivant les formes usitées dans le pays étranger, par
les officiers de ce pays. L'article 170 n'est point à
cet égard conçu en termes restrictifs, mais bien
en termes simplement explicatifs : il n'a point en-

---

(1) mot *Mariage*, sect. 3, §. 2.

tendu déroger à la disposition générale et absolue de l'article 48.

235. Mais le mariage entre Français et étranger peut-il indifféremment être célébré suivant les formalités usitées dans le pays, par les officiers du pays, et conformément aux lois françaises, par les agens diplomatiques français ou par les consuls?

On l'a prétendu, en invoquant mal-à-propos les dispositions combinées des articles 47 et 48. La Cour de Rouen avait même adopté cette doctrine, par son arrêt du 24 février 1818 (1) (Sirey, 1812, 2, 139); mais sa décision a été cassée le 10 août 1819. (Sirey, 1819, 1, 492.) Et en effet, on conçoit très-bien que le mariage puisse être célébré suivant les formalités usitées dans le pays, attendu qu'il se trouve régi, en ce qui concerne l'étranger, par les lois auxquelles il est soumis, et en ce qui touche le Français, par la règle *locus regit actum*. Mais lorsqu'il est célébré suivant les lois françaises, évidemment l'étranger se trouve gouverné par des lois qui n'ont aucun empire sur lui, et il a pour ministres du mariage des officiers incompétens. Il n'y a donc pas de mariage : tellement que le Français lui-même pourrait en demander la nullité.

---

(1) La Cour de Paris, dans la même affaire, avait bien, avant la Cour de Rouen, déclaré le demandeur, le sieur Sommarippa, non-recevable dans sa demande en nullité ; mais c'était faute par son mandataire de justifier suffisamment de l'existence de celui au nom duquel la nullité était demandée. L'arrêt de la Cour de Paris fut cassé pour un autre motif, et l'affaire fut renvoyée à la Cour de Rouen.

236. Nous avons dit, au tome Ier, n° 332, d'après la règle : *le militaire sous le drapeau, en pays étranger, est censé en France*, que ce n'est pas l'article 47 qui lui est applicable relativement aux actes de l'état civil qui le concernent, mais bien les lois françaises; cela paraît en effet résulter des articles 88 et suivans du Code, et de l'interprétation qui leur a été donnée par l'instruction ministérielle du 24 brumaire an 12. Cependant un arrêt de Colmar, du 25 janvier 1823 (Sirey, 1824, 2, 156), a décidé que le mariage d'un militaire français (rien n'indique qu'il fût prisonnier de guerre) avait pu aussi bien être reçu suivant les formes et par les officiers du pays, que par les officiers français, d'après les articles 88 et suivans du Code civil, attendu que la qualité de Français est indivisible, et dès-lors que le militaire français peut invoquer le bénéfice de l'article 47, établi pour tous les Français qui sont en pays étrangers. Là même chose avait été jugée par la Cour de Paris, le 20 juillet 1820. (Sirey, 1820, 2, 307.)

237. La disposition de cet article 170, relative aux publications, paraît absolue, et faire de ces publications une condition de la validité du mariage : « *pourvu qu'il ait été précédé*, etc. » Probablement on a eu en vue la facilité qu'auraient les habitans des frontières d'aller se marier en pays étranger, pour s'affranchir de l'obligation de donner à leur union la publicité voulue par les lois, et l'on a

voulu, en leur inspirant la crainte salutaire de s'exposer à la voir annuler, les détourner du dessein de les éluder. Aussi nous pensons que l'article 170 exige que les publications soient faites en France, attendu que, faites en pays étranger, les Français intéressés à s'opposer au mariage n'en auraient aucune connaissance, et qu'ainsi le but de la loi serait manqué. Cela d'ailleurs résulte clairement de la discussion.

M. Toullier, tome Ier, page 485, dit que la formalité des publications, prescrite par cet article 170, ne peut concerner que les Français qui n'auraient établi leur domicile en pays étranger *que par six mois de résidence;* et M. Delvincourt pense que cet article ne concerne point le Français qui demeure depuis long-temps en pays étranger..., et qui n'a en France ni domicile ni résidence, car les articles 63 et 66, auxquels se réfère le premier, ne peuvent plus s'appliquer, puisqu'il n'y a plus de domicile où puissent se faire les publications. Nous adoptons l'opinion de M. Delvincourt.

Quant à celle de M. Toullier, qui ne distingue pas si le Français a encore ou non un domicile en France, nous ne saurions l'admettre : car, *quid* si la résidence n'est que de six mois et quelques jours, et que le Français ait un domicile en France? s'il s'y mariait, il devrait faire faire les publications au domicile (art. 167); à plus forte raison doit-il les y faire faire lorsqu'il se marie en pays étranger, puisque l'article 170 les prescrit bien plus sévèrement dans ce cas, qu'elles ne sont prescrites lorsque le mariage a lieu en France. Ajoutez que M. Toullier suppose *une résidence de six mois,* et qu'il dit cependant que, lorsqu'elle a une plus longue durée, la formalité des publications n'est plus exigée, ce qui réduit la règle à une pure abstraction.

238. Au surplus, nous pensons comme lui que le défaut de publications n'entraînerait point la nullité, de même qu'il ne l'entraîne point à l'égard des mariages contractés en France, quand d'ailleurs les tribunaux jugent que les autres élémens de publicité se rencontrent à un degré suffisant. La Cour de Colmar a jugé en ce sens par l'arrêt du 25 janvier 1823, précité.

239. Dans les trois mois après le retour du Français sur le territoire du royaume, l'acte de célébration du mariage contracté en pays étranger doit être transcrit sur le registre public des mariages du lieu de son domicile. (Art. 171.)

240. Le délai n'est point fatal : la loi n'attache pas la nullité du mariage au défaut de transcription pendant ce délai. Les héritiers pourront même, après la mort de l'un des époux, la faire faire. Ainsi nous pensons, lors même que la loi du 14 juillet 1819 (1) n'existerait pas, que les enfans de ce mariage pourraient succéder en France, et ré-

(1) Qui accorde aux étrangers le droit de succéder, recueillir et disposer en France comme les nationaux.

clamer, après avoir fait transcrire l'acte, les successions que d'autres auraient recueillies à leur préjudice, sauf à ceux-ci le droit de garder les fruits
par eux perçus jusqu'à ce qu'ils eussent légalement
connaissance de la célébration du mariage.

La femme n'aurait d'hypothèque sur les biens
de son mari que du jour de la transcription tardive de son mariage, et ni elle, ni le mari, ne
pourraient, en invoquant l'article 225, demander
l'annulation des engagemens qu'elle aurait contractés sans être autorisée.

Mais ne concluons pas de là que, de ce que la
transcription n'aurait pas été faite dans les trois
mois, la femme ne pourrait demander la nullité
d'un nouveau mariage contracté en France avant
la dissolution du sien, et antérieurement à la transcription; l'inobservation de cette formalité ne saurait produire une fin de non-recevoir propre à
couvrir ainsi indirectement une nullité d'une nature aussi grave : elle pourrait toutefois rendre
excusable celui qui aurait contracté en France un
mariage avec l'un des époux mariés dans l'étranger, parce qu'il serait censé l'avoir contracté de
bonne foi et dans l'ignorance de l'existence du premier.

SECTION II.

Des Formalités de la Célébration.

SOMMAIRE.

241. *Formalités de la célébration.*
242. *Formalités de l'acte de célébration.*

241. Ces formalités sont tracées dans les articles 75 et 76, ainsi conçus :

« Le jour désigné par les parties, après les délais
« des publications, l'officier de l'état civil, dans la
« maison commune (1), en présence de quatre té-
« moins, parens ou non parens, fera lecture aux
« parties des pièces ci-dessus mentionnées, relati-
« ves à leur état et aux formalités du mariage, et
« du chapitre vi du Titre *du Mariage, sur les droits
« et devoirs respectifs des époux.* Il recevra de chaque
« partie, l'une après l'autre, la déclaration qu'elles
« veulent se prendre pour mari et femme ; il pro-
« noncera, au nom de la loi, qu'elles sont unies par
« le mariage, et il en dressera acte sur-le-champ.

242. « On énoncera, dans l'acte de mariage,

« 1° Les prénoms, noms, professions, âge,
« lieux de naissance et domiciles des époux ;

« 2° S'ils sont majeurs ou mineurs ;

« 3° Les prénoms, noms, professions et domi-
« ciles des pères et mères ;

« 4° Le consentement des pères et mères, aïeuls
« et aïeules, et celui de la famille, dans le cas où
« ils sont requis ;

« 5° Les actes respectueux, s'il en a été fait ;

« 6° Les publications dans les divers domiciles ;

« 7° Les oppositions, s'il y en a eu ; leur main-

---

(1) Nous verrons, en traitant des nullités du mariage, que l'obligation de le célébrer dans la maison commune n'est point prescrite à
peine de nullité.

« levée , ou la mention qu'il n'y a point eu d'oppo-
« sition ;

« 8° La déclaration des contractans de se pren-
« dre pour époux , et le prononcé de leur union
« par l'officier de l'état civil;

« 9° Les prénoms, noms, âge, professions et
« domiciles des témoins, et leur déclaration s'ils
« sont parens ou alliés des parties, de quel côté et
« à quel degré. »

CHAPITRE IV.

De la Preuve du mariage.

SOMMAIRE.

*est représenté, les époux sont respectivement non-rece-
vables à demander la nullité de l'acte.*

251. *Si, même dans ce cas, l'acte n'a été inscrit que sur une
feuille volante, il ne prouve pas le mariage. Controverse
sur ce point.*

252. *De ce que, au moyen de la possession d'état, les époux
sont respectivement non-recevables à demander la nullité
de l'acte inscrit sur les registres, il ne s'ensuit pas
qu'ils ne puissent demander la nullité du mariage, s'il
a été contracté au mépris des dispositions de la loi.*

253. *Les enfans de deux individus décédés, et qui ont vécu
publiquement comme mari et femme, sont dispensés de
représenter l'acte de célébration.*

254. *Ancienne jurisprudence sur ce point.*

255. *Les enfans pourraient également être dispensés de représenter l'acte de célébration, si le survivant des père et
mère était dans l'impossibilité de faire une déclaration
pour cause d'absence ou de démence.*

256. *Les droits des enfans ne sont pas irrévocablement fixés
d'après leur position au moment du décès du prémourant de leurs père et mère, qui ont vécu publiquement
comme mari et femme, et dont l'acte de mariage n'est
pas représenté par les enfans; c'est un point qui est
subordonné aux circonstances.*

257. *De la suppression d'état.*

258. *Manières dont se commet le crime de suppression d'état.*

259. *L'omission de l'inscription d'un mariage sur les registres,
ou l'inscription sur un autre registre que celui à ce
destiné, ou sur une feuille volante, ne constitue point
le crime de suppression d'état.*

260. *Mais la suppression frauduleuse de cet acte par l'officier
de l'état civil le soumettrait à l'application de l'article
173 du Code pénal.*

261. *Dans le cas de suppression d'état, l'inscription du jugement criminel, sur les registres, assure au mariage tous
ses effets civils du jour de sa célébration.*

262. *Si l'auteur du fait est décédé, l'action est dirigée au civil
par le Ministère public, sur la réquisition et en présence
des parties.*

243. Relativement à la preuve du mariage, il importe de distinguer si c'est aux époux ou à l'un d'eux que cette preuve est demandée, ou si c'est aux enfans.

Si c'est aux époux ou à l'un d'eux, l'acte de célébration de mariage doit, en général, être représenté.

Ainsi, porte l'article 194, « nul ne peut récla-
« mer le titre d'époux et les effets civils du ma-
« riage, s'il ne représente un acte de célébration
« inscrit sur les registres de l'état civil; sauf les cas
« prévus à l'article 46, au titre *des Actes de l'état*
« *civil.* »

244. Un acte inscrit sur une feuille volante ne prouverait donc point le mariage. En cela, le Code civil a établi des principes plus sévères et en même temps plus sûrs que ceux de l'ancienne jurisprudence, qui, à ce qu'il paraît, ne restreignait pas aussi rigoureusement la preuve des mariages aux seuls registres de l'état civil; car l'article 9 de la déclaration du 9 avril 1736, tout en attachant des peines très-fortes à l'inscription d'un acte de célébration de mariage sur une feuille volante, laissait néanmoins aux parties en général le droit d'en tirer la preuve du mariage : « En aucun cas, portait
« cet article, lesdits actes de célébration ne peuvent
« être écrits et signés sur des feuilles volantes;
« ce qui sera exécuté à peine d'être procédé extraor-
« dinairement contre le curé ou autre prêtre qui

« aurait fait lesdits actes, lesquels seront condam-
« nés à telle amende, ou autre plus grande peine
« qu'il appartiendra, suivant l'exigence des cas, et
« à peine contre les contractans de déchéance de
« tous les avantages et conventions portés par le
« contrat de mariage ou autres actes, même *de*
« *privation d'effets civils, s'il y échet.* » Ces derniers mots, *s'il y échet,* laissent clairement entendre que la loi ne repoussait pas la preuve du mariage tirée de cette feuille volante, mais seulement que ce mariage pouvait être privé des effets
civils, dans certains cas (1). Aujourd'hui la règle
est plus positive : *Nul ne peut réclamer* la qualité
d'époux et les effets civils du mariage, s'il ne re-

(1) Le Parlement de Paris avait déjà jugé, par arrêt de 1733, rendu
dans la célèbre affaire Kerbabu, qu'une feuille volante ne prouve pas
le mariage, que c'est une pièce informe ; et en conséquence, la Cour
a déclaré nul le prétendu mariage entre la demoiselle de Kerbabu et
le comte de Hautefort. Cochin plaidait pour la famille de ce dernier,
laquelle prétendait que le mariage n'avait jamais existé. (*Voy.* au
tome III de ses œuvres, le 49ᵉ plaidoyer.)
  Au Répertoire de M. Merlin, mot *Mariage*, on lit : « La Cour a
« privé la demoiselle de Kerbabu des avantages de son contrat de
« mariage avec le sieur de Hautefort, dont la célébration n'avait été
« inscrite que sur une feuille volante. Denisart, qui cite cet arrêt, dit
« que le mariage fut déclaré nul ; c'est ce qui n'a pas dû être, puisque
« la déclaration de 1736 ne prononce point cette peine. » Mais 1° l'acte
portait la date de 1726, et par conséquent il n'était point régi par la
déclaration; 2° l'arrêt est même antérieur à cette déclaration ; et
3° il y a erreur de droit de la part de l'auteur de l'*article* du Répertoire, lorsqu'il dit que le mariage n'a pas dû être déclaré nul, attendu
que la déclaration ne portait pas cette peine ; car, par ces mots, et
même de privation d'effets civils, *s'il y échet,* elle laissait évidemment
aux tribunaux un pouvoir discrétionnaire à cet égard. Nous allons
revenir sur ce point.

présente l'expédition d'un acte de célébration *inscrit sur les registres*, sauf les cas prévus à l'article 46, et sauf aussi ce que nous allons dire tout à l'heure sur la suppression d'état.

245. La possession la plus longue, la moins contestée, ne suffirait donc pas pour prouver le mariage. (Art. 195.) A cet égard, nous n'adoptons point les principes de la jurisprudence romaine, suivant laquelle la longue cohabitation, l'honneur que le mari avait rendu à celle qu'il disait être sa femme, l'opinion publique, la croyance des voisins, paraissaient des preuves suffisantes de l'existence du mariage (1). Il n'est pas rare de voir, surtout dans les grandes villes, des individus qui, sans être mariés, se font cependant passer pour l'être, se donnant par rapport au mariage, une possession d'état, la confirmant même faussement par un contrat de mariage et par les qualités qu'ils prennent dans des actes publics, et veulent ainsi attribuer au concubinage les droits qui n'appartiennent qu'au mariage.

_____

(1) *Voy.* la L. 9, Cod. *de Nupt.* Le Parlement de Paris a même appliqué le principe du Droit romain, par arrêt du 7 janvier 1676, rapporté par Soëfve, tom. II, cent. 4, chap. 92, qui a reconnu comme ayant existé, le mariage de la veuve d'André Dohin, procureur au Parlement, et dont celle-ci ne rapportait point la preuve. Mais il y avait une possession publique de trente-huit ans, et le défunt passait pour un homme de mœurs très-réglées; c'est ce qui sauva la veuve, car elle avait fait une déclaration qui devait la perdre: elle avait déclaré s'être mariée tel jour à telle paroisse; et vérification faite du registre, qui fut trouvé sain et entier, son mariage n'y était point inscrit. Le principe du Code est infiniment plus sage.

0

Les époux ne peuvent ignorer le lieu où ils se sont mariés; et il est juste qu'ils produisent l'acte qui fait foi de leur mariage. « La possession d'état, « porte l'article 195, ne pourra dispenser les pré- « tendus époux qui l'invoqueront respectivement, « de représenter l'acte de célébration devant l'offi- « cier de l'état civil. »

246. Il en est de même de celui qui se prétend être l'époux veuf d'une personne, encore que l'état de l'époux prétendu ne soit contesté que par des collatéraux plus de cinq ans après la mort du défunt, et que ces héritiers collatéraux paraissent avoir reconnu le mariage en qualifiant leur adversaire *veuf de défunte*, etc., et en acceptant la tutelle de son enfant, comme d'un enfant légitime. Ainsi jugé par la Cour de Bruxelles, le 7 juin 1806. Sirey, 1806, 2, 350.

247. La même décision a lieu à l'égard des prétendus époux entre eux. Si l'un contestait le mariage, l'autre ne pourrait lui opposer, comme fin de non recevoir, qu'il l'a laissé jouir du titre et des droits d'époux légitime. Cette possession seule est sans effet.

248. Mais s'il n'a pas existé de registres à l'époque de la célébration, ou si ceux qui ont existé sont perdus, les époux et tous ceux qui ont intérêt à établir que le mariage a eu lieu, pourront, comme nous l'avons dit en parlant *des actes de l'état*

civil (1), prouver ce fait tant par titres que par témoins, et prouver ensuite le mariage, tant par régistres et papiers domestiques que par témoins. (Art. 46.)

249. Si, au lieu de la perte des registres, il y avait eu seulement suppression ou lacération de quelques feuillets, la disposition de l'article 46 pourrait également être applicable, attendu que cette suppression est pour la partie comme la perte du registre lui-même, chaque citoyen n'ayant intérêt qu'au feuillet qui contient l'acte de son état. Ce point a été jugé par la Cour de cassation dans une espèce qui mérite d'être rapportée, d'autant mieux que par le même arrêt la Cour a pareillement jugé que la célébration dans la *maison commune*, dont nous parlerons ultérieurement, n'est pas absolument essentielle à la publicité voulue par la loi, et que la présence des quatre témoins n'est pas non plus exigée à peine de nullité; que sur tous ces points les tribunaux sont appréciateurs des faits constitutifs de la publicité du mariage.

Après le décès de *Jacques Sabouès*, arrivé le 25 septembre 1809, *Françoise Sarrade* s'est prétendue son épouse légitime. (2)

---

(1) Tome Ier, n° 293 et suivans.

(1) C'était, à ce qu'il paraît, un mariage tenu *secret*, du nombre de ceux qui, bien que contractés suivant les règles ordinaires, étaient néanmoins privés des effets civils par l'ordonnance de 1639, ainsi que les mariages *in extremis*, c'est-à-dire contractés à l'extrémité de la vie. Mais les dispositions de cette ordonnance se trouvent abrogées par la.

A cet effet, elle a articulé que vers la fin de
février ou au commencement de mars de la même
année elle a contracté mariage avec lui devant l'ad-
joint de la commune de Renung.

Ayant demandé une expédition de l'acte de célébration, elle ne put l'obtenir; et le 20 novembre
1809 le maire de la commune de Renung dressa
procès-verbal, portant en substance que Françoise
Sarrade ayant demandé une expédition de son acte
de mariage, le maire a mandé le secrétaire de la
mairie; qu'il lui a ordonné de délivrer cette expédition, mais qu'alors ce dernier a répondu que les
feuilles sur lesquelles les publications et l'acte de
mariage avaient été inscrits n'étaient pas dans les
registres; que Jacques Sabouès, durant une maladie grave, s'était marié; qu'étant revenu en santé,
il avait paru craindre que son mariage ne fût déclaré nul par le défaut du consentement de son
père; qu'en l'absence du secrétaire de la municipalité, il s'était introduit dans son cabinet, s'était
saisi des registres, en avait enlevé les feuilles qui
le concernaient, et en avait altéré les chiffres cotés
par le président du tribunal; que le secrétaire, s'é-
tant aperçu de ces soustractions et falsifications,
Sabouès convint qu'il en était l'auteur, et dit au
secrétaire d'être sans inquiétude, parce que, sûr

loi du 20 germinal an XII, sur la réunion en un seul Code des lois
qui composent le Code civil. D'ailleurs, M. Portalis l'a déclaré formellement dans l'exposé des motifs de la loi sur le mariage au Corps législatif.

d'avoir le consentement de son père, il se proposait de contracter incessamment un mariage plus régulier.

Ce procès-verbal constatait aussi que les registres se composaient de huit feuillets chacun, et qu'il en avait été arraché quatre dans celui des publications, et deux dans celui des actes de mariage, et que dans la vue de faire disparaître la trace de ces soustractions, on avait changé les mots et les chiffres servant à constater le nombre des feuillets, ou à les coter.

Le mariage fut contesté par *Luc Sabouès*, père de Jacques, défunt.

La cause portée au tribunal de Saint-Sever, Françoise Sarrade demande à prouver par témoins le fait de son mariage avec Jacques Sabouès, et cette demande est accueillie.

Appel; et le 12 mars 1812, arrêt confirmatif de la Cour royale de Pau. Après les enquêtes respectives, Luc Sabouès et ses trois filles, intervenues au procès, ajoutent à leur défense qu'en supposant qu'il eût existé un mariage entre Françoise Sarrade et Jacques Sabouès, ce mariage serait nul, soit parce qu'il n'a pas été célébré *dans la maison commune,* soit parce que *l'un des quatre témoins* signataires de l'acte *n'avait pas été présent à toute la célébration.*

19 mars 1812, arrêt définitif qui reconnaît l'existence du mariage et le déclare valable.

Pourvoi en cassation de la part de Luc Sabouès.

et ses trois filles contre les deux arrêt de la Cour royale de Pau.

Ils soutiennent que cette Cour a violé, 1° l'article 46 du Code civil, qui n'admet la preuve testimoniale que lorsqu'il n'a pas été tenu de registres, ou lorsqu'ils ont été perdus, et non lorsque quelques feuillets seulement en ont été enlevés (1); 2° l'article 75 du même Code, qui exige la présence de quatre témoins à l'acte de mariage; et 3° encore ce même article, qui veut que le mariage soit célébré dans la maison commune.

Mais, par arrêt de la Section civile, du 21 juin 1814 (Sirey, 1814, 1, 291), le pourvoi a été rejeté en ces termes :

« La Cour, sur les conclusions de M. le Procu-
« reur-général, statuant sur le pourvoi dirigé contre
« l'arrêt du 4 mars 1812, vu l'article 46 : attendu
« que la disposition de cet article n'est aucune-
« ment limitée au seul cas de la perte totale et ab-
« solue des registres de l'état civil; que la perte ou
« la soustraction d'une seule feuille desdits regis-
« tres peut, selon les circonstances, être considérée
« par les juges comme équivalente à l'absence to-
« tale de ces registres, dans l'intérêt de la partie
« qui prétend que son acte de naissance, mariage

---

(1) Nous avons parlé de ce cas au tome Ier, n° 296, et cité l'arrêt de la Cour de cassation.

Nous ferons remarquer au surplus, que, sans le moindre doute, les articles 198 et 200 combinés donnaient à Françoise Sarrade le droit d'établir, mais au civil, à cause de la mort de l'auteur du fait, l'existence de son mariage par la seule preuve testimoniale.

« ou décès a dû être inscrit sur la feuille perdue
« ou soustraite;

   « Que c'est là un fait dont les conséquences ap-
« partiennent à l'arbitrage des juges, qui peuvent,
« en pareil cas, admettre la preuve testimoniale
« de l'acte dont elle a intérêt d'établir l'existence;
« qu'il suit de là que la Cour royale de Pau, après
« avoir reconnu est constaté en fait, dans l'espèce;
« les altérations et soustractions de feuilles prati-
« quées aux registres de l'état civil de la commune
« de Renung, a pu, en appréciant les circonstances
« de la cause, et notamment en rapprochant les
« dates auxquelles se référait la lacune existante
« sur ces registres, avec l'époque assignée au ma-
« riage de Jacques Saboués et de Françoise Sarrade,
« admettre cette dernière à la preuve par témoins
« dudit mariage, sans encourir le reproche d'une
« fausse application de l'article sus-énoncé;

   « Statuant pareillement sur le pourvoi dirigé
« contre l'arrêt du 19 août 1812 : vu les articles 75,
« 165, 193 du Code civil; attendu que si la célé-
« bration du mariage dans la maison commune est
« prescrite par l'article 75, cependant cet article ni
« aucun autre de la loi n'attachent à l'inobservation
« de ce précepte la peine de nullité du mariage;
« que cette inobservation n'est même pas rappelée
« dans le chapitre IV du titre V du même Code,
« qui traite de celles qui peuvent donner lieu aux
« demandes en nullité du mariage, et notamment
« dans l'article 193, qui se réfère plus spécialement

« à l'article 165, et dont la constatation est le fait
« du juge; en sorte que s'il lui apparaît d'ailleurs
« par le rapprochement des autres faits et circon-
« stances, que cette publicité est suffisamment con-
« statée, et que le vœu de la loi est en ce point
« suffisamment rempli, le juge peut s'abstenir d'an-
« nuler le mariage pour le seul motif du défaut de
« célébration dans la maison commune; qu'ainsi, en
« rejetant la demande en nullité du mariage de Sa-
« bouès et de la fille Sarrade, en ce qu'il avait été
« célébré dans le domicile de Sabouès, au lieu de
« l'être dans la maison commune, la Cour royale
« *n'a fait qu'user d'un pouvoir discrétionnaire qui lui*
« *était conféré par la loi.....;*

« Sur le troisième moyen, que les principes
« énoncés plus haut, par rapport au défaut de cé-
« lébration dans la maison commune, s'appliquent
« également au défaut de présence de l'un des
« quatre témoins signataires de l'acte de mariage;
« que cette présence n'est pareillement qu'un des
« élémens de la publicité voulue par la loi, et qu'à
« cet égard, c'est d'après la nature et le rapproche-
« ment des faits qui attestent ou repoussent cette
« publicité, que les juges peuvent admettre ou re-
« jeter la demande en nullité de mariage, en tant
« qu'elle est fondée sur l'insuffisance du nombre
« des témoins présens à l'acte (1) : Rejette. »

---

(1) C'est en conformité de ces principes, que la Cour royale de Caen
a, par son arrêt du 13 juin 1819 (Sirey, 1819, 2, 225), annulé un
mariage auquel *trois femmes* avaient assisté comme témoins signataires

250. « Lorsqu'il y a possession d'état, et que
« l'acte de célébration du mariage devant l'officier
« de l'état civil est représenté, les époux sont res-
« pectivement non-recevables à demander la nullité
« de cet acte. » (Art. 196.)

Ainsi, l'un des époux n'en pourrait demander la
nullité sur le fondement que les formalités suivant
lesquelles il devait être rédigé n'ont point été observées; que l'un ou plusieurs des témoins n'avaient
pas les qualités requises; que leur nombre n'était
pas complet; qu'il n'a point été fait mention des
consentemens des familles ou des actes respectueux, etc.

251. Mais nous ne pouvons adopter l'opinion de
MM. Delvincourt et Toullier, qui décident, transi-
toirement, il est vrai, que, quand même l'acte n'est
inscrit que sur une feuille volante, les époux, s'il
y a possession d'état, sont non recevables à en demander la nullité; ce qui revient à dire qu'il prouve
le mariage entre eux, contre eux, et à leur profit,
comme on va le voir.

D'abord si cette feuille n'était point signée des
parties, tous les principes la repousseraient, lors
même qu'elle contiendrait la mention de leur déclaration de ne savoir signer, la signature de l'officier et celle des témoins : car cet officier est *inca-*

de l'acte. La nullité était demandée *entre époux* pour défaut de *publicité;* et la Cour a reconnu que rien ne pouvait couvrir ce vice lorsqu'il existait à un tel degré de gravité; que le vœu de la loi avait été
complètement méconnu. Au surplus, nous reviendrons sur ces points.

pable lorsqu'il inscrit un acte ailleurs que sur les registres à ce destinés, la loi ne l'ayant préposé que pour inscrire sur les véritables registres les actes dont elle lui a confié la rédaction. Nous ne saurions voir, en effet, le ministère d'un officier public dans le fait de celui qui inscrirait, par exemple, sur ses registres et papiers domestiques, les actes de l'état des citoyens : en ce moment il dépouille son caractère. Ce n'est point là un simple vice de forme dont veut évidemment parler l'article 196, qui, par son rapprochement avec ceux qui le précèdent, suppose nécessairement que l'acte irrégulier est *inscrit sur les registres;* c'est l'absence de tout acte de mariage : dès lors, l'officier de l'état civil n'a pu imprimer l'authenticité à la prétendue déclaration des parties qu'elles ne savaient signer ; c'est un acte qui est resté sans force obligatoire pour elles, suivant le principe général consacré par l'article 1318. Le mariage n'est donc point prouvé par cette feuille.

Mais allons plus loin, supposons le cas où la question peut présenter un doute plus grave, le cas où la feuille volante est signée des parties, de l'officier de l'état civil et des témoins, comme celle que produisait la demoiselle de Kerbabu, et qui fut cependant déclarée sans effet, quoique la déclaration de 1736 ne fût pas encore rendue.

En premier lieu, les époux sont en faute de n'avoir point fait inscrire leur acte de mariage sur le registre à ce destiné. Ils savaient ou devaient savoir que c'était sur ce registre qu'ils devaient sceller leurs conventions, immédiatement après le prononcé de leur union par l'officier de l'état civil. (Art. 75.) Aussi la déclaration de 1736, précitée, les punissait-elle de cette faute par la déchéance absolue de toutes les conventions matrimoniales.

En second lieu, l'article 45 n'attache d'authenticité aux extraits des actes de l'état civil, qu'autant que ces extraits sont conformes aux registres et légalisés par le président du tribunal de première instance; or, ici l'acte n'est point inscrit sur les registres. Même décision dans l'article 194 : « Nul « ne peut réclamer le titre d'époux et les effets « civils du mariage, s'il ne représente un acte de « célébration, *inscrit* sur le registre de l'état civil; « sauf les cas prévus par l'article 46. » L'on voit que cet article est infiniment plus impératif que la déclaration quoiqu'elle autorisât l'annulation du mariage, *s'il y échéoit*, puisqu'il n'apporte que cette seule exception : le cas où les registres ont été perdus ou qu'il n'en a pas existé. De plus, l'article 195 porte que « La possession d'état ne peut dis-« penser les prétendus époux qui l'invoqueront « respectivement, de représenter l'acte de célébra-« tion; » et il est bien évident que c'est l'acte de célébration dont il vient d'être parlé, c'est-à-dire l'acte *inscrit* sur les regsitres. Enfin, si l'article 196 dit que, « Lorsqu'il y a possesion d'état, et que « l'acte de célébration du mariage devant l'officier « de l'état civil est représenté, les époux sont res-« pectivement non recevables à demander la nullité

« de cet acte, » il entend également parler de l'acte *inscrit* sur les registres.

Ainsi, comme une feuille volante ne constitue point un acte authentique, parce que l'officier, en l'écrivant, ne remplissait point son ministère, on doit dire que la signature des parties apposée à cette feuille ne pourrait, d'après l'article 1318, que lui donner la force d'écriture privée; et les actes de l'état civil ne valent pas comme écriture privée, il faut qu'ils soient authentiques; ils ne font preuve que lorsqu'ils ont cette qualité.

Tel est l'esprit de la loi. Voyons maintenant les conséquences qui résulteraient du système contraire.

Si les époux sont respectivement non recevables à demander la nullité de l'acte, et par conséquent si le mariage se trouve prouvé par lui, il faudra dire aussi que le survivant pourra s'en prévaloir contre les héritiers du prédécédé, comme la demoiselle de Kerbabu voulait se prévaloir de son prétendu acte de mariage, inscrit aussi sur une feuille volante. En effet, si l'art. 196, dans le système que nous combattons, rend les époux respectivement non recevables à demander la nullité de l'acte, c'est assurément parce qu'il reconnaît l'existence du mariage : or, évidemment, il ne la reconnaît qu'en considération de l'acte, puisque, d'après l'article précédent, la possession d'état la plus constante, seule, est sans force entre les époux. Ainsi donc, si cet article 196 suppose que le mariage existe, s'il le regarde comme suffisamment prouvé par cet acte informe, soutenu de la possession d'état, il faut dire que la mort de l'un des époux est une circonstance indifférente, qu'elle n'empêche point que le mariage n'ait existé, et dès lors que le survivant peut, au moyen de ce même acte et de la possession d'état, le prouver vis-à-vis des héritiers du prédécédé, comme il aurait pu le prouver vis-à-vis de ce dernier lui-même. *Vice versâ*, on doit dire aussi, par la même raison, que les héritiers de celui-ci, et surtout les enfans, peuvent prouver, de la même manière, le mariage vis-à-vis du survivant, puisqu'ils ont les droits de leur auteur : car, en disant que les époux sont respectivement non recevables à demander la nullité de l'acte, l'article ne veut pas dire uniquement qu'ils sont non recevables entre eux; il veut dire aussi que ni l'un ni l'autre n'est recevable à se prévaloir de la nullité, quel que soit son adversaire.

Il y aurait d'ailleurs de l'inconséquence à refuser aux enfans le droit qui serait accordé à l'époux décédé, eux qui sont aux yeux de la loi bien plus favorables, puisque, dans le cas prévu à l'article 197, leur légitimité ne peut être contestée sur le seul défaut de représentation d'acte de célébration du mariage, tandis que les prétendus époux n'en peuvent invoquer les effets qu'en représentant cet acte, sauf les cas prévus à l'art. 46.

Ainsi, le résultat de ce système serait qu'un mariage dépouillé de la plus importante des formalités prescrites par la loi, se trouverait néanmoins prouvé entre les époux, pour ou contre le survivant, et pour ou contre les héritiers, même collatéraux, quoique le principe fondamental, en cette matière, soit que nul ne puisse réclamer le titre d'époux et les effets civils du mariage, s'il ne représente un acte de célébration *inscrit* sur les registres, sauf le cas de perte de ces registres.

252. Au reste, il ne faut pas confondre l'acte avec le mariage lui-même. Le mariage peut être attaqué, nonobstant le titre et la possession, pour toutes les causes auxquelles s'appliquent les art. 184 et 191 : bigamie, inceste, défaut d'âge compétent, défaut de publicité, incompétence de l'officier public, ainsi que pour les causes qui produisent une nullité relative, toutes nullités dont nous parlerons bientôt.

253. Les époux, avons-nous dit, ne peuvent ignorer la commune où ils se sont mariés, et la loi a dû, en général, les obliger à rapporter un acte de célébration du mariage dont ils réclament les effets. Mais il n'en est pas ainsi des enfans; ils peuvent ignorer le lieu où le mariage de leurs père et mère a été célébré, et, dans cette supposition raisonnable, la loi ne pouvait les assujétir à produire l'acte de célébration. Aussi l'article 197 les en dispense-t-il en ces termes :

« Si, néanmoins, dans le cas des art. 194 et 195, « il existe des enfans issus de deux individus qui « ont vécu publiquement comme mari et femme, « et qui soient tous deux décédés, la légitimité des

« enfans ne peut être contestée sous le seul prétexte
« du défaut de représentation de l'acte de célébra-
« tion, toutes les fois que cette légitimité est prou-
« vée par une possession d'état qui n'est point
« contredite par l'acte de naissance. » (1) (Art.
197.)

Il faut donc le concours de ces quatre conditions
pour que les enfans qui réclament les effets de la
légitimité, soient dispensés de produire l'acte de célébration du mariage de leurs père et mère :

1° Que ceux-ci aient vécu publiquement comme

---

(1) Ce principe a été consacré par le Parlement de Paris dans l'affaire *Bourgelat*, plaidée par Cochin, et dans laquelle ce grand avocat
jeta les premiers fondemens de cette célébrité si justement attachée
à son nom. (*Voyez* tome II de ses OEuvres, 32° plaidoyer.)

Pierre Bourgelat, échevin de Lyon, avait eu deux enfans d'Hiéronyme Caprioli, originaire de Rome, et qui avaient été baptisés
comme leurs enfans légitimes ; il jugea à propos, après la mort de leur
mère, et en vue de passer à de nouvelles noces, de traiter le seul fils
qui lui restait, comme son fils naturel. Hiéronyme Caprioli avait été
enterrée en qualité de femme Bourgelat; et par son testament, ses
enfans étaient qualifiés légitimes. Le sieur Bourgelat y était nommé
son mari. Pierre Bourgelat étant mort, ses enfans du second lit con-
testèrent l'état de l'enfant du premier. Leur moyen était qu'on ne
rapportait point l'acte de célébration du mariage entre Pierre Bourgelat et Hiéronyme Caprioli, qu'ils disaient avoir été concubine de
leur père. Mais le fils du premier lit (et après lui sa veuve) répondait
que le mariage avait été célébré en Italie, où les usages sont différens
de ceux de France. Il avait fait entendre des témoins en exécution
d'un arrêt de la Cour, qui l'avait admis à prouver que le contrat de
mariage de ses père et mère avait été vu de plusieurs personnes; la
preuve était complète. Par ces raisons, la veuve du fils de Hiéronyme
Caprioli, son héritière testamentaire, fut admise à partager la succession de Pierre Bourgelat avec les autres enfans, par arrêt du
20 juillet 1728. Cochin en cite plusieurs autres rendus dans le même
sens.

II.   14

mari et femme, ce qui constitue la possession d'état d'époux;

2° Que tous deux soient décédés;

3° Que les enfans eux-mêmes aient la possession d'état d'enfans légitimes, dont les caractères sont. expliqués à l'art. 321;

Et 4° Qu'on ne leur oppose point un acte de naissance qui contredirait leur possession d'état d'enfans légitimes, en les qualifiant enfans naturels.

D'où il suit qu'ils n'ont pas besoin de produire un acte de naissance : la possession d'état leur suffit (Art. 197 et 320); seulement il faut qu'on ne leur en oppose point un qui serait contraire à leur possession et qui prouverait par cela même qu'elle a été usurpée; en sorte que ceux qui leur opposeraient un acte de naissance, par exemple, qui les qualifierait enfans naturels, seraient obligés d'établir l'identité de l'individu avec celui dénommé à cet acte. Nous reviendrons sur ces points lorsque nous traiterons de la preuve de la filiation des enfans légitimes, au Titre *de la Paternité et de la filiation;* mais nous ferons cependant ici quelques observations sur cet important art. 197.

254. Il faut que les père et mère *soient tous deux décédés.* M. Delvincourt dit qu'anciennement il suffisait qu'un des époux fût mort, pour que les enfans fussent dispensés de rapporter l'acte de célébration du mariage de leurs père et mère, parce qu'on pensait qu'il ne fallait pas laisser à l'un des

époux la faculté de priver l'enfant de son état par une réticence coupable. Ce jurisconsulte ajoute que l'on a bien fait d'exiger le décès des deux époux, attendu qu'il est difficile de supposer qu'un père ou une mère haïsse ses enfans au point de vouloir les priver de leur état, au risque de passer eux-mêmes pour concubins; que si cela arrivait, ce serait un de ces malheurs résultant de l'imperfection qui caractérise, en général, les ouvrages des hommes. Mais cela, dit-il, n'est pas à comparer aux dangers qu'il y aurait de procurer à des enfans issus d'un commerce criminel, la facilité d'acquérir l'état d'enfans légitimes par une possession d'état, toujours si aisée à acquérir, lorsque le père et la mère sont d'accord pour la favoriser. Les nombreux arrêts cités par Cochin, et quelques autres que nous avons trouvés dans les divers répertoires, ont tous statué sur des cas où les deux époux étaient décédés; mais nous n'inférons pas de là que l'observation de M. Delvincourt manque d'exactitude : seulement nous dirons que le raisonnement de ce jurisconsulte, vrai en général, serait sans force dans le cas où le survivant des époux, voulant, comme Bourgelat, contracter plus avantageusement un second mariage, méconnaîtrait la légitimité de ses enfans du premier lit, nonobstant la possession d'état de ceux-ci et leur acte de naissance conforme à cette possession, sur le fondement que l'acte de célébration du mariage dont ils sont issus ne lui est pas représenté. Dans ce cas, nous l'avouons, le système de l'ancienne jurisprudence, tel que le présente M. Delvincourt, serait préférable à celui consacré par l'art. 197, qui exige que les deux époux soient décédés pour que les enfans soient dispensés de représenter l'acte de célébration du mariage.

Et que dirait-on, en effet, si les actes de naissance des enfans étaient signés du survivant des époux, qui conteste maintenant la légitimité de ceux-ci? Cet époux ne devrait-il pas être déclaré non-recevable? Nous le pensons.

Mais à l'égard des tiers, par exemple, des parens de la mère décédée, les enfans ne pourraient argumenter, tant que leur père vivrait, de la possession d'état des époux, de leur propre possession, ni de leur acte de naissance, quoiqu'il fût signé de leur père; car ce n'est pas dans un acte de naissance qu'il faut aller puiser les preuves de la légitimité, elle ne résulte que du mariage des père et mère.

255. Si l'on suppose que, pour cause de démence, fureur, imbécillité, ou d'absence déclarée, le survivant de ceux-ci est dans l'impossibilité de déclarer où il s'est marié, les enfans pourront-ils invoquer le bénéfice de l'article 197?

Si l'on s'attache rigoureusement aux termes de la loi, il faudra décider la négative; l'article 197 ne dispense de rapporter l'acte de mariage que dans le cas où *les père et mère sont décédés.* On pourrait même ajouter qu'il s'agit ici d'une dérogation au droit commun, d'une exception qui, suivant les règles, doit être sévèrement restreinte au cas pour lequel le législateur l'a établie.

Mais si l'on consulte l'esprit de l'article 197 et les motifs qui l'ont dicté, il nous paraît évident qu'en ce cas l'impossibilité où serait le survivant des père et mère, de manifester ses conceptions et de donner des renseignemens, doit avoir, vis-à-vis de l'enfant, le même résultat que son décès; l'enfant, dans l'un et l'autre cas, se trouve dans l'impuissance de désigner le lieu de la célébration du mariage dont il est issu. Ce n'est pas seulement l'existence physique du père ou de la mère que le législateur a dû avoir en vue, pour lui donner de l'influence sur l'état de l'enfant, c'est aussi son existence morale, et quand cette existence morale est anéantie par suite de démence ou de fureur, le motif de la loi parlant hautement, son application doit avoir lieu.

Cependant, il faut le dire, cette décision restera généralement soumise à l'interprétation discrétionnaire des tribunaux, car il serait difficile que la Cour suprême annulât un arrêt qui se serait attaché à la lettre de l'article 197.

Si le survivant était mort civilement et que son existence fût connue, les enfans ne devraient point être admis à invoquer la disposition de l'article précité. Le mot *décédés*, dans l'esprit de cette loi, s'entend du décès naturel. La mort civile n'est d'ailleurs jamais appelée *décès*. (Art. 22, 25, 617, 718, 1441 et 1982.)

256. Il faut donc, en principe, pour que l'enfant puisse réclamer les effets de la légitimité, en vertu de l'article 197, que les père et mère soient tous deux décédés, tellement qu'à la mort de l'un d'eux il ne pourrait prétendre à sa succession comme enfant légitime, s'il ne rapportait l'acte de célébration du mariage. Mais doit-on conclure de là que ses droits à cet égard sont irrévocablement fixés d'après son état, ou pour mieux dire sa position, au moment de l'ouverture de la succession?

Non sans doute : l'article n'est pas attributif, mais bien déclaratif (implicitement du moins) de la légitimité. L'accomplissement de toutes les conditions qu'il renferme tient lieu à l'enfant de la représentation de l'acte de mariage, et doit en principe produire les mêmes effets. La légitimité s'est identifiée avec l'enfant à l'époque même de sa conception. Ainsi, après la mort du survivant des père et mère, cet enfant pourra réclamer ses droits d'enfant légitime sur la succession du prédécédé, pourvu qu'il n'ait pas pris en majorité la qualité d'enfant naturel pour avoir, à ce titre, une part dans cette succession ; ou, s'il était mineur, que le survivant ne la lui ait pas fait prendre et n'ait pas tenu à son égard une conduite qui l'aurait dépouillé de sa possession d'état, en cessant de le traiter comme enfant légitime ; et c'est ce qui serait arrivé s'il ne l'avait pas défendu contre la prétention de ceux qui ont réclamé la succession. Le silence de l'enfant qui est présent, ou celui du survivant des père et mère,

quand l'enfant est mineur, prolongé pendant un
temps plus ou moins long, pourrait aussi, suivant
les circonstances, le mettre en dehors de l'article 197, de manière que, même après le décès du
dernier mourant, il lui serait impossible de prétendre sur la succession de l'un ou de l'autre les
droits d'enfant légitime.

Mais si sa possession d'état n'a point été altérée
par suite de l'ouverture de la succession du prédécédé, par exemple, si les père et mère sont morts
à des époques rapprochées, sans qu'il ait pris ou
qu'il lui ait été donné la qualité d'enfant naturel
par le survivant, alors il pourra réclamer la succession de l'un et de l'autre, attendu que l'article
doit produire, après le décès des père et mère, le
même effet que produirait la représentation de leur
acte de mariage, toujours dans la supposition que
l'enfant remplit parfaitement toutes les conditions
exigées par cet article; car il ne suppose pas nécessairement qu'il est déjà en possession de l'hérédité de ses père et mère lorsqu'on veut contester
sa légitimité; il ne lui donne pas seulement le droit
d'établir son état par voie d'exception, et comme
défendeur à l'action en pétition d'hérédité, il est
absolu et il devait l'être, puisque, si la loi n'eût
pas reconnu dans ce cas l'existence de la légitimité,
elle ne l'eût pas plus reconnue dans les enfans
défendeurs que dans les enfans demandeurs.

257. Lorsqu'à l'époque de la célébration du ma-

riage il existait des registres, que ces registres n'ont
point été perdus depuis, qu'il n'y a point été commis de suppression ou destruction de feuillets, nul
ne peut, avons-nous dit, réclamer le titre d'époux
ni invoquer les effets du mariage ; car aucune
preuve testimoniale, aucuns registres ou papiers
domestiques ne seraient avoués par la loi, même
dans une action intentée au civil, et bien que le
réclamant n'agît à cet égard que par voie d'exception : c'est la faute des prétendus époux de n'avoir
pas fait inscrire leur acte de mariage sur les registres.

Mais le crime a pu rendre vaine la précaution
qu'ils avaient prise; l'officier de l'état civil a pu
frauduleusement supprimer le registre des actes de
mariage ou le feuillet qui contenait celui dont il
s'agit, ou le dégrader, le rendre illisible : dans tous
ces cas, cette fraude donne aux époux et à tous
ceux qui ont intérêt à faire déclarer le mariage valable, et même au ministère public, le droit de
poursuivre criminellement le coupable. C'est un
crime de suppression d'état.

258. Il y en a trois sortes, d'après le Code pénal
actuel :

L'un s'opère par la destruction des preuves de
l'état civil d'une personne, soit par soustraction,
soit par lacération des registres publics qui cons-
tatent cet état. Si le crime a été commis par un dépositaire des registres, la peine est celle des travaux

forcés à temps (art. 173, *ibid.*); et s'il est commis par tout autre, la peine est celle de la réclusion, (Art. 439, *ibid.*) Mais le dépositaire des registres n'est pas moins civilement responsable des altérations ou suppressions (art. 51, Code civil), à moins qu'il n'y ait eu force majeure à laquelle il n'a pu résister.

La seconde consiste dans l'enlèvement, le recel ou la suppression d'un enfant; elle est punie de la peine de la réclusion. (Art. 345, Code pénal.)

Enfin la troisième s'opère par la substitution d'un enfant à un autre, ce qui forme à la fois deux suppressions d'état; ou par la supposition d'un enfant à une femme qui n'est pas accouchée : ce qui constitue aussi la suppression d'état de cet enfant, puisqu'il ne peut en avoir deux. Ce crime est pareillement puni, par le même article, de la peine de la réclusion.

259. Mais il n'y a pas suppression d'état dans le fait prétendu d'un officier de l'état civil qui a omis d'inscrire un mariage sur les registres. D'abord, les parties doivent s'imputer de ne l'avoir point fait inscrire : elles savaient ou devaient savoir qu'elles devaient signer leur acte de mariage immédiatement après son inscription sur les registres. En second lieu, il n'y a pas, dans ce cas, suppression d'acte ou de *titre*, en prenant ce mot dans le véritable sens qui y est attaché par l'article 173 du Code pénal. Enfin, s'il était permis aux prétendus

époux de venir alléguer la fraude de l'officier de
l'état civil, qui, selon eux, a omis volontairement
d'inscrire sur les registres leur soi-disant acte de
mariage, ils arriveraient indirectement, à l'aide
d'une procédure criminelle, autorisée par l'article 198, mais pour d'autres cas, à établir le mariage par la preuve testimoniale, contre le vœu
formel de l'article 194.

Quand l'acte de mariage a été inscrit sur un
autre registre que celui à ce destiné, ou sur une
feuille volante, et qu'il n'a point été détruit, évidemment encore il n'y a pas suppression d'état; il
y a seulement lieu d'appliquer les dispositions des
articles 50, 52, Code civil, et 192, Code pénal.
Elles seraient appliquées même sur la plainte des
parties, bien que celles-ci soient en faute de n'avoir
pas fait inscrire leur acte de mariage sur le registre,
où elles devaient le signer immédiatement après le
prononcé de leur union par l'officier de l'état civil.
(Art. 75, Code civil.) Plus indulgente pour elles
que pour l'officier en qui elle a placé sa confiance,
la loi les autorise même à former contre lui une demande en dommages-intérêts.

260. Mais s'il supprimait frauduleusement cet
acte, y aurait-il suppression d'état? La raison de
douter se tire de ce que nous avons dit précédemment, qu'une feuille volante, même soutenue de
la possession d'état, ne prouve point le mariage;
d'où l'on peut conclure que la suppression de cet

acte n'est point la suppression du titre des parties, puisque ce n'en était pas un valable. Mais, d'abord, l'officier de l'état civil n'était point juge du mérite de cet acte, dans certains cas, les tribunaux auraient pu y avoir tel égard que de raison, car ce que nous avons dit à ce sujet n'est qu'une opinion personnelle; en second lieu, il y a eu suppression *d'un acte* quelconque, dont l'officier était dépositaire, et par conséquent il serait toujours passible de la disposition de l'article 173 du Code pénal, quand même, à cause de l'inefficacité de cet acte, il n'aurait pas commis une véritable suppression d'état; enfin, il ne doit point se faire de son propre délit, d'avoir inscrit l'acte ailleurs que sur le registre à ce destiné, une excuse pour le crime qu'il a commis en le supprimant : la faute qui précède le crime ne l'excuse pas plus que la faute qui le suit.

261. Dans le cas de suppression d'état, ou d'altération ou falsification des registres, comme aussi dans celui d'inscription sur une feuille volante (1), ou autrement que sur les registres à ce destinés, il y a lieu, soit de la part de tous ceux qui ont intérêt à faire reconnaître l'existence du mariage, soit de la part du ministère public, à intenter une action criminelle ou correctionnelle, suivant les différens cas, et « Si la preuve de la célébration « du mariage se trouve acquise par le résultat d'une

_____

(1) Nous supposons ici, sur ce cas, que le mariage n'est pas contesté.

« procédure criminelle (1), l'inscription du juge-
« ment sur les registres de l'état civil assure au ma-
« riage, à compter du jour de sa célébration, tous
« les effets civils, tant à l'égard des époux qu'à
« l'égard des enfans issus de ce mariage. » (Art.
198.)(2)

   « Si les époux ou l'un d'eux sont décédés sans
« avoir découvert la fraude, l'action criminelle peut
« être intentée par tous ceux qui ont intérêt de
« faire déclarer le mariage valable, et par le pro-
« cureur du Roi. » (Art. 199.)

   Ces mots, *sans avoir découvert la fraude,* sont
simplement employés dans un sens énonciatif, attendu qu'il ne serait pas juste que l'insouciance ou
la négligence des époux qui, pour ne pas se jeter
dans les embarras d'un procès criminel, quand
d'ailleurs personne ne contestait leur qualité, n'ont
point réclamé contre la suppression de leur acte
de mariage, pût priver les enfans du moyen que la
loi a voulu leur accorder pour établir leur état.

---

(1) On doit prendre ce mot *lato sensu*, comme exprimant aussi bien
le cas où l'action serait seulement de la compétence des tribunaux
correctionnels, par exemple, lorsqu'il y a eu inscription de l'acte sur
une feuille volante, que le cas où elle serait portée devant la Cour
d'assises pour suppression d'état. Hors du Code pénal où l'on s'est soigneusement attaché à bien qualifier les crimes, les délits et les contraventions, les mots *crime, action criminelle,* sont souvent des expressions génériques qui embrassent aussi les simples délits; comme le
mot *délit* comprend aussi les crimes proprement dits. On en trouve
la preuve dans la rubrique qui précède l'article 1382; et le Code
pénal de l'an 4 était même intitulé : *Code des délits et des peines.*

   (2) Nous verrons qu'il en est autrement en matière de filiation,
(Art. 326 et 327.)

262. Enfin, « si l'officier public est décédé lors
« de la découverte de la fraude, l'action doit être
« dirigée au civil contre ses héritiers, par le pro-
« cureur du Roi, en présence des parties intéres-
« sées, et sur leur dénonciation. » (Art. 200.)

On a voulu éviter l'effet de la connivence entre
les héritiers de l'officier de l'état civil et des individus qui chercheraient à se procurer la preuve
de la célébration d'un mariage qui n'a jamais existé,
et par suite usurperaient un état. D'autre part,
comme le crime est éteint par la mort du coupable, le ministère public n'a pas le droit d'intenter
l'action de son propre mouvement; il faut que le
fait lui soit dénoncé par les parties intéressées, et
que les parties soient elles-mêmes en cause, puisqu'il ne s'agit maintenant que de leur intérêt.

Quoique cet article ne parle que de la mort *de*
l'officier public, son application n'est pas néanmoins
restreinte au cas seulement où cet officier était
l'auteur du crime ; l'article 51 suppose aussi que
d'autres peuvent s'en rendre coupables, parce qu'en
effet il n'est pas impossible qu'un tiers ne supprime
un feuillet du registre ; dans ce cas il est bien certain que l'application de l'article 200 sera déterminée par la mort du coupable, et non par celle
du dépositaire des registres.

CHAPITRE V.

Des Demandes en Nullité de mariage.

SOMMAIRE.

263. Lorsqu'un mariage dont on produit la preuve, est attaqué comme ayant été contracté au mépris des dispositions de la loi, il faut en faire prononcer la nullité. Le mariage n'est pas nul de plein droit, quels que soient les vices dont il est infecté : il y a un titre public, authentique, dont il faut faire anéantir l'effet, et les parties auxquelles il s'applique n'en sauraient être constituées juges. Le vice dont elles ont à se plaindre fait seulement naître une question, qui doit être soumise aux tribunaux chargés d'appliquer le droit au fait allégué: eux seuls sont appréciateurs des caractères de ce fait; eux seuls peuvent décider si, dans l'esprit de la loi, il produit une nullité du mariage, et si cette nullité n'est point couverte. (1) Ainsi, en traçant

---

(1) Il n'en était pas de même selon les lois romaines : le mariage

les conditions requises pour le mariage, le législateur aurait sans doute laissé son ouvrage imparfait, s'il n'eût ensuite attaché, comme sanction, la
peine de nullité à l'inobservation de ces conditions;
mais aussi, en ne donnant pas dans tous les cas aux
tribunaux seuls le pouvoir d'appliquer cette peine,
il eût abandonné le mariage à la discrétion de ceux
pour lesquels il ne serait plus devenu qu'un joug
importun, et il eût ainsi souvent livré l'état des enfans, la tranquillité des familles, à l'avidité des
collatéraux.

264. Ces principes s'appliquent même au cas où
l'on prétendrait que l'acte produit est faux, supposant un consentement qui n'a jamais été donné,
un mariage qui n'a jamais existé; car foi est due
au titre, jusqu'à ce qu'il soit déclaré faux.

Mais, dans ce cas, l'on ne procéderait point directement par voie de nullité: on devrait attaquer
l'acte par inscription de faux principal, si l'auteur
ou le complice du faux vivait encore, et si le crime
n'était pas éteint par la prescription; dans le cas
contraire, on agirait par l'inscription de faux inci-
dent. (Art. 45 et 1319, Code civil, et 239, Code
de procédure.) Le titre ainsi reconnu faux, la non-

était nul de plein droit dès qu'il avait été contracté au mépris d'une
loi qui le prohibait ou qui le déclarait nul. Alors il n'existait ni mariage, ni époux, ni dot. Les enfans étaient bâtards; ils n'étaient point
soumis à la puissance paternelle, §. 12, INSTIT. *de Nuptiis.* Il en était
de même de tout ce qui avait été fait au mépris d'une loi prohibi-
tive. L. 5, COD. *de Legibus.*

existence du mariage en serait la conséquence.

265. Au reste, l'inobservation des conditions et formalités n'entraîne point toujours la nullité du mariage; en second lieu, lors même que le mariage serait nul, toute personne n'est pas admise à proposer la nullité; et enfin, celles qui sont recevables à la faire valoir ne le sont pas dans tous les temps.

266. Nous n'établirons pas, à cet égard, des principes généraux et absolus, attendu que chaque espèce de nullité a ses règles particulières, dont l'application à d'autres cas serait fautive, ou du moins pourrait l'être en certains points, soit relativement aux personnes qui ont le droit de demander la nullité, soit par rapport aux manières dont elle peut se couvrir. Nous traiterons, au contraire, séparément chaque espèce de nullité.

Dans le projet, on avait classé les nullités de mariage en raison des causes sur lesquelles elles sont fondées; mais au Conseil d'État, on pensa qu'il valait mieux les classer suivant l'ordre des personnes qui ont le droit de les faire valoir; ce qui revient au même, parce que les causes de nullité du mariage ne peuvent pas plus, même dans la théorie, être séparées des personnes qui ont à les faire valoir, que les personnes ne peuvent être séparées des causes de nullité.

267. Nous diviserons cette matière en trois sections :

La première traitera des nullités appelées relatives, parce qu'elles ne peuvent être invoquées que par certaines personnes indiquées par la loi;

La seconde, des nullités absolues, comme étant d'ordre public, et pouvant, à ce titre, être invoquées par les deux époux indistinctement, par les ascendans, par les collatéraux, et enfin par le ministère public.

Dans la troisième, nous parlerons des effets du mariage annulé, ou mariage *putatif.*

Nous éviterons autant que possible les répétitions, mais sans cependant laisser de lacune dans l'explication du sujet.

SECTION PREMIÈRE.

Des Nullités relatives.

SOMMAIRE.

II.   15

274. *L'époux violenté ou induit en erreur n'est plus recevable dans sa demande en nullité après six mois de cohabitation continue depuis la cessation de la violence ou de l'erreur.*

275. *Pourquoi n'a-t-on pas vu une ratification tacite dans une cohabitation moindre de six mois depuis la cessation de la violence ou de l'erreur ?*

276 *L'arrêt qui déclarerait l'époux non recevable pour avoir intenté son action après les six mois depuis le mariage, devrait constater en fait que la violence ou l'erreur avait cessé depuis plus de six mois ; sinon il serait susceptible de censure.*

277. *C'est au demandeur à prouver, lorsque l'action est intentée après les six mois depuis le mariage, que la violence ou l'erreur s'est continuée.*

278. *Ne résulterait-il pas une approbation tacite du silence gardé pendant dix ans depuis la cessation de la violence ou de l'erreur, quoiqu'il n'y eût pas eu de cohabitation ?*

279. *Si la femme devient enceinte dans les six mois de la cessation de la violence ou de l'erreur, résulte-t-il de ce fait une approbation tacite ?*

280. *La naissance d'un enfant dans ce délai ne saurait constituer une approbation du mariage.*

281. *Cet enfant n'est pas moins légitime de plein droit, sauf le désaveu.*

282. *Une approbation expresse purge également le vice de violence ou d'erreur.*

283. *Il n'est pas nécessaire pour cela que l'acte renferme les conditions prescrites par l'article 1338.*

284. *Si l'époux contraint ou violenté ratifie en minorité, sa ratification purge-t-elle le vice ?*

285. *Le mariage contracté sans le consentement des père et mère, des ascendans ou du conseil de famille, dans les cas où il était nécessaire, ne peut être attaqué que par ceux dont le consentement était requis ou par celui des époux qui en avait besoin.*

286. *Mais l'action en nullité n'est ouverte que dans l'ordre réglé par les articles 148, 149, 150, 158 et 160.*

287. Si le père meurt dans le délai utile, sans avoir approuvé le mariage, la mère peut demander la nullité.

288. Si, à l'époque du mariage, le père était dans l'impossibilité de manifester sa volonté, mais qu'il en ait recouvré la puissance dans le délai utile, c'est à lui, et non à la mère, qu'appartient l'action en nullité.

289. L'action des père et mère s'éteint par leur mort.

290. Il en serait ainsi lors même que l'action aurait déjà été commencée.

291. Lorsque le consentement des aïeuls était requis, et qu'il y en a dans les deux lignes, chacune d'elles peut attaquer le mariage; mais l'approbation de l'autre, même donnée en appel, met fin à l'action.

292. Dans le cas où le consentement du conseil de famille était requis, l'action en nullité ne peut être exercée qu'en vertu d'une délibération du conseil.

293. La mort de l'époux, arrivée avant que la délibération fût prise, empêcherait la demande d'être formée.

294. Le mariage d'un enfant naturel non reconnu, contracté sans le consentement d'un tuteur ad hoc, ne peut être attaqué que par cet époux.

295. Motifs de la loi en donnant l'action en nullité à l'époux qui a contracté mariage sans le consentement de ses parens.

296. L'époux qui aurait employé des moyens frauduleux pour tromper son conjoint sur son âge, serait non recevable dans sa demande en nullité.

297. L'action des parens est éteinte lorsqu'ils ont approuvé le mariage.

298. Elle ne l'est pas par la mort de l'époux arrivée dans le délai utile.

299. Ni par sa ratification.

300. Mais celle de l'époux est éteinte par l'approbation des parens.

301. De l'approbation expresse ou tacite des ascendans.

302. Il y a aussi approbation tacite de leur part lorsqu'il s'est écoulé une année, sans réclamation, depuis qu'ils ont eu connaissance du mariage; mais il faut que l'arrêt

constate positivement ce fait , sinon il serait susceptible d'être censuré.

3o3. *De l'approbation du conseil de famille.*

3o4. *L'approbation des ascendans, donnée même pendant l'instance introduite par l'époux, devrait en arrêter le cours.*

3o5. *La connaissance du mariage , qu'auraient eue depuis un an les ascendans , rendrait l'époux non recevable dans sa demande en nullité.*

3o6. *Mais l'expiration de ce délai d'un an , durant l'action intentée par l'enfant, ne mettrait pas fin à son cours.*

3o7. *L'âge compétent dont parle l'article* 183 *est vingt-cinq ans pour le fils de famille qui avait des ascendans dont il n'a point demandé le consentement.* Controverse.

3o8. *L'époux ne peut valablement , en temps de minorité , ratifier, même en ce qui le concerne, le mariage qu'il a contracté sans le consentement de ses ascendans.*

3o9 *Cela s'applique , en principe , au fils de famille mineur de vingt-cinq ans , quoique majeur de vingt-un ans.* Controverse.

3 1o. *Probablement les tribunaux le déclareraient non recevable dans sa demande en nullité.*

3 1 1. *Il devrait l'être si , à l'époque où il a ratifié , il eût pu , à cause de la mort de son ascendant, contracter mariage par l'effet de sa volonté.*

3 1 2. *Dans le cas du mariage contracté sans le consentement des parens , une cohabitation* quelconque *depuis que l'époux a atteint l'âge compétent le rend-elle non recevable à demander la nullité ?*

368. Les nullités relatives sont, comme nous l'avons dit, celles qui ne peuvent être invoquées que par certaines personnes spécialement déterminées par la loi.

Elles sont fondées sur le défaut de consentement, soit parce que l'époux était en état de démence au moment du mariage, soit parce qu'il a été contraint par l'effet de la violence, ou induit en erreur sur la personne de son conjoint.

Le défaut de consentement des ascendans ou de la famille, dans les cas où il était requis, produit également une nullité relative.

§. 1er.

De la Nullité pour défaut de consentement de la part des époux ou de l'un d'eux.

260. Nous avons développé précédemment les caractères que doivent avoir aux yeux de la loi les vices qui infectent le consentement, pour qu'ils puissent servir de base à l'action en nullité du mariage ; nous ne reviendrons pas sur ce point (1) : nous partirons, au contraire, de la supposition que l'action en nullité est réellement ouverte.

Suivant l'article 180, « le mariage qui a été con-« tracté sans le consentement libre des deux époux, « ou de l'un d'eux, ne peut être attaqué que par « les époux, ou par celui des deux dont le consen-« tement n'a pas été libre.

« Lorsqu'il y a eu erreur dans la personne, le « mariage ne peut être attaqué que par celui des « deux époux qui a été induit en erreur. »

_____

(1) Voir, aux nos 27 et suivans, par qui peut être demandée la nullité du mariage contracté par un individu privé de sa raison ; combien de temps dure l'action, comment se couvre la nullité ; et le no 36 et suivans, quant au mariage contracté par un individu interdit pour crime.

Ces deux moyens de nullité procèdent d'un même principe, le défaut de consentement; aussi la loi les met-elle sur la même ligne quant aux personnes qui peuvent les faire valoir, au délai pendant lequel on peut les proposer, et à la manière de les effacer par la ratification : en sorte que l'on peut dire que c'est la même action en nullité dans les deux cas, quoique les faits qui la produisent soient de nature différente.

270. Les époux, ou l'époux contraint, ou l'époux induit en erreur, ont donc seuls le droit de demander la nullité du mariage. Mais a-t-on simplement voulu dire par là, et par application des principes ordinaires en matière de violence ou d'erreur, que le conjoint dont le consentement a été pur et libre ne pourrait se prévaloir de la violence ou de l'erreur, et que tant que, l'époux qui en a été victime est vivant et ne se plaint pas, ses parens ne peuvent se plaindre? Ou bien le sens de la loi serait-il que, lors même que cet époux mourrait dans le délai de six mois, fixé par l'article 181, avant d'avoir approuvé le mariage, ses ascendans ni ses collatéraux ne pourraient, même en leur qualité d'héritiers, en demander la nullité, comme ils le pourraient incontestablement s'il s'agissait de tout autre contrat?

On tient généralement pour cette dernière interprétation : on dit que l'époux seul peut savoir s'il a été induit en erreur ou violenté. Mais cette raison n'est pas d'un très-grand poids, puisqu'elle s'appliquerait aussi bien aux autres contrats qu'au mariage, et qu'elle n'a cependant point empêché le législateur de donner l'action en nullité aux héritiers, à la charge par eux, comme ils y auraient été obligés en matière de mariage, de prouver que le consentement a été l'effet de la violence ou de l'erreur. On ajoute que l'époux n'aurait peut-être pas demandé la nullité, que son silence est une présomption en faveur de cette supposition. Cette raison n'est pas plus concluante que la première, car dans un autre contrat aussi, et attaqué pour la même cause par les héritiers, on ne peut pas dire non plus si le défunt aurait ou non demandé la nullité; et néanmoins, lors même qu'il se serait écoulé dix ans moins un jour depuis la cessation de la violence ou de l'erreur, nul doute qu'ils ne pussent agir, quoique ce laps de temps dût bien mieux faire présumer une approbation tacite, que le silence gardé par l'époux qui est venu à mourir dans les six mois. En effet, quelle présomption pourrait-on asseoir sur ce silence, si l'époux était mort, par exemple, quelques jours après avoir acquis sa liberté ou découvert l'erreur, sans avoir cohabité avec le conjoint, et surtout si la violence ou l'erreur n'avait point encore cessé; cas dans lequel on ne dénie pas moins l'action aux héritiers, toujours par la raison que l'époux aurait peut-être ratifié, et que, dans le doute, la faveur du mariage doit l'emporter?

Le projet portait, il est vrai, que la nullité pourrait être proposée par les père, mère, aïeul et aïeule; et au Conseil-d'État, M. Malleville demanda même pourquoi la famille n'exercerait pas le droit des ascendans, lorsqu'ils sont morts. M. Cambacérès dit qu'il suffisait de n'ouvrir la réclamation qu'aux père et mère, afin d'exclure les collatéraux, et l'article 180 ne fait mention ni des uns ni des autres. Mais que faut-il conclure de cette suppression?

D'abord, dans la supposition que l'époux était mineur pour le mariage, et qu'il ne l'a point contracté avec le consentement de ses ascendans ou de la famille, il était bien inutile de leur donner l'action en nullité pour violence et erreur, puisqu'ils l'ont pour défaut de consentement. L'enfant lui-même l'aurait aussi pour cette cause, dans les limites posées par l'article 183. Et si l'on suppose qu'il était majeur, on a dû aussi naturellement refuser l'action en nullité aux parens quelconques pendant sa vie. On devait également la leur refuser après sa mort, s'il avait laissé passer le délai utile pour l'intenter. Mais quand il est mort dans ce délai sans avoir ratifié, surtout quand il est mort avant la cessation de la violence ou la découverte de l'erreur, on ne voit pas pourquoi les ascendans, non pas comme ascendans, mais comme héritiers, ne pourraient exercer une action qu'il pouvait exercer lui-même. La loi leur en donne une bien plus délicate encore, elle la donne même aux collatéraux, celle en désaveu d'enfant (art. 317), qui repose sur des faits dont l'époux, dans certains cas, *peut seul avoir connaissance, et que peut-être il n'aurait point intentée.* Quoi qu'il en soit, d'après la jurisprudence de la Cour de Cassation, ceux-là seuls auxquels la loi a expressément donné le droit d'attaquer le mariage, peuvent en demander la nullité (1); et comme l'article 180 ne l'accorde formellement qu'à l'époux induit en erreur ou violenté, qu'il dit même que lui seul a le droit de se plaindre, il faut tenir en effet que lui seul a l'action pour la cause dont il s'agit.

271. Néanmoins, s'il mourait pendant l'instance, ses héritiers quelconques pourraient continuer son action, en vertu de la règle *omnes actiones quæ morte aut tempore pereunt, in judicio semel inclusæ, salvæ manent* (L. 139, ff. *de Reg. juris.*), règle consacrée dans notre droit par les articles 330 et 957.

272. Au reste, comme nous l'avons dit, les père et mère ou autres ascendans qui n'ont point consenti au mariage de l'enfant violenté ou induit en erreur, peuvent, si leur consentement était nécessaire, demander la nullité pour cette cause.

S'ils y ont consenti, mais par contrainte ou par erreur tombant sur la personne, ils peuvent aussi demander la nullité de leur chef, car leur consen-

---

(1) *Voy.* au n° 34 l'arrêt qui consacre ce principe.

tement est nul, ou du moins il est susceptible d'être annulé; ce qui ramène à leur égard la question à celle du défaut de consentement. En sorte que les articles 1.109, 1111 et 182 régissent la cause.

273. Toutefois, les ascendans n'auraient pour agir que le délai fixé par l'article 183 à partir de la cessation de la violence exercée contre eux ou de la découverte de l'erreur, et le vice se purgerait aussi par leur approbation expresse ou tacite.

Enfin, s'ils avaient consenti au mariage sans avoir été contraints ou induits en erreur, ils seraient non recevables à en demander la nullité, et d'après l'article 180, et d'après l'article 186, par argument.

274. La demande en nullité pour cause de violence ou d'erreur n'est plus recevable toutes les fois qu'il y a eu cohabitation continue pendant six mois depuis que l'époux a acquis sa pleine liberté ou que l'erreur a été par lui reconnue. (Art. 181.) Ainsi, l'on n'applique point au mariage la règle *quod ab initio vitiosum est, nullo tractu temporis convalescere potest*; on ne l'applique pas davantage aux autres contrats, puisque les vices dont ils sont infectés se purgent aussi *tractu temporis*. (Art. 1304.)

275. Il fallait sans doute donner à l'époux un délai quelconque pour intenter l'action, et ce délai ne pouvait commencer à courir que du jour où il aurait acquis sa pleine liberté ou découvert l'erreur; jusque-là le vice du consentement ne pouvait s'effacer, d'après la règle de droit, *contrà non va-*

lentem agere, non currit præscriptio. On pouvait fixer ce délai à tant de mois, tant d'années. Mais comment n'a-t-on pas vu une approbation tacite, une exécution volontaire du contrat, dans le fait d'une cohabitation continuée bien librement, comme on le suppose, pendant un, deux ou trois mois? Serait-ce parce que cette cohabitation a paru n'être qu'une conséquence pour ainsi dire nécessaire du mariage, tant qu'elle ne s'est pas prolongée pendant un temps assez long pour faire disparaître ses caractères incertains? Il faut bien le croire; car on voit d'abord que le laps de temps, détaché du fait de cohabitation, ne s'est pas présenté à la pensée du législateur; on voit même qu'on ne s'est point occupé de l'approbation expresse dont nous allons parler tout-à-l'heure : l'attention de la loi s'est portée tout entière sur la cohabitation, comme étant la ratification tacite la plus naturelle et la plus ordinaire. Et parce que ce mode d'approbation a paru équivoque, on a exigé non seulement que la cohabitation fût continue, mais encore qu'elle fût continuée pendant six mois. Ce n'est donc qu'après ce délai que l'action n'est plus recevable.

276. Mais l'arrêt qui déclarerait le demandeur non recevable pour n'avoir intenté son action qu'après six mois depuis le mariage, sans avoir reconnu en fait qu'il y a eu la cohabitation dont parle l'article 181, ou qui rejetterait simplement la demande

en déclarant d'une manière vague qu'elle n'a point été exercée dans les délais utiles, contiendrait une infraction à la loi, et serait susceptible d'être annulé. *Voy.*, à cet égard, l'arrêt de Cassation du 4 novembre 1822. Sirey, 1823, 1, 219.

Dans l'espèce, la demanderesse avait contracté mariage à l'âge de treize ans et onze mois, et par suite de violence exercée envers elle par ses parens : cet acte, à ce qu'il paraît, ne fut suivi ni de célébration à l'église ni de cohabitation. Le tribunal de première instance et la Cour royale de Pau rejetèrent la demande tendant à l'admission de la preuve des faits de violence, sur l'étrange motif que l'action n'avait pas été intentée dans les six mois à partir du jour où la demanderesse avait atteint sa quinzième année. La Cour a ainsi confondu la nullité résultant du défaut d'âge compétent, dont le principe est dans l'article 144, et la fin de non-recevoir dans l'article 185, avec la nullité pour cause de violence, laquelle ne se couvre que par une cohabitation continue pendant six mois depuis la cessation de la violence. Et comme elle n'avait pas reconnu en fait qu'il y avait eu cette cohabitation, sa décision a été cassée par ce motif :
« Attendu que le deuxième moyen ne pouvait être
« rejeté, qu'autant qu'il aurait été reconnu en
« fait par la Cour royale qu'il y avait eu cohabi-
« tation, ainsi que cela résulte de l'article 181, ou
« que les faits de violence allégués n'étaient pas
« pertinens et admissibles; que l'arrêt ne s'est pas

« expliqué sur ce point, et n'a écarté le moyen
« qu'en y appliquant l'article 185, etc.; Casse. »

277. Ce sera au demandeur à prouver que la
violence ou l'erreur s'est prolongée jusqu'à telle
époque, pour établir que l'action, quoiqu'intentée
après les six mois depuis le mariage, l'a cependant
été en temps utile : car, quoiqu'il ait prouvé l'existence de la violence ou de l'erreur au moment de
la célébration, il n'y a néanmoins pas présomption
qu'elle s'est continuée : demandeur, il doit donc
faire la preuve. Nous n'affranchissons pas, de cette
manière, le défendeur de l'obligation de prouver
son exception, puisque la nullité n'est point couverte par la seule cessation de la violence ou de
l'erreur; que ce n'est réellement que la cohabitation continuée pendant six mois qui produit la fin
de non recevoir, et dès lors que le défendeur doit
prouver cette cohabitation, suivant les règles de
droit, *reus excipiendo fit actor*, et *onus probandi
incumbit ei qui dicit.*

278. Mais, de ce que le fait de cohabitation a
paru équivoque, et que pour cela on a voulu, pour
qu'il couvrît la nullité, qu'il fût continué pendant
six mois, faut-il en conclure que la loi n'a entendu
reconnaître d'approbation tacite que dans ce seul
fait; de telle sorte que le silence gardé par l'époux
pendant dix ans et plus depuis la cessation de la violence ou de l'erreur, et qui suffit pour purger ces vices

dans les contrats en général (art. 1304), ne les purgerait cependant pas en matière de mariage?

Le silence de la loi sur ce point donne lieu de penser que ce principe général de l'article 1304 serait applicable, d'autant mieux que, dans l'esprit du Code, les fins de non-recevoir sont favorables en cette matière; et c'est même pour cette raison que le vice du consentement pour minorité se purge par une année écoulée en temps de capacité (art. 183), tandis que, dans les autres contrats, il faut dix ans. On ne peut donc, sans prêter des vues contradictoires au législateur, récuser l'application des principes généraux au cas dont il s'agit. L'article 181 est d'ailleurs évidemment rédigé dans un sens explicatif, et nullement dans un sens restrictif; autrement il faudrait aller jusqu'à l'absurde, et dire que même la ratification la plus formelle, la plus authentique, donnée en temps de pleine liberté, ne purge pas le vice de nullité, car l'article n'en parle pas. Enfin, que l'on suppose que le conjoint de l'époux contraint ou induit en erreur meure dans les six mois; alors la ratification par la cohabitation continue pendant ce temps n'est plus possible, et néanmoins il est évident que l'action en nullité pour cette cause ne peut être perpétuelle: autant vaudrait-il dire, contre tous les principes, que le mariage était nul de plein droit. On reste donc dans les termes du droit commun pour les autres espèces de ratification non prévues par la loi qui régit le mariage, puisque, à raison même de la fa-

veur dont il est environné, les fins de non-ercevoir
y sont plus facilement admises que dans les autres
contrats. Or, d'après le droit commun, le vice de
violence ou d'erreur se purge par le laps de dix ans
à partir du jour de la cessation de la violence ou
de la découverte de l'erreur.

279. Si la femme devenait enceinte dans les six
mois de la cessation de la violence ou de l'erreur,
ce fait serait-il considéré comme une approbation
du mariage? On avait proposé au Conseil d'État de
l'admettre comme fin de non-recevoir; mais la proposition fut rejetée (1), par la raison qu'il ne fallait
pas, dans le cas où ce serait le mari qui aurait été
violenté ou induit en erreur, donner à la femme
le trop facile moyen de paralyser l'action par l'a-
dultère. Cette raison ne s'applique pas, il est vrai,
au cas où ce serait la femme qui serait demanderesse; mais on a probablement pensé que la crainte
des mauvais traitemens l'obligerait à cohabiter avec
son mari. Cependant on doit croire que, si à ce
fait, venaient se joindre d'autres faits caractéristiques
d'une approbation volontaire, les tribunaux pourraient y puiser une fin de non-recevoir.

280. Si un enfant était né dans les six mois de la
cessation de la violence ou de l'erreur, il est clair
que le fait de sa conception ne saurait fournir aucune preuve de la ratification du mariage, puis-

(1) *Voyez* M. Locré, tome III, p. 317, édit. in-8°.

qu'il remonterait à une époque antérieure à celle
où cette approbation pourrait être efficace.

281. Mais de ce que la naissance d'un enfant
arrivée dans les six mois de la cessation de la violence ou de l'erreur n'opère pas une fin de non-
recevoir contre l'action en nullité, il ne faut pas
conclure que cet enfant est illégitime ; au contraire,
il est légitime de plein droit, lors même qu'il serait
né dans les cent quatre-vingts jours du mariage,
sauf le désaveu dans le cas où la loi l'autorise.
(Art. 314.)

282. Jusqu'à présent nous n'avons parlé que de
l'approbation résultant d'une cohabitation continue pendant six mois depuis la cessation de la violence ou de l'erreur, et du laps de dix années depuis
cette époque; mais, à plus forte raison, une approbation expresse de l'époux contraint ou induit en
erreur, donnée en temps de pleine liberté, pur-
gerait-elle le vice dont son consentement était
infecté; de même que, d'après l'article 183, celle
des parens efface le défaut absolu de consentement
de leur part.

283. Il ne serait pas nécessaire, pour cela, que
l'acte portant approbation renfermât les conditions
prescrites par l'article 1338, c'est-à-dire, la substance de la convention (de mariage), la mention
du motif de l'action en nullité, et l'intention de
réparer le vice sur lequel cette action était fondée.
Le mariage est une matière spéciale qui admet

plus facilement tout ce qui peut réhabiliter le consentement, ce qui peut en couvrir les vices, lorsque d'ailleurs l'ordre public n'est point intéressé
à son annulation. En conséquence, tout acte portant une approbation évidente et consentie à une
époque où l'époux avait recouvré sa pleine liberté
ou découvert l'erreur, même une simple lettre,
produirait une fin de non-recevoir contre l'action
en nullité (1).

284. Il en serait ainsi encore que l'époux au
mariage duquel les parens ont consenti fût mineur
de vingt et un ans à l'époque de la ratification par
lui donnée. Pourquoi ne serait-il pas en effet
aussi bien capable de consentir maintenant qu'à
l'époque où il a contracté le mariage dont il veut
purger le vice, lorsque, ainsi qu'on le suppose, il
ne manquait à ce mariage qu'un consentement plus
libre de sa part? Dira-t-on qu'il renonce ainsi à
une action en nullité, et qu'il ne peut le faire en
minorité? Mais il y renoncerait bien valablement
par une cohabitation continue pendant six mois;
car l'article 181 ne distingue pas : donc il peut y
renoncer expressément.

---

(1) Il y aurait également approbation si le mari, qui avait l'action
en nullité, avait autorisé sa femme à contracter ou à ester en jugement.

§. II.

De la Nullité pour défaut de consentement des parens.

285. La seconde nullité relative est celle qui résulte du défaut de consentement des personnes sous la puissance desquelles étaient les époux ou l'époux relativement au mariage. A cet égard, voici ce que porte l'article 182 :

« Le mariage contracté sans le consentement des
« père et mère, des ascendans, ou du conseil de
« famille, dans les cas où ce consentement était
« nécessaire, ne peut être attaqué que par ceux
« dont le consentement était requis, ou par celui
« des deux époux qui avait besoin de ce consen-
« tement. »

Nous parlerons du droit de l'époux après avoir traité de celui des parens en général.

286. Ainsi, le mariage peut être attaqué par ceux dont le consentement était requis, mais en suivant l'ordre établi par les articles 148, 149, 150, 158 et 160.

De là, si les père et mère, qui étaient tous deux en état de manifester leur volonté, n'ont point consenti au mariage de leur fille, âgée de moins de vingt et un ans, ou de leur fils, âgé de moins de vingt-cinq ans, la mère ne peut agir seule ; le père gardant le silence est censé approuver le mariage,

et sa volonté fait loi en cas de dissentiment. D'ailleurs, pour agir, la mère aurait besoin d'être autorisée de son mari ou de justice, et la justice
n'accorderait point l'autorisation sans avoir entendu
le mari.

287. Mais si le père meurt dans le délai utile,
sans avoir approuvé le mariage, la mère peut demander la nullité, attendu que son consentement
était nécessaire aussi (art. 148), et que ce n'eût
été qu'en cas de dissentiment que celui du père
aurait suffi : or il n'y a pas eu dissentiment, puisque ni l'un ni l'autre, on le suppose, n'ont consenti.

288. Si, à l'époque du mariage, le père était
dans l'impossibilité de manifester sa volonté, par
exemple, pour interdiction ou absence déclarée,
la mère qui n'a point donné son consentement a
bien l'action en nullité : elle l'a même tant que
dure l'impuissance du père, et dans les limites de
l'article 183 ; mais lorsque le père a recouvré la
faculté de manifester sa volonté, c'est lui qui doit
agir; s'il ne le fait pas, il est censé approuver le
mariage, et s'applique alors ce qui vient d'être dit.
Cette décision n'est pas conforme à la lettre de
l'article 182, car, dans l'espèce, c'était le consentement de la mère qui était requis, et par conséquent ce serait à elle que compéterait l'action en
nullité; mais elle est conforme à son esprit.

289. Dans les diverses hypothèses que nous venons d'établir, l'action qu'avaient les père et mère,

ou l'un d'eux, s'éteint par leur mort, quoiqu'arrivée dans les délais utiles : elle ne passe point aux ascendans d'un degré supérieur, et bien moins encore aux collatéraux. Cet article 182 ne laisse aucun doute à cet égard.

290. Si l'ascendant mourait après avoir intenté l'action, qu'il y eût des ascendans d'un degré supérieur, ou que l'époux ne fût pas seul héritier, ou qu'il eût renoncé à la succession de l'ascendant, appliquerait-on à ce cas le principe *omnes actiones quæ morte* (1) *aut tempore pereunt, in judicio semel inclusæ, salvæ manent ?* D'après cela, les ascendans ou les frères et sœurs continueraient-ils l'action? On voit dans l'article 330 que les héritiers de l'enfant, qui n'ont pas l'action lorsqu'il est mort après avoir accompli sa vingt-sixième année, peuvent cependant, quoiqu'il meure après cet âge, continuer celle qu'il avait commencée; et nous avons même appliqué le principe au cas où l'époux contraint par violence ou induit en erreur est venu à mourir après avoir intenté son action, et durant l'instance. Mais c'est parce que, dans ce cas, les héritiers ont le même intérêt que l'époux; au lieu que, dans l'espèce en question, l'époux a un intérêt contraire au leur : il a intérêt à maintenir

_____

(1) On entend par là les actions purement personnelles, telles que celle d'injures, *actio injuriarum*, et quelques autres qui s'éteignent, du moins dans le droit romain, et parfois aussi dans le droit français, par la mort de celui à qui elles compétaient, lorsqu'il ne les a pas introduites en justice.

son mariage ; la loi le suppose, puisqu'elle lui
donne l'action en nullité, et qu'il n'en fait pas usage.
Ajoutez que le principe de l'action, la violation
du respect que l'époux devait à son ascendant,
s'est évanoui par la mort de celui-ci. Enfin, l'article 187, en ne permettant aux héritiers collatéraux
de demander la nullité du mariage que dans le cas
où cette nullité est d'ordre public, et en leur défendant de le faire du vivant des deux époux, et
avant d'avoir un intérêt né et actuel, nous semble
conçu dans un esprit qui repousserait la prétention
des collatéraux de vouloir suivre l'action pour faire
annuler le mariage. Cet article n'est sans doute
pas applicable aux ascendans ; mais, en supposant
même que l'époux eût renoncé à la succession de
celui du consentement duquel il avait besoin, ceux
du degré supérieur ne sauraient continuer une action dont le résultat serait de faire annuler, contrairement aux intérêts de cet époux, un mariage
pour lequel leur consentement n'était point exigé.
A plus forte raison, si l'époux était héritier, les
ascendans seraient-ils écartés, puisqu'ils ne pourraient pas même invoquer en leur faveur la règle
précitée.

291. Si les père et mère étaient tous deux décédés ou dans l'impossibilité de manifester leur volonté lors du mariage, et qu'il y eût des aïeuls ou
aïeules dans les deux lignes, chacune des lignes
pourrait l'attaquer pour défaut de consentement.

Toutefois le tribunal devrait ordonner la mise en cause de l'autre ligne, afin de connaître sa volonté; car si elle donne son approbation, elle empêche par là l'autre de pouvoir agir, puisque le partage entre les lignes vaut consentement, et que la ratification équivaut au consentement donné dès le principe (1). (Art. 183.)

Si l'autre ligne n'a point été appelée, elle pourra intervenir de son propre mouvement, et, de cette manière, elle arrêtera l'action déjà commencée et non décidée par un jugement passé en force de chose jugée. Bien mieux, elle peut intervenir (2) sur l'appel interjeté par la ligne qui a succombé en première instance, ou par l'époux, et son consentement arrêtera encore le cours de l'action. En vain dirait-on que le jugement a un effet rétroactif au jour de la demande (3), car précisément celui de la ratification est d'empêcher que ce jugement ne soit prononcé ou confirmé sur l'appel, et il rétroagit bien davantage encore, puisqu'il se reporte au jour du mariage.

_____

(1) C'est ce que nous expliquerons tout-à-l'heure, en faisant remarquer que ce point est susceptible de beaucoup de doute en droit romain.

(2) L'article 466 du Code de procédure dit bien, il est vrai, qu'aucune intervention ne sera reçue en appel, si ce n'est de la part de ceux qui auraient le droit de former tierce opposition, et ici les ascendans n'auraient aucune tierce opposition à former contre le jugement qui, sur la demande de l'autre ligne, annulerait le mariage; mais comme le principe de la tierce opposition est l'intérêt des tiers, et qu'ici l'intérêt ou le droit des ascendans est incontestable, nul doute que leur intervention ne fût reçue.

(3) L. 20, ff. *de rei vind.*

292. Dans le cas où c'était le consentement du conseil de famille qui était requis, l'action en nullité ne peut être intentée par ceux qui auraient pu, en vertu de l'article 174, former individuellement opposition : la loi exigeait le consentement, non pas de tel ou tel parent, mais du conseil de famille ; et comme elle n'accorde l'action qu'à ceux dont le consentement était requis, elle l'attribue par cela même à ce conseil, qui chargera, par une délibération formelle, le tuteur du soin de l'exercer, parce qu'il ne peut l'exercer lui-même. Il pourrait aussi déléguer son pouvoir, à ce sujet, à un de ses membres, dans les lumières duquel il aurait une confiance plus grande que dans celles du tuteur ; car il ne s'agit pas dans ce cas d'un acte dont le principe est puisé dans le droit du mineur ; ce qui rendrait le tuteur seul habile à le faire d'après l'article 450 ; il s'agit d'un droit que la loi a conféré au conseil de famille, qui peut par conséquent en déléguer l'exercice à une autre personne que le tuteur.

Il faut au surplus bien remarquer, au sujet de cette action, quelle est l'économie de la loi ; ainsi, quoique dans l'espèce le conseil de famille soit composé de collatéraux, il pourra, par le ministère du tuteur ou de l'un de ses membres, demander la nullité du mariage, même du vivant de l'époux ; ce n'est point le cas d'appliquer l'article 187, attendu que ce ne sont pas des *collatéraux*, mais bien l'être moral appelé conseil de famille qui demande la nullité en vertu de l'article 182. Au contraire, quand les collatéraux agissent comme héritiers, ils ne peuvent faire valoir que les nullités d'ordre public (art. 184), et seulement après la mort de l'époux, c'est-à-dire lorsqu'ils ont un intérêt né et actuel. (Art. 187.)

293. Il faut observer aussi que si l'époux venait à décéder avant que le conseil de famille eût pris sa délibération, la demande en nullité ne pourrait plus être formée en son nom; car un individu décédé n'a plus ni conseil de famille ni tuteur; le décès de l'époux min ur couvrirait donc la nullité dans ce cas.

294. Si c'est un enfant naturel non reconnu qui s'est marié sans le consentement du tuteur *ad hoc*, exigé par l'article 161, personne autre que cet enfant ne pourra attaquer le mariage, attendu que nul ne peut dire qu'il avait le droit d'y donner son consentement. Et d'après ce que nous avons dit précédemment, si l'enfant naturel avait été reconnu, mais que ses père et mère, ou celui d'entre eux qui l'a reconnu, fussent venus à décéder, quoique dans les délais utiles, sans avoir fait prononcer la nullité, l'enfant seul pourrait la demander.

295. Cela nous amène à parler du droit qu'a l'époux lui-même de demander la nullité du mariage qu'il a contracté sans le consentement des personnes sous la puissance desquelles il était placé relativement au mariage. L'art. 182 lui donne formellement ce droit. La loi ne s'est pas déterminée

par la considération que l'enfant qui a commis un tel oubli de ses devoirs est peu digne d'intérêt, et qu'il ne devrait pas se faire de sa propre faute le principe d'une action (1), d'après la règle *nemo ex delicto suo actionem consequi debet;* elle a porté plus loin ses regards : elle a pensé que les mineurs sont plus faibles, plus accessibles aux séductions, et elle a voulu les protéger le plus possible contre l'effet de ce danger. Par là, le nombre de ces mariages contractés sans l'aveu des parens sera nécessairement diminué, parce que généralement on veut contracter avec sûreté, surtout quand il s'agit de l'acte le plus important de la vie. Il était d'ailleurs conséquent, puisqu'on déclarait l'enfant inhabile à pouvoir contracter mariage par l'effet de sa seule volonté, de lui donner l'action en nullité, comme on la lui donne dans les autres actes de la vie civile qui excèdent les bornes de sa capacité. Ses plaintes doivent même être écoutées avec plus de faveur lorsque, suivant l'expression de M. d'Aguesseau, il demande à être restitué contre l'aliénation qu'il a faite de tous ses biens et de sa personne. D'après cela, si ses parens n'agissent point, s'ils témoignent pour ce qui l'intéresse à un si haut degré une froide indifférence, il peut agir lui-même; voilà le principe.

296. Mais s'il s'était servi, pour tromper son conjoint et l'officier de l'état civil, d'un acte de

_____

(1) C'était même dans l'ancien droit l'opinion générale.

naissance qui ne lui appartenait point, par exemple, de celui de l'un de ses frères ou de l'un de ses cousins paternels, qui portait les mêmes prénoms, cette fraude devrait lui fermer toute voie à se faire restituer contre son engagement. On devrait lui appliquer la disposition de l'article 1307 qui, en disant que la *simple* déclaration de majorité n'est point un obstacle à la restitution, laisse clairement entendre qu'il en doit être autrement si, au lieu d'une simple déclaration de majorité, l'individu a employé des moyens frauduleux pour persuader qu'il était majeur : or l'emploi d'un acte de naissance pseudonyme est un moyen frauduleux, d'une nature très-répréhensible. Au reste, les parens dont l'autorité a été méprisée n'en auraient pas moins le droit de demander la nullité du mariage.

297. L'action en nullité pour défaut de consentement de la part des père, mère ou autres ascendans, ou de la famille, ne peut plus être intentée ni par les époux ni par les parens dont le consentement était requis, « Toutes les fois, dit l'article 183, « que le mariage a été approuvé expressément ou « tacitement par ceux dont le consentement était « nécessaire, ou lorsqu'il s'est écoulé une année « sans réclamation de leur part depuis qu'ils ont eu « connaissance du mariage. Elle ne peut être inten- « tée non plus par l'époux, lorsqu'il s'est écoulé « une année sans réclamation de sa part depuis

« qu'il a atteint l'âge compétent pour consentir par
« lui-même au mariage. »

298. D'abord on peut demander si l'action des
ascendans s'éteindrait par la mort de l'époux arrivée dans le délai utile? L'article 182, combiné avec
le suivant, ne permet pas de croire qu'il en doive
être ainsi. L'autorité des parens a été méprisée, et
le vice dont le mariage a été frappé dès le principe
ne s'est point effacé par un événement tout-à-fait
étranger à leur volonté expresse ou tacite, volonté
qui seule pouvait le faire disparaître.

299. Aussi la ratification de l'époux, donnée
même à l'âge de vingt-cinq ans, mais quand les
ascendans sont encore dans le délai utile, ne saurait éteindre l'action que la loi leur a conférée;
sauf à cet époux, s'il persiste dans son choix, à contracter un nouveau mariage avec la même personne en remplissant toutes les conditions requises,
comme les actes respectueux, etc. En effet, si l'article 183 dit que, par la ratification des ascendans,
l'époux n'a plus le droit d'agir, il ne dit pas, en
sens inverse, que par l'approbation de l'époux, et
résultant de son silence pendant une année depuis
qu'il a atteint l'âge compétent pour consentir par
lui-même au mariage, les ascendans sont désormais non-recevables : la loi a voulu au contraire
qu'ils eussent, dans les limites qu'elle a posées, le
droit de venger leur autorité méprisée ; par conséquent elle n'a point entendu que celui-là même qui

s'est rendu coupable de cette violation pût en éluder les effets.

300. Mais pourquoi, dira-t-on, l'approbation des ascendans ou de la famille ravit-elle à l'époux le bénéfice de la nullité? On le suppose mineur, du moins quant au mariage : or il est de principe qu'un tuteur ne pourrait arbitrairement priver le mineur du droit de demander la nullité d'un engagement quelconque par lui consenti. La raison de la disposition de la loi est puisée dans les principes du mariage. D'après ces principes, si l'époux était mineur, et par suite incapable, c'est parce qu'il n'avait pas, en contractant, le consentement de ses parens; mais ceux-ci le donnant maintenant, et la ratification donnée après coup équipollant au consentement, il en résulte que le mariage est validé, et qu'il est considéré comme parfait *ab initio* (1) : donc l'époux ne peut plus l'attaquer.

---

(1) Suivant les Institutes de Justinien, il paraît que le consentement du père de famille devait nécessairement précéder ou au moins accompagner le mariage : de sorte que la ratification était de nul effet pour le passé; du moins c'est ainsi que Vinnius interprète ces mots du *principium* du tit. de Nuptiis : « *Nam hoc fieri debere et civilis et « naturalis ratio suadet , in tantùm ut jussus parentis præcedere debeat;* » car il dit : *Adeò consensus aut potiùs assensus parentis in nuptiis filiorum-familias necessarius est, ut etiam præcedere debeat , neque ratihabitione patris retrò legitimæ fiant, nimirùm cum ratihabitio in iis tantùm locum habet, quæ non statim ipso jure nullæ sunt, sed aliquo modo consistunt aut pendent.* Au reste, selon lui, le mariage devient valable par la ratification du père, mais sans effet rétroactif. Huberus, *Prælect.* ad. Inst., *hoc tit.*, §. 10, combat le sentiment de Vinnius sur ce dernier point, et Heinneccius, *Elementa juris*, n° 150, le rejette pareillement.

3o1. Quant à l'approbation expresse de la part des ascendans, elle peut être donnée par tout acte quelconque, même par une lettre qui ne laisserait aucun doute sur leur volonté. L'approbation tacite se démontre par des actions, des faits, des écrits qui supposent que l'ascendant a pardonné l'offense faite à son autorité : par exemple, en recevant dans sa maison son gendre ou sa bru, et en les traitant comme ses enfans; en leur donnant ce nom, soit dans la famille, soit dans les sociétés, ou dans les lettres qu'il leur écrit. Pothier (n° 446) rapporte une décision qui a jugé, avec raison, qu'il y avait ratification tacite de la part d'un grand-père dans le fait d'avoir été parrain d'un enfant né du mariage. Les tribunaux pourraient aussi voir une approbation tacite dans d'autres faits que ceux que nous venons d'énoncer; nous ne les avons donnés que comme exemples.

3o2. Il y a aussi approbation tacite lorsqu'il s'est écoulé une année sans réclamation de la part de ceux dont le consentement était nécessaire, depuis qu'ils ont eu connaissance du mariage. Leur silence est, aux yeux de la loi, un témoignage de leur assentiment à ce qui s'est fait d'abord sans leur aveu. Mais, quoique la faveur du mariage doive rendre sévère sur l'admission des demandes en nullité, et par suite, facile sur celle des fins de non-recevoir, il faut néanmoins, pour que les ascendans et le conseil de famille puissent être déchus de l'action

en nullité pour défaut de consentement, qu'il soit
constant, en fait, qu'ils avaient connaissance du
mariage depuis un an, à l'époque où ils élèvent
leur réclamation en justice. C'est ce qui a été jugé
par arrêt de cassation dans l'affaire *Sommaripa*,
dont nous avons déjà parlé (1). A l'époque où le
père attaquait le mariage (2), il s'était déjà écoulé
vingt-trois ans depuis la célébration ; et par arrêt
du 8 janvier 1816, la Cour de Paris, en confirmant
la décision des premiers juges, avait rejeté la demande, sur le fondement « Qu'on ne peut supposer
« que Sommaripa ait ignoré pendant vingt-trois
« ans le mariage de sa fille, contracté publiquement
« et qui n'a pas été secret; que ce mariage, quant
« à la forme, a été célébré comme il pouvait l'être,
« dans le lieu et d'après les circonstances. »

Cet arrêt, déféré à la Cour de cassation, a été
cassé le 16 avril 1817 (Sirey, 1817, 1, 232), par ces
motifs : « Considérant qu'il résulte de l'article 183
« du Code civil, qu'un père ne peut être déclaré
« non-recevable à attaquer le mariage que son en-
« fant mineur a contracté sans son consentement,
« qu'autant que sa demande n'a été formée que plus
« d'un an après la connaissance par lui acquise de
« ce mariage ;

_____

(1) Au n° 89. *Voy.* aussi le n° 235.

(2) Où était censé l'attaquer ; car c'était un mandataire qui agissait,
et on prétendait qu'il ne justifiait pas de l'existence du mandant. La
fille, qui avait méconnu l'autorité paternelle, s'adjoignit aussi à la
demande en nullité.

« Que, dans l'espèce, l'arrêt attaqué ne prononce
« pas d'une manière expresse que *Sommaripa* n'ait
« attaqué le mariage de sa fille que plus d'un an
« après la connaissance par lui acquise de ce ma-
« riage; que par conséquent l'arrêt, en déclarant
« cette action non-recevable, a violé la loi ci-des-
« sus; la Cour casse. »

303. Quant à l'approbation du conseil de famille,
dont le consentement était requis, elle doit, pour
valider le mariage, être donnée, non pas par tel individu qui, à raison de son degré de parenté, aurait
eu qualité pour former opposition, et devrait faire
partie du conseil; elle doit émaner de l'être moral
dont le consentement était nécessaire, puisqu'elle
a pour effet d'équipoller à ce consentement. Elle
aura lieu par une délibération en forme. Mais la
ratification tacite résultant de simples faits, et si
facile à concevoir de la part d'un ascendant, ne sera
guère praticable de la part du conseil de famille.
On pourrait même croire, au premier aspect, que
celle résultant du défaut de réclamation pendant
une année depuis que la famille a eu connaissance
du mariage n'est plus applicable lorsque l'époux
a atteint sa majorité, attendu qu'alors il n'y a plus
de conseil de famille. Cependant, sur ce dernier
point, comme les articles 182 et 183 donnent formellement l'action en nullité à la famille, que le
dernier de ces articles déclare que cette action ne
s'éteint que par un an, depuis que ceux dont le

consentement était requis ont eu connaissance du
mariage, et dès-lors que la loi n'a pas voulu que
cette action pût finir par la majorité de l'époux :
nous pensons, pour concilier cette disposition avec
ce que commande la nature des choses, que les
parens sont présumés avoir cette connaissance au
jour où s'est accomplie la majorité ; par conséquent
qu'ils n'ont qu'une année à partir de cette époque
pour attaquer, comme conseil de famille, le mariage dont il s'agit. Il serait en effet déraisonnable
que des collatéraux pussent venir, sous le nom de
conseil de famille, attaquer un mariage qui subsisterait depuis, par exemple, quinze ou vingt ans, sur
le prétexte qu'ils n'ont pas connu plus tôt son existence. Ce conseil ne subsiste plus depuis long-
temps, et si, par exception quant au mariage, et
pour donner effet aux articles 182 et 183, nous
admettons qu'on peut le supposer encore moralement existant pendant l'année qui suit la majorité,
cela doit avoir un terme : or celui qui se présente
le plus naturellement est d'un an depuis qu'elle
est accomplie.

304. On a vu que, dans tous les cas où les ascendans et la famille ont ratifié le mariage, l'époux ne
peut l'attaquer ; de telle sorte que, quand bien
même l'approbation n'interviendrait qu'après qu'il
aurait formé sa demande en nullité, cette demande n'en devrait pas moins être rejetée. L'ascendant donnerait encore utilement, en appel, sa

ratification; et tout ce que nous avons dit au n° 291 pour le cas où c'est une des lignes qui attaque le mariage pour défaut de consentement, et que l'autre l'approuve pendant l'instance, ou même en appel, est également applicable lorsque c'est l'époux lui-même qui demande la nullité.

3o5. Il serait également non-recevable, encore que l'approbation tacite des ascendans ne résultât que du défaut de réclamation de leur part pendant un an depuis qu'ils ont eu connaissance du mariage; l'économie de l'article 183 ne permet aucun doute à cet égard, puisqu'il dit : « L'action en nullité ne peut plus être intentée ni *par les époux*, ni par les parens dont le consentement était requis, toutes les fois que le mariage a été approuvé expressément ou tacitement par ceux dont le consentement était nécessaire, *ou lorsqu'il s'est écoulé une année sans réclamation de leur part depuis qu'ils ont eu connaissance du mariage.* » C'est à l'époux, quand les parens n'agissent pas, à former lui-même sa demande en nullité, ainsi qu'il en a le droit tant qu'il ne s'est pas écoulé une année depuis qu'il a atteint l'âge auquel il aurait pu consentir par lui-même au mariage.

3o6. Nous avons bien dit que, lorsque les ascendans intervenaient sur la demande en nullité formée par l'époux, et qu'ils donnaient leur consentement, l'action était arrêtée dans son cours; mais la nullité serait-elle de même couverte si le délai

II.   17

d'un an, *depuis que les ascendans ont eu connais-sance du mariage*, venait seulement à expirer pen-dant l'instance? Nous ne le pensons pas. Si les as-cendans n'ont pas agi dans ce cas, on doit supposer qu'ils ont regardé comme inutile de le faire, puis-que l'époux avait intenté son action. Leur silence ne peut être considéré comme une ratification; il n'y a aucune conséquence à en tirer. Ce cas est différent du précédent, où la nullité était déjà cou-verte, quand l'époux a intenté son action.

307. Mais quel est par rapport au fils de famille *l'âge compétent* dont parle l'article 183?

Nous avons à voir également si l'époux peut, en ce qui le concerne, ratifier valablement son ma-riage avant d'avoir atteint l'âge compétent?

Et enfin, si une cohabitation quelconque, après l'époque à laquelle il a atteint cet âge, le rend dé-sormais non-recevable à demander la nullité?

Suivant MM. Delvincourt et Toullier, l'âge *com-pétent* est, pour l'homme comme pour la femme, vingt-un ans accomplis, sans distinction entre le cas où c'était le consentement des ascendans qui était requis, et le cas où c'était seulement celui du conseil de famille. Les raisons sur lesquelles ces ju-risconsultes fondent leur opinion, c'est que si le fils de famille qui n'a point d'ascendans est capable de contracter mariage à la majorité ordinaire, par l'effet de sa seule volonté, l'existence des ascen-dans, lors du mariage, doit être sans influence sur sa capacité; qu'à la vérité, leur consentement était exigé, mais qu'il ne l'était que *propter reverentiam iis debitam*, tellement que leur ratification empêche l'époux de demander la nullité; enfin, que cet époux ne s'aurait tirer des tiers le droit d'attaquer un mariage qu'il ne pourrait attaquer si ces tiers n'avaient pas existé : d'où l'on doit conclure, selon ces jurisconsultes, que l'article 183 se réfère, quant au fils de famille, non pas à l'article 148, mais à l'article 160; dès-lors, que le fils de famille qui a contracté mariage à l'âge de vingt-un ans accomplis ne peut jamais en demander la nullité pour défaut de consentement de ses ascendans, et qu'il ne peut plus attaquer celui qu'il a contracté avant cet âge, lorsqu'il l'a approuvé expressément ou tacitement après l'âge de vingt-un ans.

Ces raisons ne nous paraissent pas d'un très-grand poids.

D'abord il est impossible de méconnaître que le législateur a entendu parler aussi bien du fils de famille âgé de plus de vingt-un ans, mais de moins de vingt-cinq, que de celui qui n'avait pas vingt-un ans lors du mariage; car, suivant l'article 148, le consentement des ascendans était nécessaire au premier comme au second; d'après l'article 182, les ascendans et l'époux ont le droit d'attaquer le mariage; et enfin, selon l'article 183, l'époux a ce droit tant qu'il ne s'est pas écoulé une année depuis l'époque à laquelle il a acquis l'âge compétent pour le consentir par lui-même. Cet âge est donc

celui qui est exigé par l'article 148; c'est donc à
cet article que se réfère nécessairement la loi, puisqu'elle règle l'effet d'une incapacité qu'elle a d'a-
bord supposée.

Quant à ce raisonnement, que l'époux aurait été
capable à l'âge de vingt-un ans, s'il n'avait pas eu
des ascendans, et que l'existence ou la non-existence de ces ascendans n'influe en rien sur sa capacité, c'est, nous le croyons, une confusion fautive
de l'intelligence naturelle avec la capacité légale.
Oui, et nous l'avons dit nous-même (au n° 73),
le discernement et la prudence des contractans ne
reçoit aucune influence de la circonstance qu'ils
ont, ou non, des ascendans; mais leur *capacité légale* pour contracter mariage à l'âge de vingt-un
ans, et à laquelle le législateur s'est attaché, est
au contraire subordonnée à la non-existence de
ces ascendans, ou à leur consentement. C'est ce
que dit positivement l'article 488, en ces termes :
« La majorité est fixée à vingt-un ans accomplis;
« à cet âge on est *capable* de tous les actes de la vie
« civile, sauf la restriction portée au titre *du Ma-
« riage.* » Cette restriction ne s'applique qu'au fils
de famille qui a des ascendans en état de manifester leur volonté : donc c'est lui que la loi déclare ici *incapable* de contracter par lui-même le
mariage, donc c'est lui qui n'a pas l'*âge compétent*
dont parle l'article 183; par conséquent, comme
incapable, comme mineur relativement au mariage, il peut attaquer celui qu'il a contracté sans

le consentement des personnes à la puissance desquelles il était soumis. Ce n'est d'ailleurs pas le seul
cas où le législateur fasse dépendre la capacité d'une
personne de la volonté d'autrui. Ainsi, une femme
libre de vingt-un ans a tout le discernement nécessaire pour aliéner ses biens, pour en acquérir,
même pour se marier sans avoir besoin du consentement de ses ascendans, à la charge de leur
faire les actes respectueux : la loi lui reconnaît à
cet égard une intelligence complète, et elle a me-
suré sa capacité sur son intelligence. Mais lorsque
cette femme sera mariée, elle ne pourra, même à
l'âge de cinquante ans, contracter sans être autorisée, bien qu'elle ait une intelligence plus formée,
une prudence plus mûre qu'à l'âge de vingt-un
ans ; car alors la loi ne mesure plus sa capacité sur
son discernement et sa prudence ; elle n'a voulu la
faire résulter que de l'autorité maritale ou judiciaire. Or elle n'a voulu aussi , relativement au
mariage, faire résulter la capacité d'un fils de famille âgé de moins de vingt-cinq ans, et qui a des
ascendans en état de manifester leur volonté, que
du consentement de ces derniers. Et comme la
femme qui a contracté sans être autorisée peut demander la nullité de son engagement, même après
la mort de son mari, par la même raison l'époux
peut demander la nullité du mariage qu'il a contracté sans l'autorisation de ses ascendans, quoique
ceux-ci gardent le silence ou soient morts.

　　Autre exemple qui confirme cette vérité, que la

capacité n'est pas toujours mesurée sur l'âge des personnes, même relativement à tel ou tel acte : un homme de vingt-un ans accomplis peut former le contrat d'adoption sans le consentement de personne, s'il n'a ni père ni mère; mais, au contraire, s'il a ses père et mère, il a besoin pour cela de leur consentement tant qu'il n'a pas accompli sa vingt-cinquième année. (Art. 346.)

Enfin, à Rome, l'individu père de famille pouvait, par sa seule volonté, contracter mariage à l'âge de puberté (1), tandis que le fils de famille ne le pouvait, quel que fût son âge, qu'avec le consentement du père de famille, parce que ce n'était point non plus sur le degré d'intelligence réel ou présumé qu'était fondée la capacité, c'était sur le consentement du père. Or, chez nous aussi, mais seulement jusqu'à l'âge de vingt-cinq ans, c'est sur le consentement des ascendans qu'est fondée la capacité de l'époux : donc, mineur pour le mariage, il doit pouvoir en demander la nullité.

308. La seconde question, celle de savoir si l'é-

(1) L. 25, ff. *de Reg. juris*; L. 20, ff. *de Ritu nupt.*; L. 8, Cod. *de Nuptiis*. D'après ces lois, l'enfant émancipé n'avait besoin, pour contracter mariage, ni du consentement de son père, ni de celui du curateur, ni de celui de sa famille. Tel est le droit des Pandectes. Mais cela fut changé par la loi 18 au Code *de Nuptiis*, relativement aux veuves qui voulaient convoler à de secondes noces; la loi Ire, au même titre, paraît même aussi avoir dérogé à celles citées ci-dessus; enfin la loi Ire, même titre, au Code Théodosien, exigeait le consentement de la mère après la mort du père. *Voy.* au surplus les nos 74 et 75, note *suprà.*

poux peut valablement, en ce qui le concerne, ratifier son mariage avant d'avoir acquis l'âge compétent, ne peut, en principe, souffrir aucune difficulté:
il est clair que la ratification est sans effet; car
celui qui est incapable de former un contrat, est
par cela même incapable de donner une approbation qui équipollerait au consentement nécessaire
à la validité de ce contrat. Il y a lieu d'appliquer
au mariage la règle établie aux articles 1311 et 1338,
que, pour être efficace, la ratification doit être
donnée en état de pleine capacité.

309. Mais comme, selon nous, ou plutôt selon
les articles 148, 183 et 488, la majorité des fils de
famille qui ont des ascendans en état de manifester
leur volonté, est fixée à l'âge de vingt-cinq ans
accomplis, nous nous trouvons encore en opposition d'opinion avec MM. Delvincourt et Toullier,
relativement à l'âge auquel le mineur peut valablement ratifier son mariage : c'est une conséquence
nécessaire de la manière différente dont nous entendons *l'âge compétent.* Ainsi, selon ces jurisconsultes, le fils de famille qui ratifie expressément ou
tacitement, à la majorité ordinaire, le mariage qu'il
a contracté sans le consentement de ses ascendans,
n'enlève pas, il est vrai, à ceux-ci le droit qu'ils ont
de l'attaquer dans les limites établies à l'article 183,
mais il se l'enlève à lui-même : d'où il suivrait, si
cette opinion était admise, que le mariage contracté par un fils de famille âgé seulement de dix-

huit ans, mais que celui-ci a approuvé expressément ou tacitement à vingt-un ans, ne pourrait
plus être attaqué par lui, tandis que celui contracté
par un individu âgé de vingt-cinq ans moins un
jour pourrait l'être par les ascendans, tant qu'il
ne se serait pas écoulé une année depuis qu'ils auraient eu connaissance de son existence. Cela ne
nous paraît pas être fondé sur les motifs qui ont
dicté les dispositions de la loi, combinées entre
elles. Si la ratification expresse ou tacite, à l'âge de
vingt-un ans, doit couvrir la nullité quant à l'époux,
nous aimerions autant dire qu'elle est couverte de
plein droit par le seul fait qu'il a atteint cet âge;
car personne n'ignore que les mariages contractés
sans le consentement des parens ne sont que le
fruit de la séduction; M. Delvincourt lui-même dit
avec raison qu'elle est légalement présumée. Or,
on le demande, la ratification, surtout celle qui résulte, selon le sentiment de ces jurisconsultes,
d'une cohabitation quelconque, n'en sera-t-elle pas
une conséquence nécessaire? Dans ce système, que
devient la protection que la loi a voulu accorder
aux familles et surtout aux mineurs, contre le danger de la séduction, et qu'elle a cru rendre plus
efficace encore en leur attribuant à eux-mêmes le
droit d'attaquer le mariage?

310. Nous ne disconvenons pas, au surplus,
que, dans l'obscurité que présente sur plusieurs
points la loi sur cette matière, et dans son insuffi-

sance sur beaucoup d'autres, les tribunaux n'aient
une grande latitude pour accueillir les fins de non-
recevoir : d'après cela, l'individu qui a contracté
mariage à l'âge, par exemple, de vingt-quatre ans,
et qui l'a ensuite ratifié, serait probablement reçu
avec défaveur dans sa demande en nullité; et nous
croyons bien que la décision qui la repousserait ne
serait point censurée par la Cour suprême. Mais
nous croyons aussi que, si cette décision avait annulé le mariage, même en déclarant *en droit* que la
ratification n'avait pu être valablement donnée par
l'époux, attendu qu'il n'avait pas atteint l'âge compétent pour pouvoir le contracter par lui-même,
c'est-à-dire vingt-cinq ans; nous croyons, disons-
nous, que cette décision ne violant aucune loi, étant
même une application exacte, quoique rigoureuse,
de ses dispositions, ne saurait être non plus l'objet
d'aucune censure.

311. Nous ajouterons que si, à l'époque à laquelle la ratification a été donnée, l'époux avait
acquis le droit de pouvoir consentir par lui-même
au mariage, parce que l'ascendant ou les ascendans
étaient morts, la nullité serait alors couverte sans
aucune difficulté.

312. La dernière question consiste à savoir si,
de ce que, en principe, la ratification tacite a le
même effet que la ratification expresse, pourvu
qu'elle soit certaine, non équivoque, l'on doit,
dans le cas du mariage contracté par un mineur

sans l'aveu de ses parens, considérer comme approbation valable le fait d'une cohabitation quelconque?

M. Toullier professe qu'on ne peut appliquer à ce
cas la disposition de l'article 181 , suivant lequel la
cohabitation n'est une preuve de ratification qu'autant qu'elle a été continuée pendant six mois depuis
la cessation de la violence ou de l'erreur, attendu
que, si elle a paru un signe équivoque, tant qu'elle
n'avait pas une durée de six mois au moins, il n'en
est pas de même lorsqu'il s'agit du mariage contracté par un mineur sans le consentement de ses
parens; que, dans ce cas, on suit la règle générale, d'après laquelle le mineur n'est plus recevable à revenir contre l'engagement qu'il a pris,
lorsqu'il l'a ratifié en majorité (art. 1311), ou, à
défaut de ratification expresse, lorsqu'il l'a volontairement exécuté à l'époque où il pouvait valablement le ratifier (art. 1338). Et comme, suivant l'opinion de ce jurisconsulte, et celle de M. Delvincourt,
le fils de famille ne peut attaquer le mariage qu'il
a contracté à l'âge de vingt-un ans, ni demander la
nullité de celui qu'il a contracté avant cet âge,
lorsqu'il l'a ratifié à sa majorité ordinaire, il résulterait de la combinaison de ces deux décisions
qu'un fils de famille, qui s'est marié avant l'âge de
vingt-un ans, sans le consentement de ses parens,
ne pourrait plus, quelques jours après avoir atteint
cet âge, agir en nullité, s'il ne s'était point séparé
de celle qui l'a séduit. Cependant la loi ne suppose
point cette séparation : elle donne au mineur l'ac-

tion en nullité, jusqu'à ce qu'il se soit écoulé une
année depuis qu'il a atteint l'âge compétent pour
consentir par lui-même au mariage, sans distinguer entre le cas où il y a eu, ou non, cohabitation
depuis cette époque. De même une fille âgée de
seize ans, séduite par un individu que la famille
n'aurait point agréé, s'est mariée sans le consentement de ses parens, et comme il arrive presque
toujours en pareil cas, elle a cohabité avec son
mari : parvenue à l'âge de vingt-un ans, elle demeure
encore avec lui pendant quelques jours : elle doit
être déclarée non-recevable à demander la nullité
d'un mariage que la famille outragée affecte de
voir avec indifférence. Tel est le résultat du système
que nous venons d'exposer, puisque les jurisconsultes qui le professent ne déterminent aucune durée à la cohabitation effectuée depuis l'âge compétent, pour en faire résulter la fin de non-recevoir.
Nous doutons très-fort que telle ait été la pensée du
législateur. Cette cohabitation a pour le moins,
dans le cas dont il s'agit, des caractères aussi équivoques que celle de cinq mois et vingt-neuf jours
depuis la cessation de la violence ou de l'erreur ; et
cependant celle-ci est encore imparfaite pour couvrir la nullité. D'ailleurs ce n'est pas dans tous les
cas que l'exécution d'un contrat rend non-recevable à l'attaquer ; car, lorsque les faits postérieurs
à ce contrat n'en sont, pour ainsi dire, qu'une
conséquence nécessaire, ils n'emportent point ratification : nous en trouvons un exemple dans l'ar-

ticle 1681, analysé. Nous en trouvons un autre encore plus direct dans la Loi 3, §. 2, ff. *de Minoribus*, où un mineur qui a accepté une succession, et qui, devenu majeur, a reçu quelque chose des débiteurs de l'hérédité, n'est pas pour cela déchu du droit de se faire restituer contre son acceptation, attendu qu'en recevant ainsi ce qui était dû à la succession, il faisait un acte qui était plutôt la conséquence nécessaire du premier qu'une exécution volontaire de ce même acte. Or la cohabitation ne peut-elle pas être considérée, dans beaucoup de cas du moins, comme une conséquence du mariage? et n'est-ce pas probablement pour cela que, bien qu'elle ait duré un temps assez long depuis la cessation de la violence ou de l'erreur, elle n'emporte néanmoins ratification qu'autant qu'elle s'est prolongée d'une manière continue pendant six mois? Nous le croyons fermement. Mais nous pensons aussi que les circonstances de la cause devraient être prises en considération par les tribunaux; que, s'il s'agissait du mariage d'un fils de famille, contracté, soit avant l'âge de vingt-un ans, soit après cet âge, la cohabitation qui aurait eu lieu avant l'âge de vingt-cinq ans, quoique depuis la majorité ordinaire, devrait avoir des caractères plus prononcés pour pouvoir couvrir la nullité, que si elle avait lieu après cet âge; car, comme nous l'avons dit, *l'âge compétent* pour les fils de famille est vingt-cinq ans, et ce n'est qu'après cet âge que régulièrement ils peuvent ratifier leur mariage.

Enfin, nous le répétons encore, dans l'insuffisance de la loi sur ces points, les décisions des tribunaux, quoique rendues *en droit*, ne seraient probablement l'objet d'aucune censure de la part de la Cour suprême.

SECTION II.

Des Nullités absolues ou d'ordre public.

SOMMAIRE.

313. *Il y a cinq causes de nullités absolues.*

314. *Le mariage contracté avant l'âge compétent peut être attaqué par les époux, par tous ceux qui y ont intérêt; il peut l'être aussi par le ministère public, mais lorsqu'il subsiste encore.*

315. *L'époux qui a su, en contractant mariage, que son conjoint n'avait pas l'âge requis, peut-il en demander la nullité ? Controverse.*

316. *Les parens qui ont consenti au mariage, dans ce cas, sont non-recevables à en demander la nullité.*

317. *Lorsqu'ils n'ont pas consenti, l'action leur appartient dans l'ordre réglé pour le consentement; mais la mort de l'ascendant du premier degré n'éteint pas l'action.*

318. *Si les père et mère ont consenti au mariage de l'enfant impubère, les ascendans d'un degré supérieur n'ont pas, du vivant des premiers, l'action en nullité ; mais ils l'ont après leur mort, si la nullité n'est pas couverte.*

319. *La nullité est couverte lorsqu'il s'est écoulé six mois depuis que l'époux a atteint l'âge compétent, ou lorsque la femme, qui n'avait pas cet âge, a conçu avant l'échéance de ces six mois.*

320. *Difficultés que doit faire naître, dans la pratique, la justification de cette dernière fin de non-recevoir.*

321. *Lorsque la femme, dont le mari n'avait pas l'âge compétent, devient enceinte dans les six mois avant cet âge, cette circonstance produit-elle la fin de non-recevoir ?*

322. *L'existence d'un premier mariage est une cause de nullité absolue d'un second. Quant au droit d'attaquer le mariage contracté par le conjoint d'un absent de retour, et aux personnes qui peuvent l'exercer.* Renvoi.

323. *Après la mort de l'absent, ceux qui ont intérêt à la nullité du second mariage peuvent l'attaquer, en prouvant que l'absent existait lors de sa célébration, sauf les effets résultant de la bonne foi des nouveaux époux ou de l'un d'eux.*

324. *L'époux qui a contracté un nouveau mariage peut lui-même en demander la nullité.*

325. *Le nouvel époux le peut pareillement, encore qu'il fût de mauvaise foi, ou qu'il ne pût croire à la nullité du premier mariage que par erreur de droit.*

326. *A plus forte raison, l'époux au préjudice duquel un second mariage a été contracté, peut-il en demander la nullité.*

327. *Les collatéraux et les enfans nés d'un autre mariage le peuvent aussi, mais non du vivant des deux époux.*

328. *A quelle époque les ascendans peuvent-ils demander la nullité du second mariage.*

329. *La nullité résultant du vice de bigamie ne se couvre par aucun temps, par aucune ratification, ni par la dissolution du premier mariage?*

330. *L'action du ministère public ne doit être exercée que durant l'existence simultanée des deux mariages.*

331. *Par qui que ce soit que le second mariage soit attaqué, si les nouveaux époux ou l'un d'eux opposent la nullité du premier, cette nullité doit être préalablement jugée.* Renvoi *pour plusieurs questions.*

332. *Le mariage nul pour vice d'inceste peut être attaqué par les époux, par tous ceux qui y ont intérêt et par le ministère public : par les collatéraux et les ascendans, après la mort de l'époux leur parent; et par le ministère public, seulement tant que le mariage subsiste.*

333. *Du défaut de publicité, et par qui la nullité du mariage peut être demandée.*

334. *Que doit-on entendre par la publicité exigée pour le mariage. Le seul défaut des publications ne constitue point la clandestinité.*

335. *La célébration hors de la maison commune ne rend pas non plus , seule , le mariage clandestin.*

336. *Les tribunaux sont juges souverains du point de savoir si les élémens constitutifs de la publicité se trouvent à un degré suffisant.*

337. *Affaire* Philippeaux *ou* Thémines.

338. *Ancienne jurisprudence relativement au mariage célébré par un autre prêtre que le propre curé des parties ; passage du discours de l'orateur du gouvernement , touchant les vices de clandestinité et d'incompétence de l'officier.*

339. *Il est à craindre que la règle touchant la compétence de l'officier ne soit bientôt , comme celle relative à la publicité , abandonnée au pouvoir discrétionnaire des tribunaux.*

340. *L'officier peut être incompétent sous deux rapports : ou parce qu'il n'est celui du domicile d'aucune des parties, ou parce qu'il célèbre le mariage hors de son territoire.*

341. *Ancienne jurisprudence touchant la délégation du pouvoir de célébrer le mariage : cette délégation n'est point autorisée sous le Code.*

342. *Lors même qu'elle le serait , l'officier ne pourrait procéder à la célébration hors de son territoire.*

343. *Arrêt qui a cependant jugé que le mariage célébré par un officier hors de sa commune n'était pas nul , et quoique le nombre des témoins requis à la célébration fût incomplet.*

344. *Suivant la jurisprudence de la Cour de cassation , le ministère public n'ayant la voie d'action en matière de mariage que pour en demander la nullité , et dans les cas prévus à l'article 184 , il n'a pas le droit d'interjeter appel d'un jugement qui prononce l'annulation d'un mariage. Danger de l'insuffisance de la loi en ce point.*

345. *Il n'en a pas moins le droit de s'opposer à la célébration d'un mariage dont son devoir lui prescrirait de demander la nullité , et d'appeler du jugement qui a rejeté son opposition.*

313. Il y a cinq causes de nullités absolues, c'est-

à-dire qui peuvent être invoquées en général par tous ceux qui ont intérêt à le faire, et, dans l'intérêt du bon ordre, par le ministère public :

1° Pour défaut de puberté ou d'âge compétent;

2° Pour bigamie;

3° Pour inceste;

4° Pour défaut de publicité;

Et 5° pour incompétence de l'officier de l'état civil.

Quant à la mort civile, qui est aussi un empêchement absolu au mariage (art. 25), nous en avons parlé en traitant *de la Mort civile* (1) et en parlant *des Empéchemens de Mariage,* n° 132 et suiv.

Les trois premières de ces nullités sont renfermées dans l'article 184, ainsi concu :

« Tout mariage contracté au mépris des dispo-
« sitions contenues aux articles 144, 147, 161,
« 162 et 163, peut être attaqué, soit par les époux
« eux-mêmes, soit par tous ceux qui y ont intérêt,
« soit par le ministère public. »

Et les quatrième et cinquième se trouvent régies par l'article 191. Nous allons expliquer chacune d'elles en particulier.

§. Ier.

De la Nullité pour défaut de puberté ou d'âge compétent.

314. Le mariage contracté par un homme âgé de moins de dix-huit ans révolus, ou par une femme

_____

(1) Tom. I, n° 256 et suivans.

âgée de moins de quinze ans accomplis, peut être attaqué non-seulement par l'époux qui n'avait point cet âge, mais encore par le conjoint. Il peut l'être aussi par les ascendans, par tous ceux qui y ont intérêt, et enfin par le ministère public ; mais ce magistrat ne peut demander la nullité du mariage qu'autant qu'il n'est point encore dissous. (Art. 190.)

Quant à l'époux qui n'avait pas l'âge, il ne saurait y avoir de difficulté : il était incapable, et à ce titre il peut demander la nullité, lors même que l'ascendant ou les ascendans du consentement desquels il avait besoin auraient consenti au mariage ; car ce consentement était nul. S'ils n'ont pas consenti, l'époux aurait l'action en nullité sous un double rapport, ou pour mieux dire il aurait deux actions en nullité, dont l'une se couvrirait suivant les règles consacrées par l'article 183, que nous venons d'expliquer ; l'autre, suivant celles posées à l'article 185, dont nous allons parler tout-à-l'heure : tellement que le jugement passé en force de chose jugée, et rendu sur l'une de ces causes seulement, ne ferait point obstacle à ce que la nullité pût encore être demandée pour l'autre, si elle n'était point couverte. (Art. 1351.)

315. L'autre époux peut aussi demander la nullité : il le peut, quoiqu'il eût connu l'âge de son conjoint. Cette nullité est d'ordre public ; et la loi a pensé que plus le mariage contracté au mépris de ses dispositions serait soumis à des chances d'an-

II. 18

nulation, moins on se porterait facilement à former des nœuds qu'elle désavoue : aussi l'article 184
dit-il d'une manière générale qu'il peut être attaqué *par les époux eux-mêmes*, sans distinguer,
comme le fait l'article 182 sous un autre rapport,
entre l'époux qui n'avait pas l'âge compétent et
celui qui avait cet âge. Cependant cette opinion
est controversée. M. Delvincourt, argumentant de
l'article 186, dit que le conjoint devrait être déclaré
non-recevable. Il le serait peut-être; mais la loi ne
dit pas qu'il dût l'être.

316. Quant aux père, mère ou autres ascendans, et à la famille, qui ont consenti au mariage
dont il s'agit, ils ne peuvent en demander la nullité (art. 186) : leur faute, aux yeux de la loi, les
rend non-recevables à se plaindre de la violation
de ses dispositions. La même raison paraîtrait devoir exclure l'action de celui des deux époux qui
avait l'âge compétent; mais cette action étant ouverte en termes exprès par l'article 184, et ne se
trouvant point rappelée dans la modification apportée par l'article 186, la disposition de ce dernier
article ne doit point lui être appliquée. Néanmoins,
comme il vient d'être dit, la question peut être sé-
rieusement controversée.

317. Si les ascendans dont le consentement était
requis n'ont point consenti, ils peuvent, disons-
nous, demander la nullité : toutefois l'action ne
leur appartient que dans l'ordre que nous avons

précédemment exposé au n° 285 et suivans, avec cette différence cependant que si, du vivant des ascendans dont le consentement était requis, ceux-là seuls pouvaient agir, et non les ascendans d'un degré supérieur, ni les collatéraux, néanmoins, dans le cas dont il s'agit, si les premiers mouraient avant que la nullité fût couverte, l'action pourrait être exercée par les derniers, et, à leur défaut, par les collatéraux, sous les conditions établies à l'article 187. Car ici la nullité ne résulte pas du défaut de consentement des ascendans; elle est d'ordre public : l'action est attribuée aux ascendans en général, et la loi ne fait pas résulter de fin de non-recevoir de la mort de celui dont le consentement était requis. Ce n'est pas seulement l'autorité de cet ascendant qui a été méprisée, et dont il résulte un vice qui s'éteint par sa mort, c'est celle de la loi; c'est l'ordre public qui a été blessé. Il est vrai que, du vivant de cet ascendant, nous refusons l'action à ceux d'un degré supérieur; mais c'est parce qu'il est plus naturel que ce soit lui qui l'intente, puisqu'il a d'ailleurs un autre motif de se plaindre. Mais lorsqu'il est mort, le principe de l'article 184 reprend son empire.

318. On peut demander si, dans le cas où les père et mère avaient consenti au mariage, les aïeuls et aïeules auraient le droit d'en demander la nullité? Tant que les père et mère sont vivans, nous pensons que ni les ascendans d'un degré supérieur,

ni les collatéraux, n'ont qualité pour attaquer le
mariage; mais, après leur mort, nous croyons que
ces ascendans et les collatéraux, dans le cas prévu
à l'article 187, peuvent demander la nullité, en
supposant qu'elle ne fût pas couverte; car, d'une
part, le mariage a pu être attaqué par tous ceux
qui ont intérêt, par les époux eux-mêmes, par le
ministère public; et, d'autre part, la loi ne fait exception qu'à l'égard des père, mère, ascendans et
de la famille qui ont consenti : or, si les père et
mère ont consenti, les ascendans et la famille n'ont
pas commis la même faute, et incontestablement
ils sont compris dans la classe des personnes qui
ont intérêt à attaquer le mariage. Mais ils ne
pourront l'attaquer qu'après la mort de l'époux
leur parent (art. 187), et en supposant, comme
nous venons de le dire, qu'alors la nullité ne fût
pas couverte (1).

319. « La nullité du mariage contracté par des
« époux qui n'avaient point encore l'âge requis, ou
« dont l'un n'avait point cet âge, ne peut plus être
« demandée :

« 1° Lorsqu'il s'est écoulé six mois depuis que cet
« époux ou les époux ont atteint l'âge compétent.

Alors la nullité n'existe plus : l'effet ne doit pas
survivre à sa cause.

« 2° Lorsque la femme qui n'avait point cet âge
« a conçu avant l'échéance DE six mois. (Art. 185.) »

---

(1) Voir *infrà*, n° 328.

La nullité était fondée sur le défaut de puberté ; dès que la preuve de la puberté existe, l'annulation du mariage n'a plus de motif.

Ici l'on s'est servi de la préposition *de*, qui a un sens absolu, et qui exprime naturellement le délai de six mois à partir du mariage ; tandis que c'était la particule relative *des*, qui était le terme propre, parce que ce mot doit se référer aux six mois écoulés depuis que la femme a atteint l'âge compétent, ou quinze ans révolus. Si la disposition était entendue dans le sens qu'elle offre grammaticalement, elle pourrait avoir un résultat que repousseraient la raison et les principes du Droit. En effet, s'il fallait, pour que la nullité fût couverte, que la femme, qui n'avait pas l'âge compétent, conçût avant l'échéance *de* six mois, il s'ensuivrait que le mariage contracté par celle qui était alors âgée de quatorze ans et dix mois, mais qui n'a conçu qu'à l'âge de quinze ans et cinq mois, pourrait être annulé ; tandis que celui contracté par une femme âgée de douze ans seulement, et qui aurait conçu avant l'âge de douze ans et demi, serait inattaquable, quoique la loi eût été bien mieux violée encore dans ce cas que dans le premier, puisqu'il était fort incertain que la femme concevrait avec tant de précocité. Il faudrait dire aussi que le mariage contracté à l'âge de treize ans, par exemple, pourrait être attaqué, même après la naissance d'un enfant, si cet enfant ne naissait qu'après seize mois depuis la célébration, attendu

que la conception n'aurait pas eu lieu dans le délai
de six mois à partir du mariage; et c'est ce qui nous
semblerait aussi contraire à la raison qu'à la véritable pensée du législateur. Qu'a-t-il dû vouloir, si
ce n'est que la conception couvrît la nullité, comme
elle est ouverte par le laps de six mois depuis les
quinze ans révolus? Or il importe peu qu'elle ait
lieu dans les six mois du mariage, ou depuis, pourvu
que ce soit avant quinze ans et demi. « Il serait en-
« core peu raisonnable, disait M. Portalis, que l'on
« pût exciper du défaut d'âge, quand une grossesse
« survient dans le mariage avant l'échéance *des* six
« mois donnés pour exercer l'action en nullité. La
« loi ne doit pas aspirer au droit d'être plus sage
« que la nature. La fiction doit céder à la vérité. »
La fin de non-recevoir ne doit pas en effet résulter uniquement d'une exception aux lois ordinaires de la nature. Dira-t-on que lorsque la femme
a conçu dans les six mois du mariage, c'est une
preuve qu'elle était pubère quand elle s'est mariée,
tandis que cette preuve n'est point offerte par celle
qui ne conçoit qu'après les six mois, et surtout par
celle qui ne conçoit qu'après l'âge de quinze ans,
quoique ce soit dans les six mois qui suivent cet
âge? Nous convenons de cela; mais il ne s'agit pas
de savoir si le vœu de la loi a été rempli dans un
cas et non dans l'autre : nous croyons qu'il ne l'a
été dans aucun. Il s'agit de savoir si la nullité est
couverte par le fait de la conception, comme elle
l'est par le seul laps de temps; et il nous semble

qu'il y a bien plus de raison encore de le décider ainsi.

32o. Mais il peut se présenter plusieurs difficultés dans l'application de cette disposition : l'une, de fait, et qui n'est pas la moins grave, c'est de constater ce fait si équivoque, si incertain, de la conception, lorsqu'elle ne sera que très-peu avancée au moment où l'action sera intentée. L'autre consiste en droit, et elle nous paraît grave aussi. En effet, si, sur la demande en nullité, la femme prétend qu'il doit résulter pour elle une fin de non-recevoir de ce qu'elle concevrait avant l'âge de quinze ans et demi, l'action devra-t-elle rester suspendue jusqu'à ce qu'elle ait prouvé que ses espérances se sont réalisées?

La nullité, ou la validité du mariage n'est point *conditionnelle* ; si elle l'était, il faudrait, d'après les principes, pour déclarer le mariage valable ou nul, attendre l'accomplissement ou l'inaccomplissement de la condition, et jusque là l'action devrait rester suspendue. Mais il n'en est pas ainsi : le mariage était nul ; seulement la nullité pouvait se couvrir. C'était la fin de non-recevoir qui dépendait d'une condition : or, pour que cette condition eût effet, non-seulement il fallait que la conception eût lieu avant les quinze ans et demi, mais encore avant que l'action fût intentée ; car si elle a été exercée à une époque où la femme n'était pas enceinte, elle l'a été légalement.

Nous avons décidé, il est vrai, lorsque la nullité du mariage est fondée sur le défaut de consentement des ascendans, que l'action, même intentée, tombe devant leur ratification ; mais cette différence de solution résulte de ce que la ratification équivaut au consentement donné dès le principe (*ratihabitio mandato æquiparatur*), et qu'elle a conséquemment un effet rétroactif ; ce qui détruit entièrement les motifs et la base de l'action.

Mais on peut soutenir qu'il n'en est point ainsi de la conception postérieure à l'époque où l'action est exercée, et prétendre que ce n'est qu'à celle survenue antérieurement que sont attachés la fin de non-recevoir et l'effet rétroactif au jour du mariage. Nonobstant ces principes, que nous regardons comme certains, nous pensons que si la nullité n'était demandée qu'à une époque voisine de celle où la femme aurait quinze ans accomplis, et encore mieux si elle n'était demandée qu'après cette époque, les tribunaux pourraient surseoir jusqu'à ce que la femme eût justifié de l'accomplissement de la condition dont dépendait sa fin de non-recevoir. Mais si cette justification n'était pas faite dans le délai énoncé ci-dessus, la nullité devrait être prononcée ; d'autant mieux que, dans ce cas, tout n'est pas irréparable, puisque les époux ayant maintenant l'âge compétent peuvent, en remplissant toutes les conditions requises, réhabiliter leur union.

321. Si c'était le mari qui n'eût pas l'âge compétent, et que la femme, qui l'avait, fût devenue enceinte, la nullité n'en serait pas pour cela couverte. Le crime sans doute ne se présume pas ; mais le législateur le prévoit et cherche à le prévenir, et il a senti qu'il ne fallait pas laisser à la femme le moyen de maintenir un mariage illégal, par un commerce coupable avec un autre que son mari. La rédaction de l'article 185 ne laisse aucun doute à cet égard (1).

§. II.

De la Nullité pour cause de bigamie.

322. La seconde espèce de nullité absolue est celle qui résulte de la bigamie.

A cet égard, nous ne reproduirons pas ce que nous avons dit au Titre *des Absens*, tom. Ier, n° 523 à 528, pour démontrer que, dans le cas où le conjoint d'un absent a contracté une nouvelle union, et que l'absent a donné la preuve de son existence par son retour, l'action du ministère public n'est point enchaînée, ainsi qu'on le prétend. Nous avons aussi reconnu, au même endroit, dans le nouvel époux et dans le conjoint de l'absent, le droit d'attaquer ce nouveau mariage. Enfin nous avons dit que l'article 139 n'était pas, en principe, applicable au cas où, à l'époque à laquelle le con-

_____

(1) *Voy.* ce qui a été dit au n° 279 sur un cas analogue.

joint de l'absent s'est remarié, l'absence n'était
point encore déclarée; que cependant, à raison
des circonstances, les tribunaux pourraient appliquer la disposition de cet article 139.

323. Mais ici se présente une question que
nous n'avons point traitée, celle de savoir si, après
la mort de l'absent, le second mariage pourra être
attaqué par ceux qui auraient intérêt à son annulation, et qui prouveraient qu'au moment où il a
été célébré l'absent existait encore?

Trois classes de personnes principalement peuvent avoir intérêt à demander la nullité:

Les enfans du mariage de l'absent (1), et dans
deux cas: 1° lorsqu'il y a des enfans du second
mariage qui veulent venir avec eux à la succession
d'un enfant du premier; 2° lorsque, après la mort
de la mère, des enfans du second lit veulent venir
à sa succession ou à celle de l'un de ses parens
avec ceux du premier, ou que le second mari veut
réclamer les avantages que lui attribue son contrat
de mariage.

Les ascendans ou les collatéraux de la femme,
dans l'hypothèse où il n'y a point d'enfans du premier mariage, et que les avantages conférés par
le second au nouvel époux blessent leurs droits.

Enfin le nouvel époux, ses ascendans ou ses
collatéraux: mais quant à ceux-ci, lorsqu'il y a des

_____

(1) Mais non les enfans du second mariage; car ils ont intérêt au
contraire à ce qu'il ne soit pas annulé.

enfans du second mariage, ou, s'il n'y en a pas, lorsque ce nouvel époux a fait des avantages à son conjoint. Ce dernier peut aussi avoir intérêt à l'annulation du mariage, ainsi que ses héritiers.

En disant que le second mariage ne peut être attaqué que par l'absent lui-même ou par son fondé de pouvoir, muni de la preuve de son existence, l'article 139 n'a pas eu pour objet de faire produire à ce second mariage tous les effets civils, comme s'il avait été légitimement contracté : il serait en contradiction avec les dispositions des articles 147 et 184. Il n'a pas voulu que l'absence de l'un des époux fût pour l'autre un privilége de bigamie; il veut simplement que, tant qu'il y a incertitude sur la validité de ces nouveaux liens, personne autre que l'absent, par lui-même ou son fondé de pouvoir, ne puisse en demander la nullité. Il crée simplement une fin de non-recevoir *quant à présent*, loin de consacrer la validité d'un second mariage contracté avant la dissolution du premier. En conséquence, lorsque ceux qui ont intérêt à l'annulation de cette seconde union et auxquels la loi donne le droit de la demander, fourniront tout-à-la-fois et la preuve qu'elle a été formée avant la dissolution de la première, et qu'ils ont qualité pour agir, parce que leur intérêt est *né*, ils seront recevables dans leur action. A plus forte raison seront-ils admis à combattre par voie d'exception ce second mariage, si on le leur oppose; sauf, dans tous les cas, l'application des articles 201 et 202,

relatifs aux conséquences de la bonne foi des époux
ou de l'un d'eux.

324. L'action en nullité pour cause de bigamie
peut être intentée, avons-nous dit, par les époux
eux-mêmes.

Par tous ceux qui y ont intérêt,

Par le ministère public. (Art. 184.)

Elle peut l'être par les *époux eux-mêmes*, par
conséquent, par celui qui était engagé dans les liens
d'un précédent mariage, comme par son nouveau
conjoint.

Quant au premier, cela ne peut faire aucune difficulté, s'il était de bonne foi. Mais, en supposant
qu'il fût de mauvaise foi, et que le crime de bigamie fût prescrit (1), n'ayant plus alors à craindre
les suites de son délit, pourrait-il demander la
nullité du second mariage?

Et le nouvel époux, qui connaissait l'existence
du précédent, ou qui ne pouvait croire à sa dissolution que par une erreur de droit, peut-il demander la nullité du sien?

325. Cette seconde question, dont la solution
peut, par voie de conséquence, s'appliquer aussi

---

(1) On a voulu souvent le ranger dans la classe de ces délits *suc-
cessifs*, qui se commettent chaque jour, et pour cette raison on voulait
que la prescription de l'action criminelle ne commençât son cours
que du jour où la bigamie avait cessé par la dissolution de l'un des
deux mariages; mais ce système a été rejeté avec raison par un
arrêt de la Cour d'assises de Rouen, du 29 avril 1815. Sirey, 1815,
2, 219.

à la première, a été jugée affirmativement par la Cour de Paris, dans l'espèce suivante : La dame Aldovrandi, Italienne, après avoir vécu en mauvaise intelligence avec son mari pendant un assez grand nombre d'années, fit prononcer en l'an VIII une espèce de divorce par consentement mutuel, par l'agent du gouvernement français, à Milan. Le sieur Aldovrandi aurait simplement donné à ce sujet un consentement par écrit. La dame Aldovrandi épousa de suite le général Kellermann, dont elle avait déjà deux enfans; et n'étant pas plus heureuse dans cette seconde union que dans la première, elle forma une demande en séparation de corps contre son nouvel époux, qui y répondit par une demande en nullité de son mariage, sur le fondement que le premier contracté par la dame Aldovrandi subsistait encore à l'époque de la célébration du second, attendu que le divorce n'était point admis par les lois qui régissaient l'union des sieur et dame Aldovrandi, et que d'ailleurs le divorce qui avait eu lieu était nul en la forme, et nul à raison de l'incompétence de l'agent français qui l'avait prononcé. Cette demande en nullité a été accueillie par la Cour royale de Paris, par arrêt du 8 juin 1816 (Sirey, 1818, 2, 30), quoiqu'assurément celui qui l'a formée n'ignorât pas l'existence du premier mariage, ou du moins qu'il ne pût croire à sa dissolution que par erreur de droit. On s'est fondé sur ce que cette nullité est d'ordre public, et que c'est pour cette raison que l'article

184, sans égard aux principes de l'ancienne jurisprudence, qui toléraient difficilement un époux
venant demander lui-même la dissolution des liens
qu'il avait formés au mépris des lois, accorde aux
époux, comme au ministère public, comme à tous
ceux qui y ont intérêt, le droit de demander la nullité du mariage. Nous applaudissons d'autant mieux
à la loi et à l'application que la Cour de Paris en a
faite, que, ainsi que nous l'avons dit, c'est un frein
de plus mis à la licence des passions : plus les mariages réprouvés seront exposés à être annulés,
moins on sera porté à violer les lois qui les prohi-
bent. Et comme ces raisons sont applicables à l'é-
poux qui était lui-même engagé dans les liens
d'un premier mariage, et qui, de mauvaise foi, se
trouve, par la prescription de l'action criminelle,
hors d'atteinte; que d'ailleurs l'article 184 ne
distingue pas, nous décidons aussi qu'il peut agir
en nullité. Il n'y a aucun argument à tirer contre
cette décision de l'article 186, suivant lequel l'ascendant qui a consenti au mariage de l'époux impubère est non-recevable à l'attaquer : car cette
nullité peut facilement se couvrir; le fait qui la produit blesse bien moins l'ordre social que la bigamie. Toutefois, comme en matière de nullité de
mariage, les tribunaux ne s'attachent pas toujours
rigoureusement aux principes absolus; qu'ils se
décident au contraire fréquemment par des fins
de non-recevoir, il serait possible qu'ils écartassent
la demande. Mais s'ils l'accueillaient, nous croyons

que leur décision serait à l'abri de la censure: car, loin de violer la loi, elle serait fondée sur le texte positif de l'article 184.

326. L'époux au préjudice duquel a été contracté ce second mariage peut aussi, et avec plus de raison que qui que ce soit, en demander la nullité, du vivant même de l'époux qui était engagé avec lui (art. 188). Il a le droit de défendre son titre.

327. Quant aux collatéraux, et aux enfans nés d'un autre mariage, ils ne peuvent demander la nullité du vivant des deux époux, mais seulement lorsqu'ils y ont un intérêt né et actuel (art. 187); et ils n'ont point cet intérêt du vivant de l'époux leur parent, puisqu'il peut arriver qu'à sa mort il n'y ait pas d'enfant de ce second mariage. Or la loi a voulu mesurer les droits des collatéraux sur leur intérêt. Toutefois, si, du vivant de cet époux, une succession venait à s'ouvrir; qu'il en fût exclu comme indigne, et que les enfans du mariage fussent appelés à la recueillir de leur chef, les collatéraux qui auraient intérêt à contester leur légitimité pourraient le faire en attaquant le mariage, sinon tant que l'un et l'autre époux vivraient, du moins après la mort de l'un d'eux; et ils pourraient aussi, s'ils faisaient prononcer la nullité, se faire restituer l'hérédité, si elle avait été appréhendée par les enfans.

328. Cet article 187 ne s'explique pas sur les ascendans, relativement à l'époque à laquelle naît

pour eux le droit d'attaquer le mariage dont il s'agit; mais il en doit être de même que pour les enfans et les collatéraux : l'intérêt doit être né et actuel, par conséquent ce ne doit être qu'après la mort de l'époux, leur descendant; sauf, si leur consentement était nécessaire à la validité du mariage, et qu'ils ne l'aient point donné, à faire valoir la nullité pour cette cause, comme il est dit aux articles 182 et 183.

M. Delvincourt professe l'opinion contraire, mais dans la forme du doute : « Il paraît, dit ce jurisconsulte, que, dans tous les cas, les ascendans peuvent demander la nullité, quand même ils n'auraient aucun intérêt. D'abord ils ne sont pas compris dans la prohibition portée à l'article 187; en second lieu, l'article 191 distingue formellement les ascendans de ceux qui ont besoin d'avoir un intérêt né et actuel pour réclamer. C'est la suite du système d'après lequel les ascendans sont toujours censés mus par un sentiment de bienveillance et un intérêt d'affection, et exercent, comme dit l'orateur du gouvernement, une sorte de magistrature domestique. » Quant à la magistrature domestique, elle s'évanouit à la majorité requise pour le mariage : une magistrature que l'on peut méconnaître impunément n'est plus qu'un simulacre. Il n'en existe plus que l'ombre sur l'individu qui a atteint sa cinquantième année, bien qu'il soit obligé de faire l'acte respectueux pour pouvoir se marier, si ses ascendans ne consentent pas à son mariage, puisque même l'inobservation de cette formalité ne donne lieu à aucune action en nullité. L'argument tiré de ce que, dans l'article 191, les ascendans sont distingués de ceux qui ont un intérêt né et actuel, peut être rétorqué avec avantage, attendu qu'en supposant qu'ils pussent, dans le cas de cet article, demander la nullité, quoique leur consentement ne fût pas requis et qu'ils n'aient pas encore un intérêt né, cette distinction n'étant pas faite par l'article 184, ce silence serait favorable à notre opinion. Il est vrai que l'article 187 ne les comprend pas nominativement au nombre des personnes dont l'intérêt n'est point censé né et actuel du vivant des deux époux; mais aussi faut-il, d'après l'article 184, qu'ils aient un intérêt; or, cet intérêt ne peut exister que lorsque leur autorité a été méprisée, c'est-à-dire lorsque leur consentement était requis, ou lorsque l'époux leur parent est décédé. Et comme cet intérêt existe dans deux cas, on ne l'a point mis, dans l'article 187, sur la même ligne que celui des collatéraux ou des enfans, qui n'existe que dans un seul; autrement il y aurait eu confusion. Ils peuvent d'ailleurs dénoncer le fait au ministère public, qui fera condamner les époux à se séparer, si les deux mariages subsistent encore.

329. Au reste, la nullité résultant de l'existence d'un premier mariage à l'époque de la célébration du second, ne se couvre par aucun laps de temps, par aucune ratification, ni par la dissolution du

II.   19

premier survenue pendant la durée du second. Cette circonstance, dans le cas où les époux étaient tous deux de mauvaise foi (car si l'un d'eux était de bonne foi, le mariage produirait ses effets civils à son profit et au profit des enfans), n'est toutefois pas indifférente quant à la qualité des enfans conçus depuis la dissolution du premier mariage : ils sont naturels simples, tandis que ceux conçus auparavant sont adultérins.

330. Le ministère public n'a le droit de demander la nullité que tant que les deux mariages subsistent simultanément. L'article 190 porte, en effet, que « le procureur du Roi, dans tous les cas aux« quels s'applique l'article 184, et sous les modi« fications portées en l'article 185, peut et doit de« mander la nullité du mariage, du vivant des deux « époux, et les faire condamner à se séparer. » Après la mort de l'un d'eux, il ne le peut donc plus. Mais ces mots, *du vivant des deux époux*, dont le sens ne laisse aucun doute dans les cas du défaut d'âge compétent et d'inceste, ne rendent pas suffisamment la pensée de la loi dans celui de bigamie; car ils laissent entendre que le ministère public peut et doit toujours, du vivant des deux époux qui ont contracté le mariage réprouvé, attaquer ce mariage. Ce n'est pas ainsi, cependant, que l'article doit être entendu : l'action n'est accordée au ministère public que pour faire cesser le scandale; or, le scandale n'a lieu que par l'existence simultanée des deux

mariages. Ainsi l'action du ministère public doit cesser tout aussi bien par la mort de l'époux au préjudice duquel le second mariage a été contracté, que par la mort de l'un des nouveaux époux.

331. Mais par qui que ce soit que le mariage soit attaqué, et quelle que soit l'époque où l'annulation en est demandée, si les nouveaux époux (ou l'un d'eux) opposent la nullité du premier mariage, la validité ou la nullité doit être jugée préalablement: tel est le véritable sens de l'article 189 (1). Le second n'est en effet nul qu'autant que le premier était valable.

§. III.

De la Nullité pour cause d'inceste.

332. La troisième cause de nullité absolue est l'inceste; et il y a inceste, si le mariage a été contracté au mépris des dispositions contenues aux articles 161, 162 et 163, dont nous avons expliqué le sens aux nos 148 à 173.

Comme la nullité peut être aussi demandée par les époux, par tous ceux qui y ont intérêt, et par le ministère public, et dans les mêmes cas que peut l'être celle qui résulte de la bigamie (art. 184 et 190), ce que nous venons de dire pour ce dernier cas est également applicable, du moins en général.

---

(1) Voir aux nos 144 à 147, *suprà*, plusieurs questions importantes, lorsque les nouveaux époux opposent la nullité du premier mariage.

Ainsi, à toute époque les époux peuvent respectivement demander la nullité. (Art. 184.)

Les collatéraux ne le peuvent du vivant des deux époux, mais seulement lorsqu'ils y ont un intérêt né et actuel. (Art. 187.)

Et généralement ils n'ont point cet intérêt du vivant de l'époux leur parent, lors même que l'autre est décédé (1).

Pour les enfans du mariage, il est clair qu'ils n'ont pas d'intérêt à en demander la nullité.

Et pour les ascendans, s'applique ce que nous venons de dire, n° 328.

Enfin, le ministère public ne peut agir que du vivant des deux époux (art. 190); mais il le peut quoique le mariage eût été contracté en pays étranger et que l'acte n'eût point été transcrit sur les registres en France (2).

§. IV.

De la Nullité pour défaut de publicité du mariage.

333. La quatrième cause de nullité absolue résulte du défaut de publicité du mariage.

Suivant l'article 191, « tout mariage qui n'a
« point été contracté publiquement, et qui n'a point
« été célébré devant l'officier public compétent,
« peut être attaqué par les époux eux-mêmes, par

---

(1) Voir le n° 327, *suprà.*
(2) Voir à cet égard l'arrêt de cassation cité au n° 163, *suprà.*

« les père et mère, par les ascendans, et par tous
« ceux qui y ont un intérêt né et actuel, ainsi que
« par le ministère public. »

Nous traiterons séparément de la nullité pour
cause d'incompétence de l'officier qui a célébré le
mariage.

334. Mais qu'entend-on par un mariage qui n'a
pas été célébré publiquement? Est-ce celui qui n'a
pas été célébré dans la maison commune? Est-ce
celui qui n'a point été précédé des publications
requises?

Il faut d'abord rejeter cette dernière supposition,
prise isolément; car l'article 192 qui prévoit cette
infraction à la loi, établit une peine, et se borne à
cela : « Si le mariage, dit-il, n'a point été précédé
« des deux publications requises, ou s'il n'a pas
« été obtenu des dispenses permises par la loi, ou
« si les intervalles prescrits n'ont point été obser-
« vés, le procureur du Roi fera prononcer contre
« l'officier public une amende qui ne pourra excé-
« der trois cents francs, et contre les parties con-
« tractantes, ou ceux sous la puissance desquels
« elles ont agi, une amende proportionnée à leur
« fortune. »

335. Il faut également rejeter la première supposition, prise aussi isolément. Il est vrai que l'article 75 veut que l'officier de l'état civil dresse l'acte
de mariage *dans la maison commune*, et que l'orateur du gouvernement a dit : « *La célébration du*

mariage doit être faite, en présence du public, dans la maison commune; » qu'il a dit encore : Le mariage est célébré en présence de l'officier civil, *dans la maison commune : cet officier n'a aucun pouvoir personnel de changer le lieu de la célébration.* » Mais, quelque formelles que soient ces déclarations du premier interprète du vœu du législateur, il faut néanmoins tenir pour certain qu'en désignant la maison commune pour le lieu de la célébration du mariage, la loi n'a voulu qu'indiquer le local où le plus communément cette célébration est faite. Ce n'est pas une limitation, c'est une simple désignation. La loi ne prononce d'ailleurs nulle part la nullité, et l'on voit même, par l'article 193, que les contraventions à l'article 165, qui ordonne que le mariage soit célébré publiquement devant l'officier de l'état civil, ne sont pas toujours des causes de nullité. M. Locré nous apprend que telle a été l'opinion du Conseil d'État : « Le mariage célébré hors « de la maison commune, et même hors de la com- « mune (1), pourvu qu'il l'ait été publiquement et « par l'officier public compétent (2), n'est pas « frappé de nullité. Ainsi a été décidée la question

_____

(1) Nous reviendrons sur ce dernier point, car nous doutons très-fort que telle ait pu être la pensée de la loi. La discussion au Conseil d'État n'a pas, nous le croyons du moins, roulé sur ce cas. Il n'en est fait mention nulle part; et nous n'avons même trouvé dans les procès-verbaux aucune trace de discussion sur le premier, si le mariage peut être célébré hors de la *maison commune;* ce qui n'est, au surplus, pas douteux, ainsi qu'on va le voir.

(2) Mais cet officier est-il compétent hors de sa commune?

« agitée sur l'article 75, et renvoyée au chapitre
« *des nullités.* Elle consistait à savoir si l'officier de
« l'état civil, dans les cas d'urgence, peut se trans-
« porter hors du lieu ordinaire de la célébration
« du mariage. La loi ne lui ôte pas cette faculté;
« car non-seulement elle ne déclare pas nul le ma-
« riage qui a été ainsi célébré, mais elle ne voit
« pas là une irrégularité qui doive, comme celles
« qu'elle prévoit dans les articles 50 et 192, entraî-
« ner la peine la plus légère (1). »

Cette tolérance de la loi était d'ailleurs la suite
du système adopté sur les mariages *in extremis*,
dont l'orateur du gouvernement a proclamé la validité; et puisqu'on n'a pas voulu les rendre nuls
dans le droit, il ne fallait pas les rendre impossibles
dans le fait : cependant c'est ce qui aurait presque
toujours eu lieu, dans ce cas, si l'on n'eût regardé
comme valables que les mariages célébrés dans la
maison commune.

336. Le défaut de publicité, dans l'esprit de la
loi, ne résulte donc pas de l'absence des publications, considérée isolément, ni du fait de célébration hors de la maison commune, aussi considéré
en lui-même; il résulte de l'absence des divers élémens dont le législateur a fait choix pour faire
connaître les mariages aux citoyens; et comme
cette omission peut avoir des caractères plus ou
moins prononcés, la loi, par l'article 193, dont

<hr/>

(1) *Esprit du Code civil*, tom. III, pag. 501.

nous avons rappelé la disposition, a laissé aux tribunaux le pouvoir d'apprécier, dans leur sagesse et dans leurs lumières, si son vœu a été ou non suffisamment rempli. Tel est l'esprit de la jurisprudence sur ce point important. Deux arrêts de la Cour de cassation ne laissent plus de doute à cet égard. Nous avons déjà (au n° 249) rapporté les termes dans lesquels l'un d'eux a été rendu, et l'autre mérite également d'être textuellement cité: il démontrera que si, malgré la gravité des faits de la cause, le mariage a été maintenu, c'est que la Cour de cassation a pensé que, dans l'esprit de la loi, les Cours royales avaient, pour ainsi dire, un pouvoir souverain quant à l'appréciation des faits constitutifs de la publicité du mariage.

337. Mademoiselle *Philippeaux*, âgée de quinze ans et quelques mois, était recherchée en mariage par M. de *Thémines*. Elle refusa sa main. Déjà privée de son père, elle eut le malheur de perdre aussi sa mère; et deux jours après cette perte, le tuteur testamentaire qui lui avait été donné est frappé d'une paralysie qui lui affecte principalement les organes du cerveau. M. de Thémines se représente, et demande au tuteur la main de sa pupille, qui lui est accordée. Dix jours après la mort de la mère, le contrat de mariage est passé : on n'y appelle ni l'oncle de la future, ni ses proches parens, ni aucun parent mâle; seulement cinq femmes de la famille le signèrent. Le onzième jour a lieu la première

publication du mariage, et le quatorzième on con-
voque le matin, pour midi, et par lettres missives,
un conseil de famille, composé d'un seul parent
assez éloigné et de cinq alliés; l'oncle, les cousins-
germains et tous les autres parens de la pupille n'y
sont point appelés. Ce conseil donne son assentiment au mariage. Le dix-huitième jour après la
mort de la mère, on fait la seconde publication,
et le vingt-unième, qui tombait au 26 mars 1806,
le mariage est célébré par l'officier de l'état civil,
*dans la maison particulière de la demoiselle Philip-
peaux, à huit heures du soir.*

Cette jeune personne a réclamé contre ce mariage, sur le double motif qu'il n'avait pas été célébré publiquement, et que le conseil de famille avait
été convoqué et composé irrégulièrement.

Déclarée non-recevable par le tribunal de Mar-
mande, elle s'est pourvue en appel; et, par arrêt
du 18 décembre 1806, la Cour d'Agen infirma le
jugement, en ce qu'il avait déclaré la demande en
nullité non-recevable, mais en déclarant néanmoins le mariage valable au fond, par les motifs
suivans: « Attendu, en ce qui touche le moyen tiré
« du défaut de publicité, que, quoique l'article 75
« du Code civil désigne la maison commune pour
« le lieu où doit être célébré le mariage, cette dis-
« position ne peut être considérée comme impéra-
« tive, et que cet article ne prononce pas la peine
« de nullité pour l'omission de cette formalité; que
« l'article 165, qui prescrit la publicité, ne porte

« pas non plus la peine de nullité ; que d'ailleurs
« la publicité du mariage consiste, non en ce qu'il
« soit célébré dans la maison commune, mais seu-
« lement qu'il le soit par l'officier de l'état civil
« compétent, en présence de quatre témoins, et
« que l'acte en soit inscrit sur les registres de l'état
« civil ; qu'ainsi la loi ne prononçant pas la peine
« de nullité du mariage célébré hors de la maison
« commune, les juges ne peuvent la prononcer,
« et que celui dont il s'agit, portant avec lui tous
« les caractères de la publicité, puisqu'on retrouve
« dans l'acte l'officier de l'état civil compétent, la
« présence des quatre témoins, et qu'il est inscrit
« sur les registres de l'état civil, doit être maintenu. »

Nous n'adoptons pas tous ces motifs sans restriction. D'abord, quant à celui qui consiste à dire
que l'article 165, qui prescrit la publicité, ne porte
pas la peine de nullité, il nous semble, bien que
cela soit vrai en fait, que néanmoins cet article, par
sa relation avec l'article 191, dont il ne doit pas
être séparé, n'est pas non plus exclusif de la nullité,
puisque ce dernier, qui en est la sanction, la
prononce, sous la modification apportée par l'article 193. En second lieu, nous ferons observer,
comme complément de cette première remarque,
que lorsque la Cour d'Agen dit que les juges ne
peuvent prononcer la nullité, parce que, selon elle,
la loi ne l'a pas prononcée, elle suppose précisément ce qui était en question, ou pour mieux dire,
elle repousse un pouvoir que la loi avait confié à

54

ses lumières et à sa prudence, ainsi qu'il résulte des articles 191 et 193 combinés, et même de l'arrêt de la Cour de cassation qui cependant a confirmé celui de la Cour d'Agen, le 22 juillet 1807. (Syrey, 1807, 1, 320.)

La dame de Thémines fondait son pourvoi sur une contravention aux articles 75, 407 et 411 du Code civil; mais ce pourvoi fut rejeté en ces termes : « Attendu, porte l'arrêt, que n'ayant rien vu, dans « les circonstances particulières de l'affaire, qui dût « imprimer aux irrégularités relevées par la dame « de Thémines un caractère de gravité tel, qu'elles « fussent suffisantes pour faire prononcer la nul-« lité demandée, la Cour d'appel a PU, sans contre-« venir à la loi (1), ne pas avoir égard à ces irrégu-« larités, et qu'elle a eu d'autant plus *de liberté* de « ne pas s'y arrêter, que les articles cités (2) du « Code ne prononcent même pas textuellement la « peine de nullité pour l'inobservation des formali-« tés qu'ils indiquent; la Cour rejette. »

---

(1) Nous en convenons ; mais si elle eût jugé autrement, elle n'aurait point non plus contrevenu à la loi; et il y a mille à parier contre un, attendu les circonstances de la cause, que sa décision n'aurait pas non plus été censurée.

(2) En effet, celui qui prononce la nullité pour défaut de publicité est l'article 191, que la dame de Thémines n'a pas cru devoir invoquer, s'attachant plutôt à une disposition de simple précepte, qu'à celle qui pouvait seule, dans le véritable esprit de la loi, lui offrir quelque chance de succès.

§. V.

De la Nullité fondée sur l'incompétence de l'officier
public qui a célébré le mariage.

338. Il ne nous reste plus à parler que de la nullité résultant de l'incompétence de l'officier qui a
célébré le mariage.

Une foule de monumens de l'ancienne jurisprudence attestent que le mariage célébré par un autre
prêtre que le propre curé, non autorisé à le célébrer (1), était nul et de nul effet; et M. Portalis, dans
l'*exposé* des motifs de la loi au Corps-Législatif,
s'exprimait ainsi : « La plus grave (2) de toutes les
« nullités est celle qui dérive de ce qu'un mariage
« n'a pas été célébré publiquement *et en présence*
« *de l'officier civil compétent.* Cette nullité donne
« action aux pères et aux mères, aux époux, au mi-
« nistère public et à tous ceux qui y ont intérêt.
« Elle ne peut être couverte par la possession, ni

_____

(1) L'édit de mars, 697, que nous avons cité par extrait au n° 220,
note 3, *suprà*, autorisait la célébration par un prêtre qui n'était point
le curé des parties, pourvu qu'il en eût obtenu la permission spéciale
et par écrit du curé des parties, ou de l'archevêque ou évêque diocésain.

(2) On sent que l'orateur ne s'exprimait de la sorte que pour donner
plus de poids à son discours, car assurément, dans sa pensée, les vices
résultant de la bigamie, de l'inceste au premier ou au second chef,
étaient des causes de nullité plus graves que celle résultant du défaut
de publicité. Aussi nous nous garderons bien, en méconnaissant le
véritable sens de ses paroles, d'y trouver, comme un auteur, le sujet
d'une critique : elle serait sans objet.

« par aucun acte exprès ou tacite de la volonté des
« parties ; elle est indéfinie et absolue (1). Il n'y a
« pas mariage, mais commerce illicite, entre des
« personnes qui n'ont point formé leur engage-
« ment en présence de l'officier public compé-
« tent, témoin nécessaire du contrat. Dans notre
« législation actuelle, le défaut de présence de l'of-
« ficier civil compétent a les mêmes effets qu'avait
« autrefois le défaut de présence du propre curé.
« Le mariage était radicalement nul ; il n'offrait
« qu'un attentat aux droits de la société et une in-
« fraction manifeste des lois de l'État. »

339. Quelque solennelle que soit cette expression de ce que nous devons croire être le vœu de la
loi, il paraît cependant que la règle touchant la
compétence va être abandonnée à la discrétion des
tribunaux, comme celles relatives à la publicité,
et qu'ainsi la Cour régulatrice, abdiquant elle-
même le pouvoir qu'elle exerce avec tant d'avantage pour le maintien des lois, va nous laisser retomber, par rapport à l'objet qui intéresse au plus
haut degré l'ordre social, dans une sorte de jurisprudence parlementaire, n'ayant d'autres règles
que la volonté du juge, et d'autre guide que des
circonstances particulières, relatives, pour l'ordi-

---

(1) D'après cela, la possession d'état d'époux ne purgerait pas le
vice, et ne rendrait pas l'un des époux non-recevable à demander la
nullité de l'*acte de célébration*, ni, par suite, celle du mariage, nonobstant la disposition de l'article 196. Voir à cet égard ce que nous
avons dit précédemment. n°s 250 et 252.

naire, aux personnes intéressées au maintien ou à l'annulation des mariages attaqués. C'est ce qu'on va voir par l'arrêt dont nous allons bientôt parler.

340. L'officier de l'état civil peut être incompétent sous un double rapport :

Il est incompétent lorsqu'il procède à la célébration de l'union de deux personnes dont aucune n'a son domicile, relativement au mariage, dans la commune où il exerce ses fonctions : cette incompétence est à raison de la personne.

Il est également incompétent lorsqu'il célèbre un mariage hors de cette commune, quoiqu'il soit l'officier de l'une des parties : cette incompétence est territoriale.

341. Suivant l'ancienne jurisprudence, comme nous l'avons dit, les curés avaient le pouvoir de déléguer à d'autres les fonctions qu'ils avaient à remplir par rapport au mariage ; mais les officiers de l'état civil n'ont pas ce pouvoir : il n'y a pas, à cet égard, de loi qui le leur accorde, comme l'édit de 1697 l'accordait aux curés. Leurs fonctions sont purement personnelles, et il faut qu'ils les remplissent *chacun dans son territoire* (1).

Cette délégation pouvait très-bien se concevoir

---

(1) Voy. M. Merlin, *Répertoire*, v° *Mariage*, sect. 4. §. 3. Mais abandonnant son opinion, véritablement fondée sur les principes, cet auteur a ensuite tenté, dans le volume d'additions à ses OEuvres, imprimé en 1824 (tom. XVI, pag. 728), de la concilier avec sa nouvelle doctrine, en disant que par ces mots, *Chacun dans son territoire*, il faut entendre chacun à l'égard *des parties domiciliées* dans son territoire.

dans les anciens principes : le ministre du mariage était le ministre de la conscience : son pouvoir légal était en raison de son pouvoir spirituel, et ce pouvoir spirituel n'étant point circonscrit dans les limites matérielles d'une localité, pouvait naturellement se déléguer dans son exercice. Aujourd'hui, le ministre du mariage civil est tout entier le ministre de la loi, et la loi n'autorise par aucune de ses dispositions la délégation du pouvoir qu'elle lui a confié. A la vérité, l'on dit « que l'officier de l'état « civil n'exerce aucune juridiction, ni contentieuse « ni volontaire, qu'il n'exerce qu'un ministère pas- « sif, qu'il n'est que le témoin authentique, que le « rédacteur légal du contrat qui se forme en sa pré- « sence. »

Étrange contradiction, de ne voir dans l'officier de l'état civil qu'*un témoin authentique*, un rédacteur légal du contrat qui se forme en sa présence, et néanmoins un pouvoir qui peut être délégué! car si cet officier délègue son pouvoir, il n'est plus témoin authentique. Qu'importe qu'il ait ou non une juridiction volontaire, dans le sens ordinaire qu'on attache à ce mot? Il a une *qualité*, et cette qualité il la tient de la loi, qui l'appelle officier de l'état civil;

Qui le charge de faire les publications, actes, dans lesquels, certes, il ne remplit pas le simple rôle de témoin ;

Qui imprime à sa signature le caractère de l'authenticité;

Qui lui donne mission de former le lien du mariage, en disant aux époux : JE VOUS DÉCLARE UNIS EN VERTU DE LA LOI ; ce qu'il ne pourrait dire, s'il n'en était pas le ministre.

N'était-il aussi qu'un témoin, lorsqu'il rompait l'union en exécution d'un jugement de divorce ? Mais c'est trop s'arrêter sur une vaine métaphysique, qui ne peut même faire un pas sans tomber dans des contradictions palpables.

342. Au surplus, en admettant, ce qui est cependant inadmissible, que les officiers de l'état civil pussent déléguer la mission que la loi leur a confiée, il n'en résulterait pas que celui qui est compétent parce qu'il est l'officier de l'état civil de l'une des parties, pût aller célébrer le mariage hors de sa commune ; pas plus qu'un juge de tribunal de Paris ne pourrait, même en matière purement personnelle, juger valablement à Bordeaux la cause d'un citoyen de Paris ; pas plus qu'un notaire, qui n'exerce non plus aucune juridiction, ni volontaire ni contentieuse, ne pourrait recevoir des actes hors de son ressort (1).

_____

(1) On a toutefois, dans l'affaire dont nous allons parler, contesté ces principes ; mais la Cour de cassation ne s'est point déterminée par les raisons alléguées pour établir qu'un officier de l'état civil compétent par rapport à l'une des parties, peut célébrer le mariage hors de sa commune. Loin de reconnaître que cet officier est compétent hors de son territoire, l'arrêt suppose toujours le contraire : seulement il décide que les juges ont, d'après l'article 193, un pouvoir discrétionnaire de maintenir le mariage, quoique l'officier qui l'a célébré fût incompétent ; tandis que nous pensions, d'après les

343. Voici cependant ce qui a été décidé par arrêt de la Cour de cassation, section civile, en date du 31 août 1824 (Sirey, 1824, 1, 36o), et contrairement aux conclusions du ministère public :

« Attendu que le mariage dont il s'agit a été at-
« taqué pour contravention aux articles 165, 191,
« Code civil, et autres qui s'y réfèrent; que, si l'ar-
« ticle 191 autorise les époux eux-mêmes à deman-
« der la nullité du mariage, en cas de contraven-
« tion à l'article 165, dans les mêmes termes qu'ils
« sont autorisés par l'article 184 à demander la nul-
« lité de tout mariage contracté en contravention
« aux dispositions contenues aux art. 144, 147, 161,
« 162 et 163, Code civil, il y a cependant cette dif-
« férence entre ces dernières contraventions, qui
« résultent d'une désobéissance formelle aux pro-
« hibitions de la loi, et celles qui résultent de l'in-
« fraction aux préceptes de l'article 165, que,
« quand les premières sont constatées, il ne reste
« plus aux juges qu'à prononcer l'annulation d'une
« union contractée au mépris des défenses abso-

---

anciens principes, et surtout d'après ce qu'a dit M. Portalis, que cette latitude ne leur était laissée que relativement à l'appréciation des caractères de la *publicité*. Aujourd'hui l'absence d'un témoin ne fait rien à la validité du mariage; demain l'absence de deux, et après demain l'absence de trois, ne constituera pas non plus une nullité : car la loi ne la prononce pas plus dans un cas que dans l'autre; du moins dans le système qui menace de prévaloir, les tribunaux peuvent la rejeter comme la prononcer. On pourra aussi se passer d'officier de l'état civil, car il n'y en a pas lorsque celui qui est présent est incompétent, etc., etc.; et en réalité, il n'y aura point de loi sur cet important objet; tout sera livré à l'arbitraire du juge du fait.

II. 20

« lues de la loi ; tandis que , lors même que les autres
« sont prouvées , d'après les dispositions de l'article
« 193 les tribunaux ont encore à examiner , dans
« l'intérêt de la morale publique et de la paix des
« familles, si ces contraventions ont été de nature
« à priver absolument la célébration du mariage de
« cette publicité et de cette authenticité qui en sont
« les conditions nécessaires, et sont dès-lors suffi-
« santes pour faire prononcer l'annulation du ma-
« riage clandestin ou incompétemment rédigé ;

« Que dans l'espèce la Cour royale de Bourges
« ayant reconnu qu'il y avait consentement libre
« des époux, assistance et consentement de leurs
« père et mère respectifs, publicité résultant de la
« régularité des publications, *d'un nombre suffisant*
« *de témoins*, de la célébration en un lieu dont le
« public n'était point exclu, et de la présence d'un
« officier public , qui était celui du domicile d'une
« des parties (1), *a pu*, dans ces circonstances ,
« usant du pouvoir qui lui est reconnu par l'ar-
« ticle 193, Code civil, décider, sans violer aucune
« loi, que les contraventions alléguées n'auraient
« pas été suffisantes pour entraîner, dans ce cas
« déterminé, la nullité du mariage ; Rejette. »

344. Mais si la Cour de cassation laisse une
grande latitude aux tribunaux pour maintenir les
mariages, même célébrés par un officier incompétent, et quoique le nombre des témoins fût incom-

_____

(1) Mais qui avait célébré le mariage hors de sa commune.

plet, en revanche elle leur laisse aussi un pouvoir illimité pour les annuler : car, suivant sa jurisprudence, le ministère public n'a le droit d'agir que dans les cas spécialement prévus à l'article 184, et seulement du vivant des deux époux : tellement qu'il ne peut, lorsqu'il s'agit d'un mariage contracté sans le consentement des père et mère, interjeter appel d'un jugement qui, contre ses conclusions, comme partie jointe, a déclaré ce mariage nul ;

Ni, dans le cas où la loi l'autorise même à demander la nullité du mariage, *agir* en validité de ce mariage ;

Ni enfin, et plus spécialement encore, interjeter appel d'un jugement qui, contrairement à ses conclusions, a déclaré nul un mariage clandestin.....; attendu que, dans ces cas, il n'est que *partie jointe.*

Toutes ces décisions sont puisées dans deux arrêts de cassation : l'un du 1er août 1820 (Sirey, 21, 1, 54); l'autre du 5 mars 1824 (*Ibid.*, 22, 1, 197). La Cour n'a point été arrêtée par le danger de la collusion des familles; elle n'a vu que le principe suivant lequel, même en matière d'ordre public, le ministère public ne peut agir que dans les cas formellement déterminés par la loi. Or, a-t-on dit, l'article 184 lui donne bien le droit d'attaquer le mariage dans les cas qu'il énonce, mais cet article, ni aucun autre, ne lui donne celui de soutenir par *action* en appel la validité d'un mariage annulé par un tribunal de première instance. Cette jurisprudence peut être conforme à la lettre de la loi, mais elle en prouve l'imperfection : elle ouvre la porte la plus large à une sorte de divorce par consentement mutuel. C'est un point qui réclame toute la sollicitude du législateur, une lacune qu'il doit s'empresser de combler.

345. Faut-il conclure de là que le ministère public n'a pas le droit de former opposition à un mariage dont il devrait demander la nullité s'il était célébré? Non sans doute : il serait contre toute raison qu'il ne pût prévenir un mal qu'il serait ensuite obligé de faire réparer. Nous pensons qu'il pourrait aussi interjeter appel du jugement qui donnerait main-levée de son opposition. Quoiqu'il ne soit pas rigoureusement dans le cas prévu à l'article 184 (puisqu'il n'agit pas en nullité d'un mariage contracté), néanmoins il n'est dans aucun de ceux jugés par les deux arrêts précités; et lors même que la jurisprudence de la Cour de cassation finirait par aller jusque-là, malgré la juste déférence que nous avons pour ses décisions, nous n'en persisterions pas moins à penser que notre opinion est conforme au véritable esprit de la loi. Voir aux n°s 201 et 202, *suprà*.

SECTION III.

Des Effets du mariage annulé ou mariage putatif.

SOMMAIRE.

346. *Le mariage annulé produit néanmoins les effets civils en faveur des époux de bonne foi et des enfans issus du mariage.*

347. *Si la bonne foi n'existe que de la part de l'un des époux, le mariage ne produit les effets civils qu'en faveur de cet époux et des enfans.*

348. *Définition du mariage putatif. Il faut qu'il soit contracté de bonne foi. Divers exemples.*

349. *Pour cela, il a dû être célébré avec les solennités requises.*

350. *Les époux ou l'époux devaient avoir la juste opinion qu'ils pouvaient licitement contracter mariage.*

351. *Le mariage annulé pour défaut de publicité ou pour incompétence de l'officier, est généralement privé des effets civils.*

352. *Dans le cas du mariage annulé pour défaut de consentement des parens, l'époux ne peut argumenter de sa minorité pour réclamer les avantages portés au contrat.*

353. *Les enfans issus du mariage putatif sont considérés comme légitimes.*

354. *Ce mariage ne légitime pas les enfans adultérins, quoique les père et mère ne crussent pas, lors de la conception desdits enfans, commettre un adultère.*

355. *Un mariage, même valable, ne légitimerait pas l'enfant adultérin, encore que l'un des époux ne sût pas, à l'époque de la conception, qu'il commettait un adultère.*

356. *Le mariage putatif légitimerait-il un enfant naturel simple?*

357. *L'enfant conçu à une époque où ses père et mère ne pouvaient s'unir ne serait point légitimé par leur mariage, même valable, bien que l'empêchement eût cessé à l'époque de la naissance.*

358. *Lorsque les époux, ou l'un d'eux, acquièrent la connaissance du vice qui infecte leur mariage, ils doivent se séparer.*

359. *Cela ne s'applique point à la nullité résultant du défaut d'âge compétent, qui se couvre par le seul laps de temps.*

360. *Les époux, dont le mariage est susceptible d'être annulé pour défaut de publicité ou incompétence de l'officier, peuvent licitement rester unis tant qu'un jugement passé en force de chose jugée ne les condamne point à se séparer.*

361. *La femme qui a épousé de bonne foi un mort civilement, et qui découvre son erreur, n'est point non plus obligée de s'en séparer, surtout si elle peut craindre par là de le compromettre.*

362. *S'il s'agit du vice d'inceste ou de bigamie clairement prouvé aux époux ou à l'époux de bonne foi, ils doivent se séparer aussitôt; et si l'un d'eux refuse d'y consentir, l'autre doit demander la nullité, du moins s'il peut le faire sans compromettre son conjoint.*

363. *Quel sera l'état des enfans conçus depuis que les époux, ou l'époux, qui ne se sont point séparés, ont connu le vice de leur union ?* Controverse.

364. *Les enfans issus du mariage putatif ont les droits de suc-cessibilité même à l'égard de l'époux de mauvaise foi, sans que celui-ci leur succède.*

365. *Ils ont aussi les droits de successibilité à l'égard des parens de cet époux.*

366. *Ces droits sont réciproques.*

367. *Lorsque les deux époux sont de bonne foi, ils conservent réciproquement les avantages qu'ils se sont faits, pour les exercer dans les mêmes cas et aux mêmes époques que si le mariage eût été valable.*

368. *La femme reprend, lors de la séparation, les biens qu'elle a apportés en dot, et elle exerce ses droits de commu-nauté.*

369. *Les époux conservent-ils à l'égard l'un de l'autre les droits de successibilité ?*

370. *Dans le cas où l'un des époux seulement est de bonne foi, il conserve les avantages qui lui ont été faits, et non l'autre, encore qu'ils eussent été stipulés réciproques.*

371. *Droits du mari relativement à la communauté, lorsque c'est la femme qui est de mauvaise foi.*

372. *Droits de la femme sur la communauté, lorsque c'est le mari qui est de mauvaise foi.*

373. *Comment se partage la communauté dans le cas où un individu a épousé plusieurs femmes, trompées sur son état, et dont les mariages ont subsisté simultanément.*

346. Si la loi frappe de nullité les effets des ma-

riages contractés au mépris de ses dispositions,
elle prend néanmoins en considération la bonne
foi des personnes qui les ont contractés dans l'ignorance où elles étaient des causes qui s'opposaient à
leur célébration, et elle étend également sa faveur
aux enfans issus de ces mariages. L'équité dont elle
n'est que l'interprète le voulait ainsi. C'est d'après
ce principe, emprunté à l'ancienne jurisprudence,
que l'article 201 déclare que le mariage annulé
produit les effets civils, tant à l'égard des époux
qu'à l'égard des enfans, s'il a été contracté de
bonne foi.

347. L'article 202 ajoute que, si la bonne foi
n'existe que de la part de l'un des deux époux, le
mariage ne produit les effets civils qu'en faveur de
cet époux et des enfans issus de ce mariage.

Il était moralement et légalement impossible de
diviser, quant aux enfans, les effets civils du mariage. Ces enfans ne pouvaient être tout à la fois
légitimes par rapport à l'époux de bonne foi, et
illégitimes par rapport à l'époux de mauvaise foi.
La légitimité, indivisible par sa nature, doit l'être
dans ses effets; et si cette règle reçoit exception
dans quelques cas extraordinaires, ce n'est que par
la force du principe, que la chose jugée ne fait loi
qu'entre les parties (1). Plus tard nous déduirons

_____

(1) Voyez-en un exemple dans le cas jugé par la Cour d'Angers,
le 11 avril 1821. Sirey, 1822, 2, 177. Par l'effet de la contrariété de
jugemens passés en force de chose jugée, et rendus entre des parties

les conséquences de l'indivisibilité de qualité dans les enfans.

348. Suivant les docteurs, le mariage que les époux ou l'un d'eux a cru légitime en le contractant, s'appelle *matrimonium putativum*, c'est-à-dire un mariage contracté de bonne foi, suivant les formalités ordinaires, mais que la loi repoussait pour une cause inconnue des parties, ou du moins de l'une d'elles.

Ainsi il faut la bonne foi, l'observation des formalités, et que l'erreur ait été probable; ce qui la fait excuser.

Mais ces trois conditions n'en forment réellement qu'une, la bonne foi : les deux dernières ne sont elles-mêmes en général que les élémens constitutifs de la première, qui, sans elles, ne saurait guère exister, du moins aux yeux de la loi. Elles vont être au surplus successivement développées.

Quant à la première, elle dépend de circonstances tout-à-la-fois personnelles aux deux époux, ou à celui qui allègue la bonne foi : par exemple, si une personne épouse un mort civilement, ignorant sa condition, ou se marie à un individu déjà engagé dans les liens d'un premier mariage : dans ces deux cas, si les deux contractans étaient morts civilement,

---

différentes, un enfant s'est trouvé enfant illégitime par rapport aux héritiers du mari de sa mère, quoiqu'il fût né dans le mariage, et légitime par rapport aux héritiers de celle-ci. La jurisprudence nous offre quelques autres exemples semblables ou du moins analogues.

ou mariés, il est évident que, lors même qu'ils auraient respectivement ignoré la condition du conjoint, ils ne pourraient être ni l'un ni l'autre de
bonne foi, et, par conséquent, que les articles 201
et 202 seraient inapplicables.

Mais si deux individus, parens ou alliés au degré
prohibé par la loi pour pouvoir contracter mariage
entre eux, l'avaient cependant contracté par l'effet
d'un concours de circonstances dont on trouve
heureusement plus d'exemples au théâtre que dans
la société, ce mariage produirait tous les effets civils en faveur des époux de bonne foi ou de celui
qui pourrait invoquer la sienne, ainsi qu'en faveur
des enfans.

349. La solennité de la célébration du mariage
est, disons-nous, un des élémens de la bonne foi,
parce que généralement on n'est de bonne foi
qu'autant que l'on a fait publiquement ce que la
loi prescrivait de faire avec publicité. Cependant il
ne serait pas impossible que l'omission de telle
formalité, prescrite pour donner au mariage toute
la publicité qu'elle désire, ne fût pas jugée exclusive de la bonne foi, au moins dans l'un des époux;
d'autant mieux que celui qui a voulu le tromper a
bien pu faire entrer cette omission au nombre de
ses moyens de succès : ce serait un point laissé à la
sagesse des tribunaux, qui jugent la bonne foi plutôt en *fait* qu'en *droit*, parce qu'en réalité elle
consiste généralement en fait. Si l'absence de cette

formalité était assez grave pour qu'elle caractérisât, quoiqu'imparfaitement, la clandestinité, les tribunaux pourraient y voir aussi l'absence de la bonne foi, même dans l'époux qui se prétend trompé, encore que cette omission n'eût pas été suffisante pour faire par elle-même annuler le mariage : le défaut absolu des publications serait de cette nature, surtout si l'époux qui allègue sa bonne foi était majeur; car il ne pourrait rejeter sur personne l'omission de ce moyen que la loi lui prescrivait, précisément afin qu'il évitât de tomber dans l'erreur sur l'état et la condition du conjoint. Mais l'omission de l'une des publications, ou l'inobservation des délais prescrits, ou l'incapacité ignorée de l'un des témoins, ou même la célébration hors de la maison commune, quand d'ailleurs les publications auraient été faites, pourraient ne pas être considérées, isolément, comme exclusives de la bonne foi, surtout dans un mineur.

35o. La juste opinion qu'avaient les époux, ou l'un d'eux, de pouvoir licitement contracter mariage, rend excusable l'erreur dans laquelle ils sont tombés touchant les causes qui s'y opposaient. Mais, pour que l'erreur soit probable, il faut qu'ils aient pris les précautions commandées par la loi pour être instruits de ces empêchemens : d'où il suit que si le mariage avait été contracté sans publications, et que l'on découvrît ensuite que l'un des époux est mort civilement, ou qu'il était engagé dans les liens d'un premier mariage, l'autre ne pourrait que très-difficilement alléguer sa bonne foi, s'il n'était point mineur, s'il ne pouvait, à ce titre, rejeter sur ses parens l'omission des publications, ou s'il n'y avait d'autres circonstances dont les tribunaux apprécieraient la nature et la gravité; car, en général, ils ne déclareraient point excusable l'erreur dans laquelle on ne serait tombé que pour n'avoir pas pris toutes les mesures que la loi prescrivait afin de l'éviter; ils n'y verraient pas ce que les jurisconsultes nomment *justa opinio, seu probabilis error.*

351. D'après cela, si un mariage est annulé pour défaut de publicité ou pour cause d'incompétence de l'officier de l'état civil, il sera généralement privé des effets civils à l'égard de l'un et de l'autre époux, et par conséquent à l'égard des enfans : l'erreur étant ici *de droit*, elle n'est point excusée, parce que tous sont censés connaître la loi, et tous sont obligés de s'y conformer.

Il ne serait cependant pas impossible que le vice d'incompétence de l'officier de l'état civil ne fût le résultat que d'une erreur de fait, au moins dans l'une des parties; mais dans ce cas il sera bien rare que le mariage soit annulé : s'il l'était, on devrait tenir compte à l'époux de l'erreur dans laquelle il a été entraîné à cet égard.

352. Si un mineur a contracté mariage sans le consentement de ses parens, et que ceux-ci ou lui-

même en demandent et obtiennent l'annulation, cet époux ne pourra réclamer les avantages qui lui ont été faits par son contrat de mariage; les choses devront être remises au même état qu'auparavant : c'est là une restitution *in integrum*. D'ailleurs toute donation faite en faveur de mariage devient caduque si le mariage ne s'ensuit pas (art. 1088) : or le mariage annulé sur la demande de l'époux ou même de ses parens, pour défaut de consentement de la part de ceux-ci, doit être considéré comme n'ayant pas eu lieu. La faute commise par cet époux ne doit pas tourner à son profit.

353. Les effets du mariage putatif sont relatifs à l'état des enfans, au droit qu'ils ont de succéder à leurs père et mère et aux parens de ceux-ci, *et vice versâ*; aux conventions matrimoniales; à la répétition de la dot et à la communauté : c'est ce qui sera successivement expliqué.

Le plus puissant effet du mariage putatif est de faire considérer les enfans qui en sont issus comme enfans légitimes, malgré le vice réel de leur naissance, et en conséquence de leur attribuer tous les droits accordés par les lois aux enfans légitimes proprement dits.

354. Un des effets du mariage avoué par la loi est la légitimation des enfans que les époux ont eus l'un de l'autre avant la célébration, lorsque ces enfans ne sont ni incestueux, ni adultérins, et qu'ils ont été légalement reconnus, soit avant le mariage,

soit dans l'acte même qui le constate (art. 331);
mais, suivant l'opinion commune, confirmée par
la jurisprudence, le mariage putatif ne légitime
point les enfans que les époux ont eus ensemble,
lorsqu'il y avait entre eux un empêchement de mariage au moment de la conception de ces enfans,
par exemple, parce que l'un des époux était alors
marié à une autre personne. Ainsi, les effets du mariage annulé ne s'étendront qu'aux enfans *issus de
ce mariage;* la faveur de la loi n'embrasse point
ceux qui, nés du concubinage, ne sont réellement
que des enfans adultérins. En vain le conjoint alléguerait-il que, lorsqu'il s'est marié, il ignorait la
cause qui rendait son mariage illicite; cette ignorance peut bien faire produire à son union tous
les effets civils, tant en sa faveur qu'en faveur des
enfans qui en sont issus; mais elle n'empêche pas
que les enfans nés auparavant ne fussent adultérins:
or, les enfans adultérins ne pouvant être légitimés,
même par un mariage valable (art. 331), ils ne
peuvent à plus forte raison l'être par un mariage
annulé. Cela s'applique même au cas où, à l'époque
de la conception de ces enfans, leurs père et mère
ne croyaient pas commettre un adultère; car, de ce
qu'ils ont cru faire un moindre mal en vivant dans
un simple concubinage, les enfans n'en sont pas
moins adultérins.

« Cependant, » dit Pothier, n° 416 de son traité
du Mariage, « c'est une question qui a été grande-

« ment agitée entre les docteurs (1), si la règle ne
« doit pas recevoir exception dans le cas auquel
« l'une des parties aurait ignoré que l'autre était
« mariée lors du commerce charnel qu'elles ont eu
« ensemble? Ceux qui admettent cette exception,
« tirent leur principal argument du Chapitre *Ex*
« *tenore, ext. Qui filii sint legit.* Suivant cette dé-
« crétale, lorsqu'une partie contracte de bonne
« foi un mariage nul, comme lorsqu'une femme
« épouse un homme qu'elle ignore être marié à une
« autre femme, la bonne foi de cette partie, et l'i-
« gnorance où elle est du vice qui rend son mariage
« nul, fait donner à ce mariage, quoique nul, les
« effets d'un mariage légitime, et par conséquent le
« titre et les droits d'enfans légitimes aux enfans
« qui en sont nés : donc, par la même raison,
« disent ces docteurs, lorsqu'une femme a habi-
« tude charnelle avec un homme qu'elle ignore
« être marié, et avec qui elle croit ne commettre
« qu'une fornication, et non un adultère, *aut vice*
« *versâ*, l'ignorance en laquelle est cette femme,
« que l'homme avec qui elle avait ce commerce était
« marié et que leur commerce était adultérin, doit
« empêcher qu'il ne soit regardé comme adultérin,
« et il doit passer pour une simple fornication, dont
« le vice peut être purgé par un mariage légitime
« qu'ils contractent par la suite ensemble, etc. »

_____

(1) *Voy.* au *Répertoire* de M. Merlin, au mot *Légitimation*, ceux qui
ont soutenu l'une ou l'autre thèse.

Mais Pothier réfute ces raisonnemens, en disant que le concubinage est exclusif de la bonne foi, qui, aux yeux de la loi, suffit pour faire produire au mariage putatif tous ses effets civils eu faveur de l'époux de bonne foi et des enfans issus de ce mariage. Cette femme, par son commerce *dabat operam rei illicitæ*; son erreur alors n'était donc pas *inculpabilis*, et par conséquent le vice d'adultère qui infectait l'enfant n'a point été purgé par le mariage.

La question a été jugée en ce sens, dans l'affaire du soldat Maillard, le 15 mars 1674. Le sieur Thibault de la Boissière avait eu des enfans de Marie Delatour, femme de Maillard, que l'on croyait mort. Depuis, il avait épousé Marie Delatour, sur la foi d'un certificat de décès délivré par un capitaine. Maillard se représenta après quarante années d'absence; et le mariage du sieur de la Boissière ayant été déclaré nul, les enfans qu'il avait eus auparavant furent déclarés illégitimes, parce qu'un mariage nul, quoique contracté de bonne foi, n'avait pu légitimer des enfans réellement adultérins (1).

Mais les enfans nés du mariage ont été reconnus légitimes à cause de la bonne foi des époux.

355. On a même été plus loin dans la cause de

---

(1) *Voy.* Pothier, *du Mariage*, n⁰ˢ 419 et 441. On s'est, il est vrai, fondé sur ce que le concubinage étant toujours illicite, il était exclusif de cette bonne foi qui donne au mariage les effets civils; mais cette raison n'était pas, selon nous, la véritable: dans l'espèce c'était le vice d'adultère dont étaient frappés les enfans; et il est à croire que cette circonstance a grandement influé sur la décision.

la fille de Tiberio Fiorelli, connu en France sous le nom de *Scaramouche* : on a appliqué le principe même au cas où le mariage était valablement contracté. Ce Fiorelli avait eu une fille d'une nommée Marie Duval, qui ignorait alors, comme tout le monde, qu'il fût marié, et qui épousa Fiorelli après la mort de sa femme. Le mariage de Marie Duval était donc très-valable. La fille de celle-ci prétendit avoir été légitimée par ce mariage; mais sa prétention fut rejetée, par arrêt du 4 juin 1697, rendu sur les conclusions conformes de M. d'Aguesseau (1), sur le fondement que le concubinage étant toujours illicite, il ne pouvait produire l'exception de bonne foi, qui seule donne au mariage les effets civils.

356. Il ne peut y avoir de difficulté sur ces deux cas; mais le suivant en présente une très-grave.

Ainsi, supposons qu'à l'époque de la conception de l'enfant, les père et mère eussent pu s'unir; mais que lorsqu'ils se sont mariés, il existait un empêchement : ce mariage putatif légitimera-t-il l'enfant? Par exemple, un individu vit en mauvais commerce avec une femme, et il en a un enfant; il va se marier au loin avec une autre femme, et, son mariage subsistant encore, il revient, et épouse sa concubine, qui ignore l'existence de ce mariage. On peut même aussi supposer que, depuis son retour, et avant d'épouser cette femme, il en a eu

_____

(1) *Voy.* le 47ᵉ plaidoyer.

encore un enfant. Incontestablement, ce dernier
étant adultérin, il n'a pu être légitimé ; mais quant
au premier, la question est susceptible de plus de
difficulté.

D'abord, il ne faudrait pas, pour la décider négativement, invoquer les deux arrêts précités ; car
ils ont été rendus l'un et l'autre dans des espèces
où l'enfant était adultérin ; et l'on conçoit très-bien
que la bonne foi de l'époux, quant au mariage,
n'ait pu purger le vice d'adultère dont était frappé
l'enfant. Mais ici l'enfant n'est point adultérin, il
est naturel simple ; et la bonne foi de l'époux, quant
au mariage, est également constante. Or, ne peut-
on pas dire que si elle a pour effet de rendre légitimes les enfans du mariage, lors même que, de
fait, ils sont adultérins, elle doit également légitimer l'enfant né antérieurement, puisque la légitimation est un effet du mariage ? Ne peut-on pas
prétendre que la fiction de la loi, quant au mariage putatif, doit produire le même effet que celui
que produit un mariage valable, d'après la règle,
*Fictio idem operatur in casu ficto, quam veritas in
casu vero ?* car si, par un motif d'indulgence pour
les époux qui ont vécu en concubinage, ou plutôt
par une faveur spéciale pour les enfans qui sont
nés de ce commerce, la loi ferme les yeux sur la
faute des père et mère, et permet de légitimer ces
enfans par le mariage, pourquoi, lorsque le motif
de cette faveur est absolument le même, et que la
faute des père et mère n'est pas plus grave, le ma-

II.   21

riage contracté de bonne foi, au moins par l'un
d'eux, ne produirait-il pas le même résultat? Il
n'y a pas dans ces enfans d'incapacité qui les empêche de recevoir le bienfait de la légitimation,
tandis que les enfans réellement adultérins, mais
nés d'un mariage putatif, sont cependant légitimés
à cause de la bonne foi de l'un des époux : or cette
bonne foi existe dans l'espèce, et de plus l'enfant
est naturel simple. Si, au témoignage de Pothier
et de M. Merlin, des docteurs graves pensaient que
le mariage putatif légitimait même les enfans adultérins, à combien plus forte raison ces docteurs
auraient-ils prétendu qu'il devait légitimer un enfant naturel simple, tel qu'est celui qui est l'objet
de la question.

Cependant Pothier décide le contraire, et voici
comment il s'exprime sur ce point au n° 419 de
son *Traité :*

   « Il y a certains mariages auxquels, quoiqu'ils
« soient nuls, la loi donne les effets civils, en con-
« sidération de la bonne foi des parties ou de l'une
« d'elles, qui ont ignoré l'empêchement qui le ren-
« dait nul. On demande s'ils peuvent avoir l'effet
« de légitimer les enfans nés du commerce qu'ont
« eu les parties avant ce mariage putatif, et dans
« un cas où ils étaient capables de contracter ma-
« riage ensemble? Non: si on donne à ce mariage
« putatif les effets civils, à l'effet que les enfans
« qui en sont nés aient le titre et les droits d'en-
« fans légitimes, c'est qu'ils sont nés d'un commerce

« innocent, au moins de la part de l'une des par-
« ties ; mais ceux qui sont nés du commerce qu'ils
« ont eu avant le mariage putatif, étant nés d'un
« commerce criminel (1) de la part des deux par-
« ties, ne méritent pas qu'on s'écarte des règles en
« leur faveur. Le vice dont ils sont nés ne peut être
« purgé, et ils ne peuvent être légitimés que par la
« force et l'efficace d'un véritable mariage, qui se-
« rait intervenu entre leurs père et mère : un ma-
« riage putatif ne peut avoir cet effet. »

Et pourquoi ne l'aurait-il pas, puisqu'il a pour
résultat de rendre légitimes les enfans qui en pro-
viennent, et qui, de fait, sont adultérins ? Si la
faute des père et mère doit rejaillir sur les enfans,
si c'est là une des nécessités de l'ordre social, pourquoi, dans les cas ordinaires, le concubinage n'est-
il pas traité avec la même sévérité ? Moralement
parlant, la faute d'une femme qui a eu un enfant
naturel, et qui ensuite a contracté valablement
mariage avec le père de cet enfant, est absolument
la même que la faute de celle qui, dans le même
cas, et voulant par son mariage purger le vice de
la naissance de son enfant, a le malheur d'être
trompée par celui qui l'avait séduite : la loi doit,
sous peine d'inconséquence, lui tenir compte aussi
de sa bonne intention, puisque son enfant est éga-

---

(1) Raison bien faible, selon nous, puisque la loi sur la légitimation a précisément pour objet de couvrir cette faute, qui n'est au
surplus pas celle des enfans, d'un voile d'indulgence, dans l'intérêt
de ces mêmes enfans.

lement habile à recevoir le bienfait de la légitimation. D'ailleurs, s'il ne s'agissait que de l'intérêt
de cette femme, on concevrait, à la rigueur, qu'on
pût lui dire : La loi n'a attaché l'effet de la légitimation qu'à un mariage valable ; c'est une faveur,
et elle a pu ne l'accorder que sous certaines restrictions ; elle a pu et dû exiger, comme condition
nécessaire, un mariage subséquent avoué par elle.
Mais il s'agit principalement de l'intérêt de l'enfant, auquel on ne peut pas plus faire un crime
de la faute de sa mère, non valablement mariée,
quand elle a cru l'être, quand elle a voulu réparer
sa faute en lui donnant un état, qu'on ne peut en
faire un à la mère d'un enfant naturel qui a eu le
bonheur de n'être point trompée en épousant celui
qui l'a séduite. Pothier se fonde sur ce passage
du cardinal de Palerme : *Quià contrahens matri-*
monium dat operam rei licitæ, ideò ignorantia excu-
satur ; sed admittens virum sine matrimonio, dat
operam rei illicitæ, ideò ignorantia sua non est pro-
babilis, nec debet indè consequi præmium, et danti
operam rei illicitæ imputantur omnia quæ sequuntur
præter voluntatem suam. Et Barthole, sur la loi 38,
§. 1, ff. *ad Legem Juliam de adult.,* dit aussi : *Quan-*
dòcunque coitus fit sine colore matrimonii, tàm indis-
tinctè punitur, secundùm illud quod est in veritate,
non secundùm id quod putabat, qui dabat ab initio
operam rei illicitæ.

Ainsi Barthole, plus expressément encore que
le cardinal de Palerme, veut que ce soit l'époux

qui souffre une punition de ce que l'enfant ne sera pas légitimé, tandis qu'en réalité c'est sur l'enfant que tombera la peine.

En second lieu, le motif de l'exclusion de la légitimation, *quia dabant ab initio operam rei illicitæ*, s'appliquant aussi bien aux cas ordinaires qu'à celui qui est maintenant en question, ne prouve rien parce qu'il prouverait trop; et Pothier semble confirmer lui-même cette observation, au n° 441, où il traite du cas où une femme a eu un enfant d'un prêtre dont elle ignorait la condition et qu'elle a épousé dans la même ignorance : il dit que les enfans du mariage seront légitimes, mais non celui qui est né du concubinage, « car il est né d'un « commerce criminel, de la part des deux parties : « la femme savait bien qu'elle commettait une for- « nication. *Il est vrai que le vice d'une fornication* « *peut se purger par un mariage que l'homme et la* « *femme qui l'ont commise contractent depuis en-* « *semble*; mais, dans l'espèce présente, n'ayant pu « intervenir de mariage légitime entre les parties, « *le prêtre étant incapable d'en contracter*, le vice « du commerce dont l'enfant est né n'a pu être « purgé. »

Et ici Pothier donne l'exemple du mariage contracté par M. de La Boissière avec la femme du fameux Jean Maillard. Il y a une raison plus concluante que celle donnée par Pothier, c'est que, suivant les lois canoniques, l'enfant de ce prêtre était adultérin; dès-lors il était inhabile à recevoir le bienfait de la légitimation. Mais si, comme le dit ce judicieux jurisconsulte, le vice du concubinage peut se purger par le mariage, et si le mariage putatif produit les effets civils en faveur de l'époux de bonne foi et des enfans, la légitimation, qui est un effet civil du mariage, et un des plus importans, ne doit réellement souffrir aucune difficulté, toutes les fois que les enfans seront habiles à en recevoir le bienfait.

Enfin, si comme le dit aussi Pothier, n° 410, « la couleur que le droit canonique donne à la lé- « gitimation, est qu'il suppose que, lorsque les « père et mère des enfans ont eu commerce en- « semble, ils avaient dès-lors l'intention de con- « tracter mariage; que c'est la violence de la pas- « sion qu'ils avaient l'un pour l'autre qui les a fait « succomber à la tentation d'en prévenir le temps; « que ce commerce est une espèce d'anticipation « du mariage qu'ils se proposent alors de contracter, « et qu'ils ont depuis effectivement contracté; » tout cela pouvant se dire également de la femme qui ayant eu un enfant d'un commerce illicite, a ensuite voulu le légitimer par son mariage, et a eu le malheur d'être trompée en épousant un homme déjà marié, il semble raisonnable que le mariage putatif de cette femme produise, même quant à la légitimation, le même effet que celui que produirait un mariage valable, car ce n'est point la faute de cette femme si celui qu'elle a contracté est nul : aussi peut-elle en invoquer les effets malgré sa faute antérieure, tandis que l'enfant tout-à-fait innocent resterait illégitime; ce qui ne nous paraît fondé que sur une subtilité et une contrariété de principes et de motifs.

M. Delvincourt, tome Ier, page 323, professe aussi l'opinion que nous défendons; il dit : « Pour- « quoi avons-nous décidé que le mariage putatif « légitimait, lorsque la cause de nullité n'existait « pas à l'époque de la conception des enfans? C'est « que, dans ce cas, l'ignorance de la nullité a eu « lieu à l'époque du mariage, c'est-à-dire, à une « époque où les époux *dabant operam rei licitæ* : « or, nous avons démontré qu'en pareil cas l'igno- « rance est innocente et conséquemment excu- « sable..... » Ainsi, M. Delvincourt rapporte ces mots, *dabant operam rei licitæ*, à l'époque du ma- riage, sans faire attention à la faute attachée au concubinage; tandis que Pothier, d'après le cardi- nal de Palerme et Barthole, n'envisage que l'époque de la conception de l'enfant, ou, en d'autres termes, le concubinage, et dit d'après cela que l'époux *dabat operam rei illicitæ*. Mais cela est indifférent; toujours est-il que la femme a entendu réparer sa faute; qu'elle a cru contracter un mariage valable; qu'elle en doit retirer tous les effets civils, et qu'il y aurait inconséquence à dénier à l'enfant innocent le bénéfice de la légitimation, puisque ce mariage n'a été contracté que pour le lui procurer.

M. Merlin, qui est d'une opinion contraire à la nôtre, après avoir cité un grand nombre d'auteurs

pour et contre, et qui n'agitaient même la question
qu'à l'égard d'un enfant adultérin, repousse la légitimation, en invoquant à l'appui de sa décision un
arrêt du Parlement de Bordeaux, du 14 février 1617.
Mais cet arrêt a été rendu dans une espèce où
l'enfant était adultérin : il était né d'une femme
qui, croyant son mari mort, avait vécu en concubinage avec un individu qu'elle avait ensuite
épousé. C'était absolument le même cas que celui
de la femme du soldat Maillard, par conséquent
l'arrêt n'est pas d'un grand poids dans l'espèce que
nous discutons maintenant, car nous convenons
sans peine que la légitimation n'a point lieu au
profit d'un enfant de cette qualité ; et, disons-le,
c'est très probablement par suite de cette confusion
entre les deux cas, qui cependant devaient être très-
soigneusement distingués, que les partisans de l'opinion contraire ont fini par la faire prévaloir, sinon
dans la jurisprudence, car nous ne sachions pas
que le cas dont il s'agit maintenant ait été jugé, du
moins dans la doctrine.

Mais, dit-on, les articles 201 et 202, en faisant
produire au mariage annulé, contracté de bonne
foi, les effets civils, attribuent ces effets *aux enfans
issus du mariage* : d'où l'on doit conclure que les
enfans nés antérieurement ne peuvent les invoquer.

On peut d'abord répondre que le premier de ces
articles ne fait pas cette restriction : il dit simplement que le mariage déclaré nul produit néanmoins les effets civils, tant à l'égard des époux qu'à

l'égard des *enfans* lorsqu'il a été contracté de bonne foi. Ainsi, les enfans capables d'être légitimés ne sont point privés, par cet article, des effets civils du mariage, et par conséquent du bénéfice de la légitimation, qui est incontestablement un de ces effets, et un des plus puissans.

Le second article dit, il est vrai, *et des enfans issus du mariage*; mais n'est-il pas naturel de croire que le législateur a eu en vue le cas le plus fréquent, celui où il y a seulement des enfans du mariage? que la disposition n'est point conçue dans un sens restrictif, mais simplement énonciatif; qu'elle se lie d'ailleurs avec la précédente, qu'elle est dans le même sens, c'est-à-dire, s'appliquant aux enfans nés antérieurement au mariage, mais habiles à recevoir le bienfait de la légitimation, comme à ceux nés du mariage lui-même? Nous le croyons d'autant mieux que l'esprit du Code étant infiniment plus favorable aux enfans naturels, que ne l'était l'ancienne jurisprudence, il est improbable que l'on ait entendu les priver de la légitimation par des motifs aussi peu concluans que ceux rappelés ci-dessus, et qui, nous le répétons, s'appliqueraient tout aussi bien aux enfans naturels dont les père et mère contractent un mariage valable, attendu que, dans ce cas aussi, ces derniers *dabant operam rei illicitæ*, en vivant en concubinage (1).

_____

(1) Au reste nous ne tirerons point argument d'un arrêt de la Cour de Bourges, confirmé par un arrêt de rejet, sur le seul motif qu'il n'avait pu violer aucune loi en déclarant légitimé par le mariage d'un

357. Au surplus nous pensons avec Pothier, n° 417, que si, à l'époque à laquelle remonterait la conception, les père et mère de l'enfant ne pouvaient contracter mariage, cet enfant ne serait point légitimé par le mariage subséquent, lors même que l'empêchement aurait cessé à l'époque de la naissance. À cet égard il n'y a aucune différence entre le mariage valable et le mariage putatif, ni entre le cas où les père et mère, ou l'un d'eux étaient, ou non, de bonne foi au moment de la conception; car l'enfant est le fruit de l'adultère dans toutes les hypothèses. Pothier démontre très-bien en effet qu'il n'y a aucun argument solide à tirer de ce qui est dit au titre *de Ingenuis*, aux Institutes de Justinien, que, pour qu'un enfant soit ingénu, il suffit que sa mère ait été libre au moment de la naissance de cet enfant, quoiqu'elle fût esclave au temps de sa conception. Mais dans notre opinion, qui s'écarte en ce point de celle de Pothier, le mariage putatif légitimerait l'enfant, s'il s'était écoulé, depuis la cessation de l'empêchement jusqu'à la naissance, un temps suffisant pour qu'on pût légalement supposer que l'enfant a été conçu depuis

---

prêtre, contracté d'après la loi de l'an ii, l'enfant que ce prêtre avait eu en 1778. Suivant les lois de l'église qui régissaient les actions de ce prêtre, son enfant était *adultérin*, et par conséquent il ne pouvait être légitimé. L'arrêt de la Cour de cassation a cependant été rendu sur les conclusions conformes de M. Merlin, dont on a vu plus haut la doctrine toute contraire. (Du 22 janvier 1812. Sirey, 1812, 1, 161.) Nous reviendrons, au surplus, sur cette question, au titre de la *paternité et de la filiation*, en traitant de la légitimation *ex professo*.

que les père et mère ont pu contracter mariage, par conséquent cent quatre-vingts jours. (Argum. des art. 312 et 314.)

358. Lorsque, postérieurement au mariage, les époux ou l'un d'eux acquièrent la connaissance certaine du vice qui l'infecte, ils doivent se séparer à l'instant. Mais il est besoin, à ce sujet, de quelques explications.

359. S'il s'agissait d'un vice qui, bien que produisant une nullité d'ordre public, peut néanmoins se couvrir par le temps, tel que celui résultant du défaut d'âge compétent, les époux ne seraient ni moralement, ni légalement obligés de se séparer et de demander la nullité.

360. Nous en disons autant du cas où la cause de nullité serait fondée sur le défaut de publicité ou sur l'incompétence de l'officier de l'état civil : ils pourraient licitement rester unis, tant qu'un jugement passé en force de chose jugée ne les condamnerait point à se séparer. Quoique ce vice porte atteinte à l'ordre public, néanmoins il ne blesse pas la morale comme celui d'inceste ou de bigamie. D'ailleurs le mariage, dans ce cas, pouvant être protégé par des fins de non-recevoir, et la jurisprudence le protégeant elle-même avec beaucoup de force, les époux peuvent concevoir l'espérance que la nullité n'en sera jamais prononcée.

En conséquence, dans tous ces cas du moins, les enfans qui naîtraient, même depuis la découverte du vice, seraient de la même condition que ceux nés auparavant.

361. Nous avons dit au n° 135 *suprà*, que la femme qui aurait épousé de bonne foi un mort civilement, et qui découvrirait ensuite son erreur, ne serait point non plus obligée de s'en séparer, surtout si elle pouvait craindre par là de le compromettre (1). Elle jouirait, ainsi que ses enfans, même ceux nés depuis la decouverte de l'erreur, de tous les effets civils du mariage, conformément à l'article 202, dont la disposition est générale. Mais, ainsi que nous l'avons expliqué au Tome Ier, n° 258, les enfans ne succéderaient pas à leur père, attendu qu'il ne peut avoir d'héritiers (art. 33). Ils succéderaient toutefois à ses parens. Nous reviendrons tout-à-l'heure sur ce point.

362. Mais s'il s'agit du vice d'inceste ou de bigamie, que la preuve en soit clairement produite aux époux ou à l'époux de bonne foi par des parens ou des amis, ou de toute autre manière, ils doivent se séparer aussitôt, et si l'un d'eux refuse d'y consentir, l'autre doit demander la nullité du mariage (2), du moins s'il peut le faire sans compromettre son conjoint. Le bon ordre le veut ainsi.

Néanmoins la bonne foi des époux ou de l'époux

____

(1) Bien mieux, anciennement la mort civile ne dissolvait point le mariage.

(2) Le Prêtre, cent. 1, chap. 1, n° 16.

serait censée avoir continué jusqu'à preuve du contraire.

363. Ici se place une question controversée, que nous avons soulevée précédemment, n° 135, celle de savoir si, dans le cas où les époux ne se sépareraient pas, les enfans qui naîtraient postérieurement à la découverte du vice qui infecte le mariage de leurs père et mère seraient légitimes, comme ceux nés antérieurement à la découverte du vice? En d'autres termes, considère-t-on la bonne foi à toutes les époques du mariage putatif, ou seulement au commencement?

M. Toullier s'exprime ainsi sur cette question (1) : « Les époux ne peuvent rester unis avec bonne foi, « à moins qu'ils n'aient des motifs plausibles de « croire que l'empêchement dont on les avertit « n'existe pas.

« Il serait donc possible que dans le nombre des « enfans nés d'une même union il y en eût qui re- « cueillissent tous les avantages que donne la bonne « foi des père et mère, tandis que les autres en se- « raient privés.

« M. Prudhon, tome II, pages 5 et 6, continue « M. Toullier, dans une note, pense que la bonne « foi n'est nécessaire qu'au moment du contrat, et « que les effets civils du mariage putatif ne cessent « qu'après que le mariage a été déclaré nul, et que « les époux ont été condamnés à se séparer.

(1) Tom. Ier; pag. 544 de la IIIe édition.

« C'est aller trop loin. Si les époux ont des mo-
« tifs plausibles de croire leur mariage valide, ils
« peuvent sans doute rester unis jusqu'au jugement
« qui leur ordonne de se séparer. Mais, par exem-
« ple, si l'on avait remis à l'époux de bonne foi un
« acte en forme qui prouve la célébration d'un
« premier mariage *encore existant* entre l'autre
« époux et une autre personne, si l'on découvrait
« que les époux sont frères et sœurs, et qu'on leur
« en remît la preuve, et que, malgré cette connais-
« sance acquise, ils s'obstinassent à rester unis, il
« serait difficile de soutenir que les effets de la
« bonne foi, qui ne peut plus exister, continuassent
« néanmoins d'exister. »

Comme on le voit, M. Toullier n'oblige les époux
à se séparer, dans le cas de bigamie, qu'autant
que le premier mariage *est encore existant*; d'où il
suit dans son système que, s'il est dissous, que
les époux ne se soient pas séparés, et qu'ils aient
eu depuis des enfans, il y en aura ou du moins
il pourra y en avoir trois classes : ceux nés antérieurement à la découverte de l'empêchement, et
qui seront légitimes; ceux nés depuis, mais avant
la dissolution du premier mariage, lesquels seront
adultérins; et enfin ceux nés depuis cette dernière époque. Dans quelle classe M. Toullier ran-
gera-t-il ceux-ci, s'il n'envisage la bonne foi qu'aux
époques successives de la conception des enfans?
car la dissolution du premier mariage n'a pas restitué à l'époux cette bonne foi qu'il avait perdue :

le vice de bigamie ne se purge point; la nullité qui
en résulte est perpétuelle : l'époux le savait ou devait le savoir ; c'était à lui à faire réhabiliter son
mariage.... Ainsi, il faudrait, dans le système de
M. Toullier, déclarer illégitimes les enfans de cette
troisième classe. Mais alors, pourquoi n'exiger des
époux qu'ils se séparent, lorsqu'ils ont acquis la
connaissance du premier mariage, qu'autant que ce
mariage subsiste encore? il n'y a point d'harmonie
entre la prémisse et la conséquence. D'ailleurs,
comment concilier ce système de M. Toullier avec
ce qu'il dit, notamment à la page 410, que le retour de l'absent dont le conjoint a contracté une
nouvelle union ne rend ni aux parties intéressées
(par conséquent ni au conjoint, ni au nouvel
époux), ni même au ministère public, le droit
d'attaquer ce marige? Que fera la femme de cet
absent, qui, suivant M. Toullier, n'a pas le droit
de demander la nullité du second mariage, et qui
cependant est obligée d'habiter avec son nouvel
époux (qui l'exige, on le suppose), tant que ce mariage ne sera pas dissous? Elle n'aura donc aucun
moyen d'éviter de donner le jour à des enfans
adultérins? Assurément nous pensons bien que
le *retour* de l'absent donne à son conjoint, au
nouvel époux et au ministère public, le droit d'attaquer le second mariage; nous l'avons déjà dit plus
d'une fois. Mais, dans le système de M. Toullier,
les enfans nés depuis le retour de l'absent seraient
illégitimes, sans que cependant leur mère eût un

moyen légal de se séparer de son nouvel époux; ce qui est inadmissible.

Quant à la question, si le texte de la loi suffit pour la décider, sa solution ne saurait être douteuse; car, puisque l'article 201 porte que « le mariage qui a été déclaré nul produit néanmoins « les effets civils, tant à l'égard des époux qu'à l'é- « gard des enfans, *lorsqu'il a été contracté de bonne* « *foi,* » il est clair que c'est au moment du contrat que la bonne foi est nécessaire, que c'est à ce moment qu'elle est considérée.

Mais ce n'est pas seulement le texte, c'est aussi l'esprit de la loi qui réclame cette solution. Les effets du mariage dans les enfans qui en sont issus sont indivisibles et doivent l'être, parce que ces enfans ont acquis, par la bonne foi de leurs père et mère ou de l'un d'eux, sous une condition qui s'est accomplie, leur naissance, la qualité d'enfans légitimes, qualité qu'un événement postérieur au mariage, principe de leurs droits, n'a pas pu leur enlever. S'il n'est pas même nécessaire d'être conçu pour avoir un droit, pourvu que l'on naisse, comme en matière de substitution et d'institution contractuelle, on peut dire, et a plus forte raison, que, par le fait seul du mariage putatif, tous les enfans qui en devaient naître tant qu'il subsisterait avaient acquis le droit à la légitimité, parce que la condition sous laquelle la loi leur en accordait le bienfait, leur naissance, s'étant accomplie, elle a un effet rétroactif au jour du mariage, par conséquent à une époque où la bonne foi subsistait encore. Ajoutons, mais comme considération, qu'il y aurait quelque chose qui choquerait la raison dans une si grande différence d'état et de condition entre des enfans nés de la même union, de voir dans les uns des enfans légitimes, et dans les autres des bâtards adultérins; et cela, par l'effet d'une circonstance fortuite dont la preuve ne pourrait pas toujours s'établir avec certitude, et preuve dont l'admission aurait d'ailleurs, en général, l'extrême danger de compromettre le sort des enfans légitimes eux-mêmes.

364. Dans le cas même où l'un des époux seulement est de bonne foi, les enfans peuvent invoquer tous les effets civils du mariage; en conséquence ils portent le nom de leur père, lors même que ce serait lui qui serait de mauvaise foi. Ils ont les droits de successibilité à l'égard de l'un et l'autre et des parens de tous deux, sans que l'époux de mauvaise foi puisse leur succéder : c'est un des cas, très-rares, où le droit de successibilité n'est pas réciproque (1); mais c'est parce qu'ici la succession n'est déférée aux enfans que par exception aux principes, et cette exception n'étant fondée que sur la bonne foi, celui des époux qui n'a pas cette bonne foi ne remplit pas la condition à laquelle seulement la faveur de la loi est attachée.

---

(1) L'adoption nous en offre un autre : l'adopté succède à l'adoptant, mais celui-ci ne succède pas à l'adopté; il a seulement le droit de *retour* dont parle l'article 351.

365. Nous disons que les enfans succèdent même aux parens de l'époux de mauvaise foi; et, en effet, l'article 202 ne porte-t-il pas qu'ils jouissent de tous les effets civils du mariage? ne les assimile-t-il pas complètement aux enfans légitimes proprement dits? Or, s'ils étaient enfans légitimes, il n'y aurait aucun doute à cet égard. On le jugeait ainsi sous l'ancienne jurisprudence, et la généralité des termes dans lesquels sont conçus les articles 201 et 202 ne permet pas de croire que l'on ait voulu restreindre les droits des enfans. Leur opposerait-on ce que dit Pothier (1) des enfans nés du mariage qu'un mort civilement a contracté avec une personne de bonne foi, que ces enfans ont bien, il est vrai, les droits de famille dans la famille de leur mère de bonne foi; qu'ils pourront, à ce titre, recueillir des successions, comme s'ils étaient réellement légitimes; mais qu'ils n'ont aucun droit de famille dans la famille de leur père, attendu que celui-ci n'en ayant plus lui-même, n'a pu leur en transmettre? Dirai-t-on, par analogie, que l'époux bigame n'a pu faire entrer ses enfans dans sa famille et leur conférer le droit de succéder à ses parens? Nous avons démontré, quant aux enfans du mort civilement (2), que l'opinion de Pothier ne pouvait plus se soutenir devant la disposition

_____

(1) *Traité du Mariage*; n° 440.

(2) Au tom. I, n° 259, où nous citons un arrêt de cassation qui a jugé conformément à notre opinion, que les enfans d'un mort civilement peuvent succéder aux parens de leur père. Il est vrai que c'é-

générale de l'article 202, qui donne, sans aucune
restriction, aux enfans issus du mariage putatif,
tous les effets civils : or, un des effets civils est le
droit de succéder aux parens des père et mère. La
parenté civile n'existe plus, il est vrai, entre le
mort civilement et sa famille; mais on ne peut opposer aux enfans issus du mariage cette dissolution
du lien civil. A plus forte raison, on ne peut, pour
les écarter de la famille de l'époux bigame, leur
reprocher l'incapacité de celui-ci, puisque, à leur
égard, elle est censée ne pas exister, tellement
qu'ils lui succèdent sans le moindre doute.

366. Par réciprocité, les parens, même de l'é-
poux de mauvaise foi, pourront succéder aux enfans. La mauvaise foi de cet époux, qui le prive des
effets civils du mariage, lui est personnelle; elle
n'établit d'incapacité que dans sa personne : ses
parens étant habiles, ainsi que nous venons de le
dire, à transmettre leurs successions aux enfans du
mariage putatif, comme ceux-ci sont habiles à les
recueillir, par la même raison ces mêmes parens

---

tait en matière d'émigration; mais la Cour n'a pas moins reconnu le
principe.

Et au n° 257, nous avons démontré que l'état des enfans du mort
civilement est assuré par la bonne foi de leur mère; nous nous sommes
fondé aussi, sur ce passage, de la discussion au Conseil-d'État, sur le
titre *du Mariage* :

« M. Réal fait observer que l'état des enfans pourrait cependant
« *être assuré par la bonne foi de l'autre époux.*

« M. Tronchet répond *que les effets de cette bonne foi sont une excep-*
« *tion à la règle générale; qu'au surplus ils sont bornés à celui des deux*
« *époux qui a été trompé et à ses enfans.* »

sont habiles à succéder aux enfans. Quand, par une considération particulière, la loi n'a point voulu rendre réciproques les droits de successibilité, elle l'a dit formellement : ici, elle garde le silence; on reste donc dans les termes du droit commun, et cela paraît juste et tout-à-fait conforme aux principes sur les successions.

367. Lorsque les deux époux sont de bonne foi, le mariage produit tous ses effets, comme s'il était légitime; en sorte que si les époux sont obligés de se séparer, ils conservent réciproquement les avantages qu'ils se sont faits, mais pour les exercer dans les mêmes cas et aux mêmes époques où ces droits se seraient ouverts si le mariage avait été valablement contracté.

368. Les droits relatifs à la communauté s'exercent lors de la séparation.

La femme reprend les biens qu'elle a apportés en dot, soit qu'elle fût mariée sous le régime dotal proprement dit, soit qu'elle eût adopté le régime exclusif de communauté. Elle a, à cet effet, l'action qu'on appelle en droit *condictio sine causâ.*

369. Les époux conservent-ils le droit de successibilité l'un envers l'autre, ou l'époux de bonne foi le conserve-t-il à l'égard du conjoint de mauvaise foi? L'article 201, dira-t-on, attribue aux époux de bonne foi tous les effets civils du mariage : or, le droit de successibilité est un de ces droits. (Art. 723, 767.) Mais, peut-on répondre, c'est faire sur-

vivre l'effet à la cause : les époux sont désormais étrangers l'un à l'autre, et la loi n'accorde la succession qu'à l'époux survivant, qualité que n'a plus celui dont le mariage a été dissous; et voilà pourquoi le conjoint divorcé, même celui qui avait obtenu le divorce, n'avait pas le droit de successibilité. On réplique, toutefois, que l'éventualité du droit était au nombre des effets du mariage, que c'est comme si les époux en avaient fait l'objet d'une stipulation; et comme, incontestablement, celle qui aurait pour objet la succession du prémourant, dans le cas prévu à l'article 1093, recevrait son effet, par la même raison le droit de successibilité légale doit recevoir le sien, parce que *quæ sunt moris et consuetudinis, in contractibus tacitè veniunt.* Cependant nous pensons le contraire, attendu que les époux ne peuvent être censés avoir eu en vue le droit de successibilité que pour le cas prévu par la loi, c'est-à-dire que pour le cas où ils seraient encore époux lors de l'ouverture de la succession; car ce n'est qu'en considération de cette qualité que la loi la défère au survivant. Il serait donc plus raisonnable et plus conforme à son esprit que la succession appartînt au nouveau conjoint si le défunt s'était remarié, et même, dans le cas contraire, à l'État.

370. Quand l'un des époux seulement est de bonne foi, il conserve les avantages que l'autre lui a faits par le contrat de mariage, sans que celui-ci

puisse réclamer ceux qui lui ont été faits, encore
qu'ils eussent été stipulés réciproques : tel est le
sens irrécusable de l'article 202, confirmé d'ailleurs
par l'article 300 par argument. L'époux trompé
dans un mariage illicite, dont les suites influeront
toujours plus ou moins sur sa destinée, mérite la
même faveur que l'époux réduit, lorsque le divorce
était autorisé, à la nécessité de le demander; et le
conjoint de mauvaise foi est aussi peu digne d'indulgence que celui contre lequel le divorce était
prononcé.

371. S'il y a communauté entre les époux, il
faut distinguer :

Si c'est la femme qui est de mauvaise foi, elle a
bien le droit de renoncer à cette communauté,
parce que c'est un droit inhérent à toute femme
qui a adopté ce régime; mais, lors même qu'elle
aurait stipulé la reprise de ses apports, conformément à l'article 1514, elle ne pourrait exercer le
bénéfice de cette clause si son mari s'y opposait :
alors, il n'y aurait eu entre eux qu'une communauté de fait, dont le partage se ferait en raison
des mises de chacun, de ce qui y serait entré de
son chef, et eu égard aux dettes de l'un et de l'autre
qui auraient été acquittées par la communauté.
S'il est avantageux au mari ou à ses héritiers qu'il
n'y ait pas de communauté conventionnelle ou légale, parce que la femme, par exemple, avait beaucoup de dettes, le mari lui restituera ce qu'elle a

apporté et ce qui lui est échu, à la charge par elle de rembourser le montant des dettes qui la concernaient et qui ont été acquittées par la communauté.

Mais de ce que la femme aurait intérêt à ce qu'il n'y eût pas de communauté, soit légale, soit conventionnelle, parce que, par exemple, elle y a fait des apports plus considérables que son mari, elle n'aurait pas le droit de prétendre qu'il n'y a eu qu'une communauté de fait, afin de pouvoir reprendre sur la masse une part proportionnée à sa mise : les biens se partageraient, au contraire, suivant les règles de la communauté légale ou conventionnelle, selon que les époux auraient adopté l'une ou l'autre, sans toutefois que le mari pût scinder les clauses du contrat. Il n'en est pas, quant à ce dernier point, comme des donations, dont la réciprocité, nous le croyons, n'est pas maintenue.

372. Si c'est au contraire le mari qui est de mauvaise foi, la femme aura le droit d'exercer la clause de reprise de ses apports, si elle l'a stipulée. Dans le cas où elle ne l'aurait pas fait, elle pourra renoncer à la communauté, soit légale, soit conventionnelle, sans perdre pour cela, comme dans les cas ordinaires (art. 1492), ce qui y est entré de son chef.

373. Il s'est présenté des cas où un individu avait épousé plusieurs femmes, trompées sur son état, et dont les mariages ont subsisté simultané-

ment. La liquidation des droits de ces femmes n'a
pas été sans de grandes difficultés. Carondas (1)
rapporte un ancien arrêt rendu dans le cas d'un
homme qui était mort ayant deux femmes qu'il
avait épousées pendant la vie de sa première épouse,
laquelle avait laissé des enfans. L'arrêt a jugé que
les deux dernières femmes avaient chacune la moitié des meubles et acquêts que le défunt avait acquis avec elles. On a ainsi considéré ces acquisi-
tions faites pendant la cohabitation avec chacune
de ces femmes, comme le résultat d'une communauté de fait dont les bénéfices se sont partagés,
non pas d'après les règles de la communauté entre
époux, mais d'après celles des simples commu-
nautés fortuites ou conventionnelles. On pourrait
adopter ce système, sauf à le modifier pour les cas
où l'équité le demanderait.

CHAPITRE VI.

*Des Obligations qui naissent du mariage, et des
Droits et des Devoirs des époux.*

SOMMAIRE.

374. *Effets généraux du mariage. Division du chapitre.*

374. Avant d'entrer dans l'explication des droits
et des devoirs qui naissent du mariage, dont les
rédacteurs du Code ont fait l'objet de deux chapitres, et que nous avons réunis en un seul, parce

---

(1) *Réponses*, liv. 8, chap. 17.

que c'est du même principe qu'ils dérivent tous, nous retracerons rapidement les divers effets du mariage. La plupart sont l'objet dès titres suivans de ce premier livre du Code sur *l'état des personnes*, et que nous expliquerons successivement.

1º Par le mariage, les époux mineurs acquièrent le bénéfice de l'émancipation. Dans nos mœurs, où la puissance paternelle n'a pas les mêmes caractères et les mêmes effets que dans la législation romaine, on ne pouvait sans inconséquence laisser sous la puissance d'un autre celui qui va devenir père et chef de maison lui-même.

2º La femme passe sous la puissance de son mari; elle prend son nom, ses armes, elle participe à sa noblesse, pour conserver ces droits jusqu'à ce que, devenue veuve, elle convole à de secondes noces, et passe ainsi dans une autre famille.

3º En se plaçant ainsi, par le mariage, sous la puissance de son mari, elle devient généralement incapable d'ester en jugement, de contracter, d'aliéner ses biens, sans son autorisation, ou, en cas de refus, sans celle de la justice, ainsi que nous allons l'expliquer.

4º Elle contracte l'obligation d'habiter avec lui et de le suivre partout où il jugera à propos de résider, et elle prend par conséquent son domicile.

5º Les époux contractent l'un envers l'autre l'obligation d'être fidèles, de se secourir, de s'assister, et de nourrir et élever les enfans qui naîtront de leur union.

6° Les enfans qui naîtront de la femme péndant le mariage, et même ceux qui seront simplement conçus pendant son cours, porteront le nom du père : ils auront tous les effets attachés à la qualité d'enfant légitime ; à ce titre, ils auront les droits de successibilité sur les biens de leurs père et mère et des parens légitimes de ceux-ci, et même des père et mère adoptifs de ces derniers.

7° Par réciprocité, les père et mère ont les droits de successibilité sur les biens des enfans et de leurs descendans.

8° Ils ont aussi la puissance paternelle sur la personne des enfans, leur tutelle et l'administration de leurs biens, ainsi que la jouissance de leurs revenus, sous les distinctions et limitations posées par la loi.

9° Le mariage légitime, de plein droit, ainsi que nous le démontrerons, les enfans naturels légalement reconnus et aptes à recevoir le bienfait de la légitimation.

10° Il produit entre les père, mère et autres ascendans, et les enfans, l'obligation de se fournir des alimens.

11° Il crée entre l'un des époux et les parens de l'autre une alliance dont les effets sont plus ou moins étendus, suivant les circonstances et les cas réglés par la loi.

12° En l'absence de toute convention, le mariage établit entre les époux une communauté de biens dont la composition, l'étendue et les effets sont égal'ment déterminés par la loi.

Nous diviserons ce chapitre en deux sections :

Dans la première, nous traiterons des obligations respectives qui naissent du mariage entre les père, mère ou autres ascendans, et les enfans ou descendans;

Dans la seconde, des droits et des devoirs respectifs des époux.

SECTION PREMIÈRE.

Des Obligations respectives qui naissent du mariage entre les père, mère ou autres ascendans, et les enfans ou descendans.

SOMMAIRE.

375. *Division de la matière.*
376. *Le premier devoir des père et mère est de nourrir leurs enfans et de les élever suivant leur fortune et leur état.*
377. *Les père et mère doivent aussi des alimens à leur enfant naturel reconnu.*
378. *Les enfans incestueux ou adultérins ont pareillement droit à des alimens.*
379. *Les enfans naturels, quoique reconnus, n'ont pas le droit d'exiger des alimens des ascendans de leurs père et mère.*
380. *L'enfant naturel reconnu par acte sous seing-privé a-t-il le droit d'exiger des alimens ?*
381. *L'enfant même légitime n'a point d'action contre ses père et mère pour en obtenir un établissement.*
382. *L'obligation des père et mère, de fournir des alimens aux enfans, n'est pas limitée à un certain temps.*
383. *Les alimens sont dus à l'enfant dans le besoin, lors même qu'il a reçu de ses père ou mère un établissement.*
384. *Les alimens sont dus aussi par les père et mère même à l'enfant qui s'est marié sans leur consentement.*

385. *Ils ne seraient pas dus par le père à l'enfant qui se serait rendu coupable envers lui d'un fait qui entraînerait l'indignité.*

386. *Pour que l'enfant fût exclu du droit d'exiger des alimens, il ne serait pas même nécessaire que le fait dont il se serait rendu coupable fût de nature à entraîner l'indignité, pourvu qu'il fût grave.*

387. *Dans le langage des lois on comprend sous le nom d'enfans les autres descendans : en conséquence, les alimens leur sont dus.*

388. *L'arrêt qui jugerait en droit qu'il ne leur en est pas dû renfermerait une violation de la loi.*

389. *Le droit des petits-fils ne peut être exercé que graduellement.*

390. *Ceux qui ont fourni des alimens aux enfans, tels que les instituteurs, ont action contre les père et mère, lors même que ceux-ci n'ont pas donné mission à cet égard.*

391. *Ils ont aussi action contre les enfans eux-mêmes, lorsque ceux-ci ont les moyens d'acquitter les alimens et que les père et mère sont hors d'état de les payer.*

392. *Réciproquement, les enfans doivent des alimens à leurs père, mère et autres ascendans qui sont dans le besoin.*

393. *On doit aussi observer la graduation lorsque les descendans les plus proches sont en état de fournir les alimens.*

394. *Les enfans d'un fils prédécédé doivent les alimens comme les enfans du premier degré encore vivans.*

395. *Si la même personne a son père et son fils tous deux en état de lui fournir les alimens, c'est le fils qui est tenu de les donner.*

396. *Les enfans naturels doivent des alimens à leurs père et mère qui les ont légalement reconnus.*

397. *De ce qu'un enfant n'aurait point été doté, quand ses frères et sœurs l'ont été, il ne serait point, pour cela, affranchi de l'obligation de fournir des alimens à ses père et mère, s'il avait les moyens de les donner.*

398. *L'obligation de fournir des alimens aux père et mère n'emporte point celle de payer leurs dettes.*

399. *Aujourd'hui, le père qui n'est point débiteur envers le fils auquel il demande des alimens, n'est point obligé de lui*

abandonner le peu de biens qui lui reste pour être recevable dans sa demande.

400. Les enfans créanciers de leurs père et mère peuvent exercer
contre eux, comme contre les autres citoyens, toutes les
exécutions, sauf la contrainte par corps.

401. Le bénéfice appelé par les interprètes du droit romain,
bénéfice de compétence, n'a pas été admis dans la
législation française : en conséquence, le père, débiteur
envers son fils d'une somme égale à la valeur de ses
biens, n'en pourrait retenir une portion quelconque,
sauf à l'enfant à lui fournir des alimens.

402. Les gendre et belle-fille doivent des alimens à leurs beau-
père et belle-mère, et réciproquement.

403. Du vivant de l'époux qui a les moyens de fournir les alimens, c'est sur ses biens qu'ils doivent être pris, sans
préjudice des règles relatives à la communauté.

404. Le gendre qui n'a reçu aucune dot ne doit pas moins les
alimens.

405. Il les devrait, pour sa part, encore qu'il y eût des frères
ou sœurs de sa femme en état, comme lui, de les fournir.

406. Les gendre et belle-fille doivent aussi des alimens aux
autres ascendans de leur conjoint.

407. L'obligation de fournir des alimens au père qui est dans
le besoin est une charge de la succession du fils.

408. On entend par alimens tout ce qui est nécessaire à la vie.

409. Les alimens sont dus dans la proportion des besoins de
celui qui les réclame et de la fortune de celui qui les
doit.

410. C'est au défendeur à prouver que le demandeur n'est pas
dans le besoin, une négation, l'absence de moyens
d'existence, ne pouvant se prouver.

411. Généralement, lorsqu'il y a plusieurs personnes en état
de fournir les alimens, ils doivent être accordés dans
des proportions moins restreintes que lorsqu'il n'y en a
qu'une seule.

412. Les enfans majeurs peuvent-ils, dans certains cas, obtenir
des alimens, quoiqu'ils aient reçu l'éducation nécessaire
pour l'exercice d'une profession libérale?

413. Les alimens se fournissent, ou en une pension annuelle,

ou en nature, c'est-à-dire, quant à ce second mode, qu'ils sont reçus chez celui qui les doit.

414. Cas dans lequel celui qui les doit peut être admis à s'en acquitter en nature.

415. Les père et mère doivent être facilement écoutés dans l'offre qu'ils font de recevoir l'enfant chez eux.

416. Lorsque celui qui fournit les alimens ou celui qui les reçoit est replacé dans un état tel que l'un ne puisse plus en donner, ou que l'autre n'en ait plus besoin en tout ou partie, la décharge ou réduction peut être demandée.

417. Le père peut porter au chapitre de décharge de la tutelle les alimens fournis par lui à l'enfant qui avait des revenus suffisans dont il n'a pas eu la jouissance.

418. Si celui auquel des alimens ont été adjugés se rend coupable d'un fait grave d'ingratitude, le débiteur peut demander sa décharge.

419. L'obligation des gendre et belle-fille cesse dans deux cas : lorsque la belle-mère passe à de secondes noces; lorsque l'époux qui produisait l'affinité et les enfans issus de son union sont décédés.

420. Le convol de la belle-mère ne la dispense pas de fournir des alimens à son gendre ou à sa belle-fille quand l'affinité subsiste encore, quoique la réciprocité n'ait plus lieu.

421. Le convol de la mère ne lui fait point perdre le droit d'exiger des alimens de ses enfans. La belle-fille, qui ayant des enfans du mariage passe à de secondes noces, doit encore des alimens à ses beau-père et belle-mère, mais sans réciprocité.

422. Lorsque les enfans de l'époux qui produisait l'affinité sont en état de fournir les alimens, ce sont eux qui les doivent, et non le gendre ou la belle-fille.

423. Après le décès de celui qui aurait pu prétendre à des alimens, la demande n'en peut être formée par ses créanciers, quoiqu'ils soutiennent les avoir fournis.

424. Dans l'ancien droit, l'obligation de ceux qui doivent des alimens était solidaire ; presque tous les auteurs prétendent même qu'elle l'est encore; cependant elle ne l'est pas. Arrêts qui ont jugé la question en sens divers.

375. Les obligations qui naissent du mariage entre les père, mère ou autres ascendans, et les enfans, sont relatives aux alimens, qu'ils se doivent réciproquement lorsque les uns en ont besoin et que les autres sont en état de leur en fournir.

Nous verrons sur cette matière,

1° Quelles personnes se doivent des alimens ;

2° Quelle est l'étendue de cette obligation ;

3° Quand elle cesse ;

4° La nature du droit aux alimens.

§. Ier.

Quelles Personnes se doivent des alimens.

376. Le premier devoir des père et mère est de nourrir leurs enfans ; la loi naturelle a gravé ce devoir dans leur cœur, et la loi civile, en sanctionnant les lois de la nature, leur prête une nouvelle force, heureusement presque toujours superflue.

« Les époux, porte l'article 203, contractent en-« semble, par le fait seul du mariage, l'obligation « de nourrir, entretenir et élever leurs enfans. »

Cette obligation est en raison des moyens, de l'é-
tat et de la condition des père et mère, et du rang
que les enfans doivent probablement tenir un jour
dans la société; l'éducation doit leur être donnée
en considération de cet état présumé. Dans les
conditions inférieures, les père et mère doivent,
lorsque la constitution de l'enfant le permet, lui
faire apprendre un métier, et le mettre, autant
qu'il dépend d'eux, en état de pourvoir un jour à
sa subsistance. La loi se repose, à cet égard, sur
leur affection, et sa sanction est dans leur conscience. En effet, un enfant n'aurait pas d'action
contre ses père et mère parce qu'ils ne lui auraient
point donné l'éducation à laquelle il avait droit de
prétendre, ou parce qu'ils ne lui auraient point fait
apprendre un métier qui lui était nécessaire ; son
droit se bornerait à obtenir d'eux des alimens, ainsi
qu'on va le voir.

377. En disant que, par le fait seul du mariage,
les époux contractent ensemble l'obligation de
nourrir, entretenir et élever leurs enfans, la loi
n'entend point affranchir de cette charge les père
et mère naturels : elle considère uniquement ici les
effets du mariage, tandis que les enfans naturels
ne pouvant invoquer ces effets, et n'étant tels,
d'ailleurs, par rapport à telle ou telle personne,
qu'autant qu'ils ont été reconnus par elle, ou tenus
pour reconnus, on n'avait point à s'en occuper au
titre *du Mariage*. Il est vrai que l'article 338 dit

que les droits des enfans naturels seront réglés au titre *des Successions,* et que dans ce titre (1) on ne s'occupe, en ce qui concerne ces enfans, que de leurs droits sur l'hérédité de leurs père et mère; mais il n'est toutefois pas douteux qu'ils n'aient, du vivant de ceux-ci, le droit d'en obtenir des alimens; c'est une dette de la nature (2), que la loi a suffisamment sanctionnée en accordant expressément à l'enfant naturel une portion des biens des père et mère décédés; car elle serait inconséquente de leur attribuer des droits de successibilité, qui ne peuvent même être éludés (art. 761), et de leur refuser cependant les alimens durant la vie des auteurs de leurs jours. Nous n'argumenterons pas des articles 762 et 763, relatifs aux enfans incestueux ou adultérins, auxquels la loi accorde pareillement des alimens, parce que ces articles statuent aussi dans l'hypothèse où la succession des père et mère est ouverte, tandis que nous parlons des alimens dus aux enfans naturels pendant la vie des père et mère qui les ont reconnus; ce que nous dirons, c'est que l'esprit de la loi ne permet pas le doute à cet égard (3).

_____

(1) *Voy.* les art. 756 à 766.

(2) Et cette obligation est si impérieuse, que les lois romaines traitent de meurtrier le père qui refuse des alimens à son enfant : *Necare videtur non tantùm is qui partum perfocat, sed is qui abjicit, et qui alimonia denegat.* L. 4, ff. de Agnoscend. et alend. liberis.

(3) Denisart, au mot *Alimens,* rapporte plusieurs arrêts qui ont condamné le père d'un enfant naturel à lui fournir des alimens. M. l'avocat-général Gilbert, portant la parole dans la cause jugée par

378. Les enfans incestueux ou adultérins (1) ont pareillement droit aux alimens du vivant de leurs père et mère ; les articles 762 et suivans, tout en supposant que la succession est ouverte, ne sont pas conçus dans un sens restrictif. La loi civile n'a pu vouloir méconnaître les lois de la nature : *Jura naturalia, jure civili perimi nequeunt.*

379. Le droit des enfans naturels, d'exiger des alimens de leurs père et mère qui les ont reconnus, ne s'étend pas toutefois jusqu'au point de forcer les autres ascendans à leur en fournir. La Cour de Douai avait jugé le contraire; mais sa décision a été cassée le 7 juillet 1817. (Sirey, 1817, 1, 289.)

380. Nous verrons au titre *de la Paternité et de la Filiation*, si les enfans naturels, reconnus seulement par un acte sous seing privé, peuvent du moins réclamer des alimens en vertu de cette reconnaissance; s'il y a, à cet égard, une distinction à faire entre la reconnaissance faite en cette forme

---

l'arrêt du 28 mai 1731, disait que les alimens étaient dus aux enfans naturels jusqu'à l'âge de vingt ans, et qu'alors le père était obligé de leur faire apprendre un métier ou de leur donner un état convenable.

Un autre arrêt, du 4 octobre 1724, a jugé que les alimens étaient dus à l'enfant naturel, non pas du jour où le père avait été condamné à se charger de l'enfant, mais du jour de la naissance de celui-ci.

On peut voir aussi un arrêt de la Cour de cassation, du 16 octobre 1808 (Sirey, 1809, 1, 110), qui a pareillement jugé que l'enfant naturel a une action en alimens contre les père et mère qui l'ont reconnu.

(1) Lorsqu'ils ont été forcément reconnus, ainsi que le supposent les articles 762 et suivans, combinés avec les articles 335 et 342. C'est ce qui sera expliqué au titre *de la Paternité et de la Filiation.*

par la mère, et celle faite par le père; enfin nous examinerons s'il est vrai, ainsi que l'a jugé la Cour de Nancy, le 20 mai 1816 (Sirey, 1817, 2, 149), qu'une reconnaissance sous seing privé au profit d'un enfant *adultérin*, vaut du moins à l'effet d'attribuer à cet enfant le droit d'exiger des alimens; si tel est le sens des articles 762 et 335 combinés.

381. L'enfant, même légitime, n'a point d'action contre ses père et mère pour en obtenir un établissement par mariage ou autrement. (Art. 204.)

On s'est écarté, à cet égard, du principe du droit romain, suivant lequel le père qui refusait, sans juste motif, de marier et de doter sa fille, pouvait y être contraint par le magistrat, quoique la fille fût encore en sa puissance. L. 19, ff. *de Ritu nuptiarum* (1).

Ce principe était suivi en France dans les pays régis par le droit écrit; mais on ne l'avait point adopté dans les pays coutumiers. Dans ces provinces la puissance paternelle étant moins étendue, la liberté absolue, chez les père et mère, de doter leurs enfans, avait paru un contre-poids salutaire, propre à retenir ceux-ci dans le respect et la soumission qu'ils doivent aux auteurs de leurs jours. On avait aussi sagement pensé que les enfans seraient plus vivement excités à faire tous leurs efforts pour acquérir, par leur travail et leurs talens, les moyens de se suffire à eux-mêmes, et de

_____

(1) Voir le n° 75, note, *suprà*

suppléer ainsi à une ressource qui pouvait leur échapper. Enfin l'on n'avait pu méconnaître que les père et mère se font généralement un plaisir, comme un devoir, de doter l'enfant digne de leur amour, et l'on croyait ainsi que les pères rempliraient sans contrainte une obligation qui a son principe dans la nature, et qui trouve d'ailleurs une sanction dans l'estime publique, à laquelle la plupart des hommes soumettent toujours plus ou moins leurs actions. Ces vues ont été celles des rédacteurs du Code.

382. Quant aux alimens, l'obligation de les fournir aux enfans n'est pas limitée à un certain temps; elle ne cesse pas avec la minorité de ceux-ci : en principe, elle embrasse toute la vie, puisqu'elle est une conséquence de l'existence, un droit qui y est inhérent. Cependant, si l'enfant avait été mis en état de gagner sa vie; si ses besoins actuels provenaient de sa faute, de sa paresse, de sa dissipation, de ses mauvais penchans, sa demande *pourrait* être rejetée. Les juges ont un pouvoir discrétionnaire quant à l'appréciation des circonstances : la loi n'a entendu consacrer que le principe; elle en a confié l'application à l'équité et aux lumières des tribunaux. Ainsi, dit la loi romaine, dont la sagesse est un guide qui ne trompe jamais dans tout ce qui est d'équité naturelle, *Aditi à te competentes judices ali te à patre tuo jubebunt pro modo facultatum ejus : si modò cùm opificem te esse dicas, in eâ*

valetudine es, *ut operis sufficere non possis.* L. 5, §. 7, ff. *de Agnosc. et alend. liberis.*

Les alimens seraient donc dus à l'enfant qui se trouverait, par l'effet de la maladie (ou de toute autre cause, par exemple le manque d'ouvrage), hors d'état de pourvoir à sa subsistance, quoiqu'on lui eût fait apprendre un métier. Mais s'il avait, par son travail, les moyens de gagner sa vie, les juges pourraient et même devraient rejeter sa demande : la paresse et l'inconduite ne doivent point trouver d'encouragement.

383. Suivant Voët (1) et plusieurs autres auteurs, les alimens sont dus même à l'enfant qui a reçu une dot ou un établissement quelconque, et qui, ayant éprouvé des malheurs, n'a plus le moyen de subsister. Mais cet auteur va jusqu'à dire que, lors même que la dot ou l'établissement de l'enfant n'aurait péri que par sa prodigalité et sa mauvaise conduite, les alimens lui seraient encore dus, *cùm liber maneat, ac ob id alendus sit* (argum. de la Novell. 12, *cap.* 2.) Nous n'adoptons cette décision qu'avec beaucoup de restrictions.

384. Les alimens seraient-ils dus par les père et mère à l'enfant qui se serait marié sans leur consentement? De Lacombe (2) résout la question contre l'enfant, en s'appuyant d'un arrêt rendu le 22 décembre 1628, quoiqu'il convienne avec

(1) Ad Pandectas, tit. *de Agnosc. et alend. lib.*, n° 5.
(2) Au mot *Alimens*, sect. 1.

plusieurs jurisconsultes, et ainsi qu'il a été jugé
par arrêt du 10 décembre 1652, que les alimens
seraient dus aux enfans de cet enfant par l'aïeul ou
l'aïeule qui n'avait pas donné son consentement
au mariage. Mais, depuis le Code, il a été décidé au
contraire, par la Cour de Grenoble, que le père
dont la fille s'est mariée, même malgré lui, lui doit
des alimens, s'il est en état de lui en fournir; et le
pourvoi contre cet arrêt a été rejeté le 7 décembre
1808. (Sirey, 1809, 1, 38.) La Cour s'est fondée
sur ce que les articles 208 et suivans n'apportent
d'autres limites au principe consacré par l'article 203, que la proportion des besoins de ceux
qui réclament les alimens, et de la fortune de ceux
qui les doivent. La Cour de Bruxelles a pareillement jugé, le 19 janvier 1811 (Sirey, 1811, 2, 317),
que le père devait des alimens à son fils qui s'était
marié sans son consentement. Dans ce cas, la pension doit être bornée à ce qui est rigoureusement
nécessaire. Dans l'espèce de l'arrêt rendu par la
Cour de Grenoble, elle fut fixée à 260 fr.

385. Mais si l'enfant s'était rendu coupable envers son père d'un fait qui le ferait déclarer indigne
de lui succéder, on ne pourrait, sans inconséquence et sans blesser l'*esprit* général de la loi,
reconnaître dans cet enfant le droit d'exiger de son
père des alimens, quelque digne de faveur que soit
une demande de cette nature. La loi 5, §. 11, ff.
de *Agnoscend. et alend. lib.*, décide en effet que

l'enfant qui a dénoncé son père est indigne du
droit d'en exiger des alimens; et anciennement on
étendait cette décision à presque tous les cas d'exhérédation (1). On ne connaît plus l'exhérédation,
mais l'exclusion de l'hérédité pour cause d'indignité
subsiste encore (art. 727); et le principe sur lequel
elle est fondée est également exclusif du droit
d'exiger des alimens. Néanmoins si les tribunaux
en adjugaient dans ce cas, il serait bien difficile de
faire réformer leur décision par la Cour suprême,
attendu qu'aucune loi formelle n'aurait été violée.

386. Au reste, nous ne limitons pas aux seuls
cas constitutifs de l'indignité (c'est-à-dire aux deux
premières causes énoncées à l'article 727, car pour
la troisième elle ne peut s'appliquer à la question)
l'exclusion du droit d'exiger des alimens; si l'injure
était considérable, si c'était une accusation déshonorante, quoique non capitale, les caractères du
fait pourraient motiver, aux yeux des magistrats,
le rejet de la demande, bien que la loi n'ait pas
jugé ce fait assez grave pour en faire une cause
d'exclusion de l'hérédité.

387. Voilà pour les enfans. Mais dans le langage
des lois on comprend sous la dénomination générique d'*enfans* les autres descendans (2) : aussi les
alimens leur sont-ils dus par leurs aïeuls et aïeules.

---

(1) De Lacombe, *loco citato.*
(2) L. 220, ff. *de Verbor. signif.*; L. 6, ff. *de Testam. tutelâ*; L. 13,
ff. *de Pollicit.*

C'est une conséquence médiate du mariage de ceux-ci; la loi 5, §. 2, ff. *de Agnoscend. et alend. lib.*, consacre ce principe en termes formels. M. Toullier (1) le reconnaît également d'après M. Locré; mais, en s'appuyant de l'autorité de cet élégant historien du Code, il dit que « les tribunaux pour-« raient, suivant les circonstances, rejeter l'action « alimentaire, dirigée par les petits-enfans contre « leurs aïeuls ou aïeules, sans craindre la cassation « du jugement, car il n'y aurait pas de loi violée. »

388. Il n'y aurait pas de la loi violée s'ils jugeaient en *fait, d'après les circonstances*; mais il y en aurait une violée formellement s'ils jugeaient, *en droit*, que les petits-enfans n'ont pas d'action alimentaire contre leurs aïeuls et aïeules; et cette loi, c'est l'article 207, qui, après que l'article 205 a eu établi que les enfans doivent des alimens à leurs père et mère et *autres ascendans* qui sont dans le besoin, porte expressément que « les obligations résultant « de ces dispositions sont réciproques. » Or ces dispositions ne sont pas seulement celles de l'article 206, relatives aux beaux-pères et belles-mères, ce sont aussi celles relatives aux pères et mères et autres ascendans. On ne peut supposer que la loi ait entendu restreindre la réciprocité aux beaux-pères et belles-mères, et aux gendres et belles-filles, puisque d'ailleurs l'on convient que les alimens sont dus aux petits-fils par les aïeuls

(1) Tom. II, pag. 3.

et aïeules. Si, contre toute raison, la loi l'eût entendu ainsi, on eût fait de l'article 207 un paragraphe de l'article 206, et non point une disposition générale, dont la teneur s'applique évidemment à tout ce qui précède. Ainsi, l'arrêt qui jugerait que la loi n'accorde point d'alimens aux petits-fils serait une violation de cette même loi, et devrait être cassé. Très-probablement il le serait.

389. Le droit des petits-fils ne peut être exercé que graduellement, et non *omisso medio*, c'est-à-dire que le petit-fils qui a encore ses père et mère, ou l'un d'eux, doit s'adresser d'abord à eux; et ce n'est qu'en cas d'impossibilité de leur part qu'il peut s'adresser à l'aïeul. L. 8, ff. *de Agnosc. et alend. lib.* En établissant, en principe général, que les ascendans doivent des alimens à leurs descendans (art. 205 et 207 combinés), la loi n'a point entendu, quant à l'exercice du droit, rejeter tout ordre naturel et avoué par la raison; elle n'a point entendu méconnaître le principe *Ubi emolumentum est, ibi onus esse debet*, dont elle a fait, dans mille cas, la base de ses décisions. Or, c'est le père, et non l'aïeul, qui est héritier présomptif de l'enfant.

390. Puisque les père et mère sont obligés, par le fait seul du mariage, de nourrir, entretenir et élever leurs enfans, on doit conclure que les personnes qui ont fourni à ceux-ci la nourriture et l'entretien, non gratuitement, ont rempli l'obligation des père et mère, et qu'elles ont en consé-

quence directement action contre eux, soit celle *negotiorum gestorum*, si les père et mère n'y ont pas expressément consenti, soit celle de mandat, dans le cas contraire. Ainsi, les instituteurs ou maîtres de pension ont cette action directe.

391. Mais il ne suit pas de là que les enfans ne sont pas tenus envers ces derniers : il se forme, au contraire, entre eux un quasi-contrat qui soumet les premiers à l'obligation personnelle de rembourser le montant des alimens, encore que les tiers n'aient agi que par ordre et mandat exprès du père. Jugé en ce sens par la Cour d'Aix, le 11 août 1812 (Sirey, 1813, 2, 369); et sur le recours en cassation, arrêt de rejet, en date du 18 août 1813. (*Ibid.*, 1814, 1, 86.)

Nous croyons néanmoins que les circonstances de la cause devraient être prises en considération; qu'ainsi, dans le cas où le père était solvable au temps de l'éducation des enfans, et qu'il est depuis tombé en déconfiture, la négligence de l'instituteur à se faire payer des termes qu'il a laissé accumuler, pourrait fait naître contre lui une fin de non-recevoir, surtout si les enfans avaient eux-mêmes peu de moyen de payer le montant de la dette; et dans tous les cas l'action contre les enfans ne devrait être que subsidiaire. La Cour d'Aix semble elle-même avoir reconnu ces deux points, car elle dit : « Considérant qu'entre un instituteur et ses élèves, « auxquels il fournit la nourriture et tout ce qui

« est nécessaire pour leur éducation, il se forme un
« quasi-contrat d'après lequel ces derniers sont te-
« nus d'acquitter eux-mêmes le prix de cette four-
« niture, *si leurs parens sont hors d'état d'y satis-*
« *faire....;* que sans examiner si en droit un insti-
« tuteur, pour être fondé dans son action contre
« ses élèves pour le prix de leur pension , *doit*
« *prouver que le père était insolvable au temps de*
« *l'obligation contractée à cet égard,* etc.; » et il est
reconnu par l'arrêt qu'il l'était (1).

392. Si les père, mère, ou autres ascendans
doivent des alimens à leurs enfans et descendans,
par une juste réciprocité ceux-ci leur en doivent à
leur tour : *Iniquissimum enim quis meritò dixerit,*
patrem egere cùm filius sit in facultatibus. L. 5, §. 13
au même titre, et art. 205.

393. On doit observer, en sens inverse, la graduation dont nous venons de parler; en conséquence, l'aïeul doit d'abord s'adresser à son fils où
à sa fille avant de poursuivre le petit-fils, et ainsi
de suite. C'est le fils qui est héritier présomptif : il est
juste que ce soit lui qui supporte la charge. MM. Delvincourt et Toullier sont aussi de ce sentiment.

Si le fils ne pouvait subvenir qu'en partie seulement aux besoins de l'ascendant, celui-ci pourrait, après le jugement, former une demande sup-
plémentaire contre le petit-fils. Mais, selon nous,

---

(1) Voir *infrà*, n° 423.

il ne devrait pas former demande contre l'un et l'autre en même temps. Son action, comme le dit Pothier, n° 393, est subsidiaire; elle ne peut, par conséquent, s'exercer contre le petit-fils que lorsqu'il est juridiquement constaté que le fils est dans l'impuissance de fournir en tout ou partie des alimens. Il est vrai que cela multiplie les frais; mais c'est la faute de ceux qui doivent les alimens de s'y exposer.

394. Lorsqu'il y a des enfans au premier degré et des petits-fils d'un enfant précédé ou qui est dans l'impuissance de fournir les alimens, ces petits-fils, suivant Pothier, en sont également tenus : ils succèdent aux droits de leur père, ils doivent succéder à ses obligations. Il en serait de même, encore qu'ils eussent renoncé à sa succession; car ils ont, de son chef, et par le moyen de la représentation, le droit d'arriver à celle de l'ascendant. En second lieu, leur obligation a une cause suffisante dans leur qualité de petits-fils. (Art. 205.)

Dans ce cas, il n'y a pas nécessité pour l'ascendant de suivre l'ordre graduel dont nous venons de parler. La Cour d'Amiens l'a jugé ainsi le 11 novembre 1821 (Sirey, 1822, 1, 303) :

« En ce qui touche la fin de non - recevoir tirée « de la prétention que les petits-enfans ne doivent « des alimens à leurs aïeuls ou aïeules qu'autant « que ceux-ci n'ont point d'enfans qui soient en « état de leur en fournir :

« Considérant que non-seulement cette préten-
« tion n'est fondée sur aucune loi , mais qu'elle est
« contraire au sens et à l'esprit de l'article 205 du
« Code civil, qui a imposé aux enfans l'obligation
« de fournir des alimens à leurs père et mère et
« autres ascendans, disposition qui, étant générale
« et sans limitation, suppose, pour le cas échéant
« d'alimens à fournir, le concours de tous les en-
« fans, même des petits-enfans à défaut de leurs
« père et mère, morts ou hors d'état de contribuer
« au secours demandé, etc. »

Les petits-enfans citaient à l'appui de leur défense
l'opinion de MM. Toullier (1) et Delvincourt; mais
la Cour en a décidé autrement. C'était, au surplus,
mal à propos que l'on invoquait le sentiment de
ce dernier jurisconsulte, car, comme nous, il distingue très-bien les deux cas; et il ajoute, non sans
raison, que dans le concours d'enfans au premier
degré, et de petits-fils d'un enfant prédécédé, ceux-

---

(1) Ce jurisconsulte dit en effet, au tom. II, pag. 8, « qu'on tenait
« aussi anciennement pour maxime que les petits-enfans dont les
« père et mère étaient morts n'étaient tenus de contribuer pour rien
« à nourir leurs aïeux ou bisaïeux, tant qu'il y avait des descendans
« d'un degré plus proche ; la représentation n'avait pas lieu dans ce
« cas. »

Mais Pothier, n° 393, ne fait pas cette distinction, il s'exprime
d'une manière absolue : « De même, dit-il, l'obligation en laquelle
« sont les enfans de donner des alimens à leurs père et mère s'étend
« à leurs aïeul, bisaïeul et autres parens de la ligne directe et ascen-
« dante, mais subsidiairement, c'est-à-dire au cas que les personnes
« par lesquelles l'enfant en descend ou ne vivent plus, ou ne soient
« pas en état d'y subvenir. »

ci ne doivent compter que pour une tête dans la prestation définitive des alimens.

395. Si la même personne a son père et son fils, tous deux en état de lui fournir des alimens, le fils seul est tenu, parce que sa dette est plus sacrée, et que d'ailleurs, si la personne était riche, son fils, en lui succédant, recueillerait les biens : or, *eumdem sequi debent onera, quem sequuntur emolumenta.*

Le petit-fils ne devrait donc pas être écouté à venir dire que l'aïeul est, d'après l'article 203, la première personne à laquelle la loi impose l'obligation de fournir des alimens au fils ; car l'article 205 lui impose aussi, à lui, cette obligation. Le classement des dispositions à cet égard n'est d'aucune considération : c'est la nature et les caractères de ces obligations respectives que l'on doit uniquement considérer ; ces caractères sont en raison de la qualité des personnes, et dès lors l'obligation du petit-fils est plus étroite que celle de l'aïeul.

396. Nous avons dit que les père et mère naturels doivent des alimens à leurs enfans ; par une juste réciprocité ceux-ci leur en doivent également, sauf toutefois le droit réservé par l'article 339 aux enfans, de contester la reconnaissance, s'ils prétendent n'être pas nés de ceux qui les ont reconnus, et qui ne l'ont peut-être fait que pour se procurer un titre au moyen duquel ils pourraient obtenir des alimens.

397. De ce qu'un enfant n'aurait point été doté

quand ses frères et sœurs l'ont été, ce ne serait point une raison pour que les père et mère ne pussent lui demander aussi des alimens comme aux autres. Le principe de cette obligation n'est point dans la dot, il est dans la qualité d'enfant, l'état d'indigence de ses père et mère, et les moyens qu'il a de la remplir. Les tribunaux, dans la répartition de la charge entre les enfans, devraient toutefois prendre en considération cette circonstance.

398. L'obligation de fournir des alimens aux père, mère ou autres ascendans, n'emporte point celle de payer leurs dettes : *Parens quamvis ali à filio ratione naturali debeat, tamen æs alienum ejus non esse cogendum exsolvere, rescriptum est;* L. 5, §. 16, ff. *de Agnosc. et alend. liberis.*

399. Admettrait-on aujourd'hui la décision de Pothier (1), que les père et mère qui ont un peu de bien, qu'ils prétendent insuffisant pour les faire vivre, sont obligés, pour être écoutés dans leur demande alimentaire, d'en offrir l'abandon aux enfans, sauf les meubles nécessaires à leur usage, à la charge par les enfans d'acquitter les dettes jusqu'à concurrence des biens abandonnés? Nous ne le pensons pas : la loi actuelle ne dit rien de semblable; elle n'a nulle part confirmé cette jurisprudence, dont le principe était fort rigoureux. Cette cession de biens forcée est contraire au respect et

---

(1) N° 390 de son *Traité du Mariage.*

aux égards que les enfans doivent aux auteurs de leurs jours. Ne serait-il pas douloureux pour un vieillard d'être obligé de quitter le toit sous lequel peut-être il a vu le jour, pour aller vivre comme locataire chez autrui ? Non, cette décision ne peut pas être admise. Les tribunaux, appréciateurs souverains de la double condition exigée par la loi, besoins réels dans le demandeur, et moyens suffisans dans le défendeur, prendront en considération les circonstances de la cause, et règleront en conséquence le montant de la pension demandée.

400. Lorsque les père et mère sont eux-mêmes débiteurs envers leurs enfans, ceux-ci, dans notre législation, ont tous les moyens d'exécution qu'ils auraient contre tout autre débiteur, sauf la contrainte par corps (1), à la charge de leur fournir des alimens, s'il y a lieu.

Nous disons *dans notre législation*, car suivant le droit romain, les enfans, créanciers de leurs ascendans, ne pouvaient les faire condamner que jusqu'à concurrence de ce que ceux-ci pouvaient payer, déduction faite encore de ce qui leur était nécessaire pour subsister (2) : par conséquent, les enfans n'avaient le droit d'exiger leur créance que jusqu'à cette concurrence, et ils ne pouvaient exproprier entièrement leurs ascendans. C'est ce que les in-

---

(1) L'enfant à tout âge, doit honneur et respect à ses père et mère. (Art. 371.)

(2) *Ratio habenda est ne egeat.* L. 173, ff. *de Regulis juris.*

terprètes ont appelé *beneficium competentiæ* (1).

401. Ce bénéfice, qui pouvait être également invoqué par le beau-père, le patron, le donateur, l'associé, et même les militaires, n'a point été admis dans notre Droit : en sorte que le père qui possède encore quelque bien pouvant en être exproprié par son fils, son créancier, il ne serait reçu à réclamer de lui des alimens, sur le fondement de l'insuffisance de sa fortune, qu'à la charge d'abandonner à l'enfant ce qu'il possède, sauf les meubles nécessaires à son usage. A ce cas, mais seulement à ce cas, nous appliquons la décision de Pothier ; nous la rejetons lorsque l'enfant n'est pas créancier de l'ascendant, ou ne l'est que d'une somme peu considérable.

Ainsi, en supposant qu'un père eût pour 60,000 fr. de biens, et qu'il en dût la valeur à son fils, il ne pourrait en retenir une portion, par exemple pour 20,000 fr., afin d'en pouvoir disposer comme bon lui semblerait. M. Proudhon (2) semble autoriser la prétention du père, et il parle à ce sujet du bénéfice de compétence, que nous ne connaissons pas. Il est plus vrai de dire, d'après les principes que nous avons posés, et qui sont fondés sur le droit commun, auquel la loi n'a fait aucune exception, que le père serait forcé, s'il ne voulait

_____

(1) *Voy.* le §. 38, Inst., *de Actionib.* Il en est aussi parlé dans les lois 16 à 25, ff. *de Re judicata*, et dans plusieurs autres, au titre *de Jure dotium.*

(2) Tom. Ier, pag. 257.

subir l'expropriation, d'abandonner tous ses biens, à la charge par l'enfant, et à son choix, de lui laisser la jouissance en usufruit d'une portion suffisante pour subsister, ou une pension alimentaire. Pothier, ainsi qu'on l'a vu, n'eût pas hésité sur ce point, puisque, lors même que le père n'est pas débiteur envers ses enfans, dont il réclame des alimens, il doit, selon lui, leur offrir préalablement l'abandon de tous ses biens.

402. Suivant l'article 206, les gendres et belles-filles doivent également, et dans les mêmes circonstances, des alimens à leurs beau-père et belle-mère (1).

Ces obligations, porte l'article 207, sont réciproques.

403. Les alimens sont à prendre sur les biens

---

(1) Mon gendre, *Gener*, est le mari de ma fille.

Ma belle-fille, *Nurus*, ou ma bru, est la femme de mon fils.

Mais je ne dois pas d'alimens au fils (*Privignus*) ou à la fille (*Privigna*) que ma femme a eus d'un premier lit, et qu'on appelle beau-fils, ou *belle-fille*, dénomination qui est équivoque, par rapport à la bru.

Le beau-père, *Socer*, est le père de l'épouse ou du mari : il ne faut pas le confondre avec le second mari de ma mère, que les Latins nomment *Vitricus*, les anciens auteurs *Parâtre*, et qu'on appelle aussi, dans le langage usuel, *beau-père*. Je ne dois point d'alimens à ce dernier, pas plus qu'il ne m'en doit.

La belle-mère, *Socrus*, est la mère de l'épouse ou du mari. Elle n'est point la même que celle que l'on appelle aussi, dans le langage ordinaire, belle-mère, et qui est la seconde femme de mon père. Celle-ci, chez les Latins, s'appelle *Noverca*, et dans les anciens auteurs, *Marâtre*. Elle a aussi ce nom dans le style animé, et ne s'emploie qu'en mauvaise part.

du gendre ou de la belle-fille ; mais cela ne doit avoir
lieu, du vivant de l'autre époux, que subsidiairement, en cas d'insuffisance des biens de cet époux :
car si le fils, par exemple, est riche, il serait contre
toute raison que ce fût la belle-fille qui fournît de
ses deniers les alimens. De même, il ne serait pas
juste, si la fille était dans l'aisance, que ce fût le
gendre qui les payât sans répétition : c'est réellement plutôt la dette de la femme que celle du
mari. A la vérité, s'il y a communauté entre les
époux, les alimens seront acquittés par le gendre
comme dette de communauté, et sans répétition.
Il en devrait être de même, s'il y avait entre eux
exclusion de communauté, parce que le mari perçoit
aussi, dans ce cas, tous les revenus de sa femme,
et que l'on doit considérer la pension alimentaire
comme une charge de ces mêmes revenus. Mais si
la femme était mariée sous le régime de séparation
de biens, ou si, étant mariée sous le régime dotal,
elle avait des paraphernaux, nous croyons, avec
M. Delvincourt, que pouvant payer les alimens,
ils devraient être à sa charge personnelle, et que
si son mari les acquittait avec l'intention d'en réclamer le montant, il lui en devrait être fait raison
par la femme. Mais s'il les avait fournis en nature,
en recevant chez lui spontanément son beau-père
ou sa belle-mère, sans faire de réserve, il serait probablement considéré comme ayant entendu acquitter une dette de bienséance, et avoir voulu lui faire
personnellement don des alimens ; en conséquence,

sa demande en répétition contre sa femme ou les héritiers de celle-ci serait vraisemblablement rejetée. La loi 15, Cod., *de Negot. gestis*, dit que lorsqu'un beau-père (*vitricus*) a fourni *affectu paterno*, ne faisant aucune réserve à cet égard, des alimens aux filles de sa femme, et leur a donné l'éducation, il est censé avoir voulu leur faire personnellement une libéralité. On peut en dire autant, et à plus forte raison, du cas dont il s'agit; peu importe que les libéralités ne se présument pas, et que les avantages entre époux soient généralement interdits, si les formes dans lesquelles ils sont permis n'ont pas été observées; car, nous le répétons, le mari serait censé avoir voulu exercer la libéralité plutôt envers le beau-père ou la belle-mère, par motif d'attachement et de bienséance, qu'il ne serait censé avoir voulu acquitter la dette de sa femme.

404. De ce que le gendre n'aurait reçu aucune dot, ni de sa femme ni des père et mère de celle-ci, il ne leur devrait pas moins, en principe, des alimens. La loi ne distingue pas. C'est à la qualité de gendre qu'est attachée l'obligation. De Lacombe, au mot *Alimens*, sect. 1re, cite un arrêt de 1613, qui a jugé en ce sens, et plusieurs jurisconsultes qui ont professé cette opinion.

405. Il en serait ainsi lors même que, dans ce cas, il y aurait des frères ou sœurs de sa femme qui seraient comme lui en état de fournir les alimens; car alors de deux choses l'une : ou sa femme pour-

rait y contribuer, ou elle n'en aurait pas les moyens: dans la première hypothèse s'appliquerait ce que nous venons de dire n° 4o3; dans la seconde, il remplacerait son épouse quant à l'acquittement de la charge dont elle eût été tenue si elle avait été dans l'aisance : seulement, en admettant pour le moment que l'obligation de fournir les alimens soit solidaire entre les enfans (1), et, en conséquence, qu'un ascendant ait une action solidaire contre chacun de ceux qui sont en état de les payer, à son choix; dans le cas dont il s'agit, si le beau-père actionnait uniquement son gendre, les juges pourraient et même devraient ne condamner ce dernier qu'à une somme annuelle proportionnée à la part qu'il eût dû supporter, si la demande eût été dirigée contre tous. En cette matière, les tribunaux ont nécessairement un pouvoir discrétionnaire et protecteur des droits de toutes les parties. Le caprice du beau-père, qui ne s'adresse qu'à son gendre, le rend peu digne de faveur.

4o6. L'article 2o6 ne parle que du beau-père et de la belle-mère; mais M. Delvincourt pense, contre l'avis de M. Proudhon, que le gendre et la belle-fille doivent aussi des alimens aux autres ascendans de leur conjoint, parce que le gendre et la belle-fille sont *loco filii aut filiæ*, et sont soumis, comme fils ou comme fille, à l'obligation de nourrir leurs ascendans par alliance; que ce n'est pas

(1) Nous traiterons de ce point au §. 4.

dans une matière aussi favorable que celle des alimens, que l'on doit suivre aussi littéralement le
texte de la loi. M. Proudhon dit, au contraire, qu'il
n'est pas permis d'étendre ses dispositions au-delà
de ses expressions. Nous embrassons le sentiment
de M. Delvincourt, en faisant néanmoins observer
que la décision qui rejetterait la demande, ne saurait être réformée par la Cour suprême, car elle ne
renfermerait point une violation de la loi.

407. Nous terminerons les nombreuses questions relatives aux personnes qui se doivent des alimens, par celle de savoir si l'obligation d'en fournir au père qui est dans le besoin doit être regardée comme une charge de la succession de l'enfant,
et si elle doit en conséquence être acquittée par
le légataire universel. Pour cela, il faut supposer
que l'ascendant n'a point à réclamer de réserve sur
les biens de l'enfant, soit parce qu'il en a reçu la
valeur du vivant de celui-ci, soit parce que, étant
un ascendant au-delà du premier degré, il y a des
frères ou sœurs, ou enfans de ceux-ci, dont l'existence le prive de toute réserve, par l'effet des articles
750 et 915 analysés et combinés. Ulpien, dans la
loi 5, §. 17, ff. *de Agnosc. et alend. lib.*, s'exprime
en ces termes sur cette question : *Item rescriptum
est, heredes filii ad ea præstanda, quæ vivus filius
ex officio pietatis suæ dabit, invitos cogi non oportere, nisi in summam egestatem pater deductus est.*
Ainsi, suivant cette loi, lorsque le père est réduit

à une grande indigence, les héritiers du fils peuvent
être contraints à lui fournir des alimens. Ce n'est
pas sans doute par l'effet des rapports qui existent
entre ces héritiers et l'ascendant; mais c'est parce
que l'obligation de se fournir mutuellement des alimens est contractée entre l'ascendant et le descendant au moment de la naissance de celui-ci, sous
la double condition que l'un en aura besoin et que
l'autre pourra les fournir. Or, l'accomplissement
de cette double condition a, comme le dit très-bien
M. Delvincourt, un effet rétroactif (art. 1179), par
conséquent elle est une charge de l'hérédité et elle
passe, avec les biens, à tous les légataires ou suc-
cesseurs à titre universel. Mornac, sur cette loi, le
décide ainsi. C'est aussi ce qu'enseigne de Lacombe, au mot *Alimens*, sect. I, n° 2.

§. II.

De l'Étendue de l'obligation de fournir les alimens.

408. On entend par *alimens* tout ce qui est nécessaire à la vie, c'est-à-dire la nourriture, les vêtemens, le coucher, le logement, etc. (1)

L'obligation de fournir les alimens comprend

---

(1) *Verbo* VICTUS *continentur ea quæ esui, potuique, cultuique corporis,
quæque homini ad vivendum sunt necessaria ; vestem quoque victus
habere vicem, Labeo ait. Et cætera quibus tuendi, curandive corporis
nostri gratia utimur, ea appellatione significantur.* LL. 43 et 44, ff. DE
VERB. SIGNIF.

*Legatis alimentis, cibaria et vestitus, et habitatio debebitur, quia sine
his ali corpus non potest. Cætera quæ ad disciplinam pertinent, legato non
continentur.* L. 6, ff. DE ALIM. ET CIBAR.

donc tous ces objets. Mais dans l'état actuel de la civilisation, où les classes de la société sont variées à l'infini, et où les besoins sont généralement en raison de l'éducation que l'on a reçue et du rang que l'on occupe, ces besoins n'ont rien d'absolument fixe. Ils varient encore suivant l'âge de la personne, l'état de sa santé, le lieu qu'elle habite, et mille autres circonstances dont l'appréciation est nécessairement soumise à la sagesse et à la prudence des tribunaux. La loi n'a pu établir à cet égard que des principes généraux.

409. Ainsi dit-elle, « les alimens ne sont accordés que dans la proportion des besoins de celui « qui les réclame, et de la fortune de celui qui les « doit. » (Art. 208.).

« Lorsque celui qui fournit ou celui qui reçoit « les alimens, est replacé dans un état tel, que l'un « ne puisse plus en donner ou que l'autre n'en ait « plus besoin, en tout ou en partie, la décharge ou « la réduction peut en être demandée. » (Art. 209.)

410. Celui qui réclame des alimens comme n'ayant pas de quoi pourvoir à sa subsistance, n'est cependant point obligé, quoique demandeur, de prouver son indigence réelle, parce que cette preuve se convertirait, en définitive, en un fait négatif, l'absence de moyens; or ce fait n'étant pas susceptible de se transformer en affirmation d'un fait positif contraire, il est par conséquent impossible de le prouver. D'après cela, ce sera au défen-

deur à justifier que le demandeur n'est pas dans le cas prévu par la loi : il n'aura, lui, à établir qu'un fait positif dont la démonstration est facile (1).

Comme il est possible que le réclamant n'ait besoin que d'un supplément, le magistrat doit apprécier l'étendue des ressources, en la comparant avec celle des besoins et celle des moyens du défendeur.

411. Lorsqu'il y a plusieurs personnes en état de fournir les alimens, les juges les accordent généralement dans des proportions moins restreintes que s'il n'y en avait qu'une. L'application de cette règle est aussi subordonnée aux circonstances, c'est-à-dire au nombre de ceux qui doivent les alimens, à leur fortune, et quelquefois même à leur qualité, parce qu'en effet des enfans devraient encore se gêner davantage que des gendres, surtout si ceux-ci avaient des enfans et leurs propres parens à nourrir.

Dans la classe des paysans et des artisans, les père et mère s'acquittent de leur obligation en mettant les enfans en état de travailler et de gagner leur vie, en leur faisant apprendre un métier, ou en leur donnant les moyens d'exercer une industrie quelconque.

412. Les enfans nés de parens plus favorisés de la fortune, ou placés dans une position sociale plus

---

(1) *Voy.* un arrêt de la Cour de Colmar, qui a jugé en ce sens, le 23 février 1813. Sirey, 1814, 2, 3.

relevée, ont droit à des soins et à des secours plus étendus; et ils ont encore droit à des secours lors même que leur éducation est finie et qu'ils sont parvenus à leur majorité (1). Cela est particulièrement vrai à l'égard des enfans qui ont embrassé une de ces professions qui, comme celle du barreau ou de la médecine, ne deviennent lucratives qu'à la longue, lors même encore qu'on a le bonheur de s'y distinguer (2). Mais en accordant des alimens aux enfans majeurs, les tribunaux doivent être attentifs à ne point favoriser la paresse.

413. Les alimens se fournissent de deux manières : ou en une pension annuelle, et qui se paie ordinairement par quartier; ou en nature, c'est-à-dire que les alimens sont reçus dans la maison de celui qui les doit, où est nourrie, logée, vêtue et entretenue la personne à laquelle ils sont dus.

« Si, dit l'article 210, la personne qui doit fournir des alimens justifie qu'elle ne peut payer la « pension alimentaire, le tribunal pourra, en connaissance de cause, ordonner qu'elle recevra dans « sa demeure, qu'elle nourrira et entretiendra celui auquel elle devra des alimens.

« Le tribunal, porte l'article suivant, pronon-

----

(1) On le jugeait ainsi dans l'ancienne jurisprudence. Voy. *le Nouveau Denisart*, au mot *Alimens*, §. 4, n° 4. La généralité des termes du Code autorise les juges à suivre cette jurisprudence dans les cas qui leur paraîtraient favorables.

(2) Voy. au *Répertoire de Jurisprudence* de M. Merlin, v° *Alimens*, §. 1, un arrêt du 22 juillet 1779, qui a jugé en ce sens.

« cera également si le père ou la mère qui offrira
« de recevoir l'enfant à qui il devra des alimens, de-
« vra dans ce cas être dispensé de payer la pension
« alimentaire. »

414. Ainsi, l'on voit que lorsque les alimens
sont dus à un autre qu'à un enfant, celui qui les
doit ne peut être écouté dans l'offre qu'il fait de
recevoir la personne chez lui, qu'autant qu'il justifie d'abord qu'il ne peut payer une pension ; et
cette justification faite, les tribunaux ne doivent
encore accueillir cette offre qu'avec beaucoup de
circonspection. Ils doivent principalement considérer si, à raison du caractère et des habitudes de
celui qui doit les alimens, et des dispositions dans
lesquelles il se trouve par rapport à la personne à
laquelle ils sont dus, celle-ci n'aurait point à
souffrir des humiliations et des mauvais procédés
de la part du premier ou des personnes de sa
maison : c'est un point que la loi a soumis à leur
prudence.

415. Quant aux enfans, ils ne peuvent être hu-
miliés de venir recevoir la nourriture dans la maison paternelle : aussi la loi n'exige pas, pour que le
père ou la mère puisse se dispenser de payer la
pension en offrant de recevoir l'enfant, qu'il justifie de l'impuissance où il est de la payer. Cette
offre doit généralement être vue avec faveur ; mais
des circonstances particulières autoriseraient les
tribunaux à la rejeter. Le Code leur laisse encore

à cet égard un pouvoir discrétionnaire. Cependant la Cour de Nîmes a jugé, le 12 fructidor an 2 (Sirey, 5, 2, 13), qu'une fille qui avait abandonné la maison paternelle (1) contre la volonté du père, n'avait pas le droit d'en exiger des alimens, encore qu'elle offrît de justifier ne l'avoir quittée que par suite de mauvais traitemens. Au reste, la Cour ne s'est pas bornée à juger en *fait*, elle a aussi jugé en *droit* : « Considérant, dit l'arrêt, que du moment « que les enfans quittent le domicile de leur père « sans son consentement, le père est affranchi de « l'obligation de fournir des alimens, *à moins que* « *les enfans ne soient dans l'impossibilité physique* « *de pourvoir à leur subsistance.....* Considérant que « la preuve offerte par la fille Dufour est irrévéren- « tielle et *inadmissible ;* que c'est ici la cause des « bonnes mœurs, du respect filial, que les tribu- « naux doivent toujours se faire un devoir de main- « tenir dans toute leur intégrité. »

Nous ne reprocherons à l'arrêt que d'avoir déclaré, en *droit*, que la preuve offerte est *inadmissible*, quand au contraire l'article 211 laisse évidemment aux tribunaux le POUVOIR de décider si le père qui offre de recevoir l'enfant chez lui *doit* être dispensé de payer une pension alimentaire, et par conséquent celui de décider aussi qu'il *doit*, non-

(1) Par suite, à ce qu'il paraît, du mécontentement que lui faisait éprouver le mariage de sa sœur cadette, qu'elle s'était vue préférer avec chagrin. Elle alléguait au surplus que son père et son beau-frère avaient usé de mauvais traitemens à son égard.

obstant son offre, payer cette pension : or il faut bien que l'enfant puisse justifier des circonstances propres à éclairer leur religion, du moins sa prétention à cet égard n'est pas mal fondée en *droit* (1). Aussi la Cour d'Aix a-t-elle jugé, le 3 août 1807 (Sirey, 8, 2, 109), que les père et mère peuvent être contraints à fournir hors de leur demeure les alimens qu'ils doivent à leurs enfans, lorsque ceux-ci leur imputent de mauvais traitemens : en conséquence, la Cour a déclaré que la preuve des mauvais traitemens allégués était pertinente et admissible. Elle s'est fondée sur ce que, dès que la loi, par l'article 211, laisse aux tribunaux le pouvoir de déterminer le mode de prestation alimentaire, il n'est pas à présumer qu'elle ait voulu rendre impossible l'exercice de cette faculté; que la Cour de cassation a reconnu, par arrêt du 14 germinal an XIII, que, d'après l'article 211, le mode de prestation des alimens est laissé à la prudence du juge, etc.

§. III.

Quand cesse l'obligation de fournir les alimens.

416. Les alimens, comme nous l'avons dit, n'é-

---

(1) Dans le projet de loi, on avait d'abord proposé de déclarer que le père et la mère ne pourraient, *dans aucun cas*, être contraints de payer une pension alimentaire lorsqu'ils offriraient de recevoir, nourrir et entretenir dans leur demeure les enfans auxquels ils doivent des alimens; mais cette rédaction fut abandonnée, et l'on y substitua celle de l'article 211, ainsi que le porte le procès-verbal des conférences du Code civil.

tant accordés qu'en raison des besoins de celui qui les réclame et des moyens de celui qui les doit, il suit que, « Lorsque celui qui les fournit ou celui « qui les reçoit est replacé dans un état tel, que l'un « ne puisse plus en donner ou que l'autre n'en ait « plus besoin en tout ou partie, la décharge ou ré- « duction peut en être demandée. » (Art. 209.)

Mais en sens inverse, et toujours par application du principe, que les alimens sont dus en propor- tion des besoins du demandeur et des facultés du défendeur, si la pension alimentaire n'était fixée qu'à une somme modique, et qu'il survînt un ac- croissement notable dans la fortune de celui-ci, ou une diminution sensible dans les faibles ressources qui restaient à celui-là, ou s'il lui survenait des be- soins nouveaux, ce dernier pourrait former une demande en supplément, dont les tribunaux ap- précieraient le mérite selon les circonstances.

417. Du principe que les alimens sont mesurés sur les besoins de celui à qui ils sont dus, nous ti- rons la conséquence que même le père n'en doit pas à son fils mineur, si celui-ci a des biens propres suffisans. Mais les biens qui adviendraient au fils ne seraient pas soumis à la *répétition* du père pour les alimens par lui fournis pendant que l'enfant n'avait pas de biens. Si donc le père a été tuteur de son fils, ou s'il a eu l'administration de ses biens à tout autre titre, il peut mettre dans le chapitre du passif de son compte la valeur des alimens qu'il

lui a fournis, à partir du moment où celui-ci a eu des biens propres, et jusqu'à concurrence de leurs revenus. C'est ce qu'a jugé la Cour de Caen, le 6 mai 1812, dont la décision a été confirmée par la Cour de cassation en ces termes : « Attendu que s'il est « de principe naturel et civil, que tant que le mi- « neur n'a pas de revenus pour subvenir aux frais « de sa nourriture, entretien et éducation, le père « doit y pourvoir, néanmoins cette dette de pater- « nité cesse lorsque les biens et revenus du mineur « augmentent d'une manière suffisante ; que l'arrêt « attaqué, en admettant en compensation, dans le « compte de tutelle rendu par Le Maître à sa fille, « une pension annuelle de 3oo fr., qu'il a fixée « pour les six dernières années qu'elle est restée « chez lui, lorsqu'elle avait un revenu plus que « suffisant pour fournir à sa nourriture, entretien « et éducation, n'est contrevenu à aucune loi ; re- « jette le pourvoi. » Du 13 mars 1813. (Sirey, 1813, 1, 457.)

Dans l'espèce, la fille avait quinze ans lorsque sa mère est venue à mourir, et elle était restée chez son père jusqu'à sa majorité. Elle avait recueilli une rente du chef de son aïeul maternel, et c'est sur les arrérages de cette rente que le père a voulu faire et a fait la retenue.

Mais il faut n'admettre la décision ci-dessus qu'autant qu'elle peut se concilier avec le principe qui, en attribuant au père la jouissance des biens de son enfant jusqu'à l'âge de dix-huit ans, ou jus-

qu'à l'émancipation, attache à cette jouissance la
charge de nourrir, entretenir et élever l'enfant.
(Art. 384 et 385.) Ainsi, tant que le père a l'usufruit légal, il ne peut porter au chapitre de la
décharge de son compte de tutelle le montant des
alimens ; mais il le peut pour le temps qui s'est
écoulé depuis que sa jouissance a cessé. Dans l'espèce ci-dessus cette distinction n'a pas eu lieu,
mais c'est parce que l'imputation a porté sur une
somme provenant des arrérages d'une rente échue
à la fille du chef de son aïeul maternel, dont probablement le père n'avait pas la jouissance. S'il en
eût joui jusqu'à ce que sa fille a eu dix-huit ans
accomplis, la retenue pour alimens n'aurait dû
avoir lieu que pour les trois dernières années, et
non pas pour six ans, ainsi qu'elle a été allouée.

418. Si celui auquel des alimens ont été adjugés
en justice se rendait coupable d'un fait d'ingratitude, qui le ferait exclure comme indigne de la
succession du débiteur s'il y était appelé, ce dernier pourrait demander sa décharge : la raison est
même plus forte que pour le cas où les alimens
n'ont point encore été accordés, et dont nous avons
parlé au n° 385. Il ne serait même pas toujours
nécessaire, ainsi que nous l'avons dit, que le fait
d'ingratitude eût la gravité requise pour constituer
une cause d'indignité.

419. Quant à l'obligation des gendres et belles-
filles, de fournir des alimens à leurs beau-père et

belle-mère, elle cesse dans deux cas : 1° Lorsque la belle-mère a convolé en secondes noces ; 2° lorsque celui des époux qui produisait l'affinité, et les enfans issus de son union avec l'autre époux, sont décédés. (Art 206.)

Ces décisions sont applicables, soit que les causes de cessation du droit aux alimens aient lieu avant qu'ils aient été accordés, soit qu'elles ne naissent que depuis : dans la première hypothèse le droit ne s'est point ouvert, dans la seconde il prend fin.

420. L'effet de la seconde cause de cessation est absolu, c'est-à-dire, quand l'affinité est éteinte, que le gendre ou la belle-fille ne peut pas plus demander des alimens au beau-père ou à la belle-mère que ceux-ci ne peuvent lui en demander, car il n'y a plus de lien entre eux. Mais la première cause ne devrait avoir qu'un effet relatif. Ainsi, l'on conçoit très-bien que la belle-mère perde par son convol le droit d'exiger des alimens de son gendre ou de sa belle-fille : elle passe dans une autre famille qui doit la nourrir. Mais on ne voit pas pourquoi le gendre ou la belle-fille n'aurait plus, par ce fait qui leur est étranger, le droit d'exiger des alimens de la belle-mère. Serait-ce parce que la réciprocité n'existerait plus, et que l'article 207 dit que « Les obligations résultant de « ces dispositions sont réciproques ? » Mais la réciprocité est établie pour *les obligations*, et il n'est pas dit que c'est aussi pour les cas où *elles cessent* :

II. 25

car si on l'eût entendu ainsi, l'article aurait dû simplement dire : *ces dispositions sont réciproques,* ce qui aurait compris et les obligations, et les cas où elles cessent. D'ailleurs cette réciprocité n'a plus les mêmes motifs, puisque la belle-mère trouve ses alimens dans sa nouvelle famille. Est-il vrai au surplus que les alimens ne sont toujours dus qu'en vertu de la réciprocité? Un fils, par exemple, qui aurait été déclaré coupable envers son père d'un fait d'indignité, serait-il admis à lui en refuser, en disant qu'il n'a pas le droit de lui en demander? Non certainement. Eh bien! la belle-mère s'est mise par son convol en dehors de la réciprocité, mais elle ne peut s'en prendre qu'à elle. M. Delvincourt est d'une opinion contraire, et il faut l'avouer, l'arrêt qui jugerait suivant le sentiment de ce jurisconsulte, ne blessant aucune loi positive, trouvant même un appui dans le sens ambigu de l'article 207, rapproché du précédent, ne serait probablement l'objet d'aucune censure de la part de la Cour suprême.

421. Au surplus le convol de la mère ne lui fait point perdre le droit d'exiger des alimens de ses enfans; en sorte que si sa fille est mariée en communauté, le gendre, comme chef de cette communauté, dont les alimens sont une charge, sera obligé de les fournir à sa belle-mère, quoique remariée. *Et vice versâ,* comme la mère en doit toujours à sa fille, le gendre en profitera indirectement.

L'article 206 ne prévoit pas le cas où la belle-fille ayant des enfans du mariage viendrait à se remarier; mais la raison est la même que lorsque c'est la belle-mère qui se remarie, par conséquent les alimens cessent de lui être dus. Mais nous croyons qu'elle en devrait à ses beau-père et belle-mère, comme nous avons décidé qu'il lui en est dû dans le cas où c'est la belle-mère qui a convolé.

Au reste, le droit qui s'est éteint dans la personne de la belle-mère ou de la belle-fille, par son convol, ne renaîtrait pas par la dissolution du second mariage, même en supposant qu'il y eût encore des enfans du premier : l'effet de l'article 206 est absolu et définitif.

422. Il est évident d'après cet article que l'existence des enfans maintient le droit réciproque d'alimens entre les gendre et belle-fille et les beau-père et belle-mère; cependant si ces enfans sont en état d'en fournir à leur père ou à leur mère, ceux-ci n'ont pas le droit d'en demander à leur beau-père ou à leur belle-mère : les liens qui unissent les enfans à leurs père et mère sont plus étroits que ceux qui unissent un beau-père à son gendre. L'obligation du beau-père ou de la belle-mère ne serait donc que subsidiaire. *Vice versâ*, nous croyons que si les enfans issus du mariage étaient en état de fournir les alimens à leur aïeul ou aïeule, ils en seraient seuls tenus, attendu que le lien qui les unit à ces derniers est aussi plus étroit que

celui qui existe entre un gendre et son beau-père.

423. La demande d'alimens dus entre parens ne peut, après le décès de celui à qui ils seraient dus, être formée par ses créanciers, qui prétendent les avoir fournis. Ce principe est consacré par deux arrêts de la Cour de cassation (1), dont les principaux motifs sont que, lorsque la demande n'est formée qu'après le décès de l'individu qui aurait pu avoir le droit de réclamer les alimens, les tribunaux sont dans l'impossibilité de vérifier si c'était le cas de lui en accorder, de constater s'il avait ou non des besoins, ce qu'exige la loi; que le silence de cet individu fait naître la présomption qu'il ne croyait pas avoir ces besoins; qu'on ne peut demander des alimens que pour des besoins actuels, par conséquent, qu'une demande de ce genre ne peut être formée après le décès de l'individu; que son principe, comme son but, est l'existence de la personne, que c'est là un droit exclusivement attaché à la personne elle-même; enfin, que si la demande eût été formée par elle, le défendeur aurait probablement usé de la faculté que lui donne la loi, d'offrir de recevoir chez lui le demandeur, et par là de se dispenser de payer une pension, etc.

____

(1) Ces deux arrêts sont rapportés au *Répertoire de M. Favard de Langlade*, au mot *Alimens*; mais la date du premier n'étant point indiquée, nous ne l'avons point trouvé dans le recueil que nous consultons habituellement. L'autre est du 17 mars 1819, et se trouve dans Sirey, 1819, 1, 308.

Mais lorsque les alimens ont profité *directement*
à celui de qui un tiers en réclame le montant après
le décès de la personne qui les devait, l'action en
paiement peut être bien fondée. Ainsi, comme
nous l'avons dit aux nᵒˢ 390 et 391 *suprà*, un instituteur a non-seulement action contre le père de
son élève, mais s'il n'en peut être payé, il a aussi
action contre l'élève, si ce dernier a les moyens de
fournir aux frais de son éducation. C'est aussi ce
qui a été jugé par la Cour de cassation, dont l'arrêt est cité au même endroit.

§. IV.

De la Nature du droit aux alimens.

424. Dans l'ancien Droit, il était peu douteux
que les enfans qui avaient le moyen de payer la
pension alimentaire à leurs père et mère ou autres
ascendans, n'en fussent tenus solidairement. Pothier le dit formellement, au nᵒ 391 de son traité
du Mariage (1) : « car chaque enfant, considéré
« seul, lorsqu'il en a le moyen, est obligé, par le
« droit naturel, de fournir à son père tout ce qui
« lui est nécessaire pour vivre, et non pas seule-
« ment une partie de ce qui lui est nécessaire (2).

---

(1) De Lacombe et Denisart citent dans leurs *Répertoires*, au mot
Alimens, plusieurs arrêts qui l'ont ainsi jugé.

(2) Ces derniers mots tendent à faire regarder l'obligation comme
indivisible, comme ayant pour objet une chose indivisible, la vie : dès-
lors, il ne suffit pas d'avoir de quoi subsister pendant une certaine
partie de l'année. Mais si l'on ne considérait l'obligation que comme

« Le concours des autres enfans, qui ont le moyen
« comme lui, lui donne bien un recours contre eux,
« mais ne le dispense pas, vis-à-vis de son père, de
« satisfaire pour le tout à cette obligation. »

Pothier poursuit, et dit « que lorsque l'un des
enfans n'a pas les moyens de supporter une part
égale à celle des autres, il n'en doit supporter
qu'une proportionnée à ses moyens : par exemple,
que si le juge fixe la pension à 600 fr., qu'il y ait
trois enfans, dont deux sont dans l'aisance, et un
mal aisé et qui ne peut contribuer que pour une
somme de 100 fr., les deux premiers doivent être
condamnés solidairement à payer la pension entière, et l'enfant mal aisé à y contribuer pour
100 fr., mais sans solidarité. (1)

---

indivisible, le résultat ne serait point le même que si elle était solidaire, puisque dans les obligations indivisibles proprement dites,
l'un des débiteurs assigné pour le tout a le droit de mettre en cause
ses codébiteurs, pour, comme le disent Dumoulin et Pothier, et
comme paraît le vouloir l'article 1225, faire diviser entre eux et lui
le montant de la condamnation ; tandis que la solidarité a précisément
pour effet de faire condamner chacun à la totalité de la dette. Nous
allons revenir sur ce point.

(1) Cela ne s'accorde guère avec ce que dit M. Toullier, que suivant l'ancienne jurisprudence, et qu'il approuve, « chaque enfant est
« tenu de fournir les alimens en entier, sauf son recours contre ses
« frères et sœurs, chacun pour leur quote-part s'ils en ont les moyens ;
« que le plus riche n'est pas obligé de contribuer plus que les autres
« à l'acquit de la dette commune; que le Code est conforme à ces
« principes. » C'est ce que nous allons voir, même quant à la solidarité; et en ce qui touche la contribution, nous convenons bien que,
lorsque tous les enfans sont dans l'opulence, quoiqu'ayant des for-
tunes inégales, la contribution doit être égale. Mais de ce qu'ils auraient
tous les moyens de payer leur part, si néanmoins la contribution

Ces principes, touchant la solidarité de l'obligation, ont été adoptés par presque tous le auteurs qui ont écrit sur le Code. Ils ont même été
consacrés par deux arrêts rendus par la Cour de
Colmar (1); et c'est une doctrine tellement accréditée qu'il faut quelque courage pour oser la combattre : c'est cependant ce que nous ferons.

Que dans l'ancienne jurisprudence, par suite de
l'absence de règles positives touchant la solidarité,
et par l'effet d'une confusion assez facile à concevoir des obligations solidaires avec les obligations
indivisibles, on ait vu la solidarité dans celle de
fournir des alimens, nous n'en sommes pas surpris,
mais aujourd'hui il est impossible de voir la solidarité ailleurs que dans une disposition formelle de
la loi ou dans une convention expresse : l'article
1202 le dit positivement. Or en matière d'alimens
la loi est muette en ce qui touche la solidarité ;
bien mieux, elle est exclusive de la supposition

égale apportait quelque gêne à l'un, lorsqu'elle n'en apporterait
aucune à l'autre, alors l'égalité devrait plutôt être proportionnelle
qu'absolue. C'est là l'esprit de la décision de Pothier.

(1) Le premier, du 24 juin 1812 (Sirey, 1813, 2, 16), a décidé que
l'ascendant a une action solidaire contre chacun de ses enfans, sauf
à celui-ci son recours contre les autres en état de contribuer.

Le second, en date du 7 août 1813 (Sirey, 1813, 2, 374), a reconnu que l'action des enfans contre leurs père et mère était également solidaire, quand même il n'y avait pas communauté entre ces
derniers.

Il ne paraît pas qu'anciennement on ait étendu la solidarité aux
père et mère et autres ascendans. (Voir de Lacombe, v° *Alimens*,
sect. 7.)

qu'elle puisse avoir lieu sans convention, quoi-qu'assurément elle ne repousse pas le caractère d'*in-divisibilité* dans une obligation de cette nature, indi-visibilité dont nous allons déduire les conséquences.

En effet, que veut l'article 208? Que le défen-deur à la demande alimentaire soit tenu de fournir les alimens en proportion de ses facultés. Eh bien! un père a besoin de 1000 fr. par an pour vivre : il a quatre enfans, qui peuvent lui fournir chacun 250 fr., mais dont aucun ne pourrait cependant, sans être très-gêné, lui payer au-delà de 500 fr.; on les condamne, dans le système que nous combat-tons, à payer solidairement les 1000 fr., sauf leur recours; tandisque, s'il n'y avait eu qu'un enfant, la pension n'aurait été probablement fixée qu'à quatre ou cinq cents francs. Il est évident, nonobs-tant le recours, que l'esprit de l'article 208 est mé-connu, puisque, si les autres enfans deviennent in-solvables, celui qui a été forcé de payer le tout a payé au-delà de ses moyens. Et remarquez que l'on ne restreint pas la solidarité au cas où chacun des enfans aurait une fortune assez considérable pour que, lors même qu'il eût été seul, la pension eût été fixée à la même somme, cas dans lequel ce sys-tème blesserait moins l'esprit de la loi, quoiqu'il le blessât encore dans l'ensemble de ses dispositions; on le présente comme absolu, comme une doctrine fondée sur la raison, sur la nature de la dette; et, nous le répétons, c'est ce que nous ne saurions ad-mettre. Nous voyons bien, si l'on veut, une obligation *indivisible* dans celle de fournir des alimens ; mais nous ne saurions y voir une obligation solidaire proprement dite.

Au reste, cette opinion sur laquelle nous n'avons jamais varié, a aussi en sa faveur l'autorité d'un arrêt plus moderne que ceux que nous avons cités (1). Il a été rendu par la Cour de Metz, le 5 juillet 1823 (Sirey, 1824, 2, 11); en voici la teneur, qui s'accorde parfaitement avec les raisons sur lesquelles nous avons appuyé notre sentiment : « Attendu que « si la nature et la loi imposent aux enfans le de- « voir de venir au secours de leurs parens réduits « au besoin, la justice a voulu que les secours à « donner fussent réglés sur les besoins des parens « et proportionnés à la fortune des enfans ;

« Attendu, dans l'espèce, que la pension ali- « mentaire demandée par l'intimée a été réglée « une première fois par une transaction qui oblige « Muller à payer à sa mère 80 fr. annuellement ; que « depuis cette convention, dont il consent l'exécution, « la fortune du fils ne paraît pas s'être améliorée ;

« Attendu que la solidarité n'est point établie « par la loi nouvelle entre les enfans qui peuvent « être obligés à une pension alimentaire envers « leurs parens, puisque chacun n'est tenu de cette « obligation qu'en proportion de ses facultés, et « que si, dans le cas de solidarité, l'un des co-obli-

---

(1) Et depuis la 1ère édition de cet ouvrage, plusieurs autres arrêts ont été rendus dans le même sens.

« gés était forcé de payer la dette de celui qui re-
« fuserait de l'acquitter, il pourrait en résulter la
« ruine de celui qui serait ainsi contraint, ce que
« le législateur n'a pas voulu : par ces motifs, met
« l'appellation et ce dont est appel au néant. »

425. Voici réellement quelle est la nature de
l'obligation dont il s'agit.

Cette obligation est indivisible, parce qu'elle a
pour objet quelque chose d'indivisible, la vie, et
qu'on ne peut pas vivre pour partie : d'où nous
concluons que celui à qui les alimens sont dus peut
former sa demande contre tel ou tel de ceux qui
sont tenus de les lui fournir; que, s'il ne s'adresse
qu'à un seul, il s'expose à n'obtenir qu'une pension
moins forte que celle qu'il aurait eue, s'il eût formé
sa demande contre tous ou même contre plusieurs
seulement; que, dans cette hypothèse, le défendeur sera condamné à payer la pension fixée par
le tribunal, s'il ne met en cause ceux qui comme
lui, peuvent fournir les alimens, sauf ensuite son
recours contre eux pour les y faire contribuer suivant les moyens respectifs de chacun; mais que,
s'il les met en cause, comme il en a incontestablement le droit, le tribunal ne doit point prononcer
dè condamnation solidaire; qu'il doit, au contraire,
déterminer le montant que chacun doit annuellement fournir, d'après ses moyens comparés avec
ceux des autres.

De cette manière, chacun sait ce qu'il doit payer:

il n'y a point de ces recours en garantie, source de divisions, d'altercations et de procès dans les familles. Si celui qui est attaqué pour la totalité des alimens néglige de mettre en cause ceux qui en devraient être aussi tenus, il doit s'imputer sa négligence, et il sera obligé de faire régler par le tribunal leur part contributoire, car ce n'est pas là une dette ordinaire, qui se divise *pro parte virili*, il n'y a dette que dans ceux qui sont en état de fournir les alimens : or, c'est un fait à constater juridiquement lorsqu'il n'est pas reconnu.

426. La pension alimentaire est, de sa nature, insaisissable. (Art. 581, 2° Cod. de procéd.)

Cet article dit : « Sont insaisissables.... 2° les *pro-* « *visions* alimentaires adjugées par justice. » Mais sous cette dénomination l'on comprend non-seulement les provisions accordées provisoirement, comme dans le cas de demande en séparation de corps, mais on comprend aussi les pensions alimentaires dont nous nous occupons.

Ces pensions peuvent toutefois être saisies pour alimens, c'est-à-dire par les créanciers qui les ont fournis. (Art. 582, *ibid.*)

Il n'y a à cet égard aucune différence à faire entre les créanciers qui ont fourni les alimens antérieurement à l'adjudication de la pension, et ceux qui les ont fournis postérieurement. L'article ci-dessus n'établit cette distinction que pour les sommes et objets disponibles déclarés insaisissables par le testateur ou le donateur, et pour les sommes et pensions pour alimens, données ou léguées; objets qui peuvent être saisis par des créanciers postérieurs à l'acte de donation ou à l'ouverture du legs, en vertu de la permission du juge, et pour la portion qu'il déterminera.

Si la pension a été réglée à l'amiable, alors elle est comprise dans les objets que le n° 4 de l'article 581 rend en principe insaisissables, en ces termes : « Les sommes et pensions pour alimens, « encore que le testament ou l'acte de donation ne « les déclare pas insaisissables.... » En conséquence elle ne peut être saisie que par des créanciers postérieurs à l'acte, seulement en vertu de la permission du juge, et pour la somme qu'il déterminera.

427. Le débiteur de la prestation alimentaire, soit qu'elle ait été réglée judiciairement, soit qu'elle l'ait été à l'amiable, ne peut s'en libérer par voie de compensation, même pour des causes survenues postérieurement, à moins que sa créance n'ait pour cause les alimens eux-mêmes. L'article 1293 du Code civil porte en effet que « la compensation « n'a pas lieu à l'égard d'une dette qui a pour cause « des alimens *déclarés* insaisissables : » or, quand même le jugement ou l'acte volontaire ne porterait point la clause d'insaisissabilité, les alimens ne seraient pas moins insaisissables, puisque la loi les *déclare* tels par l'article 581, précité.

428. L'article 1004 du Code de procédure décide

qu'on ne peut compromettre sur les dons et legs
d'alimens, logement et vêtemens.

Mais d'abord cette disposition n'est point applicable aux alimens adjugés par justice; ils ne sont
ni *donnés* ni *légués*, dans le sens que la loi attache
à ces mots.

En second lieu, si la prestation a été réglée à l'a-
miable, comme des événemens postérieurs ont pu
la rendre susceptible de réduction, et même faire
que celui qui devait d'abord les alimens se trouve
maintenant en droit d'en réclamer de la personne
à laquelle il les payait, nul doute que les parties
ne puissent remettre à des tiers, par voie de compromis, le soin de juger leur différent. Il n'y a
rien, dans ce cas, dont l'effet soit absolu, définitif
et irrévocable, puisque, nonobstant la décision ar-
bitrale, les parties auront toujours le droit commun en leur faveur, si leur position respective vient
à changer. Au lieu que lorsque les alimens ont été
légués ou donnés par un tiers, celui qui doit les acquitter ne les devant pas en vertu de sa qualité ni
de la loi, le compromis aurait des effets absolus et
définitifs, que le législateur a voulu empêcher.

429. Tout cela s'applique également à la transaction que feraient les parties sur les alimens, soit
qu'ils eussent déjà été accordés judiciairement ou
à l'amiable, soit qu'ils ne l'eussent pas encore été.

SECTION II.

Des Droits et des Devoirs respectifs des époux.

SOMMAIRE.

430. *Division de cette matière.*

431. *Les époux se doivent mutuellement fidélité, secours, assistance.*

432. *Le mari doit spécialement protection à sa femme.*

433. *La femme doit obéissance à son mari.*

434. *Elle doit habiter avec lui ; elle a son domicile. Le mari
doit lui fournir ce qui lui est nécessaire, selon sa fortune et son état.*

435. *Elle est obligée de le suivre, même en pays étranger ;
discussion au Conseil d'État sur ce point ; ancienne
jurisprudence contraire.*

436. *Lorsque la femme refuse d'habiter avec son mari, celui-
ci peut demander la séparation de corps, et lui refuser
des alimens ; silence de la discussion au Conseil d'État
sur les moyens de contraindre la femme.*

437. *La femme n'est point obligée d'habiter avec le mari qui
entretient une concubine dans la maison conjugale, ou
qui ne reçoit pas sa femme dans un logement convenable
et décent, selon son état et ses moyens.*

438. *Lorsque le mari reçoit convenablement sa femme, et que
celle-ci néanmoins ne veut pas habiter avec lui, peut-on
licitement lui accorder l'envoi en possession de ses biens,
et l'autoriser à faire une saisie générale de tous ses revenus personnels ?*

439. *Ne serait-il pas plus conforme aux principes que le mari
obtînt une condamnation à des dommages-intérêts ?*

440. *La voie manu militari, que la jurisprudence autorise,
est-elle dans l'esprit de la loi ?*

441. *Par le mariage, la femme devient généralement incapable de faire les actes de la vie civile, sans être autorisée.*

442. *Il n'en est pas ainsi suivant les principes de la législation
romaine.*

443. *Dans l'ancienne jurisprudence, l'autorisation du mari, dans les contrats, n'était pas considérée comme un simple consentement.*

444. *Il en est autrement sous le Code : elle se donne, ou par le concours du mari dans l'acte, ou par son consentement exprimé par écrit.*

445. *Mais le concours du mari doit exister dans l'acte : consé- quence.*

446. *Le consentement du mari peut être donné par acte sous seing-privé, même par lettre, encore que l'acte de la femme dût être fait dans la forme authentique.*

447. *Toute autorisation générale ne vaut que pour l'adminis- tration des biens; quant aux procès et à l'aliénation des immeubles, l'autorisation doit être spéciale.*

448. *Mais rien n'empêche le mari de donner à sa femme, pour ses propres affaires, la procuration la plus étendue.*

449. *L'autorisation donnée à la femme d'aliéner ses immeubles situés dans certaine localité, de suivre tels ou tels procès, est spéciale, et, comme telle, elle est valable.*

450. *Lorsque le consentement du mari est donné par écrit, il est à propos de l'annexer à l'acte de la femme.*

451. *Lors même qu'il existerait un acte d'autorisation, si la femme n'en avait point fait usage en contractant, le sien serait nul.*

452. *La femme, sous quelque régime qu'elle soit mariée, ne peut ester en jugement sans être autorisée de son mari, ou, à son refus, par la justice.*

453. *Le principe s'applique même à la femme séparée de corps.*

454. *La seule exception qu'il souffre, c'est lorsque la femme est poursuivie en matière criminelle ou de police.*

455. *Ainsi, quoiqu'elle soit marchande publique, elle ne peut, même pour les affaires de son négoce, ester en jugemnt sans être autorisée.*

456. *La femme dont l'interdiction est poursuivie par ses parens, doit aussi être autorisée par son mari, ou, à son dé- faut, par la justice.*

457. *Distinctions à faire lorsqu'une femme qui a un procès se marie pendant son cours.*

458. *Le tiers ne peut valablement interjeter appel sans assigner*

aussi le mari, quoiqu'il ait pu continuer ses procédures en première instance ; tant que le changement d'état ne lui a pas été notifié.

459. L'autorisation donnée par le mari à la femme de former une demande n'emporte point celle de plaider en appel.

460. La femme autorisée à plaider en première instance et en appel n'est point censée autorisée à défendre sur le pourvoi en cassation.

461. Lorsque le mari a autorisé sa femme à plaider, et qu'elle succombe, doit-il aussi être condamné, au moins quant aux dépens? Distinctions à faire.

462. La femme mariée, qui prend dans une instance la qualité de fille ou veuve, n'en peut pas moins, en principe, demander la nullité de la procédure et des jugemens faute d'autorisation.

463. Il en est autrement lorsque le tiers ne pouvait connaître la condition de la femme, parce qu'elle passait notoirement pour fille ou veuve.

464. La nullité de la demande, résultant du défaut d'autorisation, ne peut être invoquée par l'autre partie ; mais il y a lieu, sur sa demande, à surseoir.

465. Formalités à observer par la femme qui veut agir en demandant.

466. Le tiers qui assigne la femme doit aussi assigner le mari pour l'autoriser ; et s'il ne comparaît pas, le tribunal saisi donne l'autorisation.

467. Le mari qui assigne sa femme est censé l'autoriser à ester en jugement.

468. Un jugement obtenu contre une femme non autorisée ne peut passer en force de chose jugée.

469. La femme peut faire, sans autorisation, les protêts, les oppositions et autres actes extra-judiciaires, quoiqu'ils requièrent le ministère d'un huissier ou d'un notaire.

470. Dispositions des articles 217 et 219.

471. L'autorisation du mari rend également la femme habile à s'obliger envers un tiers, quoique l'obligation soit contractée dans l'intérêt du mari.

472. Elle la rend habile aussi à aliéner ses biens pour le tirer de prison.

473. *Mais, en principe, lorsque l'affaire se passe uniquement entre les deux époux, l'autorisation du mari ne rend pas la femme habile à contracter.*

474. *La femme marchande publique s'oblige valablement sans autorisation spéciale de son mari.*

475. *Mais il faut qu'elle ait son consentement, au moins tacite, de faire le commerce.*

476. *La femme mineure ne peut faire le commerce avec la seule autorisation de son mari, même majeur; il faut qu'elle obtienne celle des personnes désignées à l'article 2 du Code de commerce.*

477. *Le mari, à défaut de cette autorisation, ne serait tenu des faits du commerce de sa femme qu'autant qu'il les aurait approuvés expressément, et qu'il y aurait communauté ou exclusion de communauté. Sous les autres régimes, la question dépendrait de la nature de l'autorisation.*

478. *Le mari mineur ne peut autoriser sa femme, même majeure, à faire le commerce: il faut qu'elle s'adresse à la justice.*

479. *La femme non spécialement autorisée ne s'oblige point pour des affaires étrangères à son négoce.*

480. *Dans les affaires de son négoce, elle oblige son mari, s'il y a communauté entre eux, légale ou modifiée, et même s'il y a exclusion de communauté.*

481. *Le mari est obligé pour le total de la dette; la femme l'est également.*

482. *De ce que la femme serait contraignable par corps, la contrainte ne devrait pas pour cela être prononcée contre le mari.*

483. *Les billets souscrits par la femme commerçante sont censés souscrits pour son commerce.*

484. *Lorsque la femme, quoique non marchande publique, est dans l'usage de signer les factures et les billets de son mari commerçant, elle l'oblige valablement, et n'est point obligée.*

485. *Le mari, commerçant ou non, est tenu d'acquitter les fournitures et les provisions qui ont été faites de bonne*

II. 26

foi à sa femme , pour les besoins de sa maison ; et généralement celle-ci n'est point obligée.

486. *Dans les cas même où la femme , non marchande publique , est obligée, elle n'est point soumise à la contrainte par corps, quoique son mari y fût soumis.*

487. *La femme séparée de biens en a la libre administration.*

488. *Mais, à la faveur d'aucune stipulation , elle ne peut aliéner ses immeubles, ni les hypothéquer, sans être autorisée.*

489. *La femme séparée de biens en a la libre administration , quoiqu'elle soit mineure.*

490. *La femme majeure , séparée de biens , peut disposer de son mobilier et l'aliéner, sans autorisation.*

491. *Elle ne peut , toutefois, sans être autorisée, en disposer à titre gratuit par acte entre-vifs.*

492. *La femme majeure , séparée de biens , peut-elle consentir des obligations personnelles pour des causes étrangères à l'administration de ses biens ?*

493. *La femme , en général , s'oblige valablement par ses délits et quasi-délits. Comment se poursuit l'exécution des condamnations : distinctions à faire.*

494. *La femme qui , en contractant avec quelqu'un , le trompe en prenant un faux nom , ou en produisant un faux acte d'autorisation , est valablement obligée.*

495. *Mais non si elle se qualifie simplement de fille ou veuve, à moins qu'elle ne fût connue dans le pays où elle a traité que sous la qualité qu'elle s'est donnée.*

496. *La femme peut aussi s'obliger par quasi-contrats.*

497. *Comment elle s'oblige par le quasi-contrat de gestion d'affaires.*

498. *Comment elle s'oblige par l'acceptation d'un mandat, sans avoir été autorisée.*

499. *Comment elle s'oblige par le paiement qu'elle a reçu indûment.*

500. *Comment elle s'oblige par la gestion d'une tutelle.*

501. *Elle ne peut s'obliger par l'acceptation d'une succession , qu'autant qu'elle a été autorisée à cet effet.*

502. *Comment elle s'oblige par le quasi-contrat de choses communes.*

503. *La femme peut tester sans l'autorisation de son mari.*

504. *Lorsque le mari est mineur, l'autorisation du juge est nécessaire à la femme pour ester en jugement ou pour contracter.*

505. *Mais cela n'est vrai que dans les cas où la femme a besoin d'être autorisée : distinctions à cet égard.*

506. *Lorsque le mari est interdit ou absent, le juge peut, en connaissance de cause, autoriser la femme.*

507. *Il en est de même lorsque le mari est frappé d'une condamnation à une peine afflictive ou infamante.*

508. *En principe, les actes faits par la femme sans le consentement du mari, même avec l'autorisation de la justice, n'engagent pas les biens de la communauté : exceptions que souffre la règle.*

509. *Dans l'ancienne jurisprudence, le défaut d'autorisation produisait une nullité absolue : sous le Code, elle est simplement relative à la femme, au mari ou à leurs héritiers.*

510. *Le tiers qui a cautionné la femme ne pourrait invoquer le défaut d'autorisation.*

511. *Le donateur peut-il demander la nullité d'une donation expressément acceptée par la femme non autorisée ?*

512. *Les créanciers de la femme non autorisée à contracter peuvent demander la nullité de son engagement.*

513. *Lorsque la femme demande la nullité, elle doit restituer ce dont elle a profité par suite du contrat.*

514. *L'action doit être intentée dans les dix ans à partir de la dissolution du mariage.*

515. *Les héritiers du mari, nonobstant la généralité des termes de l'article 225, seraient déclarés non-recevables à demander la nullité, s'ils étaient sans intérêt.*

516. *La nullité peut se couvrir par la ratification donnée en temps de capacité.*

517. *La ratification peut être expresse ou tacite.*

518. *Le mari, en ratifiant sans la participation de sa femme, enlève-t-il à celle-ci et à ses héritiers le bénéfice de la nullité ?*

430. Nous verrons sur cette matière :

1° Les devoirs généraux des époux l'un envers l'autre;

2° L'autorisation du mari, et comment elle peut être donnée;

3° Quand elle est ou n'est pas nécessaire;

4° Celle de la justice;

5° L'effet du défaut d'autorisation;

6° Et l'effet de la ratification.

§. Ier.

Devoirs généraux des époux l'un envers l'autre.

431. Ces devoirs ont leur principe dans la morale, dont la loi n'est ici que l'interprète:

« Les époux, porte l'article 212, se doivent mu-
« tuellement fidélité, secours, assistance. »

Ils se sont mutuellement promis un attachement sans partage : ils se doivent donc une foi mutuelle.

Ils se sont unis pour s'aider à supporter les maux de la vie, comme pour jouir en commun de ses plaisirs et de ses bienfaits : se secourir et s'assister dans les malheurs est la première loi qu'ils se sont imposée, c'est la première qu'ils doivent observer : *Quid tàm humanum est, quàm ut fortuitis casibus mulieris maritum, vel uxorem viri participem esse?* L. 22, §. 7, ff. *Solut. matrim.*

Ainsi ils doivent se secourir dans les dangers; ils le doivent aussi dans les positions fâcheuses de la vie, et pour cela ils doivent contribuer aux charges du mariage au-delà même des proportions établies par les lois civiles pour les cas ordinaires ou par les conventions, lorsque l'un d'eux n'a pas les moyens d'y contribuer suffisamment (article 1448 et autres). Ils doivent s'assister dans les infirmités, dans les maladies, même contagieuses. Le dévoûment doit n'avoir d'autres limites que celles que mettrait l'inutilité évidente des soins et des secours. Ces préceptes, que nous puisons dans la nature du mariage, dans la sainteté de ce lien, dans l'esprit même de la loi civile, ont pour garantie de leur observation l'estime publique et de soi-même, et la noble satisfaction qu'éprouve une âme généreuse qui va même au-delà du devoir ordinaire.

D'après ces principes, les infirmités de l'un des époux, quoique contagieuses, n'autoriseraient point l'autre à s'en séparer. C'est au surplus ce que nous expliquerons en traitant de la *Séparation de corps.*

432. Le mari doit spécialement protéger sa femme (art. 212) : il doit la défendre contre toute oppression. En prenant son nom, en se plaçant sous sa puissance, elle a cherché un appui à sa faiblesse naturelle, et le contrat serait violé dans son essence, le mari manquerait à son premier devoir autant qu'il manquerait à sa propre dignité, s'il dédaignait de la protéger, s'il la laissait en butte à la persécution. Son indifférence à cet égard serait un tort, dont la gravité pourrait, selon la nature des offenses dont son épouse aurait été l'objet, être considérée comme une nouvelle injure faite à celle-ci;

et qui l'autoriserait à former une demande en séparation de corps.

433. Ce pouvoir protecteur, qui dérive encore plus de la nature que de la loi civile, suppose dans celui qui l'exerce une supériorité et une prééminence sans laquelle son action serait inefficace; par cela même il suppose aussi de la part de l'être protégé soumission et obéissance, puisque l'idée d'indépendance, qui se suffit à elle-même sans secours emprunté, est incompatible avec le besoin de défense et de protection : aussi, « la femme, dit « la loi, doit obéissance à son mari. » (*Ibid.*) Cette loi n'est pas celle de la force seule, c'est aussi celle de la raison ; sans la prééminence de l'un des associés, la société conjugale ne pourrait subsister; et la femme, en reconnaissant cette prééminence dans celui auquel elle s'est unie, ne fait que rendre hommage au pouvoir qui la protége. Mais ce pouvoir ne doit point tourner en moyen de gêne et d'oppression : sa nature serait méconnue par une semblable subversion, que repousseraient tout à la fois les lois et la raison, et qui autoriserait la femme à s'en affranchir.

434. Le mariage est l'union des personnes; c'est une communauté de l'existence : les époux doivent donc vivre ensemble.

La femme, comme soumise à son mari, prend son domicile (art. 108) : elle est obligée de le suivre partout où il juge à propos de résider, et de son côté, le mari est obligé de la recevoir et de lui fournir tout ce qui lui est nécessaire pour les besoins de la vie, selon sa fortune et son état. (Art. 214.)

S'il refuse de la recevoir, il doit être condamné à lui payer une pension proportionnée à son état et à ses facultés, ainsi que l'a jugé la Cour de Lyon, le 30 novembre 1811 (Sirey, 1812, 2, 63) (1).

435. La femme, disons-nous, est obligée de suivre son mari partout où il juge à propos de résider ; mais est-elle obligée de le suivre, même en pays étranger ?

Anciennement, comme nous l'apprend Pothier, n° 382, le principe recevait une limitation dans ce cas : « Pourvu, dit-il, que ce ne soit néanmoins pas « hors du royaume. »

Le projet soumis à la discussion du Conseil-d'État portait : « Si le mari voulait quitter le sol de « la république, il ne pourrait contraindre sa femme « à le suivre, si ce n'est dans le cas où il serait chargé « par le gouvernement d'une mission à l'étranger « exigeant résidence. »

M. Réal observa que le projet de rédaction por-

---

(1) Un avis du Conseil-d'État, approuvé le 11 janvier 1808 (Bulletin, n° 2937), autorise le ministre de la guerre à ordonner, s'il y a lieu, la retenue d'un tiers au plus sur la pension ou solde de retraite de tout militaire qui ne remplirait pas, à l'égard de sa femme et de ses enfans, les obligations qui lui sont imposées par les chapitres 5 et 6 du titre du *Mariage*, sauf le recours du mari au Conseil-d'État, commission du contentieux.

tait d'abord, *le sol continental ou colonial de la ré-*
publique. Les tribunaux ayant demandé la suppression de ces mots, la section a adopté cette suppression, parce qu'un Français peut être appelé
dans les Colonies pour ses affaires, et qu'alors il
doit lui être permis, disait M. Regnaud de Saint-
Jean-d'Angely, de forcer sa femme à le suivre, attendu qu'il peut voir des inconvéniens à la laisser
éloignée de lui.

Le premier consul dit que l'obligation où est la
femme de suivre son mari est générale et absolue.

Cependant, répondit M. Emmery, cette obligation ne doit pas aller jusqu'à suivre le mari dans
l'étranger.

Sans doute, reprit M. Regnaud, le mari n'a pas
le droit de faire de sa femme une étrangère (1);
mais il ne doit pas être forcé de s'en séparer lorsque ses affaires le conduisent hors du territoire
français.

Le premier consul répliqua que l'obligation de
la femme ne doit recevoir aucune modification, et
que la femme est obligée de suivre son mari toutes
les fois qu'il l'exige. Et après quelques autres observations sur les moyens d'exécution, la discussion en est restée là. L'article, réduit à ces termes

---

(1) Nouvelle preuve de la vérité de ce que nous avons dit au tom. Ier,
n° 189, que, puisque la loi impose à la femme l'obligation de suivre
partout son mari, elle n'a pas voulu la priver de sa qualité de Française, parce qu'elle l'aurait suivi en pays étranger, où il a perdu la
sienne, si toutefois elle n'a point entendu aussi abandonner la France
sans esprit de retour, mais que cet abandon ne se présume point.

absolus, sans restriction, doit en effet être entendu en ce sens.

436. Mais quels sont les moyens de contraindre la femme à remplir son obligation d'habiter avec son mari, même en France?

Sans doute, le refus fait par celle-ci de résider dans la maison commune, serait une injure faite au mari, qui l'autoriserait à demander la séparation de corps; mais ce n'est point le but auquel il tend; ce moyen servirait même, du moins généralement, le dessein de sa femme : aussi le mari en fera-t-il rarement usage.

Il peut, il est vrai, lui refuser des alimens : cela a été formellement reconnu dans la discussion, et n'est d'ailleurs que l'application de la règle, que l'une des parties contractantes n'est point obligée de remplir ses engagemens lorsque l'autre méconnaît les siens. Mais dans la discussion on s'est borné à parler de la privation d'alimens; on n'a rien dit touchant la question de savoir si la femme perdrait, comme dans l'ancienne jurisprudence (1), ses avantages matrimoniaux.

On n'a point non plus agité la question de savoir si la femme devrait ou pourrait être condamnée à des dommages-intérêts envers son mari;

---

(1) On trouve dans Denisart, au mot *Femmes*, plusieurs arrêts qui ont déclaré déchues de leur douaire, gain de survie, conventions matrimoniales et droit de communauté, des femmes qui avaient abandonné leurs maris, et qui ne s'étaient point réunies à eux à la mort de ceux-ci. On leur restituait néanmoins leur dot.

Si celui-ci pourrait retenir les revenus des propres de la femme;

Et enfin, on a également gardé le silence sur le point de savoir si le mari pourrait employer la voie de contrainte par corps, pour obliger sa femme à résider dans la maison commune; on s'est simplement borné, après avoir parlé de la privation des alimens, à dire que toutes ces difficultés doivent être abandonnées aux mœurs ou aux circonstances.

Elles sont graves, ces difficultés; elles se sont présentées déjà bien souvent, et la jurisprudence, pour les résoudre, a cru, dans le silence de la loi, devoir la fausser quant à l'objet le plus important, la liberté des personnes : c'est ce que nous allons expliquer.

437. D'abord, si la femme est obligée d'habiter avec son mari, celui-ci doit respecter l'honneur de son épouse, la pureté de ses mœurs, et lui fournir tout ce qui lui est nécessaire pour les besoins de la vie, selon ses facultés et son état : d'où il suit que la femme ne serait point tenue de résider dans une maison où ses regards seraient blessés par des actions qui outrageraient la morale. Par conséquent, si le mari cherchait son existence dans des moyens honteux, ou s'il entretenait une concubine dans la maison commune, la femme qui ne croirait pas devoir demander la séparation judiciaire, pourrait se retirer, et sur la demande du mari de venir le retrouver et habiter avec lui, se dispenser, par

une fin de non-recevoir, dont les juges apprécieraient le mérite suivant les circonstances, de lui
obéir, tant qu'il n'aurait pas fait cesser les motifs
de son refus.

En second lieu, elle n'est point forcée d'habiter
avec lui lorsqu'il n'a pas un logement convenable
et décent pour la recevoir, selon ses facultés et son
état. Ainsi jugé par deux arrêts de la Cour de cassation (1). Mais comme les Cours d'appel avaient
jugé en *fait*, celle de cassation s'est bornée à déclarer qu'elles avaient pu, sans contrevenir à la loi,
décider que la femme, dans les cas dont il s'agissait, n'était point reçue maritalement comme elle
devait l'être.

Revenant au principe et aux moyens d'exécution
que peut avoir le mari de contraindre sa femme à
résider avec lui, nous dirons que le Code n'ayant
point consacré les déchéances dont elle pouvait
être frappée dans l'ancienne jurisprudence, ce ne
serait qu'arbitrairement que les tribunaux lui in-
fligeraient ces peines.

438. Quant à *la saisie générale des revenus personnels de la femme*, on prétend qu'il fut positivement reconnu au Conseil-d'État que le mari avait
le droit de faire faire cette saisie. La vérité, c'est
qu'il ne fut rien dit autre chose, si ce n'est que le
mari pourrait lui refuser des alimens, ce que per-

---

(1) Des 12 et 26 janvier 1808. Sirey, 1808, 1, 145.

sonne ne conteste, mais ce qui est bien différent.
La Cour de Riom (1) a toutefois ordonné que, faute
par la femme de se réunir à son mari dans le délai
d'un mois, celui-ci pourrait se mettre en possession
de ses biens, à la charge par lui de les entretenir, etc., mais sans être astreint à fournir aucune
portion des revenus à la femme.

439. On peut demander sur quelle loi cet arrêt
est fondé. C'est une décision parlementaire qui
eût été bonne anciennement, mais qui est arbitraire aujourd'hui. Nous concevons très-bien que
la femme eût pu être condamnée à des dommages-
intérêts par suite de l'inaccomplissement de ses
obligations, et qu'en exécution de cette condamnation, le mari eût pu faire saisir les revenus de sa
débitrice jusqu'à due concurrence : cela eût été
dans l'ordre ordinaire des choses; mais un envoi en
possession, comme s'il s'était agi des biens d'un absent, c'est ce qui n'était autorisé par aucune loi (2).

Dans une espèce semblable, la Cour de Colmar
avait, par un premier arrêt (3), autorisé la mari à
employer contre sa femme la voie *manu militari*,
pour la contraindre à venir habiter la maison conjugale. Après une visite qui fut vainement faite au
domicile de la mère de l'épouse pour s'emparer de
la personne de celle-ci, le mari forma une nouvelle

---

(1) Le 13 août 1810. Sirey, 1813, 2, 239.
(2) Un arrêt de la Cour de Pau, du 22 prairial an XIII (Sirey, 6, 2,
15), a aussi autorisé la saisie *générale* des revenus de la femme.
(3) Du 14 janvier 1817. (Sirey, 1818, 2, 123.)

demande, mais qui avait pour objet d'obtenir des dommages-intérêts : il les avait fixés à 5oo fr. *par chaque semaine de retard.* C'était beaucoup, comme l'on voit. Le tribunal adjugea 3oo fr. par chaque mois de retard. La femme interjeta appel. Elle le fondait : 1° sur ce que le mari, dans la première instance, avait obtenu tout ce qu'il voulait, la contrainte ; que c'était tomber dans le vice *bis in idem*, et par conséquent que la nouvelle demande était non-recevable; 2° qu'elle était en tout cas *mal fondée*; puisque c'était mettre aux prises la cupidité avec la tendresse maritale, exposer celle-ci à succomber, et ouvrir au mari un moyen de s'approprier la fortune de sa femme. Elle disait en outre que jusqu'à ce jour, la jurisprudence n'a usé d'autre voie coërcitive que la saisie des revenus de la femme qui était séparée des biens (1), et la contrainte personnelle, encore que cette voie répugnât à nos mœurs; mais qu'elle n'avait point été au-delà.

La Cour, en rejetant la fin de non-recevoir, a néanmoins déclaré la demande mal fondée. Il nous semble, au contraire, qu'une demande en dommages-intérêts, dont les tribunaux au surplus fixeraient le *quantum* avec modération, et de manière toutefois que ce fût un moyen réellement coërcitif, serait mieux fondée sur les principes, qu'une autorisation de saisir *tous* les revenus, sans con-

(1) Ou qui avait des paraphernaux, comme dans l'espèce jugée par la Cour de Riom.

damnation préalable à une somme déterminée.
L'une aurait pour elle le droit commun; l'autre ne
reposerait que sur l'arbitraire.

440. Pour la voie de contrainte *manu militari*,
c'est une opinion accréditée que le mari peut obtenir l'autorisation de l'employer. On dit, à cet
égard, que les règles sur la contrainte par corps en
matières civiles ne sont pas applicables ici, parce
qu'il ne s'agit point de mettre la femme en prison;
que le mariage n'est pas un contrat ordinaire; qu'en
consentant à leur union, les époux se sont donnés
l'un à l'autre pour passer leur vie en commun et
avoir des enfans, et qu'il est évident que ce but du
mariage ne saurait être atteint, si l'un d'eux, sans
motif légitime, pouvait se soustraire à la cohabitation commune; que la contrainte *manu militari* est
donc dans la nature des choses, et que telle est la
jurisprudence (1).

Malgré l'uniformité de cette jurisprudence, nous
ne sommes point convaincus; et voici succinctement nos raisons :

1° Quoique la femme ne soit pas mise en prison,
on n'exerce pas moins à son égard une contrainte,
une violence : or, la loi défend formellement d'exercer une contrainte personnelle hors des cas expres-

(1) Indépendamment de l'arrêt de la Cour de Colmar, ci-dessus
cité, il en existe trois autres antérieurs, qui ont jugé dans le même
sens, et qui ont été rendus les 29 mai 1808, 12 avril et 17 juillet 1810,
par les Cours de Paris, Pau et Turin. (Sirey, 1808, 2, 199; 1810,
2, 241; et *Bibliothèque du Barreau*, tom. III, pag. 248.)

sément déterminés par elle (art. 2063), et celui dont
il s'agit n'est point prévu;

2° Pour que l'exercice de cette contrainte eût
un résultat, il faudrait renfermer la femme, la retenir, contre le vœu de toutes les lois, en charte
privée; sinon la faculté qu'elle aurait de s'en aller
rendrait le moyen illusoire, et son emploi renouvelé sans cesse troublerait la paix publique et ne
serait qu'un sujet de scandale et de risées;

3° Que, dans la discussion au Conseil-d'État, le
premier consul, dont l'opinion s'est le plus éner-
giquement prononcée sur l'obligation absolue de la
femme de suivre partout son mari, même en pays
étranger, interrogé sur les moyens d'exécution
qu'aurait celui-ci, s'est borné à dire qu'il lui refuserait des alimens; et aucun autre orateur n'a non
plus parlé de contrainte par corps, parce qu'en effet
ce moyen est odieux, surtout de la part d'un mari
envers sa femme; qu'il répugne à la décence publique, qu'il n'est propre qu'à semer la haine entre
deux époux momentanément divisés, mais qui
peuvent d'un instant à l'autre se réunir; qu'il est illusoire, s'il ne se transforme en un véritable attentat à la liberté individuelle, et parce qu'enfin la loi
ne l'a point établi;

4° Qu'il n'est pas vrai de dire que sans ce moyen
la femme peut se jouer de son obligation, et que
la loi est ainsi dépouillée de sanction; car, cela fût-
il vrai, l'insuffisance de la loi sur ce point n'autoriserait pas l'emploi d'un moyen qu'elle réprouve

formellement, précisément parce qu'elle n'en a pas
permis l'usage dans le cas dont il s'agit. Nous disons au contraire que la loi a une sanction dans
le refus que peut faire le mari de fournir des alimens à sa femme; qu'elle en a une aussi dans le droit
qu'il a, selon nous, de la faire condamner à des
dommages-intérêts; enfin, qu'elle en a une encore
dans la jurisprudence des Cours, que nous n'ap-
prouvons pas, mais qui nous répugne beaucoup
moins que celle qui autorise la contrainte *manu militari*, et qui consiste à donner au mari le droit de
saisir généralement tous les revenus de la femme.
L'opinion publique offre d'ailleurs une garantie
puissante, que ce désagrément n'atteindra guère
que les maris qui ne feront pas de leur côté tout
ce qu'ils doivent faire pour procurer le bonheur
à leurs épouses; et si la femme se conduit mal, le
mari peut lui faire infliger les peines portées aux
articles 336 et suivans du Code pénal.

§. II.

De l'autorisation du mari, et comment elle peut être donnée.

441. En passant sous la protection du mari, la
femme, comme nous l'avons dit, passe aussi sous
sa puissance, et perd ainsi la faculté d'exercer seule
la plupart des actes de la vie civile. Elle devient incapable d'ester en jugement, et généralement, de

contracter sans l'autorisation de son mari, ou, à son défaut, celle de la justice.

442. En cela, la législation française diffère de beaucoup du droit romain, suivant lequel les femmes ne pouvaient, il est vrai, s'obliger pour autrui ni même pour leurs maris (1), mais pouvaient du moins contracter dans leur propre intérêt, sans avoir besoin de l'autorisation de ceux-ci.

443. Dans les principes de l'ancienne jurisprudence, l'autorisation maritale n'était pas considérée dans les contrats comme un simple consentement; elle devait être formellement exprimée : tellement que le mari, en souscrivant l'acte par lequel la femme s'engageait ou aliénait, ne la rendait pas habile à le consentir, s'il ne disait positivement qu'il l'autorisait (2).

444. Le Code a fait justice de cette subtilité. Il dit par l'article 217 : « La femme, même non com-« mune ou séparée de biens, ne peut donner, alié-« ner, hypothéquer, acquérir à titre gratuit ou « onéreux *sans le concours du mari dans l'acte,* ou « son consentement par écrit. »

445. Mais lorsque le consentement n'est pas donné par écrit, il faut du moins le concours du mari *dans* l'acte, de manière qu'il n'ait pu ignorer l'engagement de sa femme. C'est d'après ce prin-

---

(1) A cause du sénatus-consulte Velleïen, qui le leur défendait.
(2) *Voy.* Pothier, *Traité de la puissance du mari,* n° 6.

cipe que la Cour de Riom, par arrêt du 2 février 1810 (1), a déclaré nul l'engagement d'une femme qui avait simplement mis au bas d'une lettre de change souscrite par son mari, ces mots : *pour caution.* C'était en effet un *autre acte* que celui du mari, et qui pouvait fort bien avoir été consenti sans son autorisation (2).

446. Le consentement peut être donné par acte sous seing-privé comme par acte authentique, lors même qu'il s'agirait, pour la femme, d'un acte qui ne peut être valablement fait qu'en la forme solennelle et authentique, comme l'acceptation d'une donation : la loi ne distingue pas, et il n'y avait pas raison de distinguer. Le consentement du mari pourrait même être valablement exprimé par une lettre.

447. L'autorisation donnée d'une manière générale, même celle stipulée par contrat de mariage, ne vaut que pour l'administration des biens de la femme (art. 223) : elle est sans effet quant aux aliénations d'immeubles, aux transactions, à l'acceptation et à la répudiation des successions, aux actions judiciaires soit en demandant soit en défendant, aux constitutions d'hypothèques, aux emprunts, etc. La loi veut qu'elle ne soit que le résultat d'une volonté éclairée dans le mari; ce

_____

(1) Sirey, 1814, 2, 99.

(2) Mais voir le n° 518, *infrà*, pour le cas où le mari tire une lettre de change sur sa femme.

qui ne pourrait avoir lieu, du moins ordinairement, si elle était donnée dans les termes les plus
généraux, les plus absolus.

448. Mais rien n'empêche celui-ci de donner à
sa femme la procuration la plus étendue pour ses
propres affaires ou celles de la communauté, ou
pour l'administration des biens de la femme, si
elle lui appartient, d'après le régime sous lequel il
est marié : il peut placer sa confiance en sa femme
comme en tout autre. Alors, ce sont les principes
du mandat qui sont applicables entre le mari et
les tiers, et ceux du contrat de mariage entre la
femme et le mari.

449. L'autorisation que celui-ci donnerait à sa
femme d'aliéner, soit par un seul et même acte au
profit d'une ou plusieurs personnes, soit par des
actes divers et au profit de personnes différentes,
tels ou tels immeubles à elle appartenans, ou même
d'aliéner les immeubles situés dans certaine localité,
dans tel département, ou celle qui comprendrait en
même temps le pouvoir de suivre tels ou tels procès, et qui renfermerait même d'autres pouvoirs,
ne constituerait qu'une autorisation spéciale, par
conséquent valable, quoiqu'elle eût plusieurs objets.
Ce que la loi proscrit, c'est l'autorisation générale
de plaider, d'aliéner, d'hypothéquer, et de faire tous
actes qui excèdent les bornes ordinaires de l'administration des biens.

45o. Pothier (1) et Lebrun (2) disent que, lorsque l'autorisation est donnée antérieurement à l'acte que la femme doit passer, il est à propos que celui qui la renferme soit annexé à ce dernier ; qu'il ne suffirait pas d'énoncer que la femme a été autorisée par acte de tel jour passé devant tel notaire, et qu'elle l'a représenté : car si le contrat était attaqué, et que l'acte d'autorisation ne fût pas produit, il serait annulé. Le notaire qui a reçu le contrat n'a pu, en effet, attester *propriis sensibus* que le mari avait autorisé sa femme, puisqu'on suppose que l'autorisation est antérieure à l'acte qu'il a reçu ; et l'extrait des actes de l'enregistrement serait insuffisant pour prouver son existence et sa validité.

De là, si la femme traite par acte sous seing-privé, le créancier doit avoir la précaution de se faire remettre l'acte d'autorisation.

451. Pothier dit aussi que si la femme avait contracté sans se dire autorisée, quoiqu'il existât un acte d'autorisation, le contrat auquel il n'aurait pas été référé devrait être annulé, parceque, en ne faisant pas usage de l'autorisation, en contractant comme femme libre, sans se dire autorisée, c'est la même chose que si elle ne l'avait pas été.

Nous pensons que la décision de Pothier ne serait point applicable au cas où l'acte d'autori-

(1) *De la Puissance du mari*, n° 71.
(2) *De la Communauté*, liv. II, chap. I, sect. 4, n° 21.

sation serait annexé à celui de la femme, ou qu'elle l'aurait remis au tiers : dans ces cas, elle en aurait réellement fait usage, quoique l'ont eût omis d'en faire mention dans le contrat. Il serait d'ailleurs toujours vrai de dire qu'elle avait le consentement de son mari par écrit, et l'article 217 n'exige pas autre chose.

Nous verrons au §. VI quel est l'effet de l'autorisation donnée après coup.

§. III.

Quand l'autorisation du mari est ou n'est pas nécessaire.

452. Nous parlerons d'abord des cas où elle est nécessaire, et nous distinguerons entre les actions judiciaires, actives ou passives, et les contrats ou engagemens extrajudiciaires.

« La femme, porte l'article 215, ne peut ester (1) « en jugement sans l'autorisation de son mari, « quand même elle serait marchande publique, ou « non commune, ou séparée de biens. »

Elle ne peut par conséquent citer en conciliation sans cette autorisation; et pour y être citée valablement, il faut que la citation soit aussi donnée au mari, comme nous le dirons bientôt pour les matières contentieuses proprement dites.

_____

(1) *Stare in judicio.*

453. Le principe s'applique aussi à la femme séparée de corps : l'effet de cette séparation donne bien à la femme le droit d'avoir une habitation distincte de celle de son mari, et elle entraîne la séparation de biens; mais la femme n'est pas moins soumise à la puissance maritale pour tout ce qui n'a pas été détaché de cette puissance par la loi : or, nulle part il n'est dit que la femme séparée de corps a le droit d'ester en jugement sans être autorisée. L'article 1449 dit, au contraire, qu'elle ne peut aliéner ses immeubles sans le consentement de son mari, ou, à son refus, l'autorisation de la justice : il la met sur la même ligne que la femme séparée de biens seulement.

454. La seule exception que souffre le principe se trouve dans l'article 216; c'est lorsque la femme est poursuivie en matière criminelle ou de police : dans ce cas la justice qui la poursuit, lui donne implicitement l'autorisation, parce qu'elle ne peut vouloir l'accuser sans vouloir en même temps lui reconnaître le droit naturel de se défendre.

Mais dans les affaires criminelles, correctionnelles ou de simple police, la femme, à plus forte raison, ne pourrait se rendre partie civile sans être autorisée de son mari ou de justice.

455. Quoiqu'elle soit marchande publique et qu'il s'agisse des affaires de son négoce, elle ne peut non plus agir, soit en demandant, soit en défendant, sans être autorisée : son mari a pu avoir

assez de confiance en son intelligence pour lui laisser faire le commerce, sans qu'on doive en inférer
qu'il a eu la même confiance relativement aux
affaires judiciaires, qui sont d'une nature toute
différente; ce n'est pas le cas de dire : *qui veut la
fin veut les moyens.*

456. La Cour de cassation a même jugé que le
principe s'appliquait à la poursuite en interdiction
dirigée contre la femme : en conséquence, elle a
décidé, par arrêt de cassation du 9 janvier 1822
(Sirey, 1822, 1, 156), 1° que l'interdiction d'une
femme mariée ne peut être régulièrement provoquée par ses parens, et prononcée par les tribunaux, sans que cette femme ait été autorisée par
son mari, ou par les tribunaux, à défaut de celui-ci.

2° Que le mari qui n'a pas donné son autorisation
peut former tierce-opposition au jugement qui a
prononcé l'interdiction de sa femme, et le faire
annuler, ainsi que tout ce qui l'a précédé et suivi.

457. Mais une foule de cas peuvent se présenter, et nous allons les passer rapidement en
revue.

Nous supposerons d'abord qu'une femme qui a
un procès se marie; alors il faut distinguer :

Si l'affaire est en état, le jugement ne peut être
différé. (Art 342, Cod. de procéd.)

Si l'affaire n'est point en état, les procédures
peuvent être continuées, tant que le changement
d'état de la femme n'est point notifié à la partie

adverse; cette partie n'est point obligée de le connaître. (Art. 345, *ibid.*)

Mais depuis la notification, le tiers ne peut continuer ses poursuites sans mettre en cause le mari; et s'il est défendeur, il peut demander que la femme soit déclarée non-recevable à continuer ses poursuites, tant qu'elle ne sera point assistée de son mari ou du moins dûment autorisée. On ne peut le forcer à subir les chances d'une procédure irrégulière.

Le mari peut, suivant la nature de l'affaire, reprendre l'instance ou intervenir.

458. Quoique l'adversaire de la femme puisse continuer ses procédures tant que le changement d'état ne lui a pas été signifié, néanmoins il ne peut interjeter appel d'un jugement rendu entre lui et la femme qui s'est mariée pendant le procès, sans assigner aussi le mari sur l'appel pour autoriser la femme : il n'est pas nécessaire que le changement d'état lui ait été signifié: on rentre dans la règle générale. En cela, l'appel est considéré comme une instance nouvelle (1).

459. D'après cela, l'on voit que la femme simplement autorisée par son mari à former une demande, a besoin d'une nouvelle autorisation pour interjeter appel ou y défendre.

L'autorisation n'est point censée donnée *in omnem causam*; il faudrait pour cela qu'elle fût expresse,

(1) *Voy.* l'arrêt de cassation du 7 août 1815. Sirey, 1815, 1, 346.

ou du moins qu'elle fût conçue dans des termes qui ne permissent pas de douter que le mari n'ait entendu autoriser sa femme à l'effet de suivre le procès dans toutes ses phases. Ce sera au tiers, s'il est appelant, à diriger son appel contre l'un et l'autre; et s'il est intimé, à demander que la femme produise l'autorisation de son mari, ou qu'elle obtienne de la Cour l'autorisation supplétive.

460. A plus forte raison, si la femme est assignée devant la Cour de cassation, le mari doit-il être appelé pour l'autoriser, lors même qu'il l'aurait autorisée à plaider en première instance ou en appel, et qu'il y aurait été mis en cause; sinon l'assignation donnée en vertu de l'arrêt d'admission du pourvoi serait nulle et de nul effet, et, par suite, le demandeur en cassation serait déchu (1). Mais pourvu que le mari soit appelé dans les trois mois de l'arrêt d'admission du pourvoi, quoique ce ne soit pas par le même exploit, cela suffit (2).

461. Dans le cas où les époux sont mariés en communauté, et que le mari autorise sa femme à plaider, si elle est condamnée, le mari peut être aussi condamné aux dépens, et même au principal, sauf son recours contre elle, s'il y a lieu (art. 1419 analysé). Cela est surtout particulièrement vrai lorsque la femme est demanderesse; si elle est dé-

_____

(1) Ainsi jugé par deux arrêts, l'un du 25 mars 1812, et l'autre du 14 juillet 1819. Sirey, 1812, 1, 317; 1819, 1, 407.

(2) Arrêt du 5 avril 1812. Sirey, 1813, 1, 8.

fenderesse, et que le mari ne soit pas en cause, la question peut dépendre des circonstances.

Sous les autres régimes, généralement le mari ne doit pas être condamné, même aux dépens; car, en général, l'autorisation maritale n'est qu'une formalité pour *habiliter* la femme, et qui n'emporte point obligation de la part du mari. Observez, au surplus, que c'est lui qui est le gardien des biens dotaux sous le régime dotal. (Art. 1549.)

462. Si une femme figure dès le principe dans une instance comme fille ou veuve, quoiqu'elle soit mariée, et qu'il ait été facile à l'autre partie de s'assurer de sa qualité, la nullité n'en pourra pas moins être demandée par la femme, le mari ou leurs héritiers (art 225), par la raison que cette partie devait connaître la condition de la personne avec laquelle il plaidait. La simple déclaration de la femme est comme celle que fait un mineur qu'il est majeur, laquelle n'est point un obstacle à la restitution. *in integrum* de ce mineur. (Art. 1307.) Le système contraire ouvrirait d'ailleurs la porte aux abus, puisqu'il dépendrait de la femme d'éluder la puissance maritale en prenant la qualité de fille ou de veuve (1).

463. Mais si dans le lieu où réside la femme on ignore absolument qu'elle est mariée, si elle passe notoirement pour fille ou veuve, alors les

_____

(1) *Voy.* Pothier, *de la Puissance maritale*, n° 54, et *infrà* n° 494.

juges de la demande en nullité peuvent accueillir l'exception du défendeur fondée sur l'erreur commune, et décider que les procédures et les actes faits par elle ou contre elle, quoique non autorisée, sont valables, ainsi que les jugemens.

La Cour de cassation a jugé en ce sens, le 30 août 1808 (1). Dans l'espèce de l'arrêt, le mariage, contracté en 1777, avait été tenu *secret*, et après la mort de la femme, le mari demanda la nullité des actes faits par celle-ci, faute par elle d'avoir été autorisée. Sa prétention fut rejetée, et celle de la femme l'aurait probablement été par le même motif. Au reste, la solution de la question dépend beaucoup des faits et des circonstances.

464. Si la femme a formé une action, ou a interjeté appel, ou s'est pourvue en cassation sans être autorisée, il n'y a pas lieu, pour l'autre partie, de demander la nullité, attendu qu'aucune loi ne la fait résulter, en faveur des tiers, du défaut d'autorisation; ce n'est qu'en faveur de la femme, du mari ou de leurs héritiers, qu'elle est introduite (article 225) (2). Mais comme il ne serait pas juste que la partie adverse fût ainsi contrainte de subir les chances de la nullité de la procédure, ainsi que des jugemens qu'elle obtiendrait, il y a lieu à sur-

_____

(1) Sirey, 1809, 1, 43. *Voy.* Pothier, *ibid.* n° 28.
(2) Cela est important, à cause des interruptions de prescriptions, qui seraient réputées non avenues si la procédure était nulle. (Art. 2247.)

seoir, sur sa demande, jusqu'à ce que la femme se soit pourvue de l'autorisation nécessaire (1).

465. La femme qui veut agir en *demandant*, soit en matière civile ou commerciale, soit en matière criminelle ou de police, doit donc, si son mari ne l'autorise pas volontairement, lui faire une sommation, et, sur le refus par lui fait, présenter requête au président du tribunal (2), qui rend une ordonnance portant permisssion de citer le mari à jour indiqué à la chambre du conseil, pour déduire les causes de son refus. (Art. 861, Code de procéd.)

Le mari entendu, ou faute par lui de se présenter, il est rendu, sur les conclusions du ministère public, jugement qui statue sur la demande de la femme. (Art. 862, *ibid.*)

466. Mais lorsque celle-ci est appelée en justice en *défendant*, l'action du demandeur ne peut être subordonnée à la volonté du mari, ni paralysée par elle : en conséquence, celui qui assigne la femme doit en même temps assigner le mari pour l'autoriser; et si celui-ci ne comparaît pas ou refuse, le tribunal saisi de la demande supplée l'autorisation maritale. Il doit le faire, ainsi que nous venons de le dire,

---

(1) *Voy.* un arrêt de la Cour de cassation, qui a jugé en ce sens le 22 octobre 1807. Sirey, 1808, 1, 127.

(2) C'est celui du domicile conjugal. Mais lorsque la femme est *défenderesse*, un tribunal, même d'exception, peut donner l'autorisation, ainsi que l'a décidé un arrêt de cassation du 17 août 1813 (Sirey, 1813, 1, 444), par une juste application de l'article 218, qui entend évidemment parler du juge saisi de la contestation.

lors même qu'il serait tribunal d'exception, par exemple tribunal de commerce.

467. Comme il suffit *du concours du mari dans l'acte* pour autoriser valablement la femme, on doit conclure de là que le mari qui poursuit sa femme est censé, par cela seul, l'autoriser à se défendre (1).

On ne peut argumenter contre cette décision, de ce que l'article 878 du Code de procédure dit que le président *autorisera* par son ordonnance la femme à procéder sur la demande en séparation de corps, pour en conclure, en principe, que l'autorisation est nécessaire à la validité de la procédure aussi bien lorsque la femme est défenderesse que lorsqu'elle est demanderesse. Elle était nécessaire dans ce dernier cas, et comme elle ne pouvait être qu'utile dans le premier, les rédacteurs de cet article, qui contient plusieurs dispositions, n'ont pas dû en embarrasser davantage la rédaction par une distinction sans importance.

468. Il résulte de ce qui précède, qu'un jugement obtenu contre une femme demanderesse ou défenderesse, mais non autorisée, ne peut passer en force de chose jugée, puisque la procédure étant nulle et la signification du jugement l'étant également, le délai d'appel n'a pas couru; il peut en être interjeté appel par la femme dûment autorisée. Si le jugement est en dernier ressort, la femme a la voie de la requête

---

(1) Jugé un ce sens par la Cour de Colmar, le 14 janvier 1812 (Sirey, 1812, 2, 442), et par la Cour de Nancy. (*Ibid.*, pag. 443.)

civile pour violation d'une forme exigée à peine de nullité. (Art. 480, n° 2, Cod. de procéd.) (1)

469. Quant aux actes du ministère des huissiers, mais qui ne mènent pas par eux-mêmes à un jugement, comme les protêts, les oppositions et autres actes extrajudiciaires, la loi n'interdit pas à la femme le droit de les faire sans être autorisée : ce n'est pas là *ester en jugement* (2). Mais lorsqu'il faudra assigner en garantie par suite du protêt, ou en validité pour donner effet à la saisie ou opposition, alors le principe sera applicable.

470. Voyons maintenant la capacité de la femme relativement aux conventions, aux aliénations et autres actes extrajudiciaires.

« La femme, porte l'art. 217 déjà cité, ne peut « donner, aliéner, hypothéquer, acquérir à titre « gratuit ou onéreux, sans le concours du mari dans l'acte, ou son consentement par écrit.

---

(1) La Cour de cassation, par son arrêt du 7 août 1815 (Sirey, 1815, 1, 346), a toutefois jugé que la femme non autorisée pouvait attaquer par voie de cassation le jugement rendu contre elle en dernier ressort, puisqu'elle a cassé l'arrêt, bien que le moyen n'eût pas été proposé en Cour d'appel ; mais en principe, lorsque la requête civile est ouverte, et dans l'espèce elle l'était, la Cour de cassation rejette le pourvoi tant que cette voie, plus révérentielle, n'a pas été épuisée, encore que la partie eût l'un et l'autre moyen.

(2) Aussi lui est-il formellement permis de faire faire la transcription d'une donation faite à son profit (art. 940), de prendre une inscription hypothécaire sur les biens de son mari (art. 2193) : elle le pourrait également sur les biens de tout autre. Elle peut toujours faire sa condition meilleure (art. 225 et 1125), et à plus forte raison simplement conserver ses droits.

« Si le mari refuse d'autoriser sa femme à passer
« un acte, la femme peut faire citer son mari direc-
« tement (1) devant le tribunal de première instance
« du domicile commun, qui peut donner ou refu-
« ser son autorisation, après que le mari aura été
« entendu ou dûment appelé en la chambre du
« conseil. » (Art. 219.)

471. L'autorisation du mari rend également la
femme habile à contracter, à s'obliger envers un
tiers, quoique l'obligation soit dans son intérêt : la
maxime *nemo potest auctor in rem suam* n'est point
applicable à ce cas. Cette règle est faite pour le
tuteur, qui laisserait en effet son pupille sans défense, s'il pouvait l'autoriser à traiter avec lui. L'incapacité de la femme est d'une nature différente,
elle ne résulte que de la soumission que doit avoir
celle-ci envers son mari ; et lorsqu'il l'autorise à
s'obliger envers un tiers, le vœu de la loi est rempli, peu importe que l'engagement de la femme
soit en réalité contracté dans l'intérêt du mari.
C'est ce qui a été jugé par arrêt de Cassation, le

(1) Comme on l'a vu, il n'en est pas ainsi lorsque la femme veut se
faire autoriser à la poursuite de ses droits, c'est-à-dire agir en justice : elle doit, dans ce cas, faire une sommation à son mari qui refuse de l'autoriser, et présenter ensuite requête au président du tribunal, à l'effet d'obtenir la permission de citer son mari. (Art. 861,
Code de procédure.)

Il paraît cependant plus régulier de présenter requête sans sommation préalable, parce que le président fixe le jour où les parties comparaîtront en la chambre du conseil, nomme un rapporteur, et que
d'ailleurs la requête tient lieu des qualités du jugement, ce qui ne
peut se faire quand la femme assigne directement son mari.

13 octobre 1812 (Sirey, 1813, 1, 143), qui a annulé une décision de la cour de Turin qui avait méconnu ces principes.

Et, en effet, l'article 217 donne indistinctement à la femme le droit de pouvoir s'obliger avec l'autorisation de son mari. Les articles 218 et 219 lui confèrent la même capacité, pourvu qu'elle se conforme à leurs dispositions, c'est-à-dire qu'elle obtienne l'autorisation de la justice.

De plus, l'article 1419 suppose que la femme qui contracte avec le consentement du mari s'obblige dans l'intérêt de celui-ci, puisque le créancier a l'action contre lui; et cette présomption légale est encore établie plus expressément dans l'article 1431, où il est dit que la femme qui s'oblige solidairement avec son mari n'est réputée, à l'égard de celui-ci, s'être obligée que comme caution.... Il ne faut donc pas confondre, ainsi que le dit très-bien l'arrêt de cassation, le cas où la femme s'oblige conjointement avec son mari envers des tiers, avec celui où une femme contracte une obligation personnelle envers son mari.

472. La Cour de Colmar a même jugé, le 8 décembre 1812, que l'autorisation du mari rendait la femme habile quant à l'aliénation de ses biens pour le tirer de prison; que l'article 1427 ne devait pas s'entendre en ce sens, que, pour ce cas, l'autorisation de la justice était absolument nécessaire; et la Cour de cassation, par arrêt du 8 no-

vembre 1814 (Sirey, 1815, 1, 113), a rejeté le pourvoi formé contre celui de la Cour de Colmar.

473. Mais, excepté les cas dans lesquels la loi, par une disposition spéciale, permet le contrat de vente entre époux (art. 1595), et peut-être quelques autres où la bonne foi ne saurait être révoquée en doute (1), on doit tenir pour principe que, lorsque l'affaire se passe uniquement entre le mari et la femme, celle-ci n'est pas valablement autorisée, si elle ne l'est par la justice. L'influence du mari est en effet bien plus à craindre; il a bien plus de motifs encore de l'exercer, et même d'employer des moyens illicites pour contraindre sa femme à se soumettre à sa volonté; il est réellement alors *auctor in rem suam*, puisqu'il n'agit que dans son seul intérêt en autorisant sa femme. La jurisprudence est aussi conforme à ces principes. Une dame Gonin, *autorisée par justice* à l'effet d'intenter une action en séparation de biens contre son mari, se désiste ensuite de toutes poursuites par un acte passé *sans autorisation de justice, mais avec le concours du mari;* bientôt après, elle attaque son désistement. Arrêt de la Cour d'appel de Lyon, qui annulle le désistement comme surpris par dol à la femme Gonin, et comme donné *sans autorisation de justice.*

---

(1) Tel est celui réglé par le décret du 17 mai 1809 (Bulletin, no 4393), qui permet à la femme de constituer sur ses propres biens un majorat en faveur de son mari, avec la simple autorisation de celui-ci. Mais ces exceptions confirment la règle : *exceptio firmat regulam.*

Pourvoi en cassation pour violation des articles 217, 218, 219 et 1451.

« La Cour, attendu qu'indépendamment des vio-
« lens indices de dol personnel dont la Cour d'ap-
« pel a déclaré entaché l'acte de désistement dont
« il s'agit, aux termes de l'article 219, la femme en
« puissance de mari doit être par lui, ou bien, à
« son défaut, par la justice, autorisée à passer
« *tous actes*; que celui de désistement d'une in-
« stance en séparation de biens, intentée par la
« dame Gonin contre le demandeur, était de la na-
« ture de ceux qui exigent une autorisation par la
« justice, puisqu'elle avait déjà été autorisée par
« elle pour la former : d'où il suit que l'omission
« de cette formalité de rigueur affectait de nullité
« un pareil désistement, et qu'elle n'aurait pu être
« couverte par l'autorisation du sieur Gonin, qui
« ne pouvait être *auctor in rem suam*; rejette. » Du
14 février 1810. Sirey, 1810, 1, 189 (1).

474. La règle que la femme mariée ne peut contracter sans l'autorisation de son mari, ou, à son
défaut, sans celle de la justice, reçoit plusieurs limitations.

Elle en reçoit une première lorsque la femme

---

(1) Nous croyons l'un et l'autre arrêt de la Cour de cassation sur
ces points très-bien rendus. M. Delvincourt critique le dernier ; il
pense même que, par celui du 13 octobre 1812, la Cour est revenue
à d'autres principes ; mais il n'en est pas ainsi. Elle a, au contraire,
bien soigneusement distingué le cas où la femme, en s'obligeant dans
l'intérêt de son mari, contracte néanmoins avec un tiers, et le cas où
l'affaire se passe entre les deux époux.

est marchande publique, en ce sens du moins
qu'elle n'a pas besoin d'une autorisation pour chaque engagement qu'elle souscrit:

« La femme, si elle est marchande publique,
« peut, sans l'autorisation de son mari, s'obliger
« pour ce qui concerne son négoce; et audit cas,
« elle oblige aussi son mari s'il y a communauté
« entre eux.

« Elle n'est pas réputée marchande publique, si
« elle ne fait que détailler les marchandises du com-
« merce de son mari, mais seulement lorsqu'elle
« fait un commerce séparé. » (Art. 220.)

Elle n'est, en effet, que la factrice de son mari;
pour être valablement obligée, il faudrait qu'elle
fût autorisée (1).

475. Mais il ne suffit pas, pour que la femme
soit réputée marchande publique, quelle fasse un
commerce séparé, il faut encore qu'elle le fasse
avec l'autorisation de son mari. Cette autorisation
peut être expresse ou tacite : elle est tacite lorsque
la femme fait le commerce au vu et au su de son
mari. C'est là une question de fait, dont, en cas
de contestation, les tribunaux sont juges souverains. Ils considèrent la fréquence des actes de la
femme, leur nature; et comme ce sont de simples
faits à établir, la preuve testimoniale serait admis-

---

(1) La femme qui tient en son nom un hôtel-garni est réputée marchande publique. *Voy.* l'arrêt rendu par la Cour de Paris, le 21 novembre 1812. Sirey, 1813, 2, 269.

sible, à quelque somme que s'élevât la demande au sujet de laquelle naîtrait la question de savoir si, en effet, la femme a été tacitement autorisée à faire le commerce.

476. La femme mineure peut-elle faire le commerce avec la seule autorisation de son mari majeur, et être personnellement obligée pour les faits de ce commerce?

Vice versâ, lorsque le mari est mineur, peut-il rendre sa femme majeure habile à faire le commerce?

La première de ces questions a été jugée négativement par la Cour de Toulouse, le 26 mai 1821. (Sirey, 1822, 2, 38.) La Cour s'est fondée sur ce que l'article 2 du Code de commerce exige l'autorisation du père, ou de la mère, en cas de décès, interdiction ou absence du père, ou, à défaut du père ou de la mère, une délibération du conseil de famille dûment homologuée par le tribunal civil, laquelle autorisation doit être affichée au tribunal de commerce; que l'article 4 du même Code, en exigeant, quant aux femmes mariées, le consentement du mari, ne déroge point à l'article 2, qui est absolu, puisque le mariage n'a pour effet que d'émanciper la femme; que la loi n'a pu vouloir donner au mari la puissance d'autoriser ainsi sa femme à engager, hypothéquer et aliéner ses immeubles, ce qui serait cependant la conséquence du système qui tendrait à la faire considérer comme marchande publique, par cela seul qu'elle a été autorisée par son mari à faire le commerce, si elle l'était valablement (art. 7 du même Code). En conséquence, la Cour a déchargé la femme, assignée en temps de majorité, de l'obligation d'acquitter le montant d'une lettre-de-change qu'elle avait souscrite en minorité.

477. L'on doit dire, d'après cela, que le mari, quoique majeur et commun en biens, ne serait pas tenu des faits du négoce de sa femme mineure. Cependant cette décision ne devrait point s'appliquer au cas où le mari aurait *expressément* autorisé sa femme à faire l'acte : il y aurait, dans ce cas, contre lui, une action à l'instar de celle que, en Droit romain, on appelle *quod jussu.* Cela devrait être ainsi, d'après l'article 1419, s'il y avait communauté, et même, d'après ce que nous dirons au n° 480, s'il y avait exclusion de communauté. Sous les autres régimes, la décision de la question pourrait dépendre des circonstances, et surtout de la nature de l'autorisation. Mais, en général, l'autorisation n'oblige pas le mari ; elle le rend simplement non-recevable à attaquer l'acte de la femme.

478. La seconde question doit également être décidée par la négative : le mari mineur ne peut autoriser sa femme, même majeure, à faire le commerce. Il n'en est pas, sous le Code, comme dans l'ancien Droit, suivant lequel l'autorisation n'étant exigée que *propter reverentiam marito debi-*

tam, le mari mineur pouvait valablement la donner, quand il ne s'agissait que d'actes extrajudiciaires (1). Aujourd'hui elle a de plus pour objet de conférer à la femme la capacité qu'elle a perdue par le mariage, et il a paru conséquent que celui qui est lui-même incapable ne pût conférer cette capacité : donc le mari mineur ne peut autoriser sa femme, même majeure, à faire le commerce; il faut qu'elle s'adresse à la justice.

479. Comme ce n'est que pour ce qui concerne *son négoce* que la femme est réputée marchande publique, il suit que si elle cautionne un tiers dans une affaire qui n'est point relative à son commerce; si elle fait une opération, même de commerce, mais étrangère à *son négoce*; si elle transige sur des droits qui y sont étrangers, et autres cas semblables, elle n'est valablement obligée qu'autant qu'elle est autorisée.

480. Mais dans les affaires de son négoce elle oblige aussi son mari, s'il y a communauté entre eux (art. 220 et 1426). Celui-ci profite des bénéfices, il est juste qu'il soit tenu des charges. D'ailleurs, toutes les dettes légalement contractées pendant la communauté sont à sa charge; or les dettes de la communauté sont celles du mari. (Art. 1419.)

(1) Il ne le pouvait pour le procès, parce qu'il aurait eu besoin lui-même d'être autorisé. Au reste, dans les autres cas, il pouvait se faire restituer contre son autorisation, et faire ainsi tomber l'acte de la femme; ce qui, de fait, la rendait presque incapable de contracter.

Il devrait également être tenu des engagemens commerciaux de sa femme, s'il y avait entre eux exclusion de communauté, puisqu'il profite aussi des gains que fait celle-ci : il n'est en effet assujéti à lui rendre que ce qu'elle a apporté lors du mariage, ou ce qui lui est échu pendant son cours (art. 1530 et suiv.). Les bénéfices résultant de l'industrie commune sont assimilés aux fruits (art. 1498), et par conséquent ils lui restent. On devrait en dire autant si les époux étaient mariés sous le régime dotal et que tous les biens de la femme fussent dotaux. M. Delvincourt est aussi de cet avis.

Il est indifférent que la communauté soit légale ou modifiée par des conventions particulières. Le principe serait applicable aussi au cas de communauté réduite aux acquéts, parce qu'elle embrasse tous les gains résultant de l'industrie respective des époux (art. 1498). Il le serait même au cas où, par une clause du contrat de mariage, permise par l'article 1520, la communauté pourrait appartenir en totalité à la femme. Comme celle-ci peut toujours y renoncer (art. 1453), le mari, ce cas échéant, se trouvant avoir profité des bénéfices résultant du commerce de la femme, doit remplir ses engagemens (1).

481. Il serait même obligé pour le total de la dette. L'article 1485, qui porte que le mari n'est tenu (après la dissolution de la communauté) que

_____

(1) *Voy.* notre *Traité des Contrats*, tom. 1er, n° 234.

pour moitié des dettes personnelles à la femme, et qui étaient tombées à la charge de la communauté, ne serait point applicable, parce qu'il entend parler des dettes contractées avant le mariage, tandis qu'il s'agit ici de dettes contractées pendant son cours avec l'assentiment du mari, cas régi par l'art. 1419.

La femme peut aussi être poursuivie pour le tout, nonobstant l'article 1487, suivant lequel la femme, même personnellement obligée pour une dette de communauté, ne peut être poursuivie que pour la moitié de ladite dette, à moins qu'il n'y ait solidarité; car cet article s'entend du cas où les deux époux se sont obligés conjointement : alors la femme est soumise à l'empire du droit commun. Au lieu que, dans l'espèce, elle s'est seule obligée, et elle l'est comme si, s'étant engagée conjointement avec son mari, elle s'était soumise à la solidarité.

482. Mais lorsqu'elle est contraignable par corps, la contrainte peut-elle être aussi prononcée contre le mari?

Nous avons décidé la question négativement au tome Ier de notre *Traité des Contrats*, n° 236, où nous citons l'opinion de Pothier et de Jousse, qui est contraire, mais opinion, selon nous, inadmissible dans le droit actuel. On peut y recourir pour apprécier nos raisons. La question a été jugée dans notre sens par la Cour de Lyon, le 26 juin 1822. Sirey, 1823, 2, 288.

483. Les billets souscrits par la femme commerçante sont censés faits pour son commerce, à moins qu'une autre cause n'y soit énoncée. (Art. 638, Code de commerce) (1).

484. Lorsque, sans être marchande publique, la femme est néanmoins dans l'usage de signer les factures et les billets de son mari, comme on le voit souvent quand il ne sait pas écrire, elle l'oblige valablement, *propter bonam fidem.* Elle est censée son fondé de pouvoir, elle lui tient lieu de facteur, elle est *quasi ejus institrix.* On est généralement d'accord sur ce point (2).

Mais elle ne s'oblige pas pour cela personnellement, car le facteur n'est point tenu des actes qu'il a faits relativement à sa gestion (3). Elle le serait cependant si l'engagement était fait au nom de l'un et de l'autre, ou en leur nom collectif, et que tel fût leur usage : dans ces cas ils seraient obligés tous deux. Mais si elle a signé pour et au nom de son mari, ce dernier seul est obligé.

485. D'après ces principes, le mari, commerçant ou non, est tenu d'acquitter les fournitures et les provisions faites ou fournies de bonne foi pour les besoins de la maison. A cet égard, les tri-

---

(1) *Voy.*, sur ce point, le n° 237 de notre *Traité des Contrats*, et les n°s suivans, relativement à l'étendue de la capacité de la femme commerçante, d'hypothéquer et d'aliéner ses immeubles.

(2) Voir un arrêt de la Cour de cassation, du 25 janvier 1821. Sirey, 21, 1, 177.

(3) *Voy.* Pothier, *des Obligations*, n° 448.

bunaux puiseraient la règle de leur décision dans la modération et l'utilité des achats, l'habitude de la femme de les faire, sa réputation d'économie, la fortune du mari et les autres circonstances de la cause.

Dans ce cas, la femme n'est point personnellement obligée, du moins généralement. Elle est censée avoir agi en vertu du mandat tacite de son mari : il n'y a non plus aucun doute sur ces points.

486. Au surplus, dans les cas même où la femme non commerçante est obligée, elle n'est pas soumise à la contrainte par corps, quoique son mari y fût soumis, attendu que la contrainte ne peut être prononcée contre les femmes et les filles qu'autant qu'elles sont marchandes publiques, et qu'ici on suppose que la femme n'est point commerçante : elle ne fait que les affaires de son mari.

487. Une seconde modification que souffre le principe, c'est lorsque la femme est séparée de biens, soit par contrat de mariage, soit judiciairement. Dans ce cas elle peut, sans avoir besoin d'autorisation, passer des baux de ses biens (pourvu qu'ils n'excèdent pas neuf ans), recevoir ses revenus, en donner décharge, faire tous les actes d'administration, disposer de son mobilier, et l'aliéner. (Art. 1449 et 1536.)

488. Mais, à la faveur d'aucune stipulation, elle ne peut aliéner ses immeubles, ni les hypothé-

quer, sans une autorisation spéciale de son mari
ou de justice. (Art. 1538.) Il en serait de même,
encore qu'elle fût séparée de corps. (Art. 1449)(1).

489. Le droit qu'a la femme séparée de biens,
de les administrer, n'est pas restreint à la femme
majeure ; si elle est mineure, par le mariage elle
a été émancipée : or tout mineur émancipé peut
passer des baux, recevoir ses revenus, en donner
décharge et faire tous actes quelconques d'administration, sans être restituable contre ces actes dans
tous les cas où un majeur ne le serait pas lui-
même. (Art. 481.)

490. Mais la femme majeure, séparée de biens,
pouvant aliéner son mobilier et en disposer, peut
par conséquent recevoir le remboursement de ses
contrats de rente, qui sont aujourd'hui indistinctement des choses mobilières (art. 529), ainsi que
celui de ses créances ou capitaux, et en donner
valable décharge, sans être autorisée. Elle peut,
par la même raison, vendre, céder, transporter
ces objets. (Art. 1449.)

491. Elle ne peut toutefois faire des donations
même de choses mobilières. (Art. 905.) La loi ne
distingue pas entre les diverses espèces de biens.
Le mari a un intérêt au moins moral à connaître le
motif des donations que sa femme fait à des tiers.
Ainsi, la capacité d'aliéner le mobilier, attribuée

---

(1) Voir le n° 453, *suprà.*

à celle-ci par l'art. 1449, s'entend nécessairement des aliénations à titre onéreux.

492. La femme séparée de biens peut-elle, sans être autorisée, consentir des obligations personnelles, soit par billets, soit par acte authentique?

Nous avons agité cette question au tome Ier de notre *Traité des contrats,* n° 240, et nous l'avons décidée par une distinction. Ainsi, avons-nous dit : quant aux obligations relatives à l'administration des biens, telles que celles que la femme souscrirait envers un charpentier ou tout autre ouvrier, ou pour achat de choses nécessaires à l'exploitation de ses propriétés, nul doute qu'elles ne soient valables, lors même que la femme les aurait consenties sans être autorisée : par conséquent l'exécution en pourrait être poursuivie, même pendant le mariage, sur tous les biens de la femme, meubles ou immeubles; car celui qui est valablement obligé l'est sur tous ses biens présens et à venir. (Art. 2092.) C'est là une question de capacité personnelle plus que de disponibilité réelle.

Mais pour les engagemens qui n'auraient point pour cause l'administration des biens, nous n'avons point reconnu dans la femme non autorisée, quoique séparée, la capacité de les former. Nos principaux motifs ont été que la loi a bien pu lui permettre d'aliéner son mobilier, et d'en disposer, sans pour cela qu'elle ait entendu lui reconnaître la capacité de souscrire indéfiniment des obligations, attendu qu'*aliéner,*

c'est se dépouiller actuellement, faire passer la pro-
priété à un autre; qu'ainsi la femme ne pourra toujours disposer que de ce qu'elle aura dans le moment
de l'aliénation, et qu'elle sera même très-circonspecte
à le faire (1). Au lieu que la faculté de s'obliger
embrassant l'avenir, la femme, par cela même beaucoup moins retenue, pourrait par quelques engagemens, même par un seul, consommer sa ruine, si
elle ne possédait que du mobilier; que celui qui lui
écherrait par la suite, par succession ou autrement,
serait le gage des créanciers; que les immeubles
eux-mêmes n'étant plus, après le mariage, placés
dans une catégorie particulière, se trouveraient
aussi grevés en vertu de l'art. 2092 (2). Nous avons

(1) Elle sera, en effet, moins portée à aliéner qu'à s'obliger. Voilà pourquoi la loi Julia permettait au mari de vendre le fonds dotal situé en
Italie avec le consentement de la femme, tandis qu'elle lui défendait de
l'hypothéquer, même avec le consentement de celle-ci. On avait sagement pensé que la femme consentirait avec bien plus de facilité l'hypothèque, que l'aliénation qui la dépouille de suite; et comme l'hypothèque pouvait néanmoins conduire à ce résultat, la loi avait cru devoir protéger la femme contre sa trop grande facilité. De même, le
sénatus-consulte Velléien n'empéchait point la femme d'aliéner pour
autrui, de payer la dette d'un tiers, et il s'opposait cependant à ce
qu'elle cautionnât ou garantît d'une manière quelconque l'exécution
d'une obligation qui n'était pas la sienne.

(2) On a contesté la justesse de cet argument, par la raison, a-t-on
dit, que la femme ne peut directement ni indirectement aliéner ses
immeubles pendant le mariage. Nous répondons que si l'on décide
que la femme est valablement obligée, elle sera tenue, au moins après
le mariage, même sur ses immeubles, puisqu'ils ne sont plus protégés
par aucune loi. Ce ne sont point les immeubles que la femme a aliénés pendant le mariage : elle a souscrit une obligation que l'on prétend valable; donc cette obligation doit s'exécuter sur tous les biens
aliénables : or les immeubles sont aliénables après le mariage.

mêmé poussé plus loin les conséquences de ce système, qui nous paraît plein de danger pour la femme, le mari et surtout pour les enfans, et qui ne résulte que d'une confusion fautive, dans ce cas, de l'aliénation avec le pouvoir illimité de consentir des obligations; choses qui sont cependant différentes, quoiqu'ordinairement elles dérivent du même principe, la capacité.

La Cour de Rouen avait décidé, comme nous, le 12 juillet 1817, que la femme séparée de biens n'a pas la capacité de s'obliger indéfiniment, sans être autorisée, et pour des causes étrangères à l'administration de ses biens, quoique l'art. 1449 lui reconnaisse le droit de disposer de son mobilier et de l'aliéner. En conséquence, elle avait annulé l'obligation.

L'arrêt, déféré à la Cour de cassation, a été cassé le 18 mai 1819 (Sirey, 1819, 1, 339) par ces motifs : « Attendu qu'aux termes de l'article 1449, « la femme séparée de biens en reprend la libre ad-« ministration ; qu'elle peut disposer de son mobi-« lier et l'aliéner sans l'autorisation de son mari ;.... « que tout ce qui pouvait être exigé du demandeur, « c'est qu'il ne pût poursuivre l'exécution de la « condamnation qu'il sollicitait que sur le mobilier « et sur les revenus des immeubles (1) de sa débi-« trice, et qu'il s'y était surabondamment soumis ; « que la Cour royale n'a pu restreindre, comme elle

---

(1) Le mariage subsistait encore.

« l'a fait, l'application de l'article 1449, sans ajou-
« ter à ses dispositions, sans commettre un excès de
« pouvoir, et sans que, par suite, ce ne soit une
« violation ouverte. »

Mais, renvoyée à la Cour de Paris, l'affaire a été
jugée, en audience solennelle, et sur les conclusions conformes du ministère public, dans le même
sens que par celle de Rouen (1). La Cour a reconnu
que, dans l'esprit de l'article 1449, *aliéner* et *s'o-
bliger* ne sont point la même chose. Les parties ont
ensuite transigé.

Ainsi, comme on le voit, la jurisprudence n'est
point encore fixée sur cette importante question,
qui peut se présenter journellement.

493. La femme, en général, s'oblige aussi valablement par ses délits et quasi-délits. (Art. 216
et 1424.)

Si les époux sont mariés en communauté, et que
la condamnation soit à une peine emportant mort
civile, les amendes et les condamnations civiles
s'exécutent sur les biens personnels de la femme et
sur sa part dans la communauté. (Article 1425.)

Si la peine n'emporte point mort civile, les condamnations et amendes ne se poursuivent que sur
la nue-propriété des biens de la femme, tant que
dure la communauté. (Art. 1424.)

Il en doit être de même si les époux sont mariés
sous le régime exclusif de communauté. Le mari

_____

(1) L'arrêt est du 7 août 1820. Sirey, 1820, 1, 315.

perçoit tous les produits des biens de sa femme pendant le mariage (art. 1530 et suiv.).... (ou jusqu'à la séparation de biens), et sa jouissance ne doit point être diminuée par les délits de celle-ci.

Si les époux sont séparés de biens, ou, si étant mariés sous le régime dotal, la femme a des paraphernaux, les condamnations s'exécutent sur la toute-propriété de ces mêmes biens, et sur la nue-propriété seulement des biens dotaux tant que dure le mariage ; par conséquent, sur tous les biens indistinctement, si la condamnation est à une peine emportant mort civile.

494. Si, en contractant avec quelqu'un qui ne la connaît pas personnellement, la femme prend un faux nom, ou si, en traitant avec une personne de qui elle est même connue, elle produit un faux acte d'autorisation, un faux acte de décès de son mari, ou un faux acte de divorce, elle se rend coupable d'escroquerie ou de faux, suivant les différens cas, et elle est personnellement obligée comme si elle avait été autorisée. Il en est d'elle, et à plus forte raison, comme du mineur : la *simple* déclaration de majorité n'est point un obstacle à la restitution de celui-ci ; la loi ne voit là qu'un mensonge, qu'elle traite avec indulgence, pour ne pas rendre illusoire la protection qu'elle accorde aux mineurs contre leur faiblesse et leur inexpérience ; mais elle ne prête jamais son appui à la fraude.

495. Au reste, comme nous l'avons dit précé-

demment (1), la simple déclaration que ferait une femme, en traitant, qu'elle est fille ou veuve, sans l'emploi d'aucun moyen frauduleux pour persuader celui avec qui elle contracte, ne la rendrait pas non-recevable à attaquer son engagement (2), à moins qu'elle ne fût connue dans le lieu où elle traite que sous la qualité qu'elle s'est donnée, et qu'il n'eût pas été possible au tiers de s'assurer de sa qualité réelle (3). Il en serait de même si la femme se croyait veuve lorsqu'elle ne l'était pas; elle ne pourrait non plus attaquer son engagement, et le mari ne le pourrait pas davantage (4).

496. La femme mariée peut aussi s'obliger par quasi-contrats, mais avec plusieurs distinctions.

Le Code, au titre *des Engagemens qui se forment sans convention*, ne parle que de deux quasi-contrats : la gestion d'affaires et le paiement reçu indûment. Cependant il y en a encore trois autres, du moins dans les principes du droit romain et dans la doctrine : la gestion de tutelle, qui est mise par le Code au nombre des engagemens qui se forment

---

(1) Nº 462, pour les procès.

(2) Pothier, *de la Puissance maritale*, nº 54. S'il en était autrement, dit-il, la puissance maritale deviendrait illusoire dans une foule de cas. Le tiers devait connaître la condition de celle avec laquelle il traitait : *Qui cum aliquo contrahit, debet esse gnarus conditionis ejus cum quo contrahit.*

(3) Pothier, *ibid*. Il fonde sa doctrine sur la célèbre loi BARBARIUS PHILIPPUS, 3, ff. *de Officio prætoris*, d'où les jurisconsultes ont déduit la maxime si connue, *error communis facit jus.*

(4) Pothier, *ibid.*, nº 28, et *suprà*, nº 463.

sans convention; l'acceptation d'une succession, et la communauté d'une ou plusieurs choses.

497. Quant à *la gestion d'affaires*, si la femme a géré les affaires d'autrui sans être autorisée, elle n'est d'abord point tenue envers les tiers à raison des obligations qu'elle a contractées pour la gestion; sauf à ceux-ci leur recours contre le propriétaire jusqu'à concurrence de ce dont il s'est enrichi par l'effet de ces engagemens. Si elle a mal administré, le mari qui aurait connu l'administration, qui l'aurait souffert, pouvant l'empêcher, pourrait, selon les circonstances, être personnellement tenu. La femme serait aussi tenue, comme d'un délit ou d'un quasi-délit, surtout s'il y avait faute grave de sa part.

Si ce sont les biens de la femme qui ont été administrés, le gérant n'aura contre elle d'action en indemnité que jusqu'à concurrence de ce dont elle aura profité de sa gestion. Tel est d'ailleurs le droit commun en matière de gestion d'affaires.

498. Si la femme a accepté un mandat sans être autorisée, le mandant n'a aussi action contre elle que jusqu'à concurrence de ce dont elle s'est enrichie par l'effet du mandat. (Art. 1990 et 1812, combinés.) Mais, *vice versâ*, si elle a fait des déboursés, son action pour les répéter est entière. (Art. 225 et 1125.)

La gestion ne devrait point être scindée : on ne

devrait la considérer que dans son ensemble. L. 11, ff. *de Negot. gestis*, par argument.

499. Pour *le paiement reçu indûment*, si la femme l'a reçu avant le mariage, elle a été obligée à la restitution, et cette obligation s'est continuée. Si elle l'a reçu pendant le mariage, elle a dû être autorisée à le recevoir, et par conséquent elle n'est point tenue à la restitution, à moins qu'elle n'en ait profité; auquel cas le réclamant, en prouvant qu'elle s'est enrichie par ce paiement, la fera condamner à restituer jusqu'à concurrence de ce dont elle aura profité. (Art. 1312.)

500. Voyons quant à la *gestion de tutelle*. La femme mariée ne peut être tutrice que dans trois cas : 1º des enfans d'un précédent mariage, et son second mari devant être nommé son co-tuteur (art. 396), l'acceptation de celui-ci vaut autorisation; 2º lorsqu'une ascendante a été nommée tutrice par le dernier mourant des père et mère, ce qui a pu avoir lieu d'après la combinaison des articles 401 et 442-nº 3; et 3º lorsqu'elle l'a été par le conseil de famille dans le cas où son époux était incapable ou excusé, ou qu'elle est remariée; et dans les deux derniers elle a besoin, pour exercer la tutelle, du consentement de son mari, ou, à son défaut, de l'autorisation de justice.

501. *L'acceptation d'une succession* ne peut avoir lieu par une femme mariée, qu'autant que celle-ci est autorisée. (Art. 776.)

502. Enfin, pour le quasi-contrat *de choses communes*, ou la femme a fait l'opération qui a produit
l'obligation avant le mariage, ou elle l'a faite pendant le mariage : dans la première hypothèse,
l'obligation a été valablement formée, et elle s'est
continuée; dans la seconde, l'on doit appliquer ce
qui vient d'être dit sur la gestion d'affaires.

503. La femme peut tester sans l'autorisation
de son mari (art. 226). Le testament doit être l'ouvrage du testateur seul : *Nam satis constanter vete-
res decreverunt*, TESTAMENTORUM JURA IPSA PER SE
FIRMA ESSE OPORTERE, NON EX ALIENO ARBITRIO PEN-
DERE. L. 32, *princip.*, ff. *de Heredib. instituend.* Le
testament n'aura d'ailleurs effet qu'à une époque
où la puissance maritale n'existera plus, après la
mort de la femme. Néanmoins, anciennement, dans
quelques pays, notamment en Bourgogne, la femme
avait besoin du consentement de son mari pour faire
un testament valable; ce qui était contraire à tous
les principes.

§. IV.

De l'autorisation de la justice.

504. Indépendamment du cas où le mari refuse
d'autoriser sa femme, et que nous avons expliqué,
celle-ci, dans plusieurs circonstances, est obligée
de recourir à la justice pour pouvoir ester en jugement ou contracter.

« Ainsi, porte l'article 224, lorsque le mari est

« mineur, l'autorisation du juge est nécessaire. »
Celui qui est incapable ne peut habiliter un incapable comme lui (1).

5o5. Mais la disposition de cet article ne s'entend pas en ce sens que la femme dont le mari est mineur a toujours besoin, pour contracter, de l'autorisation de la justice; elle s'entend uniquement en ce sens que, lorsque l'autorisation est nécessaire, c'est à celle du magistrat que la femme doit recourir.

D'après cela, la femme, même mineure, peut, si elle est séparée de biens, ou si, étant mariée sous le régime dotal, elle a des paraphernaux, toucher ses revenus et en donner décharge, passer des baux dont la durée n'excède pas neuf ans, et faire tous actes de pure administration, sans avoir besoin d'autorisation; car par le mariage elle est émancipée : or, le mineur émancipé peut faire tous les actes ci-dessus. (Art. 481, 1449 et 1556, analysés et combinés.)

Dans le même cas de séparation de biens, si elle est majeure, elle n'a non plus nullement besoin, quoique son mari soit mineur, de recourir au magistrat pour recevoir ses capitaux et en donner décharge, les céder, transporter, en un mot disposer de son mobilier et l'aliéner. (Art. 1449 et 1556.) L'article 224 n'est point applicable à ces objets.

Mais si elle est mineure, quoique séparée de

(1) *Voy.* le n° 478, *suprà.*

biens elle n'est dispensée d'obtenir l'autorisation judiciaire, pour pouvoir faire les actes qui excèdent les bornes de l'administration, qu'avec la distinction suivante :

Si son mari est majeur, comme il est son curateur (1), il peut valablement l'autoriser dans les actes du mineur émancipé où la loi ne requiert que la simple assistance du curateur. En conséquence, avec cette assistance, la femme pourra recevoir ses capitaux, en donner décharge, les transporter (2), et faire à cet égard tout ce que peut faire un mineur émancipé dûment assisté (art. 482); elle pourra aussi, assistée de son mari, défendre à une action immobilière, même l'intenter (*Ibid.*), et défendre à l'expropriation forcée de ses immeubles (art. 2208). Si le mari ne veut pas l'assister, il lui sera nommé un tuteur *ad hoc* (*Ibid.*) pour la défendre ; dans les actions mobilières et pour les autres objets, la simple autorisation du juge lui suffira.

Mais si le mari aussi est mineur, comme il ne

_____

(1) Cette proposition est démontrée par l'article 2208, analysé.

(2) Ceci reçoit une limitation relativement aux inscriptions et promesses d'inscriptions sur le grand-livre de la dette publique, excédant cinquante francs de rente. La loi du 24 mars 1806 (Bulletin, n° 1440) ne permet au mineur émancipé de transférer, avec la seule assistance de son curateur, ses inscriptions, qu'autant qu'elles n'excèdent pas cinquante francs. Dans le cas contraire, il faut l'autorisation du conseil de famille.

Les dispositions de cette loi ont été étendues aux actions de la Banque de France, appartenant à des mineurs. Décret du 25 septembre 1813. Bulletin, n° 9737. Nous reviendrons plus tard sur cet objet.

peut attribuer à sa femme une capacité qu'il n'a pas, l'expropriation forcée des immeubles de celle-ci doit être aussi poursuivie contre un tuteur *ad hoc*, qui lui est nommé par le tribunal (*Ibid.*); et pour tous les autres actes qui excèdent la capacité du mineur émancipé, même assisté, l'autorisation judiciaire sera nécessaire (1), sans préjudice de celle du conseil de famille, dans les cas où elle est requise, et dont la première ne sera alors que l'homologation.

506. « Lorsque le mari est interdit ou absent, « le juge peut, en connaissance de cause, autoriser « la femme, soit pour ester en jugement, soit pour « contracter. » (Art. 222.)

Il n'est pas nécessaire, pour cela, que l'absence soit déclarée : l'article 863 du Code de procédure prévoit et régit les deux cas : celui d'absence présumée, et celui d'absence déclarée (2). Il peut même se présenter des cas où l'existence du mari ne serait l'objet d'aucun doute, où, par conséquent, il ne serait point en présomption d'absence, et cependant qu'étant fort éloigné, ou mis au secret comme prévenu de crime, il serait néanmoins

---

(1) Mais comme le mari, quoique mineur, a néanmoins la puissance maritale sur la personne de sa femme, et que l'autorisation du juge n'a pour objet que de suppléer à l'incapacité résultant de sa minorité, il est dans l'ordre qu'il soit consulté par le magistrat.

(2) *Voy.* tom. Ier, le no 388, note. Dans le cas d'absence déclarée, la femme joint à la requête l'expédition du jugement de déclaration d'absence; dans celui d'absence présumée, elle joint le jugement qui a ordonné l'enquête, ou s'il n'y a pas encore eu d'enquête, un acte de notoriété attestant l'absence.

urgent d'autoriser la femme, même dans l'intérêt du mari. Nous croyons que l'autorisation pourrait être valablement donnée par le magistrat ; mais il ne saurait apporter trop de circonspection à l'accorder. Il ne faut pas que la femme profite de la non-présence du mari, d'un voyage qu'il a été dans la nécessité de faire, pour éluder la puissance maritale.

Au reste, si la loi déroge à la règle générale lorsque le mari est interdit, en ce sens que le juge peut donner l'autorisation sans l'appeler, elle n'y déroge point lorsqu'il est simplement placé sous l'assistance d'un conseil judiciaire pour faiblesse d'esprit (art. 499) ou prodigalité (art. 513) : alors c'est au mari à donner l'autorisation, sauf, s'il la refuse, à recourir à la justice, lui dûment appelé. Cette décision n'est sans doute guère en harmonie avec le principe, que celui qui est incapable ne peut conférer à un autre une capacité qu'il n'a point ; mais la loi est formelle : elle ne fait exception que pour l'interdit : or, l'individu dont il s'agit n'est point interdit.

507. « Lorsque le mari est frappé d'une con-
« damnation à une peine afflictive (1) ou infa-
« mante (2), encore qu'elle n'ait été prononcée que

---

(1) Les peines afflictives sont aussi infamantes ; ce sont la mort, les travaux forcés à perpétuité, la déportation (trois peines qui emportent, comme on l'a vu, la mort civile. Art. 18, Code pénal), les travaux forcés à temps et la réclusion. (Art. 7, *ibid.*)

(2) Les peines simplement infamantes ne sont point afflictives ; ce

« par contumace (1), la femme, même majeure, ne
« peut, pendant la durée de la peine, ester en
« jugement, ni contracter (2), qu'après s'être fait
« autoriser par le juge, qui peut, en ce cas, donner
« l'autorisation, sans que le mari ait été entendu
« ou appelé. » (Art. 221.)

Quand la peine simplement *infamante* sera celle
du bannnissement, la disposition de l'article ci-dessus recevra facilement son application, parce que
cette peine a une *durée* limitée (art. 32, Cod. pén.),
et que ce n'est que pendant la durée de la peine
que l'autorisation de la justice est nécessaire à la
femme. Il la recevra également dans le cas de condamnation par contumace à la peine du carcan ou
de la dégradation civique, attendu qu'aux termes
de l'article 465 du Code d'instruction criminelle, le contumax étant privé de l'exercice de ses
droits, il ne peut autoriser sa femme. Mais lorsque
cette condamnation est contradictoire, l'article 221
est inapplicable, puisque la peine du carcan (3) ou
de la dégradation civique n'a pas de *durée* déterminée, si ce n'est, pour la première, l'heure de l'ex-

---

sont le carcan, le bannissement, la dégradation civique. (Art. 8, *ibid.*)

(1) Mais quand il reparaît en justice, il recouvre l'exercice de tous
ses droits.

(2) Sauf, bien entendu, les limitations relatives à la femme séparée
de biens; et si, lors de la condamnation, la femme était déjà marchande publique, nous ne croyons pas qu'elle eût perdu, par le fait de
cette condamnation, la capacité de continuer son négoce, et de faire,
sans autorisation de la justice, tous les actes qui y sont relatifs.

(3) Comme peine principale. (Art. 24, Code pénal.)

position. Sans doute, l'infamie est perpétuelle , si le condamné n'est réhabilité ; mais, précisément, puisqu'on n'exige l'autorisation du juge que pendant *la durée de la peine*, il semble que l'on n'a pas eu égard à la durée de l'infamie ; autrement le condamné aux travaux forcés à temps ou à la réclusion serait inhabile, même après avoir subi sa peine, à autoriser sa femme, puisqu'il n'est point, pour cela, dépouillé de l'infamie tant qu'il n'a point été réhabilité. Aurait-on, en effet, par ces mots, *pendant la durée de la peine*, entendu non-seulement la durée de la détention, mais encore le temps qui s'écoulera jusqu'à la réhabilitation ? C'est peu probable, puisqu'il eût autant valu dire que l'incapacité du condamné, à l'effet d'autoriser sa femme, serait perpétuelle, laissant le cas, très-rare, de réhabilitation sous l'empire du droit commun. D'ailleurs, puisque le condamné aux travaux forcés à temps ou à la réclusion n'est interdit que pendant la durée de la peine (art. 29, Cod. pén.); qu'il peut, après l'avoir subie, faire les actes de la vie purement civile, sauf les restrictions apportées par la loi, on ne voit pas pourquoi il ne pourrait autoriser sa femme à les faire, et par conséquent pourquoi l'article 221 lui serait applicable. Or, s'il ne lui est point applicable, quoiqu'il soit encore infâme, il ne l'est pas davantage à celui qui a subi la peine du carcan ou de la dégradation civique.

M. Delvincourt est d'un avis contraire: ces mots *pendant la durée de la peine* paraissent, dit-il, au premier coup d'œil, une addition inutile ; car, d'un côté, toute peine afflictive est infamante ; et, d'un autre côté, l'infamie accompagne le coupable pendant toute sa vie. Il paraît donc, ajoute-t-il, devoir résulter de là que le mari ne peut plus désormais autoriser sa femme, à quelque époque que ce soit, à moins qu'il n'ait été réhabilité, parce qu'alors il recouvre la puissance maritale, et, par suite, la capacité d'autoriser sa femme, soit pour ester en jugement, soit pour contracter.

Mais, indépendamment de ce que le sens naturel de ces mots n'est pas celui que leur donne M. Delvincourt, il nous semble que ce jurisconsulte ajoute beaucoup à la disposition de l'article 29 du Code pénal, qui ne frappe d'interdiction légale le condamné aux travaux forcés à temps ou à la réclusion, que pendant la durée de la peine ; ce qui est exclusif de toute idée que son incapacité doit durer toute sa vie. Assurément, il peut, après l'avoir subie, ester en jugement, ce droit n'étant interdit qu'au mort civilement ; il peut faire des contrats, et nulle part il n'est dit qu'il a perdu la puissance maritale. Voici les incapacités dont il est frappé : « Il ne peut être juré ni expert, ni être « employé comme témoin dans les actes, ni déposer en justice autrement que pour y donner de « simples renseignemens.

« Il est incapable de toute tutelle et curatelle, si « ce n'est de ses enfans, et seulement sur l'avis de « la famille.

« Il est déchu du droit de port d'armes et du
« droit de servir dans les armées du royaume. »
(Art. 28.)

Ainsi, l'on ne dit pas que sa femme n'est point
obligée de le suivre, tant que, en vertu des articles
232 et 306, elle n'a point fait prononcer la séparation
de corps; l'on ne dit pas davantage qu'il n'a plus
l'administration et même la jouissance de ses
biens, ni qu'il est privé de l'usufruit légal de ceux
de ses enfans, ni du droit de consentir au mariage
de ces derniers, ou de l'empêcher, etc., etc. Or,
si sa femme est obligée de le suivre tant qu'elle
n'a pas fait prononcer la séparation de corps, s'il
continue à jouir de ses biens et à les administrer,
c'est donc qu'il a encore sur elle la puissance
maritale.

508. Les actes faits par la femme sans le consentement du mari, même avec l'autorisation de
la justice, ne sont point exécutoires sur les biens
de la communauté, et ils n'engagent en aucune manière ces biens tant qu'elle subsiste. Cependant,
indépendamment des cas où la femme est marchande publique, et qu'elle traite pour affaire con-
cernant son négoce (art. 220 et 1426), la règle reçoit deux exceptions :

1° Lorsque l'engagement a été contracté pour
tirer le mari de prison ;

2° Lorsqu'il a eu lieu pour l'établissement des
enfans communs,

Mais, même dans ces deux cas, il faut, pour que les biens de la communauté soient engagés par le contrat de la femme, qu'elle ait été autorisée par la justice, lorsqu'elle ne l'a pas été par son mari. (Art. 1427.)

Hors ces cas, le créancier qui aurait contracté avec la femme, même autorisée de justice, ne pourrait se faire payer sur les biens de la communauté, si ce n'est jusqu'à concurrence de ce dont elle se trouverait avoir profité du contrat de la femme (art. 1312), sauf à lui à se pourvoir pour le surplus sur la nue-propriété des biens de celle-ci pendant la communauté, et sur tous ses biens après sa dissolution. (Argum. des art. 1410 et 1424.)

Mais lorsque la femme a été autorisée par le mari à s'obliger, celui-ci, ainsi qu'elle, se trouve personnellement tenu, s'il y a communauté entre eux (art. 1419); et la femme elle-même l'est pour le tout si elle s'est seule obligée (*ibid.*), ou si, étant obligée conjointement avec son mari, elle s'est soumise à la solidarité. (Art. 1487.)

§. V.

Effet du défaut d'autorisation.

509. Dans l'ancienne jurisprudence, le défaut d'autorisation produisait une nullité absolue, qui pouvait être invoquée aussi bien par celui qui avait traité avec la femme, que par elle et son mari; du moins tel était le sentiment général. Aujourd'hui,

la nullité est seulement relative : elle ne peut être invoquée que par la femme, le mari ou leurs héritiers (art. 225), sans que ceux qui ont traité avec elle puissent prétendre n'être pas valablement obligés. (Art. 1125.)

510. Nous croyons (1) que l'exception résultant du défaut d'autorisation est tellement personnelle à la femme, au mari ou à leurs héritiers, qui les représentent, que celui qui a cautionné la femme ne pourrait l'invoquer. Dans l'ancienne jurisprudence, on convenait généralement que le cautionnement de l'obligation de la femme, qui s'était engagée pour autrui au mépris du sénatus-consulte Velleïen, était nul dans les pays où ce sénatus-consulte était en vigueur; mais quant à celui de la dette de la femme en pays coutumiers, dans lesquels ce sénatus-consulte n'était point observé (2), les uns, tels que Pothier (3), appliquaient indistinctement au cautionnement de l'obligation de la femme, la disposition du droit romain, portée seulement pour les cas prévus par le sénatus-consulte, et ils lui donnaient ainsi une extension que cette législation n'avouait point : car, suivant le sénatus-consulte, le fidéjusseur qui avait cautionné l'engagement de la femme, obligée pour autrui, pouvait sans doute faire valoir l'exception que la femme

---

(1) *Voy.* le n° 245 de notre *Traité des Contrats.*
(2) Il était en vigueur dans la Normandie, quoique pays coutumier.
(3) *Traité des Obligations*, n° 395.

pouvait elle-même invoquer (1); mais celui qui avait cautionné l'obligation que la femme avait contractée dans son propre intérêt, était valablement obligé. Ces jurisconsultes s'étaient déterminés par la considération que l'obligation de la femme non-autorisée étant nulle et de nul effet, elle n'était pas par conséquent, susceptible d'aucun cautionnement valable. D'autres, comme Domat (2), soutenaient, au contraire, que le cautionnement était très valable, encore que l'obligation de la femme pût être annulée. Cette opinion avait été confirmée par plusieurs arrêts, rendus par le parlement de Bourgogne et par d'autres parlemens. Il nous semble qu'elle ne peut souffrir aujourd'hui de difficulté, puisque l'article 2012 porte que « on peut néanmoins cau- « tionner une obligation, encore qu'elle pût être « annulée par une exception purement person- « nelle à l'obligé, par exemple, dans le cas de mi- « norité, » et que cet article ne donne que comme *exemple* le cas de minorité, ce qui prouve qu'il y en a d'autres. Or, d'après les articles 225, 1124 et 1125, il n'est pas douteux que celle de la femme non autorisée ne soit de ce nombre. D'ailleurs, comme le dit Domat, il est à croire que la caution a voulu garantir à tout événement l'exécution de l'engage-

---

(1) L. 7, §. 1, ff. *de Exceptionib. præscript. et præj.*

(2) LOIS CIVILES, *des Cautions*, sect. 1, n° 3, où il dit que le cautionnement d'une femme mariée, dans certains pays coutumiers où elle ne pouvait pas s'obliger, même avec le consentement de son mari, n'est pas moins valable, quoique l'obligation principale soit absolument nulle. Pothier combat Domat en ce point.

ment, et que c'est en vue de l'incapacité de la femme que le créancier a exigé son intervention. Ajoutez que, sous le Code, l'action en nullité de l'obligation de la femme ne dure que dix ans, à partir de la dissolution du mariage, comme celle en rescision du mineur ne dure que le même temps, à partir de la majorité; ce qui prouve que le législateur a voulu les assimiler, du moins dans leurs principaux effets. Au lieu qu'anciennement, comme on tenait pour nulle l'obligation de la femme non-autorisée, la nullité ne se couvrait point par le laps de dix ans : il en fallait trente. Il résulte donc des nouveaux principes que l'opinion de Pothier, fondée uniquement sur ce qu'une obligation nulle n'est susceptible d'aucun cautionnement valable, n'est plus admissible aujourd'hui, lors même qu'elle eût été bien fondée dans l'ancienne jurisprudence: car la nullité n'est plus absolue comme elle l'était; elle est purement relative, elle n'engendre par conséquent qu'une exception personnelle, et n'empêche point que le cautionnement ne soit valable, d'après l'article 2012 précité.

511. Nous avons aussi décidé, au n° 243 de notre *Traité des Contrats*, que le donateur ne peut, pour demander la nullité de la donation, se prévaloir de ce que la femme mariée, qui l'a d'ailleurs acceptée expressément, n'avait point été autorisée. Comme nous y avons traité la question avec les développemens qu'elle comporte, on peut y re-

courir pour voir les raisons sur lesquelles nous fondons notre opinion, qui est aussi celle de M. Toullier, mais non celle de M. Delvincourt. Nous reviendrons au surplus sur ce point, au titre *des Donations*, en expliquant le sens véritable de l'article 934 combiné avec les articles 217, 225 et 1125.

Quant à l'acceptation d'un legs fait sans charges, il ne peut y avoir de difficulté : la femme peut toujours faire sa condition meilleure. D'ailleurs, comme après la mort du testateur le legs est irrévocable, la question est sans intérêt, puisqu'à supposer que l'acceptation de la femme fût nulle, elle en pourrait toujours faire une régulière, ainsi que ses héritiers.

512. Mais de ce que le moyen de nullité est personnel à la femme, au mari ou à leurs héritiers, il n'en faut pas conclure, avec M. Toullier, que les créanciers de la femme n'auraient pas le droit de le faire valoir : ce n'est pas là un droit *exclusivement attaché à la personne*, comme le prétend cet auteur, puisqu'il est transmissible aux héritiers. Il est personnel comme celui du mineur, droit que, pour cette cause, la caution ne peut faire valoir (art. 2012); il est personnel, en ce sens que la partie qui a contracté avec la femme non autorisée, ainsi que les cautions de l'une ou de l'autre, ne peuvent se prévaloir du défaut d'autorisation : mais voilà tout. Enfin, la preuve qu'il n'est pas un de ces

droits exclusivement attachés à la personne, et que l'article 1166, dans sa disposition exceptionnelle, défend aux créanciers d'exercer, même au nom de leur débiteur, c'est la disposition finale de l'article 1338, suivant laquelle la ratification ou exécution volontaire ne fait aucun préjudice aux droits des tiers; car cet article parle indistinctement de la ratification de toute obligation contre laquelle la loi admet l'action en nullité ou en rescision, par conséquent de celle de la femme non autorisée comme de celle de tout autre incapable. Or, si la ratification de cette obligation, quoique donnée en temps de capacité, ne peut nuire aux tiers qui depuis le contrat, mais antérieurement à la ratification, ont acquis sur les biens des droits d'hypothèque, de servitude, etc., c'est parce que, évidemment, le moyen de nullité n'était pas un droit exclusivement attaché à la personne de la femme; autrement ces tiers n'auraient point à se plaindre de la renonciation que la femme y a faite, et ils n'auraient pas le droit d'écarter cette renonciation ou ratification, droit qui leur est cependant formellement accordé. L'opinion de M. Toullier ne repose donc que sur une confusion fautive des droits ou exceptions personnelles, avec les droits *exclusivement* attachés à la personne, lesquels, pour cela, sont non transmissibles et généralement non cessibles. L'article 225 ne veut pas dire non plus ce que M. Toullier lui fait dire: il a eu seulement pour objet de rendre la nullité *rela-*

tive, d'*absolue* qu'elle était anciennement; ce qui est démontré aussi par l'article 1125 (1).

513. Lorsque la femme ou ses héritiers demandent la nullité, ils doivent restituer ce dont elle a profité par suite du contrat. Mais c'est au tiers à faire la preuve qu'elle s'est enrichie. (Art. 1312.)

514. L'action en nullité doit être intentée dans les dix ans à partir de la dissolution du mariage (art. 1304), à peine d'être ensuite non-recevable.

515. Quoique l'article 225 donne aux héritiers du mari ou de la femme le droit de demander la nullité, néanmoins ceux du mari seraient non-recevables, s'ils n'avaient aucun intérêt à la faire prononcer : l'intérêt est la mesure des actions, et rarement ils auront intérêt, puisque la femme n'a pu engager les biens de la communauté.

§. VI.

De la Ratification de l'engagement de la femme non autorisée.

516. L'engagement que la femme a contracté sans être autorisée par son mari ou justice, peut, comme celui de tout autre incapable, être validé par une ratification.

La ratification peut avoir lieu pendant le mariage par la femme dûment autorisée; mais sans cette

---

(1) *Voy.* notre *Traité des Contrats*, tom. III, n° 1089.

autorisation, l'acte de ratification étant nul lui-
même, le premier resterait avec son vice originel.

L'obligation peut être également ratifiée après
la dissolution du mariage, soit par la femme, soit
par ses héritiers.

5r7. Dans les deux cas, elle peut être confirmée
expressément ou tacitement.

Expressément, conformément à l'article r338,
dont la première disposition est ainsi conçue :
« L'acte de confirmation ou ratification d'une obli-
« gation contre laquelle la loi admet l'action en
« nullité ou en rescision, n'est valable que lors-
« qu'on y trouve la substance de cette obligation,
« la mention du motif de l'action en rescision, et
« l'intention de réparer le vice sur lequel cette
« action est fondée. » Ces formalités ont été prescrites afin d'éviter les surprises, et pour être assuré
que la ratification a été donnée en connaissance de
cause.

Tacitement, par l'exécution volontaire : « A dé-
« faut d'acte de confirmation ou ratification, il suf-
« fit que l'obligation soit exécutée volontairement
« après l'époque à laquelle l'obligation pouvait être
« valablement confirmée ou ratifiée. » (*Ibid.*)

D'où il suit que si les deux époux exécutent volontairement l'obligation, comme elle pouvait être
valablement ratifiée par eux pendant le mariage,
on est dans le cas prévu à cette dernière disposition, et le contrat est désormais inattaquable. Mais

il faudra pour cela que l'exécution de la part du mari, aussi bien que de la part de la femme, ne soit pas douteuse. Ainsi, le paiement de la somme due, la tradition des biens vendus, faits par la femme avec l'autorisation du mari, formeront une exécution volontaire, dont l'effet purgera le vice de l'obligation et exclura désormais toute action en nullité, et, par suite, toute action en répétition ou restitution des objets payés ou livrés.

518. Ici se place la question de savoir si la ratification donnée par le mari sans le concours de la femme rend celle-ci et ses héritiers non-recevables à demander la nullité.

Nous l'avons résolue négativement à notre *Traité des Contrats*, n° 244. Nous avons pensé que le mari ne pouvait ravir à sa femme le bénéfice de la nullité, et faire *ex non jure obligata, jure obligatam;* de même qu'un tuteur ne pouvait, dans le droit romain, et ne pourrait non plus dans le droit français, en approuvant l'engagement consenti par le pupille ou le mineur seul, lui enlever le bénéfice de la nullité de cet engagement. Pothier (1), après avoir dit qu'en principe l'autorisation du mari donnée après coup ne devrait point valider l'obligation de la femme non autorisée, « parce qu'elle « était absolument nulle et que le néant n'est pas « susceptible de confirmation, » se range néanmoins

(1) *Traité de la Puissance maritale*, n° 74.

à l'avis de Le Prêtre (1) et de Lebrun, qui décident qu'après l'autorisation du mari, la femme ni ses héritiers ne peuvent plus attaquer l'acte, parce que, s'il ne vaut pas *ut ex tunc*, il vaut du moins *ut ex nunc*, du jour de l'autorisation, *tanquàm ex consensu contrahentium, qui adhuc perseverare intelligitur quandiù non apparet mutatio voluntatis*; d'où il tire ces conséquences : « 1° que si, avant « l'autorisation, l'une ou l'autre partie était morte, « ou avait perdu l'usage de la raison, ou avait dé- « claré un changement de volonté, l'autorisation, « qui serait depuis interposée par le mari, ne pour- « rait plus rétablir l'acte (2); 2° que l'acte, rétabli « par l'autorisation survenue depuis, ne peut pro- « duire d'hypothèque que du jour de l'autorisation, « n'étant valable que de ce jour. (3) »

_____

(1) *Cent.* 2, chap. 16. Le Prêtre rapporte deux arrêts qui ont jugé que l'autorisation intervenue depuis l'acte le rétablissait, et ont en conséquence condamné la femme à payer, quoiqu'elle n'eût pas elle-même ratifié. Mais de Lacombe, au mot *Autorisation*, dit, en s'appuyant du sentiment de Renusson et de Pontanus, que « la ratifica- « tion postérieure du mari ne rend pas l'acte valable. »

(2) Comme on le voit, Pothier raisonne d'après les principes de la nullité absolue; mais il est incontestable aujourd'hui, qu'il n'est pas nécessaire de l'assentiment de la partie qui a traité avec la femme, pour ratifier l'obligation, puisque cette partie n'a pas le droit d'en demander la nullité. (Art. 225 et 1125.)

(3) Ce qui est encore inadmissible aujourd'hui, d'après la dernière disposition de l'article 1338; sauf les droits que des tiers auraient lé-galement acquis sur les biens, dans l'intervalle écoulé depuis l'acte primitif jusqu'à celui de confirmation ou de ratification. Cela n'est pas indifférent, à cause des formalités auxquelles sont soumis les actes emportant hypothèque conventionnelle; car si ces formalités, quoique

M. Delvincourt s'est rangé au sentiment de Le
Prêtre, Lebrun et Pothier; mais nous n'en persis-
tons pas moins à penser qu'il n'appartient point
au mari de priver sa femme du bénéfice de la nullité d'un engagement qu'elle avait contracté au mépris de la loi : l'article 217 dit formellement que la
femme ne peut donner, aliéner, hypothéquer, etc.,
sans le *concours du mari dans l'acte, ou son consentement par écrit;* or, ni l'un ni l'autre n'a eu lieu :
l'article 225 reste donc applicable dans toute sa
force. Dira-t-on que l'autorisation du mari n'était
exigée que *propter reverentiam ei debitam*, et que
c'est par la même raison que le mariage contracté
par l'enfant de famille sans le consentement de ses
père et mère ne peut plus être attaqué lorsque
ceux-ci l'ont approuvé (1)? (Art. 183.) Nous ré-
pondrions qu'à raison de l'importance du mariage,
la loi a cru devoir s'expliquer sur ce mode de ratification, tandis que pour la confirmation des contrats de la femme non autorisée, elle l'a laissée sous
l'empire du droit commun. Les ratifications en matière de mariage sont favorables; aussi résultent-
elles du simple silence gardé pendant un an, ou de
tout acte quelconque propre à manifester la volonté
d'approuver le mariage; au lieu que pour les autres

---

observées dans l'acte primitif, ne l'étaient point dans l'acte confirmatif, la constitution d'hypothèque serait nulle, suivant le système de
Pothier ; tandis que, suivant le Code, elle ne serait pas moins valable,
du moins selon notre opinion.

(1) *Voy.* le n° 300, *suprà.*

contrats, il faut un délai de dix années, du moins généralement, ou un acte soumis à des formalités spéciales, lorsque la confirmation a lieu par acte. (Art. 1338.) Ainsi, il n'y a point à argumenter de la ratification du mariage de l'enfant de famille de la part de ses ascendans, à la confirmation de l'acte de la femme de la part du mari, sans la participation de celle-ci. De plus, il n'est pas exact de dire aujourd'hui que l'autorisation du mari n'est exigée que *propter reverentiam ei debitam*, puisque le mari mineur ne peut la donner; ce qu'il pouvait valablement faire anciennement. La vérité, c'est que, par son mariage, la femme est devenue incapable de contracter, et ce qui lui restitue sa capacité, c'est l'autorisation, et l'autorisation donnée par le concours du mari dans l'acte, ou son consentement par écrit; donc elle n'a point été tirée de son état d'incapacité si elle n'a pas été autorisée, donc le mari ne peut ensuite lui ravir le bénéfice que la loi attribue aux incapables, d'être relevés de leurs engagemens. Ce n'est plus de lui qu'il s'agit maintenant, c'est de l'intérêt de la femme. Ces principes ont été reconnus par la Cour de Paris, qui a jugé (1) que l'acceptation, faite par un mari négociant, d'une lettre de change que sa femme non marchande publique avait tirée sur lui, n'était point obligatoire pour celle-ci, même comme simple promesse, attendu qu'il n'y avait pas le concours du mari dans

_____

(1) Le 12 janvier 1815. Sirey, 16, 2, 75.

l'acte de la femme, ni son consentement par écrit
antérieur à l'acte. En effet, l'acceptation était postérieure ; du moins rien n'indiquait qu'elle eût été
faite en même temps que la lettre (1).

CHAPITRE VII.

De la Dissolution du mariage.

SOMMAIRE.

519. *Des manières dont se dissout le mariage.*
520. *Le mariage est dissous par la mort civile, lorsque la condamnation contradictoire a été exécutée réellement ou
par effigie.*
521. *Mais quand elle est par contumace, il n'est dissous que
lorsqu'elle est devenue définitive quant à la peine.*
522. *Fusion du chapitre 8 de ce titre du Code dans les précédens.*

519. Suivant le Code, le mariage est dissous,
« 1° Par la mort de l'un des époux ;
« 2° Par le divorce légalement prononcé ;
« 3° Par la condamnation devenue définitive
« de l'un des deux époux à une peine emportant
« mort civile. » (Art. 227.)

Le divorce a été aboli par la loi du 8 mai 1816.

520. Quant à la mort civile, le mariage est bien
dissous par elle, aux termes de l'article 25 et de cet

---

(1) Mais, *vice versâ*, nous pensons que si c'eût été le mari qui eût
tiré la lettre, et que la femme l'eût acceptée, celle-ci eût été valablement tenue comme d'une simple promesse (n'étant pas marchande publique, art. 113, Code de commerce); car le consentement par écrit
du mari ne saurait être révoqué en doute dans une lettre de change
qu'il tire sur sa femme. *Voy.* le n° 445, *suprà.*

article 227; mais relativement à l'*époque* à laquelle
elle en opère la dissolution, nous croyons, ainsi
que nous l'avons dit au tom. Ier, n° 253, qu'il faut
distinguer entre les condamnations prononcées
contradictoirement et les condamnations prononc-
cées par contumace.

Ainsi, pour les premières, le mariage est dissous
par l'exécution du jugement, soit réelle, soit par
effigie. (Art. 25 et 26 combinés.)

521. Mais pour les condamnations par contumace, il est bien vrai que la mort civile est encourue après les cinq ans qui suivent l'exécution
du jugement par effigie, et qu'il résulterait de là,
d'après l'article 25, que le mariage est dissous à
l'expiration de ce délai. Cependant il n'en doit pas
être ainsi, puisque l'article 227 qui est spécial, et
qui par conséquent doit être appliqué de préférence, modifie en ce point la disposition résultant
de la combinaison des deux précédens; car il ne
dit pas simplement que le mariage est dissous par
la mort civile; il dit qu'il est dissous par la condamnation devenue définitive de l'un des époux à *une
peine* emportant mort civile; il faut donc, pour que
le mariage soit dissous, que *la condamnation à la
peine soit devenue définitive* : or, elle ne l'est, d'après
les art. 476, 635 et 641, Code d'instr. crim., 30 et
32, Code civil, combinés, qu'après vingt ans depuis l'arrêt, puisque jusque-là le condamné peut
être jugé et absous.

522. Comme nous l'avions annoncé, nous avons fondu à la section des *Empêchemens* (1) le chapitre VIII de ce titre, qui a pour disposition unique la défense faite à la femme de contracter une seconde union avant dix mois révolus depuis la dissolution de la première. Ce n'est là, en effet, qu'un empêchement au mariage.

(1) N° 174 et suivans.

TITRE VI.

De la Séparation de corps.

Observations préliminaires.

SOMMAIRE.

523. Le divorce ayant été aboli par la loi du 8 mai 1816, il serait inutile d'en développer ici les dispositions; mais comme plusieurs d'entre elles s'appliquent à la séparation de corps, nous les rappellerons à mesure que nous expliquerons cette matière.

524. Par le mariage, la femme acquiert le domicile de son mari; elle est obligée d'habiter avec lui, de le suivre partout où il juge à propos de résider. De son côté, le mari est obligé de la recevoir chez lui et de lui fournir tout ce qui lui est nécessaire.

La séparation de corps affranchit de ces obligations celui qui l'a fait prononcer en sa faveur. Si c'est la femme, elle n'est plus obligée de suivre son mari dans les lieux où il veut aller résider; elle n'est plus tenue d'habiter avec lui : elle peut se choisir un domicile distinct du sien, même dans une autre commune, à son choix. Si c'est le mari, il est dégagé de l'obligation légale de recevoir sa femme.

Il y a entre les époux l'espèce de divorce que les auteurs nomment *divortium quoàd thorum et mensam.* Mais le lien conjugal n'est point rompu : l'homme et la femme sont encore époux, et ils le sont avec la plupart des effets attachés à cette qualité, ainsi qu'on le verra dans les développemens de la matière.

On peut donc définir la séparation de corps, la faculté accordée par la justice à l'un des époux d'habiter séparément de l'autre, par dérogation aux principes du mariage.

5a5. Comme ce n'est qu'une *faculté*, il est libre, selon nous, à celui des deux époux qui l'a obtenue, d'y renoncer, et de rétablir par ce moyen les choses dans leur état primitif. Pour cela, il lui suffira de signifier à l'autre une renonciation au bénéfice du jugement, avec sommation de se soumettre à toutes les obligations résultant du mariage ; et celui-ci ne pourra se refuser à se réunir à son conjoint. Au chapitre V, nous reviendrons sur ce point, très-susceptible d'être controversé.

526. Nous traiterons ce sujet, dont nous faisons un titre spécial que nous substituons à celui du *Divorce*, en cinq chapitres :

Le premier parlera des causes pour lesquelles la

séparation de corps peut être demandée et obtenue;

Le second, des fins de non-recevoir que le défendeur peut opposer à la demande;

Le troisième, de la nature de l'action, et de la forme dans laquelle elle doit être instruite et jugée;

Le quatrième, des mesures provisoires auxquelles peut donner lieu la demande;

Et le cinquième, des effets de la séparation de corps, et du rétablissement des choses dans leur état primitif.

CHAPITRE PREMIER.

Des Causes pour lesquelles la séparation de corps peut être demandée et obtenue.

SOMMAIRE.

533. *Il en est de même de la perte de la raison et même de la fureur, ainsi que de l'épilepsie et de toute maladie quelconque, même contagieuse.*

534. *En principe, la communication du mal vénérien, dégagée de toute circonstance qui ait le caractère d'injure, n'est point une cause de séparation.*

535. *La première cause de séparation de corps est l'adultère de la femme, en quelque lieu qu'il ait été commis ; mais pour venger son injure, le mari peut, sans demander la séparation de corps, porter plainte contre sa femme.*

636. *L'adultère de celle-ci ne peut être dénoncé que par lui.*

537. *Le mari convaincu, sur la plainte de sa femme, d'avoir entretenu une concubine dans la maison commune, a perdu le droit de dénoncer l'adultère de son épouse.*

538. *Le complice de la femme adultère doit être puni de l'emprisonnement infligé à la femme ; cette peine ne peut lui être appliquée que par les tribunaux correctionnels.*

539. *La mise en liberté de la femme, sur la demande du mari, n'emporterait pas celle du complice; mais lorsque le mari a retiré sa plainte formée contre sa femme, le ministère public peut-il poursuivre d'office le complice?*

540. *Quoique l'article 338 du Code pénal porte que le complice de la femme sera puni de l'emprisonnement pendant le même espace de temps que la femme, cela ne veut pas dire autre chose, si ce n'est qu'il est passible de l'emprisonnement de trois mois à deux ans.*

541. *De ce que le mari aurait triomphé dans son action en désaveu de l'enfant né dans les cent quatre-vingts jours du mariage, il ne pourrait, pour cela, demander la séparation de corps.*

542. *Le simple adultère du mari n'ayant pas des conséquences aussi graves que celui de la femme, il n'est point une cause de séparation.*

543. *Mais il en est une lorsque le mari a tenu sa concubine dans la maison commune.*

544. *La loi a évité de se servir de l'expression domicile commun : conséquence.*

545. *La cause de séparation existe lorsque le mari tient une*

concubine dans la maison conjugale, encore que sa femme ait cessé de résider avec lui, ou qu'il ait cessé de résider avec elle.

546. *Il n'est pas nécessaire, pour que la cause de séparation existe, que le mari tienne encore sa concubine dans la maison commune, il suffit qu'il l'y ait tenue, encore que la concubine n'eût pas été introduite par lui.*

547. *L'adultère du mari commis dans la maison commune, mais avec une femme qui n'y demeurerait pas, est-il une cause de séparation?*

548. *Le mari, convaincu sur la plainte de sa femme d'avoir entretenu une concubine dans la maison commune, est passible de l'amende de 100 fr. à 2000 fr.*

549. *Les excès, sévices et injures graves de l'un des époux envers l'autre forment la troisième cause de séparation de corps.*

550. *Ce qu'on entend par excès : quand il s'agit d'excès, on prend moins en considération la qualité des personnes que lorsqu'il s'agit d'injures.*

551. *Ce qu'on entend par sévices : ils se commettent d'une foule de manières.*

552. *Généralement les voies de fait, les simples coups sont des sévices ; mais ils tirent leur caractère de gravité de la condition des personnes, de leur éducation, des circonstances du temps ou du lieu où les faits se sont passés.*

553. *Les injures se commettent aussi d'une foule de manières. C'est surtout dans ce cas que le magistrat prend en très-grande considération l'état et la condition des personnes.*

554. *Le mari qui accuse sa femme d'adultère lui fait une injure grave.*

555. *Il lui fait aussi injure lorsqu'il refuse de la recevoir. Vice versâ, la femme fait injure à son mari lorsqu'elle refuse d'habiter avec lui.*

556. *Espèce jugée par la Cour de Rouen.*

557. *La demande en nullité du mariage, sur laquelle le demandeur a succombé, n'est point pour l'autre une cause de séparation de corps; la manifestation du mépris, pourvu qu'elle soit dégagée de toute circonstance qui*

lui imprimerait le caractère d'injure grave, ne l'est pas davantage.

558. *La condamnation de l'un des époux à une peine infamante est pour l'autre une légitime cause de séparation.*

559. *Il en serait ainsi lors même que la peine aurait été commuée.*

560. *Mais il faut que la condamnation soit devenue définitive, irréformable par aucune voie légale : conséquences.*

561. *Si la condamnation était antérieure au mariage, et qu'elle eût été connue du conjoint, celui-ci serait non-recevable à demander la séparation de corps.*

562. *Il en serait autrement s'il avait été trompé sur l'état du condamné : controverse à cet égard.*

527. A défaut de loi formelle sur les causes de séparation de corps, comme sur une foule d'autres objets, l'ancienne jurisprudence avait établi quelques règles qui en tenaient lieu, et dont l'application était subordonnée aux circonstances, à la condition des parties et à la nature des offenses.

Quant au mari, on tenait généralement qu'il ne pouvait demander directement la séparation de corps; les exceptions à cette règle étaient rares. Si la femme avait souillé le lit conjugal, il pouvait intenter contre elle l'accusation d'adultère; et si elle était convaincue, elle était condamnée à être renfermée dans un monastère. Le mari pouvait la reprendre pendant deux ans; s'il ne le faisait pas, elle était rasée, et restait dans le couvent toute sa vie (1). La séparation de corps devenait ainsi su-

_____

(1) Cette peine était infligée aux femmes adultères, d'après les lois romaines, NOVELLE 134, *cap.* 10; AUTHENTIQUE *sed hodie*, COD. *ad Legem Juliam de adulteriis.* Aussi on appelait ce châtiment la peine de

perflue : elle était la conséquence nécessaire de la condamnation.

Pour les excès, sévices et injures graves de la femme envers son mari, on pensait qu'il pouvait se défendre des uns et qu'il devait mépriser les autres ; et ce n'était que dans des cas extraordinaires, comme lorsque la femme avait attenté à la vie de son mari, que celui-ci, en la faisant enfermer, se trouvait ainsi séparé d'elle. Et dans ce cas aussi, la femme était privée de ses avantages matrimoniaux.

Quant à la femme, elle pouvait bien, d'après le droit canonique, demander la séparation de corps pour excès (1), mais non pour injures. Cependant, d'après le droit civil, il suffisait, comme sous le Code, que les faits fussent graves et de nature à rendre la vie commune insupportable. On avait alors particulièrement égard à l'état et à la condition de la femme, à l'éducation qu'elle avait reçue, à la circonstance qu'il y avait ou non des enfans, aux causes qui avaient pu faire naître les torts du mari, etc. etc. Mais plusieurs arrêts ont jugé que l'adultère du mari ne motivait point suffisamment

l'*authentique ;* et l'on disait de la femme qui l'avait subie, qu'elle avait été *authentiquée.* Elle était privée de tous ses droits matrimoniaux. Cependant Pothier cite un arrêt qui a jugé que, lorsqu'après la mort du mari, un individu consentait à épouser la coupable, celle-ci obtenait sa mise en liberté.

(1) *Si tanta sit viri sævitia ut mulieri trepidanti non possit sufficiens securitas provideri, non solùm non debet ei restitui, sed ab eo potiùs amoveri.* CAP. 13, EXTRA. *de Restitut. spoliat.*

une demande en séparation de corps de la part de la femme (1).

528. Ainsi, loin d'avoir, comme on l'a prétendu, restreint le cercle des causes de séparation de corps, le Code, au contraire, l'a beaucoup élargi; mais il n'est pas permis aux tribunaux d'en admettre d'autres. Ces causes sont les suivantes:

« Dans les cas, dit l'article 306, où il y a lieu « à la demande en divorce pour cause déterminée, « il sera libre aux époux de former demande en « séparation de corps. »

Or, ces cas sont au nombre de quatre:

« 1° Le mari peut demander le divorce pour « cause d'adultère de sa femme. (Art. 229.)

« 2° La femme peut demander le divorce pour « cause d'adultère de son mari, lorsqu'il a tenu sa « concubine dans la maison commune. (Article 230.)

« 3° Les époux peuvent réciproquement de-

---

(1) Voir notamment dans Denisart, au mot *Séparation de corps*, celui du 7 avril 1756, rendu en faveur du comte de Montboissier-Canillac, qui confessait cependant le fait d'adultère. Il paraît qu'il en était autrement dans les pays de droit écrit, lorsque le mari avait tenu sa concubine dans la maison commune. Covarruvias, *de Matrim.*, part. 2, cap. 7, §. 6, n° 9; Perez AD CODICEM, *ad Legem Juliam de adult.*, n° 9; De Lacombe, v° *Adultère*. On se fondait sur la loi 8, Con. *de Repudiis*, dont la disposition est à peu près semblable à celle du Code civil sur le même cas : *si qua.... maritum suum.... ad contemptum sui, domûsve suæ, ipsâ inspiciente, cum impudicis mulieribus (quod maximè etiam castas exasperat) cœtum ineuntem.... probaverit, tunc repudii auxilio uti necessariò ei permittimus libertatem, et causas dissidii legibus comprobare.*

« mander le divorce pour excès, sévices ou injures
« graves de l'un envers l'autre. (Art. 231.)

 « 4° La condamnation de l'un des époux à une
« peine infamante est pour l'autre époux une cause
« de divorce. » (Art. 232.)

 529. Le consentement mutuel et persévérant des
époux qui était aussi, suivant l'article 233, une
cause de divorce, n'a point été admis pour opérer
la séparation de corps : l'article 307 dit formellement qu'elle ne peut avoir lieu par le consentement
mutuel des époux ; ce qui doit s'entendre non-seulement en ce sens que tout acte, même authentique, par lequel les époux conviendraient de se
séparer, serait nul et de nul effet, lors même qu'il
renfermerait l'aveu des torts de l'un d'eux envers
l'autre, mais encore en ce sens que les époux ne
peuvent, en observant les formalités et conditions
qui étaient prescrites pour le divorce par consentement mutuel, obtenir la séparation de corps.

 530. Cela ne paraît pas, comme on l'a dit, une
inconséquence dans une législation qui admettait
le divorce par consentement mutuel, et où l'on re-
gardait le divorce et la séparation de corps comme
deux institutions parallèles (1). Il y aurait eu, au

---

 (1) On a dit, il est vrai, et répété bien souvent, mais sans beaucoup
de réflexion, que le divorce et la séparation de corps sont deux voies,
deux institutions parallèles. Si l'on envisage les différences énormes
dans les effets de l'un et de l'autre mode, le parallèle ne sera pas
poussé bien loin. On a confondu l'identité des causes avec l'identité
des effets ; ce qui est mal raisonner, car les mêmes causes ne pro-

contraire, inconséquence palpable, si l'on avait autorisé la séparation par consentement mutuel; car qui est-ce qui empêche les époux, à qui l'habitation commune est réellement devenue insupportable, et qui sont d'accord de la faire cesser, de vivre séparément? rien ne s'oppose à leur volonté à cet égard : dès-lors, à quoi bon s'adresser à la justice pour cela? On a donc dû penser que les déclarations qu'ils lui feraient touchant l'impossibilité morale de vivre plus long-temps ensemble, ne seraient presque toujours qu'un moyen mensonger pour arriver, par la voie de séparation de corps, qui, par sa nature, n'admet pas l'intervention des tiers, à la séparation de biens, et frauder ainsi leurs créanciers légitimes ; et c'est ce que l'on a voulu empêcher. L'inconséquence eût été grande, en effet, d'interdire, et pour des motifs que chacun sent, la simple séparation de biens par consentement mutuel, et d'autoriser cependant, pour la même cause, un autre genre de séparation, dont la première est la conséquence forcée : c'eût été une contradiction de vues choquante. On a sans

---

duisent pas toujours les mêmes effets. Dans la même séance où l'on prétendait que la séparation de corps et le divorce sont deux voies parallèles, qui ne doivent par conséquent point se rencontrer, on disait aussi que *la première* devait aboutir à la seconde ; ce qui détruisait ce raisonnement mathématique. On disait même que ce n'était qu'un échelon pour arriver au divorce, qui était le sommet ; aussi voulait-on que le défendeur à la demande en séparation pût, aussitôt que la séparation aurait été prononcée, la faire convertir en divorce; et cette proposition fut adoptée sous les seules limitations consacrées par l'article 310.

doute fait souvent un grand abus du divorce par
consentement mutuel; on en a même abusé sous
le Code, malgré les précautions prises pour prévenir ce mal, et quelques entraves apportées à
l'exercice du triste sacrifice que l'on avait cru devoir faire aux mœurs du temps; mais du moins il
y avait de la réalité dans les effets : le mariage
était dissous, chacun recouvrait sa liberté; la femme
reprenait la capacité qu'elle avait aliénée; elle
redevenait maîtresse de fait et de droit de ses
biens, et le mari abdiquait ainsi sa puissance. Les
motifs de cette séparation définitive n'étaient pas
toujours, il est vrai, fondés sur une impérieuse
nécessité; le dégoût, de nouvelles passions étaient
souvent les causes qui portaient les époux à rompre un lien qu'ils avaient librement formé, qu'ils
avaient juré de chérir toujours; mais la condescen-
dance de la loi avait au moins un prétexte dans la
supposition que la déclaration des parties était
sincère, lorsqu'elles affirmaient que la vie commune leur était devenue insupportable, qu'elle ne
pouvait désormais faire que le tourment de l'une
et de l'autre. Au lieu que pour la séparation de
corps, il eût été impossible de se faire illusion sur
la prétendue nécessité de rompre judiciairement
la communauté d'habitation, quand, on le répète,
si elle existe réellement, si les deux époux en tom-
bent d'accord, s'ils n'ont pas d'autre but que celui
de la faire cesser, s'ils ne veulent pas tromper leurs
créanciers, ils ont, dans leur propre volonté, le

moyen très-facile d'arriver à ce résultat, sans réclamer l'intervention des tribunaux.

C'est encore une bien faible raison que celle qui
consiste à dire qu'il était impossible de soumettre la
séparation de corps par consentement mutuel aux
mêmes conditions restrictives que le divorce pour
la même cause. Pourquoi n'aurait-on pu le faire?
où était l'obstacle? On ne pouvait, dit-on, défendre
aux époux de se réunir : non certainement; mais
précisément la réunion serait devenue un remède
au mal, loin de l'aggraver. On n'aurait pu, ajoute-
t-on, les forcer d'abandonner une partie de leurs
biens aux enfans, ce qui était un frein apporté à la
licence du divorce par consentement mutuel; et la
séparation n'étant pas susceptible d'être ainsi réfré-
née, serait devenue d'autant plus dangereuse, que,
conciliant tout-à-la-fois les honneurs du mariage
avec l'attrait d'une vie indépendante, elle serait devenue une mode perverse, dont le torrent aurait
entraîné tout ce qui aurait été sur le penchant de
la licence.

Nous ne prétendons certainement pas improuver
le moins du monde la sage disposition de la loi qui
prohibe la séparation de corps par consentement
mutuel : le mariage est un lien sacré, que les époux
doivent encore respecter lors même qu'il s'est transformé pour eux en une chaîne pesante, et tout ce qui
peut en opérer la dissolution, même imparfaite, ne
saurait éprouver trop d'obstacles. Ce que nous im-
prouvons, ce sont les motifs vains que l'on prête à la

loi, quand elle en a eu de très-réels. En effet, pourquoi n'aurait-on pu également priver les époux d'une portion de leurs biens en faveur des enfans ? Mais, dit-on, on ne pouvait les empêcher de se réunir, et alors ils auraient dû recouvrer ces biens : nous répondons que l'effet disparaissait avec la cause, et tout rentrait dans l'ordre primitif. On aurait pu fixer un délai, un temps d'épreuve, passé lequel la perte eût été irrévocable, nonobstant la réunion postérieure. Et si l'on suppose des époux sur le penchant de la licence, et qui auraient voulu concilier les honneurs du mariage avec les attraits d'une vie indépendante, nous répondrons qu'il est difficile de croire qu'ils eussent pu se faire illusion sur la conservation de l'honneur attaché à un titre qu'ils méprisaient eux-mêmes. L'opinion publique n'aurait pas tardé à les désabuser, et par cela même la séparation de corps par consentement mutuel ne serait pas devenue une mode plus suivie que celle du divorce pour la même cause : disons mieux, elle l'eût été beaucoup moins par ceux placés sur le penchant de la licence et animés du désir de reconquérir leur indépendance ; car avec le divorce cette indépendance devenait absolue, elle était sans mélange d'aucune gêne ; elle était surtout dépouillée de la crainte, grave pour le mari, des conséquences d'une union encore subsistante de droit quand elle est rompue de fait. Le divorce eût donc été généralement la voie que les époux auraient préférée ; le dogme religieux, qui exerce son empire sur un époux vertueux et opprimé, n'eût été qu'une faible barrière pour ceux qui auraient été subjugués par leurs passions, et qui n'auraient aspiré qu'au moment de leur donner un libre cours. En admettant d'ailleurs toutes ces suppositions, l'intérêt public et surtout celui des enfans auraient encore beaucoup gagné à la préférence que les époux désunis auraient donnée à la séparation sur le divorce.

Non, ce ne sont pas les véritables motifs de la loi, ou bien ils ne seraient pas fondés sur la nature des choses. La séparation de corps a trouvé, comme on le sait, des adversaires très-zélés (1). Son rétablissement n'a été qu'une concession aux croyances religieuses; toute la discussion du projet de loi fait foi de la vérité de cette observation : dès-lors il était conséquent de n'en point admettre le mode par consentement mutuel, puisque ceux à qui la vie commune est devenue un insupportable fardeau peuvent, sans que rien s'y oppose, vivre séparément; elle devenait superflue dès qu'elle n'était fondée que sur ce motif.

531. Nous avons dit que la loi ayant déterminé les causes d'après lesquelles les époux peuvent demander la séparation de corps , les tribunaux ne doivent point en accueillir d'autres que celles formellement

---

(1) Elle avait été entièrement proscrite par la loi du 20 septembre 1792, qui, en établissant le divorce, portait : « A l'avenir aucune séparation de corps ne pourra être prononcée; des époux ne pourront être désunis que par le divorce. »

exprimées par elle. Le législateur leur a laissé sans
doute une grande latitude dans l'appréciation des
faits constitutifs des excès, des sévices et des injures
graves; et leurs décisions à cet égard, susceptibles,
comme en toute autre matière, d'être réformées
comme un *mal jugé* par les Cours d'appel, ne sauraient être censurées par la Cour suprême, lorsqu'elles portent *en fait* qu'il y a eu ou non excès,
sévices, ou injures graves (1); mais ces décisions
seraient exposées à un sort tout différent, si elles
étaient fondées sur des causes non avouées expressément par la loi.

532. Ainsi le changement de religion de la part
de l'un des deux époux, qui, suivant une décrétale (2), autorisait l'autre à demander la séparation
de corps, ne saurait aujourd'hui motiver cette
demande.

533. La perte de la raison, la fureur même devenue pour ainsi dire habituelle, n'autoriseraient
point non plus la demande en séparation, sauf à

(1) En effet, lorsque les tribunaux se sont bornés à décider dans
l'affaire qui leur est soumise, ou que les faits ne sont pas prouvés ou
qu'ils n'ont pas le caractère de gravité nécessaire pour faire prononcer
la séparation de corps, leur jugement est à l'abri de la censure ; il
n'est pas susceptible d'être annulé par la Cour de cassation. Ainsi jugé
par deux arrêts de cette Cour, l'un du 14 prairial an XIII, l'autre du
2 mars 1808. Sirey, 1806, pag. 104; et 1808, pag. 202.

(2) Voir Pothier, *du Mariage*, n° 513. Cet auteur dit que la décrétale était sans application en France, à cause de l'uniformité de religion ; la raison donnée par Pothier ne subsiste plus, et cependant la
décrétale serait également inapplicable, d'après la Charte et d'après
le Code civil.

l'autre époux à provoquer l'interdiction, ainsi que nous le dirons en traitant de l'*Interdiction.*

L'épilepsie, quelque fréquens et quelque violens qu'en soient les accès, ni aucune autre maladie de l'un des époux, quoique contagieuse, ne peuvent être pour l'autre une raison de s'en séparer : ce serait violer le contrat. Les époux se sont promis secours et assistance dans les malheurs de la vie; ils ont juré d'observer ce précepte de la loi romaine que nous avons déjà eu occasion de rappeler (1) : *Quid enim tàm humanum est, quàm fortuitis casibus mulieris maritum, vel uxorem viri, participem esse.* L. 22, § 7, ff. *Solut. matrim.*

Ces principes ont été consacrés par une décision du pape Alexandre III, par rapport à la lèpre, qui exerçait encore ses ravages de son temps (2); et admis dans l'ancienne jurisprudence pour toute espèce de maladie contagieuse, ils n'ont point été exclus ni même modifiés par le Code.

534. Pothier dit (3) que le mal vénérien, quoiqu'il y ait de forts soupçons que le mari se l'est attiré par ses débauches, peut encore moins servir de fondement à une demande en séparation de corps, puisque ce mal n'est plus aujourd'hui incurable.

La Cour de cassation a même jugé (4) que la

(1) N° 431, *suprà.*
(2) Cap. I, *extra. De conjug. lepros.*
(3) N° 514 de son *Traité du Mariage.*
(4) Arrêt de rejet, du 16 février 1808. Sirey, 1808, 1, 179. Dans

communication de ce mal n'est point par elle-même une cause de séparation contre le mari qui l'a transmis à sa femme, à moins qu'elle ne soit accompagnée de circonstances qui lui donneraient le caractère de sévices ou d'injures graves; car alors, comme l'a très bien jugé la Cour de Lyon (1), la séparation devrait être prononcée. Nous ajouterons que dans un tel cas il ne serait pas nécessaire que les autres faits eussent la gravité qu'ils devraient avoir dans les autres cas pour servir de fondement à la demande. La Cour de Toulouse a même décidé (2), *en droit*, quoique cela ne fût pas nécessaire dans la cause, attendu les autres faits, que la communication du mal vénérien est une injure grave, de nature à autoriser cette demande. Mais, selon nous, la question doit dépendre beaucoup des circonstances, et, à cet égard, les Cours royales ont un pouvoir souverain, puisqu'elles jugent, *en fait*, qu'il y a, ou non, injure grave.

535. La première cause de séparation de corps est l'adultère de la femme, en quelque lieu qu'il ait été commis.

Mais, indépendamment du droit qu'a le mari de demander la séparation de corps pour cette cause,

l'espèce, jugée d'abord par la Cour d'appel de Pau, le mari avait deux fois infecté sa femme de ce mal. La récidive aurait pu être regardée comme une circonstance suffisamment caractéristique d'une injure grave.

(1) Le 4 avril 1818. Sirey, 1819, 2, 131.
(2) Le 30 janvier 1821 Sirey, 1821, 2, 344.

et dont l'effet sera de faire infliger à la femme, si elle est convaincue, la peine correctionnelle établie par l'article 308, il peut venger son injure en portant plainte contre elle, et lui faire appliquer la peine de l'emprisonnement de trois mois au moins et de deux ans au plus. (Article 337, Cod. pén.) Rien ne l'oblige, en effet, pour faire punir son infidèle épouse, de demander la séparation de corps : il peut avoir intérêt à ne point user de cette faculté, puisque la séparation de corps entraînant celle des biens, il perdrait ainsi la jouissance de ses revenus. Au surplus, comme lorsque la séparation a été prononcée sur sa demande, il est maître d'arrêter l'effet de la condamnation en consentant à reprendre sa femme. (*Ibid.*)

536. L'adultère ne peut être dénoncé que par lui. (Art. 336, *ibid.*) Il ne fallait pas que pour venger les droits méprisés des maris, on pût imprimer à ceux-ci un affront public dont nos injustes préjugés ont su faire un déshonneur ; c'eût été ajouter un mal à un autre mal. Mais celui qui veut le braver n'a à se plaindre de personne : *volenti non fit injuria.*

537. Le mari qui a entretenu une concubine dans la maison commune, et qui a été convaincu sur la plainte de la femme, a perdu le droit de dénoncer l'adultère de celle-ci. (*Ibid.*) : il y a compensation d'injures. Nous verrons plus tard si sa faute ne le rend pas aussi non-recevable à demander la séparation de corps pour cette cause.

538. Le complice de la femme adultère doit être puni de l'emprisonnement pendant le même espace de temps, et, en outre, d'une amende de cent francs à deux mille francs.

Les seules preuves qui peuvent être admises contre lui, sont, outre le cas de flagrant délit, celles résultant de lettres ou autres pièces par lui écrites. (Art. 338, *ibid.*)

Si c'est sur la demande en séparation de corps que la femme est condamnée à l'emprisonnement, conformément à l'article 308 du Code civil, comme son complice n'a été ni n'a pu être partie dans l'instance, la peine lui sera infligée par les tribunaux correctionnels, devant lesquels il proposera ses moyens de défenses : par rapport à lui le fait n'est point jugé.

539. La mise en liberté de la femme, sur la demande du mari, n'emporterait pas celle du complice; le motif d'indulgence de la loi lui est entièrement étranger. Il a même été jugé par la Cour de Rouen (1) que, bien que le mari eût retiré la plainte qu'il avait formée contre sa femme, le ministère public avait eu le droit de poursuivre le complice, attendu que le cas prévu par la loi, la dénonciation, par le mari, de l'adultère de la femme, s'était réalisé. Mais si cet arrêt a pour lui la lettre de la loi, en ce sens que dès que le fait qu'elle exige existe, on rentre dans le droit com-

____

(1) Le 1er août 1816. Sirey, 1817, 2, 470.

mun, suivant lequel le ministère public peut poursuivre d'office la répression des délits, du moins il
n'est pas fondé sur son esprit, puisqu'il a soumis
le mari à l'affront auquel on a voulu le soustraire
en ne donnant qu'à lui seul le droit de se plaindre,
et qu'il a ainsi rendu inutile le repentir d'avoir mis
trop peu de réflexion dans la première chaleur de
son indignation. Nous aurions approuvé cette décision, si, au lieu de poursuivre sa femme et le
complice, ou ce dernier seulement, comme il en
avait le droit, le mari eût lui-même demandé au
ministère public de vouloir exercer contre lui l'action correctionnelle; mais lorsque, après avoir retiré la plainte qu'il a formée contre sa femme, il
garde le silence à l'égard du complice, la poursuite
du ministère public est un grand mal ajouté au
malheur du mari; et telle n'a point été l'intention
du Législateur.

540. Enfin, quoique l'article 338, précité, dise
que le complice de la femme adultère sera puni de
l'emprisonnement *pendant le même espace de temps,*
nous ne croyons pas que la loi ait entendu autre
chose, si ce n'est qu'il est passible de l'emprisonnement de trois mois à deux ans : par conséquent,
les tribunaux pourraient infliger le *maximum* à un
corrupteur, quoique la femme ne fût condamnée,
à raison de sa jeunesse et des autres circonstances
de la cause, qu'à une détention moins longue, soit
par le tribunal civil, dans le cas de séparation de

corps, soit par les tribunaux correctionnels eux-mêmes, dans celui de plainte en adultère.

541. Puisque les causes de séparation de corps sont formellement déterminées par la loi, et qu'il n'est pas permis aux tribunaux d'en accueillir d'autres, il suit de là que le mari qui aurait désavoué l'enfant né dans les cent quatre-vingts jours du mariage, ne pourrait pour cela former la demande en séparation. Il a été trompé, il l'a été cruellement ; mais le désaveu, dans ce cas, est par lui-même une preuve que la conception de l'enfant n'est point le fruit de l'adultère, quoiqu'il soit celui d'un commerce illicite auquel le mari n'a eu aucune part.

542. L'adultère du mari est sans doute une action très-blâmable, c'est une violation de la foi jurée ; mais si l'on doit mesurer le degré de criminalité des actions sur la gravité de leurs conséquences, il est sensible que l'infidélité de l'époux est bien moins criminelle que celle de l'épouse (1). En violant la foi conjugale, la femme introduit des étrangers dans la maison de son mari. « Je puis avoir des « princes sans vous, disait une princesse à son « époux, et vous n'en pouvez avoir sans moi. » Rien de semblable dans les conséquences de l'adul-

----

(1) Quoi qu'en ait dit le plus mordant de tous les satiriques en faisant ainsi parler une certaine *Laronia*, qui se plaint de ce que l'action en adultère ne soit pas ouverte aux femmes comme aux maris :

DAT VENIAM CORVIS, VEXAT CENSURA COLUMBAS,

JUVEN. ; sat. 2.

tère du mari. Ajoutez que la pudeur et la chasteté sont les premières vertus des femmes : ce sont les femmes elles-mêmes qui en ont fait leurs premières lois, consultant en cela au moins autant leur intérêt que le nôtre ; car leur empire est détruit dès qu'elles les ont violées. Il faut donc que la dépravation soit portée à un plus haut degré chez celles qui les abjurent, qu'elle ne l'est chez l'homme, qui ne se dépouille de la continence que comme d'une vertu secondaire, à laquelle, bien à tort sans doute, les mœurs et l'opinion n'attachent qu'une estime proportionnelle, et par cela même parfois trop peu recherchée. « La violation de la pudeur, dit Mon-« tesquieu, suppose dans les femmes un renonce-« ment à toutes les vertus ; et la femme, en violant « les lois du mariage, sort de l'état de dépendance « naturelle » (1).

Aussi, le plus grand historien de l'ancienne Rome dit-il avec son énergie accoutumée, que la femme qui a violé les lois de la pudeur se livre bientôt à d'autres crimes : *Neque fœmina, amissâ pudicitiâ, alia flagitia abnuerit* (2).

Et M. d'Aguesseau (3), développant cette vérité, fait observer que « l'adultère est souvent le pre-« mier pas qui conduit à l'assassinat ; qu'il semble « que cette conjecture soit devenue une présomp-« tion de droit, et qu'elle ait passé ne maxime

_____

(1) *Esprit des Lois*, liv. XXVI, chap. VIII.
(2) Tacite, *Annal.*, lib. 4, n° 4.
(3) 51e Plaidoyer.

II.   32

« ordinaire dans les tribunaux : *Adultera*, *ergo*
« *venefica*. »

Enfin, l'on peut dire avec Gerbier (1) « qu'il est
« rare de voir une accusation d'adultère intentée
« par un mari ; la crainte de l'éclat l'arrête : il sait
« qu'il ne peut publier le crime de sa femme sans
« se couvrir de honte. Le préjugé seul étoufferait
« ses plaintes, si le déshonneur réel qui en est la
« suite ne suffisait pas pour le déterminer à dévo-
« rer en secret ses malheurs.

  « Toutes ces raisons cessent du côté de la femme :
« elle ne jouit qu'avec plus de gloire de sa propre
« vertu, lorsque son mari se déshonore lui-même
« par ses infidélités.

  « Enhardie par cela même à poursuivre un mari
« coupable, rien ne pourrait donc mettre un frein
« à sa vengeance : parce qu'elle ne risquerait rien,
« elle oserait tout ; le plus léger soupçon devien-
« drait le prétexte d'une accusation, et la foi so-
« lennelle du lien conjugal serait compromise à
« chaque instant. »

Telles sont les raisons générales qui ont fait établir les différences légales entre l'infidélité du mari
et celle de la femme, et qui interdisent à celle-ci
la faculté de demander la séparation de corps pour
simple adultère de son époux.

543. Mais lorsqu'au tort déjà si grave de la violation de la foi promise, le mari joint celui d'of-

_____

(1) Mémoire pour le comte de Montboissier.

fenser les regards de son épouse par le spectacle de
ses désordres; lorsqu'il substitue le scandale à l'innocence qui régnait dans sa maison, qu'il donne
ainsi l'exemple du vice à ses enfans et à tous ceux
qui l'entourent : alors la loi écoute les plaintes de
la femme, et lui permet de se séparer de celui qui,
pour l'outrager encore plus, choisit pour théâtre de
ses passions licencieuses le lieu où elle ne devait
être environnée que d'hommages, de considération
et de respect. Ainsi, l'adultère du mari, lorsqu'il a
tenu sa concubine dans la maison commune, est
pour la femme une juste cause de séparation de
corps. (Art. 230 et 306.)

544. La loi a évité de se servir de l'expression
domicile commun; elle a dit la *maison commune* :
d'où il suit que si le mari avait tenu sa concubine
ailleurs que dans la maison où est établi le domicile conjugal, par exemple, dans une maison de
campagne où les deux époux seraient allés habiter
pendant la belle saison, il y aurait lieu, pour la
femme, à demander la séparation de corps; car
cette maison est alors la maison commune.

545. La cause de séparation existe aussi lorsque
le mari tient une concubine dans la maison commune, encore que sa femme ait cessé de résider
avec lui, puisqu'elle n'a point pour cela perdu le
droit de se faire recevoir dans l'habitation conjugale, et qu'elle peut s'y présenter quand bon lui
semblera. La question a été jugée en ce sens, en

matière de divorce, par la Cour de Poitiers (1), et
en matière de séparation de corps, par arrêt de
cassation (2).

On doit le décider ainsi, et à plus forte raison,
lorsque le mari abandonne sa femme et tient une
concubine dans le nouveau domicile qu'il s'est
choisi : la femme a le droit d'être reçue à ce nouveau domicile; et d'ailleurs le premier tort du mari,
en la quittant, ne peut atténuer celui qu'il commet
en tenant une concubine dans la maison qui ne devrait être occupée que par l'épouse légitime : le domicile du mari est toujours la maison commune (3).

546. Il n'est pas nécessaire, pour que la femme
puisse demander la séparation de corps pour adultère du mari, qu'il tienne encore sa concubine dans
la maison commune; il suffit qu'il l'y ait tenue et
qu'il n'y ait pas eu de réconciliation.

Et la cause de séparation existe, quoique la concubine n'ait pas été introduite par le mari dans la
maison commune, mais par la femme, qui l'avait
prise pour domestique (4).

547. Mais le fait d'adultère du mari, quoique

(1) Le 28 messidor an XII. Sirey, 4, 2, 180.
(2) Le 21 décembre 1818. Sirey, 19, 1, 163. Voir aussi un arrêt de
la Cour d'Agen, du 27 janvier 1825, Sirey, 25, 2, 7.
(3) La Cour d'Orléans a jugé en ce sens, et son arrêt a été confirmé
par la Cour de cassation, le 9 mai 1821. Sirey, 21, 1, 349. La Cour
de Limoges avait jugé le contraire, le 2 juillet 1810. Sirey, 11, 2, 236.
(4) Ainsi jugé en matière de divorce, et avec raison, par la Cour
d'Amiens, le 13 fructidor an XI. Sirey, 7, 2, 203.

commis dans la maison commune, avec une femme qui n'y demeurerait pas, qui n'y serait qu'acciden-tellement, ne serait peut-être pas considéré comme étant, dans le sens de la loi, une cause de séparation de corps, à moins qu'à raison de quelques circon-stances ce fait n'acquît le caractère d'injure grave, comme si l'adultère avait été répété ; car la loi ne dit pas que l'adultère du mari, *dans la maison commune,* sera pour l'épouse une cause de séparation ; elle dit que l'adultère du mari sera pour la femme une cause de séparation, lorsque celui-ci aura *tenu* sa concubine dans la maison commune ; et le sens naturel de ces mots ne paraît pas s'appliquer à une action fortuite, quelque coupable qu'elle soit ; il semble au contraire que c'est le scandale qui résulte de la présence de la concubine que l'on a voulu punir, en donnant à l'épouse outragée par cette présence le droit de s'y soustraire.

548. Le mari qui a entretenu une concubine dans la maison conjugale, et qui a été convaincu sur la plainte de la femme, est puni d'une amende de cent francs à deux mille francs (Art. 339, C. P.) (1).

Mais lors même que la séparation de corps serait

---

(1) Sans préjuger la question de savoir si, contrairement à l'an-cienne jurisprudence, la condamnation prononcée contre le mari pour simples délits, et qui est exécutoire sur la communauté, aux termes de l'article 1425, donne lieu à une indemnité au profit de la femme, il ne nous paraît pas douteux que, dans le cas dont il s'agit, cette indemnité ne soit due ; autrement la peine tournerait au préju-dice de la femme, et par cela même, l'exercice de l'action que la loi lui a donnée serait en quelque sorte paralysé dans sa main.

prononcée contre lui pour cette cause, la peine dont
il s'agit ne pourrait lui être appliquée par le tribunal
civil ; elle ne pourrait l'être que par le tribunal cor-
rectionnel, parce que la loi ne déroge point, comme
le fait l'art. 3o8 du Code civil, à l'ordre ordinaire
des juridictions, en prescrivant à un tribunal civil
de prononcer la peine correctionnelle dont il s'agit.
Au surplus, le fait étant juridiquement constaté, il
ne pourrait être remis en question par le mari, lors
même que le jugement de séparation de corps n'aurait été rendu que par défaut, et n'eût acquis force
de chose jugée que parce qu'il n'y aurait formé
ni opposition ni appel ; car, par cela même, il a
témoigné qu'il était bien justement rendu.

549. Les excès, sévices et injures graves de l'un
des époux envers l'autre forment la troisième cause
de séparation de corps.

Elle est, comme on voit, réciproque.

La jalousie, le plus grand ennemi du bonheur
conjugal, la haine et le mépris sont les causes les
plus ordinaires des excès, des sévices et injures graves
entre les époux.

Le sentiment cruel de la jalousie, plus funeste
encore pour celui qui l'éprouve que pour celui qui
en est l'objet, et qui bannit de l'union conjugale
les plaisirs et la tranquillité, n'est malheureusement
que trop souvent le triste résultat du mariage ; mais
la haine et le mépris sembleraient devoir être des
sentimens étrangers aux époux l'un envers l'autre ;

et il en serait ainsi sans doute, si, au lieu d'être
formées par le hasard ou l'intérêt, comme on ne le
voit que trop fréquemment, les unions étaient toujours bien assorties. On ne verrait pas entre des
époux cette opposition de caractères, de goûts et
d'humeur, qui fait naître une antipathie insurmon-
table, et d'autant plus vive, disait, avec raison, le
savant et respectable M. Pigeau, que l'habitude d'être
ensemble, en leur faisant connaître leurs défauts
réciproques, a pour effet inévitable de les leur faire
exagérer sans cesse et de les leur faire détester de
plus en plus.

55o. On entend par *excès*, ces faits d'emportement et de fureur qui peuvent mettre la vie de l'é-
poux en danger. A cet égard, il n'y a pas, comme
pour les injures, à considérer la qualité des personnes; car lorsque ces faits ont réellement le caractère d'excès, qu'importe qu'ils soient commis envers
une femme du peuple ou envers une personne
d'une condition plus relevée? Il ne s'agit pas alors
d'apprécier par l'éducation, le rang et les habitudes,
le degré de sensibilité qu'a causé l'offense : le mot
excès dit tout, et dès que l'existence d'une femme
est compromise par les emportemens d'un forcené,
il est instant de soustraire sa victime à ses fureurs.

Quelquefois l'on a vu aussi une femme d'un caractère emporté, violent (1), dépouiller toute retenue, abjurer son sexe, se laisser dominer par la

(1) *Notumque furens quid fœmina possit.*

colère et la haine, au point de maltraiter gravement
son époux et lui rendre la vie commune insupportable, dangereuse même; alors, pour prévenir de
plus grands maux, la loi autorise pareillement le
mari à demander la séparation.

551. Les *sévices*, *sœvitia*, sont ces actes de
cruauté qui, sans mettre la vie de l'époux en
danger, lui causent néanmoins un mal réel. Ces
faits peuvent se commettre d'une foule de manières; ils prennent une multitude de formes. Ils
sont généralement plutôt l'effet d'une cruauté
froide, d'une absence totale de tout sentiment de
pitié et de commisération, que le résultat de l'emportement et de la fureur, et ils en sont par cela
même plus odieux encore. Ainsi, un mari qui, par
haine, mépris ou indifférence, dédaigne de faire
soigner sa femme dans ses maladies ou ses infirmités;
qui lui refuse ce qui lui est nécessaire pour sa
nourriture et son entretien, lorsqu'il a les moyens
de le lui procurer; qui s'abstient de la secourir
quand sa vie, sa liberté ou son honneur sont en
péril, méconnaît manifestement le principe qui
prescrit aux époux de se prêter mutuellement *secours et assistance;* et cette infraction est assez grave
pour être mise au rang des *sévices,* par conséquent,
pour autoriser la demande en séparation de corps.

552. Généralement aussi les voies de fait, les
simples coups sont des sévices; mais ils tirent leur
caractère de gravité de la condition des personnes,

de leur éducation, des circonstances du temps ou du lieu où les faits se sont passés; car une femme du bas peuple, qui rarement d'ailleurs laisse cette offense sans représailles, et qui trouve par cela même une satisfaction dans la vengeance soudaine qu'elle cherche à en tirer, en sera généralement peu affectée, tandis qu'une épouse élevée avec soin, et dont la sensibilité est en raison du rang qu'elle tient dans la société, de la compagnie dans laquelle elle a vécu, et de plusieurs autres causes qui ont produit chez elle une délicatesse de sentimens entièrement inconnue à la première, en éprouvera une impression vive et durable.

553. Pour les *injures*, elles se commettent aussi de plusieurs manières : par des propos insultans, des diffamations par écrit ou verbales, par des calomnies, des dénonciations, etc. (1). Ainsi les chagrins, les peines, les traverses qu'une femme éprouve par suite de ces mauvais traitemens doivent, jusqu'à un certain point, être mis sur la même ligne que les sévices et les coups. « Qu'importe en effet,

(1) Ainsi, l'accusation d'un crime capital, intentée calomnieusement par l'un des époux contre l'autre, est une juste cause de séparation, comme l'a jugé un arrêt de 1716, rapporté ou cité par presque tous les anciens auteurs.

La même chose avait été jugée par arrêt du 16 juillet 1695, sur les conclusions de M. d'Aguesseau (34e plaidoyer), dans l'affaire du sieur Delâtre, contre Marie Courtin, sa femme. Delâtre avait formé contre son épouse l'accusation de supposition de part (*crimen suppositi partús*); la femme, outrée de cette calomnie, forma demande en séparation d'habitation, et la Cour la prononça sur la seule justification de cette imputation calomnieuse.

« dit M. Merlin, qu'une femme périsse victime des
« effets lents, mais inévitables, de la douleur que
« lui causent les outrages continuels d'un mari qui
« la hait ou la méprise, ou qu'elle expire sous l'ef-
« fort des coups meurtriers dont il l'accable? Le re-
« mède de la séparation n'est pas moins nécessaire
« pour prévenir le premier malheur que pour dé-
« tourner le second. » Tout ce qu'il y a à dire, c'est
que pour les propos offensans, les menaces, les in-
sultes, encore plus que pour les sévices, tels faits
qui devraient être insuffisans pour faire séparer des
époux nés dans les classes laborieuses du peuple,
prennent, entre personnes d'un état plus relevé,
un caractère de gravité qui peut être considéré
comme une cause légitime de séparation.

C'est au magistrat, qui sait que l'indulgence est
une des vertus conjugales, à ne point écouter les
éclats d'un ressentiment né d'une susceptibilité exagérée, mais à avoir égard à la juste douleur produite
par des offenses réelles et non provoquées.

554. Ainsi, le mari qui accuserait sa femme d'a-
dultère lui ferait une injure grave dans le sens de
la loi. Le caractère de l'offense s'aggraverait encore
de la publicité qu'il lui aurait donnée; et même,
dans certains cas, une telle accusation, quoique
renfermée dans des lettres adressées par le mari à
sa femme, pourrait autoriser celle-ci à obtenir la
séparation. Une injure de cette nature, quoique
secrète, lorsqu'elle n'est pas uniquement l'effet

d'un transport jaloux que son aveuglement seul et quelques apparences trompeuses peuvent, dans certaines circonstances, faire excuser, ne porte pas moins la douleur dans le cœur d'une épouse vertueuse, et suffit par conséquent pour fonder la demande en séparation, ainsi que l'a décidé la Cour de Poitiers, par arrêt du 29 juillet 1806. Sirey, 1806, 2, 191.

D'après cela, la demande en séparation pour cause d'adultère, et sur laquelle le demandeur a succombé faute de preuves, est pour l'autre une injure grave faite à ses mœurs et à sa conduite, et, dès-lors, c'est pour lui une cause de séparation de corps.

À plus forte raison en doit-il être ainsi, lorsque, pour s'excuser des mauvais traitemens sur lesquels la femme a fondé sa demande en séparation, le mari prétend publiquement qu'elle s'était alors rendue coupable d'adultère. Ce fait seul d'injure, si l'adultère n'est pas prouvé, suffit aux juges pour prononcer la séparation, comme l'a très-bien jugé la Cour de Paris, le 14 décembre 1810. Sirey, 1811, 2, 236.

Au reste, dans tous les cas où le mari prouverait que sa femme s'est réellement rendue coupable des faits qu'il lui a reprochés, celle-ci devrait être déclarée non-recevable dans sa demande. La loi offre son appui à la femme opprimée et non à la femme impudique. Nous reviendrons sur ce point au chapitre suivant.

555. Ce serait aussi une injure grave que le mari ferait à sa femme s'il refusait de la recevoir, et si ce refus n'était pas l'effet d'un mouvement de vivacité et d'humeur, s'il avait au contraire quelque persévérance. *Vice versá*, la femme qui refuserait d'habiter avec son mari lui ferait injure, ainsi que nous l'avons dit au n° 436, *suprà*. Mais dans ces cas, le tribunal pourrait, suivant les circonstances, accueillir l'offre faite par le défendeur devant le président, lors de la comparution des époux, de se réunir à son conjoint.

556. La Cour de Rouen a jugé, le 8 avril 1824 (Sirey, 24, 2, 113), qu'un mari qui, ayant eu à se plaindre de l'inconduite de sa femme, avait trouvé le moyen, en surprenant de l'autorité administrative une espèce de lettre de cachet, de la faire enfermer, s'était rendu coupable d'attentat à la liberté de son épouse, et lui avait ainsi fait une injure grave, encore qu'il y eût, dans l'espèce, des suppliques de la famille et des acquiescemens réitérés de l'épouse elle-même à ce qu'elle fût enfermée; en conséquence, la Cour a accueilli la demande en séparation de corps de celle-ci. Mais il faut observer qu'il y avait des circonstances graves, qui attestaient plus que de la dureté dans la conduite du mari.

557. Nous avons dit que la demande en séparation pour adultère, et sur laquelle le demandeur a succombé faute de preuves, est pour l'autre époux une cause de séparation de corps; mais il n'en se-

rait pas ainsi de la demande en nullité du mariage : cette demande atteste, il est vrai, le peu d'affection qu'a le demandeur pour son conjoint; mais la loi s'est bien gardée de faire du peu d'attachement de l'un des époux envers l'autre une cause de séparation, et les tribunaux n'ont pas le pouvoir d'ajouter à ses dispositions à cet égard.

Et quoique le mépris soit souvent plus difficile à supporter que la haine, dont les effets sont cependant plus violens et plus dangereux, la loi qui abandonne à la conscience les devoirs de pure morale ne l'a néanmoins point admis au nombre des causes de séparation, tant qu'il est *détaché de toute circonstance qui lui imprimerait le caractère d'injure grave.* L'époux qui a le malheur d'éprouver ce sentiment pour son conjoint, et qui a le tort de le lui manifester, méconnaît sans doute ses devoirs ; car il doit savoir, disait encore très-bien M. Pigeau, que l'amour-propre domine tellement le cœur de l'homme, que tout ce qui le blesse nous révolte plus qu'un mauvais traitement réel, et que, si ménager avec soin celui de ses semblables est une maxime aussi sage qu'utile dans le monde, à plus forte raison doit-elle être observée dans la société conjugale, où l'attachement a pour fondement l'estime réciproque. Mais ces torts, quelque graves qu'ils soient aux yeux de la morale, ne le sont toutefois pas assez aux yeux de la loi pour autoriser le relâchement d'un lien que l'on doit encore respecter, lors même qu'il ne procure pas le bonheur qu'il semblait promettre.

558. La condamnation de l'un des époux à une peine infamante (1) est, comme nous l'avons dit, la quatrième cause d'après laquelle peut avoir lieu la séparation de corps.

La loi n'a pas voulu contraindre l'époux innocent à partager les humiliations et l'avilissement de l'époux déshonoré. Une des conditions sous-entendues dans le contrat, c'est de conserver l'honneur et de le transmettre aux enfans comme leur plus précieux héritage.

559. Aussi nous croyons, que lors même que par la clémence du Roi, la condamnation aurait été commuée en une peine non infamante, la séparation n'en pourrait pas moins être demandée : l'effet moral, le déshonneur n'en subsiste pas moins, quoique peut-être avec moins d'intensité. La loi attache la cause de la séparation de corps à la *condamnation*, et la condamnation existe. Nous verrons au chapitre suivant s'il résulterait une fin de non-recevoir de ce que le condamné aurait subi sa peine sans que le conjoint eût demandé la séparation, et si la cohabitation depuis la condamnation éteindrait aussi l'action.

560. Mais il faut que la condamnation soit devenue définitive, qu'elle ne soit plus susceptible d'être réformée par une voie légale. (Art. 261, rapproché des art. 232 et 306.)

---

(1) Voir aux articles 7 et 8 du Code pénal, quelles sont les peines afflictives ou simplement infamantes.

Il suit de là que si elle n'a été prononcée que par contumace, le conjoint, quoiqu'elle ait été exécutée par effigie, ne pourra qu'après vingt ans depuis sa prononciation demander la séparation de corps pour cette cause, puisque ce n'est qu'à cette époque qu'elle est irréformable, aux termes des articles 635 et 641 du Code d'instruction criminelle, analysés et combinés.

Cependant, à cet égard, nous croyons qu'il faut faire une distinction entre les condamnations à une peine n'emportant pas mort civile, et celles qui entraînent cette peine. Pour les premières, s'applique ce que nous venons de dire; mais pour les autres, comme la mort civile est encourue après les cinq ans depuis l'exécution du jugement par effigie (sans cependant, suivant notre opinion (1), que le mariage soit dissous à cette époque), et que le conjoint peut exercer ses droits légaux et conventionnels, de même que si le condamné était mort naturellement (art. 25 et 27 combinés), il nous paraît conforme à ces principes qu'il puisse demander la séparation de corps.

Mais si le condamné reparaissait, et s'il était absous, ou condamné à une peine qui ne fût ni afflictive ni infamante, il pourrait faire tomber le jugement de séparation, sans préjudice des effets que la mort civile aurait produits depuis l'expiration des cinq ans jusqu'au jour de sa comparution en jus-

_____

(1) Voir au tome Ier, n° 253, et *supra*, n° 521.

tice (art. 3o), et sans préjudice aussi des actes que
la femme séparée aurait faits sur ses biens en vertu
de sa nouvelle qualité, ou d'après l'autorisation de
la justice.

56i. Si la condamnation était antérieure au mariage, l'époux qui la connaissait serait non-recevable à demander la séparation. Il s'est librement
associé au déshonneur, il doit partager le mépris
qui y est attaché.

562. Mais s'il avait été trompé sur l'état de son
conjoint, nous croyons, contre l'opinion de plusieurs jurisconsultes, qu'il pourrait demander la
séparation de corps. On oppose à cette décision la
rédaction de l'article 23i, qui dit : « La condamna-
« tion *de l'un des époux* à une peine infamante
« sera pour l'autre une cause de divorce. » Donc,
dit-on, il faut que la condamnation ait été prononcée contre l'individu lorsqu'il était déjà époux.
C'est forcer le sens de la loi : comment aurait-elle
pu s'exprimer autrement ? de quel terme pouvait-
elle se servir pour désigner la personne dont l'infamie devenait une cause de séparation, surtout
lorsque le mot *époux* est en corrélation avec le mot
autre, qui suit immédiatement ? Il n'est nullement
à croire qu'en employant le mot *époux*, le Législateur ait entendu considérer la qualité de la personne uniquement au moment de la condamnation, et subordonner l'effet de la disposition à
l'existence de cette qualité à cette époque : il a

simplement entendu désigner la personne par la
qualité qu'elle a au moment où la séparation est
demandée contre elle pour cause d'infamie. Ce n'est
pas le seul cas où la loi, se référant à une époque
où la personne n'a point encore la qualité d'époux,
lui donne néanmoins cette qualification : c'est
ainsi, notamment, que, dans l'article 1573, première partie, on considère le mari à une époque où
il n'était pas encore tel, et on lui donne cependant, comme désignation, la qualification de *mari.*
Quel est, d'ailleurs, le motif de la loi ? Ce motif est
incontestablement l'injustice qu'il y aurait à forcer
un époux innocent de vivre avec un infâme, de
partager son avilissement et la honte dont il est
couvert ; de contraindre, en quelque sorte, une
malheureuse épouse à donner le jour à des enfans
qui, dans l'ordre des idées sociales, ou si l'on veut,
des préjugés, auraient à souffrir d'une faute qui
n'est point la leur : telle est la véritable raison de
la loi ; les jurisconsultes dont nous combattons le
sentiment n'en donnent eux-mêmes pas d'autre.
Or, cette raison est absolument la même, la situation de l'époux innocent est absolument identique,
soit que la condamnation ait eu lieu avant le mariage, soit qu'elle n'ait été prononcée que depuis :
celui qui l'a trompé doit être encore à ses yeux
moins digne d'indulgence que dans le second cas.
Réfuterons-nous aussi cette autre objection, que
l'époux devait connaître la condition de celui auquel il s'est uni ? Mais si ce raisonnement avait

II. 33

quelque valeur dans les cas de fraude ou d'erreur, jamais l'action pour faire annuler les contrats entachés de ces vices ne serait admise ; elle trouverait toujours une fin de non-recevoir écrite dans cette règle, dont on fait ici une fausse application. C'est à celui qui se plaint d'avoir épousé une fille cadette, croyant épouser l'aînée, héritière de la principauté de son père, qu'on pourrait dire avec plus de fondement : Vous deviez connaître la condition de celle que vous avez épousée ; tant pis pour vous si vous vous êtes trompé. Du moins son erreur n'a pas de bien funestes conséquences, puisque la personne lui a fort bien convenu, et que ce n'est que la privation de la dot qui excite ses regrets, Cependant on dit (1) que, dans ce cas, le mariage est nul pour vice d'erreur *dans la personne*, et l'on refuse à la femme qui, par suite d'une erreur bien prouvée, a eu le malheur d'épouser un forçat libéré, le triste droit de se soustraire à son avilissante société : c'est ce que nous n'admettrons jamais (2). Nous lui reconnaissons même, comme nous l'avons

---

(1) M. Toullier. Voir le n° 64, *suprà.*

(2) M. Delvincourt dit fort bien que si la condamnation était antérieure au mariage, et *si elle était connue*, l'époux devrait s'imputer d'avoir contracté un pareil mariage, et conséquemment qu'il serait non-recevable dans sa demande en séparation ; nous l'avons dit nous-mêmes. Mais il est clair que ce jurisconsulte partage notre opinion pour le cas où l'époux innocent ignorait la condition de l'autre.

M. Toullier a écrit, au contraire, que cet époux connaissait ou devait connaître la condition de son conjoint, et il rejette dans tous les cas la demande en séparation, en fondant son sentiment sur les raisonnemens que nous avons réfutés.

dit, au n° 62, *suprà*, celui de demander la nullité
du mariage, à la charge d'intenter son action dans
les six mois depuis la découverte de l'erreur. Dans
l'opinion de presque tous les orateurs qui ont pris
part à la discussion au Conseil-d'État, sur l'article 146, cette décision n'aurait souffert aucune
difficulté, puisqu'ils entendaient que l'erreur sur
des circonstances infiniment moins graves fût une
cause de nullité du mariage, surtout, comme dans
l'espèce, lorsqu'il y a eu fraude de la part de l'autre
époux. Ces orateurs n'étaient point touchés, ainsi
qu'on peut le voir, de ce raisonnement, inapplicable au cas dont il s'agit, que l'époux devait connaître la condition de son conjoint; car il y a des
cas où l'erreur est invincible, et, pour cela, les lois
y ont égard. C'est sur ce principe qu'est fondée la
disposition de l'article 202, suivant laquelle l'époux
de bonne foi peut alléguer son erreur pour invoquer les effets civils du mariage, tant en sa faveur
qu'en faveur des enfans : on ne peut lui dire qu'il
devait connaître la condition de celui avec lequel
il a contracté une union réprouvée, ce serait faire
abus de la règle.

CHAPITRE II.

Des Fins de non-recevoir contre l'action en séparation de corps.

SOMMAIRE.

563. *L'action en séparation de corps est éteinte, comme l'était
celle en divorce, par la réconciliation des époux, survenue soit avant la demande, soit depuis.*

564. *Les articles 272, 273 et 274 du Code sont, par conséquent, applicables à la séparation.*

565. *Si, depuis la réconciliation, l'époux s'est rendu coupable de nouveaux faits, le conjoint peut intenter l'action où en former une nouvelle, et faire valoir les anciens faits.*

566. *Il n'est pas nécessaire, pour cela, que les faits nouveaux soient aussi graves que les premiers, pourvu qu'ils aient de la gravité.*

567. *On peut même après une réconciliation intervenue sur une demande en séparation, et lorsqu'il y a des causes nouvelles, faire valoir des faits qui n'avaient point été présentés à la justice.*

568. *On peut aussi, lorsqu'il y a des faits nouveaux, présenter ceux qui, sur une demande rejetée, ont été déclarés non-pertinens et inadmissibles.*

569. *Si le demandeur nie qu'il y ait eu réconciliation, le défendeur en fait la preuve.*

570. *Les tribunaux sont juges souverains des faits de réconciliation : leurs décisions à cet égard ne pourraient tout au plus que renfermer un mal-jugé.*

571. *La survenance d'enfans, depuis les faits imputés, n'est pas toujours une présomption décisive de la bonne intelligence des époux à l'époque de la conception desdits enfans.*

572. *L'action en séparation de corps, pour cause de condamnation de l'un des époux à une peine infamante, n'est pas éteinte par le silence du conjoint pendant la durée de la peine.*

573. *En général, elle est éteinte par la cohabitation après l'expiration du temps de la peine : il y a renonciation au droit de la faire valoir.*

574. *L'adultère du mari qui a tenu sa concubine dans la maison commune, doit le rendre non-recevable à demander la séparation de corps pour adultère de la femme; vel vice versâ.*

575. *La femme demanderesse en séparation pour cause d'excès ou sévices, peut être déclarée non-recevable lorsque le mari prouve que les excès ont été causés par le dérèglement de mœurs de sa femme.*

576. *Si la Cour reconnaît d'abord que les excès sont de la nature de ceux prévus par la loi, est-elle ensuite forcée, sous peine de cassation, d'admettre la séparation ? ou peut-elle encore déclarer la demanderesse non-recevable, attendu que les excès ont été provoqués par ses déréglemens ? Controverse.*

577. *Les magistrats ont un pouvoir discrétionnaire dans l'admission de la demande en séparation, quoique les faits aient été provoqués par les torts du demandeur.*

578. *La disposition de l'article 269, qui déclare non-recevable dans sa demande la femme qui ne justifie pas de sa résidence dans la maison convenue ou indiquée, n'est point applicable à la femme demanderesse en séparation de corps.*

579. *La demande en séparation de biens n'opère pas, non plus, une fin de non-recevoir contre l'action en séparation de corps.*

580. *La mort de l'un des époux pendant l'instance n'empêche pas toujours que l'action ne soit continuée,* an benè vel malè, *à cause du préciput et des dépens.*

563. Suivant l'article 272, « l'action en divorce « est éteinte par la réconciliation des époux, surve- « nue soit depuis les faits qui auraient pu autoriser « cette action, soit depuis la demande en divorce. »

Comme l'action en séparation de corps a absolument les mêmes causes que celles qu'avait l'action en divorce, il est juste qu'elle puisse être repoussée par les mêmes fins de non-recevoir ; car le pardon d'une injure a toujours eu pour effet de l'effacer, et dès que l'époux offensé a fait remise de l'offense l'action en séparation de corps, comme celle en divorce, n'a réellement plus de cause ; son principe s'est évanoui par la réconciliation.

564. Ainsi, les articles 272, 273 et 274 s'appliquent tout aussi bien à la séparation de corps
qu'au divorce, quoiqu'ils ne soient point rappelés
au chapitre de la *Séparation*: la jurisprudence de la
Cour de cassation n'a jamais varié sur ce point. En
sorte que s'il y a eu réconciliation, soit depuis
les faits qui pouvaient autoriser l'action, soit depuis
qu'elle a été exercée, le demandeur doit être déclaré non-recevable dans sa demande (art. 273); et
l'arrêt qui, en reconnaissant, en *fait*, qu'il y a eu
réconciliation, admettrait la séparation sans déclarer qu'il y a eu des faits nouveaux, ne contiendrait
pas simplement un *mal-jugé*, il renfermerait une
violation de la loi.

565. Mais si, depuis la réconciliation, l'époux
s'est rendu coupable de nouveaux faits, le conjoint
peut intenter l'action, ou renouveler celle sur laquelle il avait été déclaré non-recevable, et alors
il peut faire usage des anciennes causes pour ap-
puyer sa demande (*ibid.*); car il est censé n'avoir
remis les offenses dont il a été victime, que sous la
condition que son conjoint les effacerait par une
meilleure conduite.

L'article 273 ne statue expressément que sur le
cas où l'action ayant déjà été intentée, le demandeur a été déclaré non-recevable, puisqu'il dit
qu'il pourra en intenter *une nouvelle*, mais sa disposition n'est point conçue dans un sens restrictif.
Il ne serait pas juste, en effet, que l'époux qui a

dévoré en silence des affronts continuels, dans l'espoir d'obtenir, par sa patience et sa douceur, quelque changement dans la conduite de son conjoint, ne pût se plaindre des outrages qu'il n'a pardonnés que sous une condition si mal observée.

566. Dans l'un comme dans l'autre cas, il n'est pas même nécessaire que les faits nouveaux soient assez graves pour pouvoir fonder par eux-mêmes la demande en séparation , puisque la concession de la loi, en permettant de faire revivre les anciens, serait sans objet (1). Il n'est pas non plus de rigueur qu'ils soient aussi graves que les premiers, la loi ne l'exige pas ; mais il faut du moins qu'ils aient de la gravité, afin que la réconciliation ne soit pas rendue illusoire. C'est aux tribunaux à peser dans leur sagesse si la demande n'est que le résultat du repentir d'avoir pardonné, ou si elle est, pour celui qui l'a formée, l'effet de la nécessité de faire cesser une insupportable oppression.

« La défense assez ordinaire dans ces sortes de « cas, dit M. Pigeau, est de diviser les faits nou- « veaux d'avec les anciens , de combattre ceux-ci « par la réconciliation , afin que les nouveaux , « restant seuls, soient moins puissans, et que la

---

(1) C'est ce qui a été jugé par arrêt de la Cour de cassation , le 2 mars 1808. « Attendu, dit l'arrêt, qu'en jugeant les faits postérieurs à « la prétendue réconciliation assez graves pour faire revivre le droit « de prouver les faits antérieurs , la Cour d'appel de Caen n'a fait « qu'user d'une faculté qui lui est accordée par la loi, etc. » Sirey, 1808, 1, 202.

« preuve en soit plus difficilement admise; mais la
« justice accueille toujours favorablement un époux
« qui, loin d'éclater au premier outrage, a dévoré
« en secret ses malheurs, et ne s'est pourvu que
« lorsque son conjoint a prouvé que la patience,
« loin d'être le remède à ses fureurs, en était au
« contraire l'aliment. »

567. L'on peut même, après une réconciliation, et s'il est survenu de nouvelles causes de séparation de corps, en faire valoir qui sont antérieures, quand même elles n'ont point été présentées à la justice lors d'une première demande. Et en
effet, le silence gardé par l'époux sur ces faits peut
tout au plus être considéré comme la remise qu'il en
aurait faite par voie de réconciliation; or, la réconciliation n'empêche pas de faire valoir les faits antérieurs, lorsqu'il en est survenu de nouveaux.

568. Enfin, on peut faire valoir des faits déjà
déclarés non-pertinens et inadmissibles sur une
première demande, quand ils se rattachent à de
nouveaux faits; et le tribunal peut alors les admettre sans pour cela contrevenir à la chose jugée.
Décidé en ce sens, et avec raison, par la Cour de
cassation, le 28 juin 1815. Sirey, 1815, 1, 380.

569. Si le demandeur en séparation nie qu'il y
ait eu réconciliation, le défendeur devenant demandeur quant à son exception, d'après la règle
eus excipiendo fit actor, doit en fournir la preuve,
soit par écrit, soit par témoins. (Art. 274.)

570. Lorsque la réconciliation est expresse et prouvée, soit par l'aveu du demandeur en séparation, soit de toute autre manière, il n'y a pas de difficulté.

Mais le plus souvent elle n'est que tacite ou présumée, et s'induit de circonstances plus ou moins concluantes, dont les tribunaux sont souverainement appréciateurs : c'est à eux à examiner si la conduite de l'époux offensé dans le fait de la prétendue réconciliation et depuis, et si celle de l'offenseur depuis cette époque, ne permettent pas de douter du pardon des offenses ; en sorte que leurs décisions à cet égard peuvent bien être réformées par les Cours royales comme un *mal-jugé;* mais les arrêts confirmatifs ou infirmatifs seraient à l'abri de la cassation.

571. La survenance d'enfans depuis les faits imputés a souvent été invoquée comme une preuve de bonne intelligence, ou du moins de réconciliation ; mais cette présomption n'est pas toujours décisive. D'abord elle a moins de force contre la femme demanderesse, que contre le mari demandeur, lorsque celui-ci ne fonde pas sa demande sur l'adultère de sa femme, mais sur des excès, sévices ou injures graves. On sent, en effet, que, plus indépendant que la femme, la cohabitation est chez lui un acte plus libre, plus volontaire, et qui attèste plus facilement l'oubli des offenses. En second lieu, entre gens des classes inférieures de la société, qui sont obligées par état de vivre conti-

nuellement ensemble, la naissance des enfans n'est
pas une présomption aussi puissante qu'entre personnes d'un rang plus élevé. Celles-ci n'étant point
dans la nécessité d'être continuellement ensemble,
cherchant, au contraire, des moyens de dissipation
dans la société, et le mari trouvant d'ailleurs dans
l'indépendance d'une vie commode et tranquille,
ainsi que dans sa fortune, l'occasion et la facilité de
se livrer à ses penchans, on doit regarder la naissance des enfans comme l'effet d'un attachement
réciproque, qui dément l'allégation des faits placés
à l'époque de leur conception, ou comme la preuve
d'une réconciliation qui a effacé les faits antérieurs.
Enfin cette présomption est moins forte encore
lorsque c'est la femme, accusée d'adultère, qui l'invoque en sa faveur, quand d'ailleurs ses désordres
ne paraissent pas avoir cessé à l'époque de la conception des enfans.

572. Mais on peut demander si l'action en séparation de corps pour cause de condamnation de
l'un des époux à une peine infamante, est éteinte
par le silence du conjoint pendant la durée de la
peine, ou après par la cohabitation, ou enfin par
la réhabilitation du condamné?

D'abord, il nous paraît évident que le silence de
l'époux pendant la durée de la peine de son conjoint ne saurait éteindre l'action. La loi n'en a pas
fixé la durée à celle de la peine. Pendant que le
condamné la subissait, l'époux innocent, séparé

de fait, n'avait pas un intérêt aussi marqué à demander la séparation, que celui qu'il a maintenant; et quant aux secours qu'il aurait donnés à
son conjoint, ils ne doivent être considérés que
comme l'accomplissement d'un devoir.

573. Mais la question est plus grave, lorsqu'après
la durée de la peine les époux ont vécu ensemble
comme mari et femme, et surtout lorsqu'il est né
des enfans. On peut voir dans le fait de cette cohabitation une renonciation au droit de demander
la séparation. Il est bien vrai qu'en disant que l'action est éteinte par la réconciliation des époux survenue depuis les faits qui auraient pu autoriser
cette action, l'article 272 paraît supposer que ces
faits ont été commis par l'un d'eux envers l'autre, et
qu'ils ont été l'objet du pardon accordé par l'époux
innocent à l'époux qui s'en était rendu coupable,
tandis qu'il n'en est pas ainsi dans le cas dont il
s'agit : en sorte que cet article, relatif à la réconciliation, semble n'être point applicable à ce cas,
puisqu'il est possible que les époux aient toujours
été en bonne intelligence, malgré la condamnation.
Mais l'on peut dire que s'il n'y a pas réconciliation, puisqu'elle ne peut intervenir qu'entre ceux
qui sont divisés, il y a du moins renonciation tacite à l'action; de même que la cohabitation couvre
les vices de violence et d'erreur, et rend non-recevable l'action en nullité du mariage : aussi nous
croyons que le succès de celle en séparation de

corps, dans le cas dont il s'agit, dépendrait beaucoup des circonstances. Généralement, la cohabitation libre et prolongée pendant un certain temps
devrait être considérée comme une renonciation à
l'action, de même que la réconciliation entre époux
divisés en est une; car l'article 272 n'est pas exclusif de toute autre renonciation ou fin de non-recevoir, ainsi que nous allons le démontrer.

A plus forte raison, si l'époux condamné avait été
réhabilité, la demande ne serait-elle plus recevable.

574. La réciprocité des torts doit aussi en général produire une fin de non-recevoir, surtout lorsqu'ils sont de même nature. Ainsi, d'après l'art. 336
du Code d'instruction criminelle, le mari convaincu,
sur la plainte de sa femme, d'avoir tenu une concubine dans la maison commune, ne pouvant accuser
son épouse d'adultère, doit être par cela même non-
recevable à former contre elle une demande en séparation de corps pour la même cause; à moins
toutefois, selon nous, que sa faute ne fût antérieure
à celle de la femme, et qu'elle n'eût été effacée par
la réconciliation; encore cette modification serait-
elle subordonnée aux circonstances.

A plus forte raison, la femme coupable d'adultère doit-elle être déclarée non-recevable dans sa demande en séparation de corps contre son mari, qui
a tenu sa concubine dans la maison commune; car
assurément son délit est plus grave que celui du
mari : la loi le reconnaît bien, puisqu'elle le punit

d'une peine plus sévère. On doit donc, si l'on ne veut prêter au législateur des vues contradictoires, admettre, dans ce cas aussi, comme fin de non-recevoir, la compensation résultant de l'adultère réciproque.

Cependant la Cour d'Orléans a jugé (1) qu'une femme demanderesse en séparation pour cause d'adultère de son mari, n'était pas non-recevable dans sa demande, encore que celui-ci offrît de prouver que sa femme s'était elle-même rendue coupable du même délit. La Cour n'a point voulu admettre le mari à la preuve de son allégation, sur le motif que la loi n'a pas consacré cette fin de non-recevoir : « Considérant, dit l'arrêt, qu'on ne peut admettre « contre une demande d'autres fins de non-recevoir, « que celles prévues par la loi, et que dans l'espèce « celle opposée par le sieur N.... n'est consacrée par « aucune disposition du Code civil, etc. »

Cet arrêt a été déféré à la Cour de cassation : mais la Cour ne voyant, comme elle l'a dit, aucun *texte* de loi violé par lui, a rejeté le pourvoi en ces termes : « Attendu, sur le premier moyen, que « l'arrêt attaqué, en rejetant la fin de non-recevoir « résultant de l'imputation d'adultère faite par le « demandeur à sa femme, n'a violé aucun *texte* « de loi, etc., rejette. »

Ainsi l'arrêt appartient à la Cour d'Orléans, et il est à croire qu'il ne fera pas jurisprudence; car s'il

---

(1) Le 16 août 1820. Sirey, **1821**, 2, 134.

fallait entendre l'art. 272 comme l'a interprété cette Cour, le mari, complice de l'adultère de sa femme, serait recevable à demander la séparation de corps contre elle pour le crime qu'il lui a fait commettre, puisque cet article n'établit pas de fin de non-recevoir pour ce cas. Il n'en établit pas davantage contre l'époux qui aurait subi lui-même la peine des travaux forcés à temps, et qui viendrait demander la séparation de corps contre son conjoint, condamné à la dégradation civique. Cependant les juges qui s'attachant strictement à la règle, si souvent fautive, *inclusio unius fit alterius exclusio*, accueilleraient, dans ces cas, la demande en séparation, nonobstant la fin de non-recevoir, méconnaîtraient le véritable esprit de la loi, et blesseraient profondément le bon sens et la raison générale. En un mot, l'art. 272 ne dit pas que l'action ne sera éteinte *que* par la réconciliation; il dit simplement qu'elle sera éteinte pour cette cause, ce qui est assurément bien différent. De plus, s'il faut s'attacher uniquement à ce que dit la lettre de la loi, on devra prétendre aussi, contre toute raison, contre l'opinion de tous les auteurs et contre la jurisprudence la plus constante, qu'il n'est permis à l'époux qui a pardonné et qui a été outragé de nouveau, de faire usage des anciens faits, qu'autant qu'il avait déjà introduit sa demande, puisqu'en disant qu'il pourra intenter une *nouvelle* action, l'art. 273 suppose qu'une première avait déjà été introduite, et qu'il n'accorde cependant *expressément* la faculté de faire valoir les anciens faits, que dans ce seul cas : dans le premier il serait donc non-recevable; ce qui est inadmissible. Ce raisonnement a d'autant plus de force qu'il s'agit ici de l'action, tandis que dans le cas de la question, il s'agit de la fin de non-recevoir, infiniment plus favorable.

Enfin, pourquoi récuser l'argument tiré de la loi pénale? jamais il n'en fut de plus puissant. En effet, en matière criminelle il est de principe que le délit de l'un n'excuse pas celui de l'autre, fût-il commis par représailles; et si l'on a fait fléchir le principe dans le cas d'adultère, c'est parce que ce délit ne pouvant être dénoncé que par l'époux victime des infidélités de son conjoint, il n'a pas paru raisonnable d'écouter les plaintes de celui qui a lui-même donné à l'autre l'exemple du déréglement : or, à plus forte raison, en doit-il être ainsi en matière de séparation de corps, où le demandeur n'agit point dans l'intérêt de la vindicte publique, ni même pour se venger d'une offense reçue, mais bien dans son propre intérêt et pour recouvrer son indépendance. Sa propre faute doit donc lui fermer la bouche (1).

---

(1) La L. 39, ff. *Soluto matrimonio*, dit que, dans ce cas, les torts se compensent, non pas en ce sens que les époux n'ont pu se séparer; car, à cette époque de la législation, chacun d'eux, et surtout le mari, pouvait arbitrairement répudier son conjoint, sauf quelques peines pécuniaires, comme la privation des avantages matrimoniaux, etc.; mais en ce sens, qu'étant en faute l'un et l'autre, aucun d'eux ne pouvait faire valoir contre l'autre les peines et déchéances

D'ailleurs, refuserait-on au conjoint, qui peut avoir aussi intérêt à obtenir la séparation à cause du préciput (art. 1518), le droit de la demander? Dans le système que nous combattons, on ne le pourrait sans inconséquence; car ce droit n'est pas le prix de la course. Nulle part la loi ne fait résulter une fin de non-recevoir de ce que l'époux qui est dans un des cas prévus par elle s'est laissé prévenir par son conjoint (1) : il faudrait donc, dans celui-ci, prononcer la séparation contre l'un et l'autre; ce qui répugnerait aux principes.

575. La Cour d'Orléans elle-même n'a pas toujours méconnu que les torts de l'un des époux pouvaient excuser ceux de l'autre. A la vérité, elle l'a ainsi décidé dans l'espèce où ceux du défendeur avaient été provoqués par ceux du demandeur, et où ils n'étaient que l'effet de la juste douleur qu'ils lui avaient causée, tandis que l'adultère de l'un ne

---

résultant de la répudiation non-motivée, « *quia paria delicta mutuâ* « *pensatione dissolvuntur.* »

Le Code prussien et les lois anglaises n'admettent pas non plus une femme adultère à venir demander la séparation pour cause d'adultère de son mari.

Et malgré l'extrême facilité avec laquelle elle avait autorisé le divorce, la loi du 20 septembre 1792 avait néanmoins interdit à l'époux coupable de déréglemens, la faculté de le demander pour inconduite du conjoint : il y avait compensation.

Enfin, la Cour de cassation a appliqué ce principe par arrêt du 7 nivôse an VII. Sirey, tom. IV, part. 1, pag. 187.

(1) Le rejet de la demande, sur le motif qu'elle est récriminatoire, ne serait pas fondé. *Voy.* même au n° 325, *suprà*, un arrêt qui a admis la demande en nullité du mariage, formée sur l'action en séparation de corps intentée par le conjoint.

doit point être considéré comme une conséquence de celui commis par l'autre; mais, en laissant de côté cette différence, toujours est-il qu'elle a admis la compensation des offenses, puisque les unes et les autres étaient par elles-mêmes de nature à fonder la demande en séparation, et que néanmoins la Cour a rejeté celle qui avait été formée.

Voici dans quelle espèce :

Le nommé Chevé avait appliqué plusieurs coups de pelle à feu sur les bras et la figure de sa femme; il l'avait étendue par terre, avec effusion de sang et meurtrissures; il l'avait traînée par les cheveux; il lui avait mis un pistolet sur la poitrine, la menaçant de lui arracher la vie : ces faits, constans, avaient pour cause l'inconduite et le déréglement de mœurs de la femme. Celle-ci demanda le divorce; mais, par arrêt du 5 pluviose an 12, la Cour d'Orléans décida que les faits articulés et prouvés par la femme Chevé n'étaient pas de la nature de ceux caractérisés par la loi pour autoriser la demande en divorce, vu l'inconduite et le déréglement de mœurs de ladite femme Chevé. Elle se pourvut en Cassation, et par arrêt du 14 prairial an 13 son pourvoi fut rejeté, conformément aux conclusions de M. Merlin, en ces termes :

« Considérant que la Cour d'appel d'Orléans, en
« rejetant la demande en divorce dirigée par Anne-
« Adélaïde Guillon, femme Chevé, a déclaré que
« les excès, sévices et injures dont celle-ci se plaint,
« n'ont pas la qualité requise par l'article 231 du

II.   34

« Code civil qu'elle invoque, et qu'elle peut les
« faire cesser par un prompt retour à de bonnes
« mœurs; que, conséquemment, ledit article n'a
« pas été violé; la Cour rejette. »

Celle d'Orléans ayant jugé, *en fait*, que les torts
de Chevé n'étaient pas de la nature de ceux caractérisés par la loi pour autoriser la demande, vu
l'inconduite et le déréglement de mœurs de sa
femme, sa décision pouvait bien, dans l'espèce,
renfermer un *mal-jugé*; mais elle ne contenait, en
effet, aucune violation de la loi.

576. Mais si la Cour eût reconnu d'abord, en
fait, que les excès étaient de nature à autoriser la
demande en séparation, et néanmoins qu'elle eût,
attendu qu'ils avaient été provoqués par le déréglement de mœurs de la demanderesse, déclaré
celle-ci non-recevable, alors il y aurait eu une
question de droit à juger par la Cour de cassation.

Nonobstant la règle que les exceptions ne s'é-
tendent pas d'un cas à un autre, et bien que la loi
n'ait pas fait une fin de non-recevoir de la circonstance dont il s'agit, nous pensons (1) que la Cour
d'appel aurait pu rejeter la demande sans encourir
la censure; car nierait-on, par exemple, que les
tribunaux ne pussent déclarer non-recevable celui
qui a été lui-même flétri, et qui vient demander
la séparation pour cause d'infamie de son conjoint,
ou le mari qui a lui-même prostitué sa femme et

_____

(1) Contre l'opinion de M. Toullier.

qui veut s'en séparer pour cause d'adultère? On
n'oserait pas aller jusque-là, et néanmoins la loi
n'a pas fait non plus expressément des fins de non-
recevoir de ces circonstances. En rejetant le pourvoi dans l'affaire citée au précédent numéro, sur
le seul motif que l'arrêt attaqué n'avait violé le
texte d'aucune loi, la Cour de cassation a laissé
clairement entendre que si la *lettre* de la loi n'a
point été blessée par cette décision, il n'en était
pas tout-à-fait de même de son esprit ; et il s'agissait cependant de l'inadmission d'une fin de non-
recevoir non expressément prévue par elle. Enfin,
pourquoi veut-on que, pour soustraire sa décision
à la cassation, une Cour royale ne puisse déclarer
toute la vérité, et qu'au lieu de reconnaître avec
sincérité que les faits contenus en la demande en
séparation sont graves et de la nature de ceux exi-
gés par la loi, mais qu'attendu qu'ils ont été provoqués par l'inconduite du demandeur, ils sont
susceptibles d'excuse, elle soit obligée de mentir
à sa propre conscience, en déclarant que ces mêmes
faits, vu l'inconduite du demandeur, n'ont pas le
caractère déterminé par la loi? Cette distinction
subtile, qui ne repose que sur une dissimulation
d'une partie de la vérité, n'est point du tout dans
son esprit. D'ailleurs, un arrêt ne doit point être
ainsi scindé dans ses dispositions; c'est dans son
ensemble qu'il doit être considéré par la Cour suprême (1).

_____

(1) La Cour de Toulouse, par son arrêt du 9 janvier 1824 (Sirey,

577. Au surplus, si les magistrats ne doivent pas facilement écouter les plaintes d'une femme d'un caractère violent, qui aura lassé par ses emportemens et ses fureurs la patience de son mari, ou d'une femme impudique qui se sera attiré, par ses déréglemens, l'effet du juste courroux de son époux outragé; d'autre part aussi, le bon ordre ne veut pas qu'ils tolèrent, par l'exemple de l'impunité, des vengeances poussées trop loin. Si la répression d'un outrage récent est excusable, si la loi elle-même excuse le meurtre commis par le mari sur l'épouse surprise en flagrant délit d'adultère, c'est qu'elle juge que la chaleur de l'indignation ôte à la volonté ce qui la rendrait criminelle; mais elle réprime les vengeances réfléchies, exercées froidement; et celles qui auraient ces caractères constitueraient des excès ou des sévices graves, de nature à autoriser la séparation de corps, malgré les torts du demandeur. Les tribunaux ont à cet égard un pouvoir discrétionnaire.

578. Suivant l'article 269, la femme est tenue de justifier de sa résidence dans la maison indiquée, toutes les fois qu'elle en est requise : à défaut de cette justification, le mari peut refuser la provision

---

1824, 2, 170), semble avoir confirmé la justesse de ces observations, en déclarant « que les sévices imputés au défendeur ont pris un carac- « tère de violence très-répréhensible; qu'ils paraîtraient même *suffi- « sans pour faire prononcer la séparation,* si d'ailleurs il n'était prouvé « que la demanderesse était tombée dans quelques égaremens que le « mari ne pouvait révoquer en doute, etc. »

alimentaire ; et si la femme est demanderesse en divorce, la faire déclarer non-recevable à continuer ses poursuites.

Cette fin de non-recevoir, dans la continuation des poursuites de la femme, n'a point été admise par la jurisprudence (1) en matière de séparation de corps, parce que la loi ne l'y a point consacrée. On peut dire aussi que le divorce rompant le lien conjugal, tout ce qui avait paru devoir l'entraver avait été accueilli par le législateur ; raison moins puissante à l'égard de la séparation, dont l'effet n'est pas irréparable.

579. On doit pareillement décider que la demande en séparation de biens ne fait pas naître de fin de non-recevoir contre celle en séparation de corps : nulle part la loi n'en établit pour cette cause (2).

580. Quant à la mort de l'un des deux époux, arrivée pendant l'instance en séparation, elle doit mettre fin à l'action, sauf toutefois que, si c'est le défendeur qui a survécu et qu'il ait stipulé un préciput pour le cas de survie (3), les héritiers du

---

(1) Il y a sur ce point une foule d'arrêts. Nous nous contenterons d'en indiquer deux de la Cour de cassation ; l'un du 14 mars 1816, Sirey, 1817, 1, 8 ; l'autre du 27 janvier 1819. *Ibid.*, 1819, 1, 165.

(2) Voir l'arrêt de la Cour de cassation, du 23 août 1809, qui a jugé en ce sens.

(3) Nous ne parlons que du préciput, parce que, ainsi que nous le démontrerons au chapitre V, la séparation de corps n'influe en rien sur le sort de la stipulation de la totalité de la communauté en cas de survie, ni sur celui des donations qui ont été faites par le contrat de

prédécédé ayant intérêt à ce que la demande soit
déclarée bien fondée, afin de faire perdre au
demandeur ses droits éventuels à ce préciput
(art. 1518), ils pourront continuer l'instance (1).
Ils ont aussi intérêt à la continuer par rapport aux
dépens; mais comme, suivant l'article 131 du Code
de procédure, les juges peuvent les compenser
entre conjoints, ascendans, descendans, frères et
sœurs, ou alliés au même degré, ils useraient
probablement de cette faculté, si les héritiers
étaient de cette qualité, et mettraient ainsi les parties hors de cour.

---

mariage, attendu, pour ces donations, que l'article 299 n'est point
applicable à la séparation ; et pour celles faites pendant le mariage,
comme elles sont essentiellement révocables, l'époux donateur, contre
lequel la séparation est prononcée, peut toujours les révoquer, encore qu'il en eût été autrement en matière de divorce, ce qui, au surplus, n'était pas.

(1) Dans l'ancien droit on le jugeait ainsi. De Lacombe, au mot
Séparation, partie 1, n° 21, cite un arrêt du 28 mars 1746, qui a décidé que la mort de la femme demanderesse, pendant l'appel interjeté par le mari de la sentence en séparation de corps, n'empêchait
point les héritiers de la femme de suivre le procès pour faire juger,
an bene vel male, à cause des intérêts de la dot, qui courent depuis la
demande, lorsque la séparation est prononcée, tandis qu'ils ne sont
dus que du jour du décès, dans le cas contraire. A plus forte raison,
en doit-il être ainsi lorsque, comme dans le cas de préciput, l'intérêt
des héritiers à faire juger la demande est important.

CHAPITRE III.

De la Nature de l'action en séparation de corps, et comment elle doit être instruite et jugée.

SOMMAIRE.

581. *L'action en séparation de corps, comme personnelle, se porte au tribunal du domicile conjugal.*

582. *Il en est de même lorsque le mari étranger a été admis par le Roi à résider en France.*

583. *Quand l'étranger n'a point été admis à résider en France, les tribunaux français doivent se déclarer incompétens pour connaître de l'action, si leur juridiction est déclinée, encore que la demanderesse fût Française d'origine. Le déclinatoire peut même être proposé en appel pour la première fois ; mais alors la Cour peut retenir ou renvoyer.*

584. *Celui qui veut former demande en séparation de corps doit, en général, présenter requête au président du tribunal du domicile conjugal.*

585. *La femme, même mineure, n'a pas besoin d'être autorisée pour présenter la requête, ni de l'assistance d'un curateur pour plaider sur la séparation.*

586. *Lorsque la séparation est demandée pour cause d'infamie du conjoint, le demandeur présente directement requête au tribunal avec une expédition du jugement de condamnation, accompagnée d'un certificat du greffier de la Cour de justice criminelle, portant que le jugement n'est plus susceptible d'être réformé.*

587. *Quand la condamnation est antérieure au mariage, et qu'elle était ignorée du conjoint, le condamné doit être assigné dans les formes ordinaires.*

588. *Lorsque quelques-uns des faits contenus en la requête présentée au président sont de nature à donner lieu à une poursuite criminelle, la demande en séparation reste suspendue jusqu'après l'arrêt, mais sans qu'il soit permis d'inférer de l'arrêt aucune fin de non-recevoir contre le demandeur.*

589. *Quand la condamnation par contumace de l'un des époux à une peine infamante a eu pour cause un crime commis envers le conjoint, celui-ci peut former de suite sa demande en séparation, en la fondant sur les excès.*

590. *La requête présentée au président est répondue d'une ordonnance portant que les parties comparaîtront devant lui au jour indiqué.*

591. *Les parties sont tenues de comparaître en personne, sans avoués ni conseils.*

592. *Si le défendeur ne comparaît pas, il n'en devra pas moins être assigné devant le tribunal pour s'y défendre.*

593. *Si c'est le demandeur qui ne comparaît pas, il peut, suivant les circonstances, être considéré comme ayant renoncé à son action.*

594. *Dispositions de l'article 878 du Code de procédure.*

595. *Cas dans lesquels la femme peut former une demande en provision.*

596. *L'autorisation donnée à la femme de se retirer dans une maison convenue ou indiquée d'office, s'applique aussi à la femme défenderesse.*

597. *En général, ce n'est qu'une faculté dont la femme peut ne pas user.*

598. *A l'exception des préliminaires prescrits par le Code de procédure, l'action en séparation est intentée, instruite et jugée comme toute autre action civile.*

599. *La requête soumise au tribunal peut contenir des faits non-mentionnés dans celle présentée au président.*

600. *On peut même, après la demande, mais avant le jugement qui ordonne la preuve, présenter de nouveaux faits, quoiqu'ils existassent lors de la demande, et que la preuve en fût acquise.*

601. *Quoiqu'un fait nouveau ne soit point une demande nouvelle, néanmoins le demandeur ne peut faire valoir en appel de nouvelles causes de séparation, qui existaient lors de la demande.*

602. *Le tribunal est-il toujours obligé, lors même que le défendeur avouerait les faits, d'ordonner la preuve par témoins? Distinctions à faire.*

603. *On ne doit pas regarder comme séparation volontaire, et*

*par conséquent comme nulle, celle que le défendeur
laisse prononcer par défaut, attendu que les conclusions
du demandeur ne lui sont adjugées qu'autant qu'elles se
trouvent justes et bien vérifiées.*

604. *Le jugement interlocutoire est sujet à appel, même avant
le jugement définitif.*

605. *Le pourvoi en cassation peut aussi être formé contre
l'arrêt.*

606. *Lorsqu'il n'y a pas d'appel du jugement interlocutoire, ou
qu'il a été statué sur celui qui a été interjeté, on procède
aux enquêtes, qui se font dans les formes ordinaires.*

607. *Cependant les règles touchant la reprochabilité des témoins
pour cause de parenté ou de domesticité, ne s'appliquent
pas plus à la séparation de corps qu'elles ne s'appliquaient au divorce.*

608. *Après les enquêtes, les plaidoiries et les conclusions du
Ministère public, le jugement définitif est rendu ; il est
susceptible d'appel.*

609. *Il y a lieu au recours en cassation contre l'arrêt ; mais le
pourvoi n'est pas suspensif, comme il l'était en matière
de divorce.*

610. *Les articles 259 et 260, qui autorisaient les juges à suspendre pendant un an la prononciation du divorce demandé pour excès, sévices ou injures graves, encore que
la demande fût bien établie, ne sont point applicables
à celle en séparation de corps.*

611. *Publicité donnée au jugement définitif.*

581. L'action en séparation de corps étant relative à l'état des personnes, elle est civile et personnelle (art. 307). Si dans ses effets elle influe sur
les biens, surtout quant à leur administration et à
leur jouissance, ce n'est qu'indirectement et par
voie de conséquence ; car l'objet direct et immédiat
de la demande est d'autoriser l'époux demandeur
à vivre séparément de son conjoint, ce qui donne

essentiellement à l'action le caractère d'action personnelle.

D'après cela, la demande, quel que soit celui des
époux qui la forme, doit être portée au tribunal où
est établi le domicile conjugal, c'est-à-dire le domicile du mari. (Art. 108, 307, Code civil; 875 et 59,
Code de procéd., analysés et combinés.)

582. Lorsqu'en vertu de l'art. 13, un étranger a
été admis par le Roi à résider en France, comme
il y jouit des droits civils tant qu'il continue d'y
résider, et que généralement il y a un domicile, qui
est aussi celui de son épouse, lors même que celle-ci
serait étrangère d'origine, la demande en séparation de corps pourra être formée en France par l'un
ou l'autre époux, et elle devra être portée au tribunal de ce domicile.

583. Mais, d'après l'avis du Conseil-d'État, approuvé le 20 prairial an XI(1), comme aucun étranger ne peut acquérir un domicile réel en France
sans autorisation du gouvernement, qu'il ne peut
y avoir qu'une simple résidence de fait, qu'il n'y
jouit point des droits civils, la règle suivant laquelle
les juges français ne peuvent connaître des contestations nées entre étrangers *qui déclinent leur juridiction* (2), serait applicable au cas de séparation
de corps, demandée par cet étranger. Les tribunaux
français devraient donc, sur le déclinatoire proposé,

(1) Voir au tome Ier le no 353.
(2) Voir au tom. Ier, no 154.

renvoyer les parties à se pourvoir devant leurs juges naturels.

Il en serait ainsi, encore que la femme demande-resse fût née Française et qu'elle résidât en France avec son mari étranger, non admis par le gouver-nement à y résider, car par son mariage la femme française devient étrangère. (Art. 19.)

Ces décisions sont conformes à l'arrêt de la Cour royale de Paris, du 23 avril 1823, confirmé par arrêt de rejet, du 30 juin 1823, dans l'espèce suivante :

Un sieur Zaffiroff, Russe, résidait depuis long-temps en France, lorsque le 28 février 1821, il y épousa la demoiselle Mauduit du Boisset, Française. Les époux continuèrent de demeurer en France ; mais leur union n'étant point heureuse, la dame Zaf-firoff forma, devant le tribunal de la Seine, le 22 oc-tobre de la même année, demande en séparation de corps contre son mari, pour injures graves, sévices et excès de nature à compromettre sa vie.

Le 1er février 1822, jugement qui l'admet à la preuve des faits par elle allégués.

Appel de la part du mari, qui alors décline la juridiction des tribunaux français, en sa qualité d'étranger ; il soutient que son exception d'incom-pétence est proposable en tout état de cause, même pour la première fois en appel.

La dame Zaffiroff répond que les demandes en séparation de corps intéressant les mœurs, l'ordre public et la sûreté des personnes, les tribunaux français sont compétens pour connaître de semblables demandes formées entre étrangers, et surtout entre étrangers résidant en France, suivant la disposition de l'art. 3 du Code civil, qui porte que les lois de police et de *sûreté* obligent tous ceux qui habitent le territoire; qu'on ne saurait méconnaître que l'étranger qui maltraite sa femme, qui l'excède par des sévices, n'attaque sa sûreté. Or, disait la dame Zaffiroff, faudra-t-il porter plainte contre mon mari à chaque excès qu'il commettra envers moi? faudra-t-il le poursuivre devant les tribunaux criminels? Non sans doute, les mœurs repousseraient une telle action : il ne me reste donc que la voie de la séparation de corps, qui est fondée alors sur le droit naturel de la sûreté des personnes, et dont, par conséquent, l'action doit être accueillie par le juge du lieu où les excès ont été commis, et où le mari réside habituellement.

La demanderesse ajoutait, au surplus, et nous croyons que c'était son meilleur moyen, qu'en admettant que les tribunaux français fussent incompétens, l'incompétence dérivant de la qualité d'étranger est évidemment une *incompétence personnelle*, qui ne peut plus être opposée après que l'on a défendu au fond, et qui, à plus forte raison, n'est pas proposable en appel, après avoir plaidé sur le fond en première instance. (Art. 168 et 169, Code de procéd.)

Mais la Cour de Paris a rejeté ces moyens en ces termes :

« Considérant que la femme française qui épouse

« un étranger devient étrangère, et qu'une demande
« en séparation de corps, tendant à modifier l'état
« des époux, ne peut être portée que devant le juge
« national du mari;

« Considérant enfin que Zaffiroff, né en Russie,
« n'est point naturalisé (1) Français, et que l'incom-
« pétence étant absolue, peut être proposée en tout
« état de cause (2);

« La Cour dit qu'il a été incompétemment jugé
« par la sentence du 1er février dernier; en consé-
« quence a mis et met l'appellation et ce dont est ap-
« pel au néant; émendant en principal, renvoie la

---

(1) Nous croyons que, lors même que Zaffiroff n'aurait point été *naturalisé* Français, la demande de sa femme aurait été dans les attributions de nos tribunaux, s'il avait été admis par le Roi à résider en France, par la raison que la sienne leur aurait été compétemment dévolue d'après l'article 13, et que la femme a nécessairement les mêmes droits, puisqu'elle est de la même condition et qu'elle a le même domicile. Au surplus, la Cour, par l'expression *naturalisé*, a probablement entendu l'*admission*, par le Roi, à résider en France; mais ce n'est point là une *naturalisation*.

(2) Nous pensons bien que la Cour *pouvait* accueillir l'exception d'incompétence, parce que, ainsi que le dit l'arrêt de la Cour de cassation, rendu dans la même affaire, rien *n'oblige* les tribunaux français à juger les contestations nées entre étrangers; mais aussi nous croyons fermement qu'elle aurait pu pareillement rejeter l'exception comme étant proposée tardivement : car, incontestablement (et la Cour suprême l'a reconnue par l'arrêt de rejet intervenu, le 27 novembre 1822, sur le pourvoi formé par Zaffiroff lui-même, mécontent, sous un autre rapport, de la décision de la Cour de Paris), « les tribu
« naux français n'étaient pas incompétens *ratione materiæ*, puisque la
« contestation était dans les attributions *du pouvoir judiciaire;* ils l'é
« taient seulement à raison des personnes, et cette incompétence
« avait été couverte par le consentement résultant de la conduite des
« parties. »

« cause et les parties devant les juges qui doivent
« en connaître ; etc. »

Le pourvoi de la dame Zaffiroff, après avoir été
accueilli par la Section des requêtes, a été, comme
nous l'avons dit, rejeté à la Section civile, contrairement aux conclusions du ministère public :

« Attendu, porte l'arrêt, que Zaffiroff et sa femme
« sont étrangers, et que si aucune loi ne s'oppose à ce
« que les tribunaux français jugent les contestations
« élevées en France entre étrangers, lorsque leur
« juridiction est reconnue par le consentement ré-
« ciproque des parties, aucune loi *n'oblige* ces tribu-
« naux à juger ces contestations ; que dans l'espèce,
« si Zaffiroff n'a pas décliné la juridiction du tribu-
« nal de première instance, il en a été autrement
« devant la Cour royale, puisqu'il a demandé qu'elle
« se déclarât incompétente, et n'a conclu au fond
« que subsidiairement, et parce qu'en Cour souve-
« raine il faut conclure à toutes fins......; attendu
« *qu'en refusant*, dans l'état des choses, de connaî-
« tre de la contestation au fond, et en renvoyant les
« parties devant leurs juges naturels, la Cour royale
« de Paris n'a violé aucune loi ; la Cour rejette. »

584. Celui qui veut former une demande en séparation de corps, doit présenter au président du
tribunal de son domicile, une requête contenant
sommairement les faits, et y joindre les pièces à
l'appui, s'il y en a. (Art. 875, Code de procéd.)

585. Si c'est la femme qui veut poursuivre la

séparation, elle n'a pas besoin, pour présenter sa requête, d'être préalablement autorisée, encore qu'elle soit mineure; car, d'une part, la loi ne limite pas aux époux majeurs la faculté de demander la séparation de corps, et, d'autre part, elle ne requiert ni l'assistance d'un curateur, ni l'autorisation du conseil de famille. Aucune des dispositions, soit du Code civil, soit du Code de procédure, relatives à la séparation de corps, ne fait mention de cette autorisation. Ce que nous disons de la femme demanderesse, s'applique, à plus forte raison, à la femme défenderesse. L'autorisation du président du tribunal, mentionnée à l'art. 878 du Code de procédure, suffit à la femme, même mineure, pour procéder sur la demande formée par elle ou contre elle, et cette autorisation est censée donnée *in omnem causam;* par conséquent, pour interjeter appel du jugement ou défendre sur l'appel, et même pour plaider en cassation. La cause étant d'ailleurs sujette à communication au ministère public, la femme trouve en lui un appui.

586. Mais la forme de procéder sur la demande en séparation n'est pas la même, quelle que soit la cause qui y donne lieu. Ainsi, lorsqu'elle est demandée par la raison que l'un des époux est condamné à une peine infamante, il nous paraît évident que l'art. 261, qui règle ce cas en matière de divorce, est applicable aussi à la séparation de corps, attendu qu'il ne s'agit point d'une disposition pé-

nale, mais d'un simple mode de procéder, d'une
simple exécution de la disposition de la loi. Et en
effet, ne prescrivant au demandeur, dans les cas
ordinaires, de présenter requête au président du
tribunal, le motif de la loi est tout entier dans
l'espoir d'une réconciliation que ce magistrat doit
tenter, en engageant l'époux offensé à pardonner à
l'offenseur, et en obtenant de celui-ci l'aveu du repentir de ses torts, s'il en a réellement, et la promesse de ne plus les renouveler ; mais ce motif cesse
à l'égard d'un individu qui ordinairement est dans
les fers, et qui par conséquent ne peut se présenter
devant le président, et à l'égard de torts irréparables. Ici la tentative de conciliation n'a plus
d'objet, parce qu'il ne s'agit pas, pour le demandeur, de pardonner des offenses purement personnelles, ni d'obtenir du défendeur l'assurance d'un
repentir devenu stérile. En conséquence, les seules
formalités à observer consisteront à présenter directement requête au *tribunal* de première instance,
avec une expédition en bonne forme du jugement de
condamnation, accompagnée d'un certificat du greffier de la Cour de justice criminelle, portant que ce
même jugement n'est plus susceptible d'être réformé par aucune voie légale. MM. Pigeau et Delvincourt ont aussi écrit en ce sens. M. Toullier pense
au contraire que l'on doit suivre la marche ordinaire, par le seul motif que la disposition de l'article 261 n'est point reproduite au chapitre *de la
Séparation de corps*, quoiqu'il y ait, dit-il, plus de

raison encore de l'appliquer à la séparation. Ce raisonnement est bien peu concluant sous la plume de M. Toullier, puisque ce jurisconsulte applique, et avec raison, à la séparation de corps plusieurs dispositions qui ne se trouvent que sous les chapitres qui traitent du divorce, notamment les art. 272 et suivans, et 302 et 303.

587. D'après ce que nous avons dit au n° 562, la condamnation de l'un des époux à une peine infamante, antérieure au mariage, mais ignorée du conjoint, est une cause de séparation, comme celle intervenue pendant le mariage; mais dans ce cas il ne suffit pas de présenter requête au tribunal avec l'expédition du jugement, car il y a le fait d'erreur à débattre, et duquel dépend l'admission de la demande. Or ce fait doit être discuté contradictoirement : dès-lors il faut que celui contre qui la séparation est demandée soit assigné dans les formes ordinaires; et pour éviter toute difficulté, il est plus simple, quoique cela ne nous paraisse pas nécessaire, de remplir le préliminaire prescrit pour les cas généraux, par l'art. 875, précité.

588. Si quelques-uns des faits allégués dans la requête présentée au président du tribunal sont de nature à donner lieu à une poursuite criminelle de la part du ministère public, les fonctions conférées au président par les articles 876, 877 et 878 du Code de procédure, que nous allons expliquer,

II.   35

restent suspendues (1), et la demande en séparation ne peut être formée avant l'arrêt de la Cour de justice criminelle (2) : après, elle pourra être reprise, sans qu'il soit permis d'inférer de l'arrêt aucune fin de non-recevoir ou exception préjudicielle contre l'époux demandeur; car les excès ont pu ne pas paraître assez graves pour mériter une condamnation criminelle, et néanmoins ils peuvent l'être assez pour motiver la demande en séparation.

Nous appliquons, comme on le voit, à la séparation de corps la disposition de l'article 235 du Code civil, portée pour le divorce (3). La raison est absolument la même, puisque, si l'époux coupable est condamné à une peine infamante, le conjoint pourra alors invoquer une cause péremptoire de séparation; et si la condamnation entraînait la mort civile, le mariage étant dissous par elle, la demande serait superflue. Tels sont les motifs qui ont dicté la disposition de cet article. Nous ajouterons qu'il y aurait eu de graves inconvéniens à permettre à l'époux de poursuivre le divorce avant le jugement criminel : pour réussir dans sa demande, il eût peut-être révélé d'autres faits de nature à conduire son conjoint à l'échafaud, et c'est ce que la

(1) Le président doit de suite donner communication des faits au procureur du Roi.

(2) L'époux offensé ne peut jamais intervenir dans l'instance criminelle pour y faire prononcer la séparation de corps. M. Pigeau a écrit le contraire; mais c'est une erreur qui est échappée à ce judicieux professeur.

(3) MM. Delvincourt et Pigeau l'y appliquent également.

morale repoussait avec force. Après ce jugement, quel qu'il soit, l'époux n'a plus les mêmes raisons de taire aucun des faits qui motivent son action.

Au surplus, dit très-bien M. Delvincourt, dans le cas où l'époux coupable serait condamné à une peine non infamante, le fait n'en serait pas moins irrévocablement jugé, et le tribunal civil n'aurait plus à examiner s'il a eu lieu ou non, mais seulement s'il est de nature, à raison de sa gravité, à entraîner la séparation de corps.

589. Nous avons dit au n° 560, *suprà*, par application des articles 232, 261 et 306, combinés, que, dans le cas de condamnation à une peine infamante, il fallait, pour qu'elle fût une cause de séparation de corps, qu'elle fût irréformable; par conséquent, que si elle avait été prononcée par contumace, elle ne suffirait point, dans l'esprit de la loi, pour autoriser le conjoint à demander la séparation; qu'à la vérité, lorsque la condamnation par contumace est à une peine emportant mort civile, le mariage n'étant point encore dissous après les cinq ans qui ont suivi l'exécution du jugement par effigie, la séparation de corps peut être demandée à cette époque; mais nous n'entendons point dire par là que, dans le cas dont il s'agit, où l'un des époux a commis un crime envers son conjoint, si le coupable est contumace, la demande en séparation devra rester suspendue jusqu'à ce qu'il intervienne un arrêt *contradictoire*, ou qu'il se soit écoulé vingt années depuis celui qui serait rendu par contu-

mace : l'article 235 se borne à parler de l'arrêt de
la Cour de justice criminelle en général, à la différence des articles 232 et 261, combinés, qui
exigent que la condamnation soit irréformable. On
sent en effet que le conjoint qui a à se plaindre
des excès commis envers lui ne doit point voir
ainsi son action en séparation suspendue indéfiniment. Nous croyons donc que sa demande pourra
être formée après l'arrêt; mais elle ne pourra
être fondée sur la cause péremptoire résultant de
la condamnation à une peine infamante, comme
elle pourrait l'être si cette condamnation n'était
plus susceptible d'être réformée par aucune voie
légale; elle le sera sur les excès.

590. La requête présentée au président par le
demandeur est répondue par une ordonnance portant que les parties comparaîtront devant ce magistrat au jour qui sera indiqué par ladite ordonnance. (Art. 876, Code de procédure.)

591. Les parties sont tenues de comparaître en
personne, sans pouvoir se faire assister d'avoués
ni de conseils (art. 876, *ibid.*). Quelquefois l'intervention des avoués ou des conseils nuirait plutôt au
rapprochement des époux qu'elle ne lui serait utile.
Néanmoins la requête est signée d'un avoué : l'art. 79
du Tarif de la procédure civile taxe cette requête.

592. Si, sur l'ordonnance, le défendeur ne comparaît pas, le demandeur n'en peut pas moins continuer ses poursuites, et le défendeur n'en sera pas

moins reçu à se défendre; il n'en devra pas moins être assigné devant le tribunal : autrement la séparation pourrait devenir volontaire.

593. Si c'est le demandeur qui ne comparaît pas, il peut, suivant les circonstances, être réputé avoir renoncé à son action; mais s'il justifiait que, pour cause de maladie ou autre force majeure, il a été dans l'impossibilité de se rendre le jour fixé par l'ordonnance, il pourrait en faire fixer un autre.

594. « Le président, porte l'article 878, fera « aux deux époux les représentations qu'il croira « propres à opérer un rapprochement; s'il ne peut « y parvenir, il rendra, en suite de la première « ordonnance, une seconde, portant qu'attendu « qu'il n'a pu concilier les parties il les renvoie à « se pourvoir, sans citation préalable (1), au bu- « reau de conciliation ;

---

(1) On doit retrancher la virgule qui se trouve dans le texte, après le mot *préalable.* Elle s'est glissée par erreur. Le président a fait l'office de conciliateur, et il serait bien inutile et bien contraire à la hiérarchie des pouvoirs judiciaires, de renvoyer les parties devant un magistrat d'un ordre inférieur pour obtenir un rapprochement que le président du tribunal n'a pu opérer. D'ailleurs la matière n'est pas susceptible du genre de conciliation dont la tentative est de l'office du juge de paix, puisque l'époux défendeur ne peut se concilier en accédant à la demande, toute séparation volontaire étant prohibée. Les discours des orateurs du gouvernement et du tribunat ne laissent aucun doute à cet égard.

Cependant on a osé soutenir la doctrine contraire même jusque devant la Cour de cassation ; mais elle a été proscrite par arrêt du 17 janvier 1822. Sirey, 22, 1, 196.

« Il autorisera par la même ordonnance la femme
« à procéder sur la demande et à se retirer provi-
« soirement dans telle maison dont les parties se-
« ront convenues, ou qu'il indiquera d'office;

« Il ordonnera que les effets à l'usage journalier
« de la femme lui seront remis.

« Les demandes en provision seront portées à
« l'audience. »

595. Ces demandes sont formées par la femme,
soit pour avoir une provision alimentaire, soit
pour obtenir une somme afin de pouvoir suivre
l'instance, et dans beaucoup de cas, pour l'un et
l'autre objet. Mais il faut, pour que la femme soit
fondée dans sa demande, qu'elle n'ait pas de capitaux ou de revenus à sa disposition : comme lorsqu'elle est mariée en communauté, ou sous le
régime exclusif de communauté; car si elle était
séparée de biens et qu'elle eût de quoi se suffire,
ou que, mariée sous le régime dotal, elle eût des
paraphernaux, sa demande serait rejetée, ou devrait l'être.

596. L'autorisation donnée à la femme de se retirer dans une maison convenue, ou dans celle indiquée d'office par le président, s'applique aussi
bien à la femme défenderesse qu'à celle qui poursuit la séparation. S'il était juste de laisser à celle-ci
la liberté d'agir, et pour cela, de la soustraire au
pouvoir du mari, il était juste aussi de ne point
exposer celle-là aux ressentimens de son époux ou-

tragé. L'article 878 ne fait d'ailleurs aucune distinction, et l'article 268, relatif au divorce, accordait formellement cette faculté à la femme défenderesse, comme à la femme demanderesse.

597. Au surplus, ce n'est qu'une faculté, dont, par conséquent la femme peut ne pas user, même dans le cas où elle est demanderesse (1).

598. A l'exception des préliminaires dont nous venons de parler, et qui ont été introduits par le Code de procédure, la cause en séparation s'intente, s'instruit et se juge comme les autres actions civiles, sauf qu'intéressant l'état des personnes, elle est sujette à communication au ministère public, et doit être jugée sur ses conclusions. (Art. 307, Cod. civ., et 879, Code de procéd.)

Ainsi, en vertu de l'ordonnance mentionnée à l'article 878, l'époux qui poursuit la séparation fait assigner son conjoint à comparaître devant le tribunal dans le délai de la loi. Il présente au tribunal requête contenant les faits (2).

_____

(1) Mais si la sûreté du mari demandeur pouvait être compromise par le séjour de la femme dans la maison commune, le tribunal, sur la demande du premier, pourrait enjoindre à celle-ci de se retirer dans une maison qu'il indiquerait.

(2) La demande en séparation de biens doit être affichée sans délai dans l'auditoire du tribunal et dans celui du tribunal de commerce, et insérée dans les journaux ; il ne peut être prononcé de jugement de séparation qu'un mois après l'observation de ces formalités. Les créanciers du mari peuvent même intervenir pour la conservation de leurs droits (art. 866 et suivans du Code de procédure). Ces formalités ne sont point prescrites en matière de séparation de corps; mais comme

599. Il n'est pas douteux qu'elle ne puisse en contenir qui n'ont point été mentionnés dans celle présentée au président, lors même que ces faits auraient déjà existé et que la preuve en aurait été acquise, quoiqu'il soit plus prudent, pour éviter toute difficulté, de comprendre dans la première requête tous les faits dont la preuve est obtenue.

600. Après la demande, peut-on en proposer d'autres antérieurs ?

Cela ne nous paraît encore point douteux, tant que le jugement préparatoire n'a pas été rendu. Mais après ce jugement, qui appointe les parties à faire preuve de leurs moyens respectifs, on tient généralement qu'elles ne peuvent proposer des faits nouveaux. La question a été jugée en ce sens par la Cour de Bruxelles le 27 floréal an 13 (Sirey, 1, 5, 2, 517), et par celle de Poitiers, le 21 janvier 1808 (Sirey, 13, 2, 300). Il a même été décidé par ces arrêts que le défendeur qui n'avait pas proposé tel fait comme moyen de défense n'a pu se prévaloir de la déposition des témoins de sa contre-enquête qui avaient déposé de ce fait. Cela doit dépendre des circonstances ; car, comme les fins de non-recevoir, en cette matière, tendent à maintenir l'union conjugale, dont la conservation importe

---

la séparation de biens en est la conséquence nécessaire, M. Pigeau a cru que ces dispositions lui sont applicables. Il n'en est pas ainsi : la demande en séparation de corps, par ses causes et ses effets, est d'une nature différente, quoiqu'elle ait un résultat commun avec celle en séparation de biens ; surtout, aucune intervention ne doit y être reçue.

au bon ordre et à l'intérêt public, on ne peut, en principe, y renoncer, et généralement, si l'on a omis de les proposer, on peut revenir sur ses pas.

601. La Cour de Paris a décidé, le 23 avril 1806 (Sirey, 6, 2, 248), qu'il était interdit au demandeur de présenter des faits nouveaux en appel (1).

Sans doute un *fait nouveau* ne doit pas être confondu avec une *demande nouvelle*, demande que l'article 463 du Code de procédure défend de former en appel, à moins qu'il ne s'agisse de compensation, ou que la demande nouvelle ne soit la défense à l'action principale; mais il ne faut pas moins observer les règles touchant l'instruction des affaires, et particulièrement celles touchant les enquêtes : or, ces règles veulent que le jugement d'appointement contienne les faits à prouver. (Art. 255, Code de procéd.)

Avant de procéder à la preuve des faits, le défendeur propose ses fins de non-recevoir.

602. Lorsque la séparation est demandée pour adultère, excès, sévices ou injures graves, y a-t-il obligation pour le tribunal d'ordonner la preuve des faits par témoins, lors même que le défendeur les confesse ?

D'abord il peut se présenter des cas où la preuve

_____

(1) Nous pensons que cette décision ne devrait point s'appliquer à des faits qui n'existaient pas lors du jugement de première instance. (Arg¹. de l'article 382 du Code de procédure.)

de l'injure grave imputée au défendeur résulterait
de pièces écrites, par exemple, d'une dénonciation
déshonorante, reconnue calomnieuse, ou d'une
imputation flétrissante consignée dans des lettres
adressées, soit à l'époux demandeur, soit à des
tiers : dans ces cas, la preuve testimoniale pourrait
ne pas paraître nécessaire, et même quelquefois
n'être pas possible. Alors le tribunal pourrait juger
la cause sans rendre de jugement qui ordonnât
une enquête, mais, dans le second cas, les juges
devraient se tenir en garde contre la simulation.
La vigilance du ministère public ne doit point s'en-
dormir sur une apparence de résistance de la part
du défendeur, qui, pour mieux arriver à ses fins,
affecterait d'abord de nier les faits ou chercherait
à les atténuer et à les excuser, et finirait bientôt
par les avouer.

Dans l'ancienne jurisprudence on tenait pour
principe constant qu'en cette matière les aveux
du défendeur ne font pas, comme dans les affaires
ordinaires, preuve des faits allégués contre lui :
c'était une conséquence nécessaire de l'inadmissi-
bilité de la séparation de corps par consentement
mutuel. Ce principe est également applicable aujourd'hui dans toute son étendue. L'article 870 du
Code de procédure le consacre expressément en
matière de simple séparation de biens, *encore qu'il
n'y ait pas de créanciers.* A plus forte raison en
doit-il être ainsi en matière de séparation de corps,
puisque d'ailleurs elle entraîne toujours la sépara-

tion de biens. On prétend (1) cependant que, « si
« les aveux du défendeur paraissent aux juges avoir
« le caractère de la bonne foi, rien ne les force à
« chercher d'autres preuves; » et l'on se fonde sur
ce que la loi a distingué les séparations de biens
des séparations de corps; que ce n'est que pour les
premières qu'elle prescrit aux tribunaux de ne
point s'arrêter aux aveux du mari. Il serait difficile de donner une plus faible raison que celle-là;
car n'est-il pas incontestable que le motif de la loi,
le danger de la collusion, existe à un plus haut
degré, et avec des effets bien autrement importans
dans le cas de séparation de corps, que dans celui
de séparation de biens, surtout lorsque dans celle-
ci il n'y a pas de créanciers? Ce danger ne s'aug-
mente-t-il pas encore pour les créanciers, à qui
l'auteur, dont nous combattons le sentiment, refuse
cependant, et avec raison, le droit d'intervenir
dans l'instance en séparation de corps, et, à tort
dans son système, celui de se pourvoir par tierce
opposition contre la séparation, qui, en entraînant
celle des biens, leur préjudicie? C'est, ce nous
semble, supposer au législateur des vues bien contradictoires; c'est méconnaître la règle de droit,
ubi eadem est ratio, ibi idem jus esse debet. Ne
sait-on pas d'ailleurs que si les dispositions qui
régissent la séparation de corps sont si peu nom-

---

(1) M. Toullier, qui cite à l'appui de son opinion MM. Locré et
Merlin.

breuses, si incomplètes, si elles ne sont, pour ainsi
dire, que de principes, c'est parce qu'on a pensé
qu'elles seraient complétées, soit par plusieurs de
celles du titre du divorce, soit par celles du droit
commun? Or, le droit commun, attesté par une
jusisprudence de plusieurs siècles, et qui n'a point
varié, c'est que la séparation de corps ne doit être
prononcée que lorsqu'il y a des preuves évidentes
de la nécessité de faire cesser la cohabitation,
preuves qui ne peuvent résulter des seules allégations du demandeur et des seuls aveux du défendeur, puisque, malgré leur apparence de sincérité,
le tout peut n'être qu'une scène jouée, comme on
en a vu tant d'exemples.

Ce système est d'autant plus dangereux que, d'a-
près la jurisprudence de la Cour de cassation, le
ministère public n'ayant pas la voie d'action pour
interjeter appel d'un jugement qui, contrairement
à ses conclusions, a annulé un mariage (1), parce
qu'il n'est, dit-on, que partie jointe, il est clair, à
plus forte raison, qu'il ne serait point reçu à interjeter appel de celui qui prononcerait la séparation
de corps, quoique ce jugement ne fût que le résultat d'une surprise faite de concert à la trop grande
facilité du tribunal. Mais précisément c'est aux tribunaux à ne point méconnaître ainsi les principes,
et à songer sans cesse combien en cette matière la
simulation est à craindre par la facilité du succès. Ils

---

(1) Voir le n° 344, *suprà.*

ne doivent donc, hors les cas dont nous avons parlé, admettre la séparation, sans enquête, qu'autant que les allégations du demandeur et les aveux du défendeur se trouvent corroborés par quelques faits positifs, qui ne permettent pas au mensonge de prendre la place de la vérité : comme, par exemple, si une femme a été maltraitée par son mari, et qu'il y ait des procès-verbaux dressés par des gens de l'art, qui attestent les blessures, ou si ces blessures existent encore, etc.

603. Sans doute on ne doit pas regarder comme séparation volontaire, et par conséquent comme nulle, celle que l'époux défendeur laisse prononcer par défaut; car autrement l'action deviendrait illusoire dans les cas où l'emploi en est très-légitime ; mais du moins les tribunaux ne prononcent pas la séparation sans que la preuve des faits soit régulièrement administrée, puisque, dans les autres matières, les conclusions du demandeur ne lui sont adjugées, même en cas de défaut du défendeur, qu'autant qu'elles se trouvent justes et bien vérifiées (art. 150, Cod. de procéd.) : en sorte qu'il n'y a rien à conclure contre notre opinion, et en faveur de celle que nous combattons, de l'admission de la séparation de corps par défaut.

604. Le jugement qui appointe les parties à faire leurs preuves respectives, ou qui déboute le demandeur de sa demande à fin de preuves, sur le fondement que les faits ne sont point pertinens ou

qu'ils ne sont point concluans, est sujet à appel;
c'est un jugement interlocutoire, dont par conséquent on peut appeler même avant le jugement
définitif (art. 451, Cod. de procéd.). L'appel est
suspensif. (Art. 457, *ibid.*)

605. Le pourvoi en cassation peut aussi avoir lieu
contre l'arrêt qui a statué sur le mérite de ce jugement. Mais d'abord il n'est pas suspensif. En second lieu, il ne peut être formé avec succès lorsque
l'arrêt a rejeté la preuve des faits comme n'étant
pas concluans, quoiqu'il les eût reconnus pertinens : car, comme nous l'avons dit, les Cours
royales les jugent souverainement en ce qui touche
leur gravité.

606. S'il n'y a pas d'appel, ou s'il a été statué sur
celui qui a été interjeté, on procède à l'enquête et
à la contre-enquête, si le défendeur a cru devoir
faire entendre des témoins. Les enquêtes se font
devant un juge commissaire, qui est nommé par le
jugement, et l'on suit les règles tracées par le Code
de procédure sur les formalités des enquêtes, puisque l'art. 307 du Code civil veut que la demande
en séparation de corps soit intentée, *instruite* et
jugée comme toute autre action civile.

607. Cependant celles de ces règles d'après lesquelles on peut reprocher les parens et les domestiques, ne sont point applicables en matière de séparation de corps. On suit au contraire la disposition
de l'art. 251, qui porte, en matière de divorce, que

« Les parens des parties, à l'exception de leurs en-
« fans et descendans, ne sont pas reprochables du
« chef de la parenté, non plus que les domestiques
« des époux, en raison de cette qualité; mais le
« tribunal aura tel égard que de raison aux dépo-
« sitions des parens et des domestiques. » Ce sont
en effet les témoins habituels, et pour ainsi dire
nécessaires, des débats élevés entre les époux (1).

608. Après les enquêtes et les plaidoiries, le
ministère public entendu, le jugement est prononcé. Il est susceptible d'appel comme le jugement interlocutoire, nonobstant acquiescement ou
transaction, attendu que la matière est d'ordre public. Mais il faut que l'appel soit interjeté dans les
trois mois de la signification; en sorte que si l'acquiescement formel avant l'expiration des délais
est sans effet, il n'en est pas de même de l'acquiescement tacite, résultant du silence gardé pendant
ces mêmes délais : on reste alors dans le droit commun.

---

(1) Ainsi jugé par la Cour de Paris le 12 décembre 1809. Sirey,
1815, 2, 202; par la Cour de cassation, le 8 mai 1810. Sirey, 1810,
1, 229; et par celle d'Amiens, le 5 juillet 1821. Sirey, 1822, 2, 237.
La Cour de cassation a même jugé que les principes généraux sur
les témoins qui peuvent être reprochés ne sont point applicables aux
demandes en divorce ou en séparation de corps ; en conséquence elle
a décidé, le 8 juillet 1813 (Sirey, 1815, 1, 128), qu'en ne rejetant
point la déposition du donataire du demandeur, l'arrêt attaqué n'avait
contrevenu à aucune loi. Cependant les motifs de la loi, en dérogeant
aux principes généraux sur la reprochabilité des témoins, semblent
cesser à l'égard d'un témoin de cette qualité.

609. Il peut également y avoir lieu au recours en cassation, mais sans que le pourvoi soit suspensif. A cet égard, la disposition finale de l'article 263 n'est point applicable aux jugemens de séparation de corps, parce que, à la différence du divorce, leur exécution n'a pas des effets irréparables en définitive.

690. Mais les articles 259 et 260, qui autorisaient les juges à ne pas admettre immédiatement la demande en divorce formée pour excès, sévices ou injures graves (1), encore qu'elle fût bien établie, et qui leur donnaient la faculté d'en suspendre pendant un an la prononciation, sont-ils applicables à la séparation de corps ?

Il n'y a pas du tout parité de motif : le divorce ne permettait plus aux époux de se réunir (art. 295); et une mesure qui pouvait le prévenir a dû être

---

(1) Ces dispositions ne s'appliquaient point au cas où la demande était fondée sur l'adultère, même du mari. Mais si le motif de la restriction pour le cas d'adultère de l'épouse est facilement senti, il n'a certainement pas la même force à l'égard de l'adultère de l'époux. Il ne faut pas en effet un aussi grand effort de générosité dans l'oubli de l'un que dans le pardon de l'autre : dans l'ordre des idées sociales, la femme s'honorerait presque par son indulgence, tandis que, si la morale chrétienne n'adopte pas, il est vrai, la rigueur de cette maxime, qui paraît ainsi repousser le pardon de l'offense : *Qui tenet uxorem adulteram stultus et impius est*, maxime proclamée cependant par un père de l'église, mais combattue par un autre, du moins on ne peut se dissimuler qu'après avoir publié lui-même ce qu'on appelle son déshonneur, le mari n'ait besoin, pour se réunir à celle qui l'a causé, de beaucoup plus de philosophie qu'il n'en a montré d'abord en éclatant : aussi la loi sur le divorce n'avait-elle pas compté sur tant de résignation.

adoptée avec faveur. Mais la séparation de corps n'est point un obstacle à la réunion volontaire des époux; et la réconciliation est peut-être même plus facile à espérer après la séparation prononcée, qu'elle ne le serait pendant l'année d'épreuve, à une époque où les sentimens sont encore très-vifs, sans avoir, comme dans le cas de divorce, un contre-poids salutaire dans la perspective d'une dissolution dont l'effet était irréparable. Cependant il faut convenir que, dans l'ancienne jurisprudence, lorsque la séparation était demandée par la femme, les tribunaux en suspendaient quelquefois la prononciation pendant un temps plus ou moins long, suivant les circonstances. Mais comme la loi nouvelle ne leur accorde pas cette faculté, qu'elle dit au contraire que les demandes en séparation de corps seront instruites et jugées comme les autres affaires civiles, nous croyons qu'ils doivent accueillir ou rejeter la demande, et que s'ils reconnaissent que les faits sont admissibles et concluans, et que néanmoins ils supersèdent à prononcer la séparation, il y a de leur part excès de pouvoir, susceptible, selon nous, d'être réprimé par la Cour suprême, et surtout d'être réformé par les Cours d'appel comme un *mal-jugé* (1).

---

(1) La Cour de Montpellier, par son arrêt du 1er prairial an xiii (Sirey, 13, 2, 300), a reconnu, comme nous, et en se fondant à peu près sur les mêmes motifs, que le sursis relatif aux demandes en divorce n'est point applicable à celles en séparation de corps. Au surplus, cette opinion a trouvé des contradicteurs.

II.   36

611. Extrait du jugement qui prononce la séparation de corps doit être inséré aux tableaux exposés tant dans l'auditoire des tribunaux de première instance et de commerce, lors même que
le mari ne serait pas commerçant, que dans les
chambres d'avoués et notaires. (Art. 872 et 880,
Code de procédure, combinés.)

CHAPITRE IV.

Des Mesures provisoires auxquelles peut donner lieu
la demande en séparation de corps.

SOMMAIRE.

612. Indépendamment de la retraite de la femme
dans une maison convenue ou indiquée d'office,
dont nous avons précédemment parlé, ainsi que de
la remise des linges et hardes à son usage, il peut y

avoir lieu à prendre diverses mesures provisoires, soit dans son intérêt, soit dans celui des enfans.

D'abord, la femme qui n'a pas de revenus particuliers pour subsister ou pour suivre le procès, peut, ainsi qu'on l'a vu, former une demande en provision, laquelle est portée à l'audience. (Article 878, Code de procéd.)

613. Mais, demanderesse ou défenderesse, peut-elle, comme en matière de divorce, requérir, à partir de l'ordonnance mentionnée à cet article 878, l'apposition des scellés sur les effets de la communauté?

On peut dire, pour la négative, que c'est une disposition qui tendait à altérer les droits du mari; que si l'on avait cru devoir l'admettre en matière de divorce, où les époux allaient peut-être devenir étrangers l'un à l'autre, la raison n'est pas la même en matière de séparation de corps, dont les effets ne sont pas irrévocables, et qui n'exige pas par conséquent pour la femme les mêmes moyens de garantie; que ses droits sont d'ailleurs suffisamment protégés par les principes généraux : tandis que cette altération de ceux du mari, dans le cas de divorce, était par le fait une peine, bien que la femme défenderesse pût réclamer la mesure d'où elle dérivait; or, tout ce qui a le caractère de peine en matière de divorce, et qui n'a point été reproduit quant à la séparation de corps, n'y saurait être étendu sans arbitraire. Enfin, l'on peut ajouter que la jurisprudence paraît être en ce sens; qu'ainsi la Cour d'Angers a décidé, le 27 août 1817 (Sirey, 18, 2, 131), que la femme à qui il échoit une succession pendant une instance en séparation de corps, n'est pas fondée à demander que les biens de cette succession soient mis en séquestre, attendu que le mari en est l'administrateur légal; que la Cour de Liége a aussi jugé, le 13 janvier 1809 (Sirey, 12, 2, 211), que la femme demanderesse en séparation de corps ne peut obtenir la mise en séquestre des fruits de ses biens personnels, encore qu'ils soient sur le point d'être recueillis : d'où l'on peut conclure que l'administration du mari étant paralysée pendant la durée du scellé, comme elle le serait pendant celle du séquestre, l'un ne peut pas plus avoir lieu que l'autre.

Mais on peut répondre que le scellé n'est point une peine, que ce n'est qu'une mesure conservatoire; que la raison qui l'a fait admettre en matière de divorce a la même force en matière de séparation de corps, puisque, dans ce cas aussi, les époux sont divisés, et qu'il serait à craindre que le mari ne détournât au préjudice de sa femme des effets de la communauté, sans qu'elle pût avoir le moyen d'en faire la preuve; qu'il n'en est pas, au surplus, de l'apposition du scellé comme de la mise en séquestre des biens échus à la femme ou des fruits de ses propres, puisque, dans le premier cas, l'administration du mari, si elle est modifiée temporairement, ne passe du moins pas à un tiers. Enfin, l'on peut ajouter que c'est en ce sens, au contraire, que la jurisprudence paraît s'être prononcée, et l'on peut citer à cet égard l'arrêt rendu par la Cour de Bruxelles, le 11 août 1808 (Sirey, 1809, 2, 47), qui a jugé que la femme avait, en matière de séparation de corps comme en matière de divorce, le droit de faire apposer les scellés, et qui a même jugé de plus que le mari ne pouvait aliéner le mobilier après l'inventaire qui en a été fait lors de leur levée; qu'il était obligé de le représenter, comme le dit l'article 270; par conséquent, que la femme peut s'opposer à la vente.

Nous pensons, en effet, que cet article est applicable à la séparation, attendu qu'il ne prescrit qu'une mesure conservatoire; mais nous croyons aussi que si le mari, qui répond d'ailleurs du mobilier comme gardien judiciaire, et qui, comme tel, est contraignable par corps (art. 2060), vend le mobilier, les tiers acquéreurs ne pourront être inquiétés par la femme, car, en fait de meubles, possession vaut titre. (Art. 2279.) Enfin, nous pensons avec M. Toullier, et ainsi que l'a jugé la Cour de Rennes, le 8 août 1810, que cette mesure n'empêche point les créanciers munis d'un titre exécutoire d'obtenir la levée des scellés pour procéder à la saisie des meubles, sans qu'ils soient obligés de faire faire l'inventaire, dont l'obligation n'est imposée qu'au mari.

614. Quant à la disposition de l'article 271, qui

porte que « toute obligation contractée par le mari
« à la charge de la communauté, toute aliénation
« par lui faite des immeubles qui en dépendent,
« postérieurement à la date de l'ordonnance dont
« il est fait mention en l'article 238, sera déclarée
« nulle, s'il est prouvé d'ailleurs qu'elle a été faite
« ou contractée en fraude des droits de la femme, »
elle est applicable aussi au cas de séparation de
corps, parce qu'elle n'est que l'expression du droit
commun, qui permet d'attaquer les actes frauduleux. (Art. 1167.)

615. Comme aucune loi ne prescrit de rendre
publique la *demande* en séparation, les actes frauduleux du mari qui a traité avec des tiers de bonne
foi seraient respectés dans leur intérêt, nonobstant
la rétroactivité de l'effet du jugement, sauf à la
femme son action en indemnité contre son mari.
Mais si les tiers étaient complices de la fraude de
celui-ci, les actes seraient annulés même à leur
égard, sauf à eux à recourir contre le mari, s'ils
croyaient en avoir le droit. Enfin, si les aliénations
avaient eu lieu à titre gratuit, nous pensons que,
d'après les principes de l'action *paulienne* des Romains, et qui ont été admis dans la législation
française par l'article 444 du Code de commerce
sous quelques modifications, la femme lésée dans
ses droits pourrait faire révoquer ces aliénations
jusqu'à due concurrence, encore que les donataires
n'eussent point été complices de la fraude du mari,

mais discussion préalablement faite des biens de celui-ci.

616. Les mesures provisoires à prendre relativement aux enfans pendant l'instance sont les mêmes que dans le cas de divorce; en conséquence ils restent sous la surveillance du mari, demandeur ou défendeur, à moins qu'il n'en soit autrement ordonné par le tribunal, sur la demande de la mère, de la famille ou du ministère public (Art. 267.) (1).

CHAPITRE V.

Des Effets de la séparation de corps.

SOMMAIRE.

617. *Le principal effet de la séparation de corps est de donner aux époux le droit de vivre séparément.*

618. *Celui qui a obtenu le jugement peut y renoncer, et il a le droit d'exiger la réunion.*

619. *Lorsque la séparation est prononcée contre la femme pour cause d'adultère, celle-ci est condamnée, sur la réquisition du ministère public, à l'emprisonnement de trois mois à deux ans.*

620. *Le mari reste toujours le maître d'arrêter l'effet de la condamnation.*

621. *La séparation de corps entraîne celle des biens.*

622. *La communauté est censée dissoute du jour de la demande; le jugement a un effet rétroactif.*

623. *La femme peut disposer de son mobilier et l'aliéner sans*

_____

(1) Voir l'arrêt de rejet, du 28 juin 1815. Sirey, 15, 1, 380. « Attendu, y est-il dit, que le moyen tiré de l'infraction à la puissance « paternelle n'est pas fondé, puisque la loi laisse aux juges le soin de « prononcer à qui les enfans doivent être confiés, dans leur propre « intérêt.... »

être autorisée; elle a besoin d'autorisation pour aliéner ou hypothéquer ses immeubles.

624. *Elle en a besoin aussi pour ester en jugement.*

625. *Les immeubles dotaux ne restent pas moins inaliénables, nonobstant la séparation de corps, quoiqu'ils deviennent prescriptibles à compter de cette séparation.*

626. *L'époux contre lequel la séparation de corps a été prononcée perd ses droits au préciput.*

627. *Véritable sens de l'article 1518.*

628. *Comment s'exécute la stipulation que la totalité de la communauté appartiendra au survivant ou à l'un d'eux.*

629. *Les donations contractuelles, faites par le conjoint à l'époux contre lequel la séparation a été prononcée, ne sont ni révoquées ni révocables : controverse.*

630. *Le conjoint peut seulement révoquer celles qu'il a faites depuis le mariage.*

631. *L'époux coupable lui-même peut révoquer les donations qu'il a faites au conjoint depuis le mariage; elles sont essentiellement révocables.*

632. *La séparation de corps ne détruit point la présomption de paternité.*

633. *Les époux se doivent encore mutuellement secours : conséquence.*

634. *La séparation ne porte aucune atteinte à l'usufruit légal des père et mère.*

635. *Ni au droit de successibilité établi par les articles 723 et 767.*

636. *Mesures relatives aux enfans après la séparation.*

637. *De la réunion des époux, et du rétablissement de leur communauté.*

617. Le premier effet de la séparation de corps est de donner à la femme qui l'a obtenue, ou contre laquelle elle a été prononcée, le droit d'avoir une habitation et même un domicile distinct de celui de son mari, comme aussi de dispenser le mari de l'obligation de recevoir sa femme. En un

mot ; la séparation rend inapplicables les articles 108, première disposition , et 214.

618. Mais comme celui qui a obtenu le jugement peut renoncer au bénéfice de ses dispositions, parce qu'il n'a été rendu qu'en sa faveur, et qu'il est loisible à chacun de renoncer au droit établi à son profit, il peut, ainsi que nous l'avons dit en commençant l'explication de ce sujet, rétablir les choses sur leur ancien pied, en notifiant à son conjoint qu'il entend se réunir à lui et vivre désormais comme dans l'état primitif de leur union. L'art. 309, qui porte que le mari qui consent à reprendre sa femme fait cesser la peine de l'adultère à laquelle elle avait été condamnée, est fondé sur ce principe; et comme la règle *Pater is est* pèse toujours sur le mari, nonobstant la séparation même prononcée contre la femme, il serait injuste de l'obliger à rester dans une situation qui n'est pas sans quelque danger pour lui. Il est vrai qu'il l'a choisie, mais il n'a fait qu'user de son droit, et ce droit lui était personnel. La séparation de corps n'est en effet rien autre chose que la *faculté* accordée à l'un des époux de vivre séparément de son conjoint. C'est en ce sens que la définit Pothier, qui dit aussi que tous ses effets cessent *lorsque la femme séparée est volontairement retournée avec son mari.* Or, cette faculté emporte avec elle la renonciation au droit qui en est l'objet (1).

_____

(1) C'est aussi l'opinion de MM. Favard de Langlade , *Répertoire de*

619. Le second effet de la séparation, c'est que si elle est prononcée contre la femme pour cause d'adultère, celle-ci doit être, sur la réquisition du ministère public, condamnée à la réclusion dans une maison de correction, pendant un temps qui ne pourra être moindre de trois mois, ni excéder deux années. (Art. 308.)

620. Le mari reste le maître d'arrêter l'effet de cette condamnation, en consentant à reprendre sa femme. (Art. 309.)

Mais il ne peut lui faire grâce que sous cette condition, et la séparation de corps s'éteint par sa déclaration.

Il peut, en appel, comme après que le jugement est passé en force de chose jugée, et comme aussi pendant la durée de la peine elle-même, user de la faculté que lui accorde la loi ; en sorte qu'il peut prévenir comme il peut arrêter l'exécution du jugement.

621. Le troisième effet de la séparation de corps est d'entraîner la séparation de biens. (Art. 311.)

En conséquence, la communauté est dissoute (art. 1441), et s'applique alors la disposition de l'article 1463, suivant laquelle la femme divorcée ou séparée de corps, qui n'a point, dans les trois mois et quarante jours après le divorce ou la sépa-

---

la nouvelle *législation*, au mot *Séparation entre époux* ; et de M. Locré, *Esprit du Code civil*, tome IV, pages 496 et 498. Au surplus, nous avons vu élever des doutes très-graves sur la justesse de cette opinion.

ration définitivement prononcés, accepté la communauté, est censée y avoir renoncé, à moins qu'étant encore dans le délai elle n'en ait obtenu la prorogation en justice, contradictoirement avec le mari, ou lui dûment appelé.

622. La dissolution de la communauté remonte au jour de la demande, attendu que le jugement a un effet rétroactif. C'est comme si la demande eût été vérifiée et jugée le jour où elle a été formée. D'après cela, les successions mobilières échues à l'un ou l'autre des époux pendant l'instance lui seront propres.

623. La femme reprend l'administration de ses biens.

Elle peut disposer de son mobilier et l'aliéner;

Mais elle ne peut aliéner ses immeubles sans le consentement du mari, ou sans être autorisée en justice à son refus. (Art. 1449.)

624. Elle ne peut non plus ester en jugement sans être autorisée; la loi ne fait qu'une seule exception à la règle que la femme *mariée* doit être autorisée pour plaider, c'est lorsqu'elle est *poursuivie* en matière criminelle ou de police (1).

625. Comme le mariage subsiste toujours, et que l'article 1554 dispose que les immeubles constitués en dot (sous le régime dotal proprement dit) ne peuvent être ni aliénés ni hypothéqués pen-

_____

(1) Voir au n° 453, *suprà.*

dant le mariage, ni par le mari, ni par la femme, ni par les deux conjointement, sauf les exceptions apportées par la loi, on doit décider que la séparation de corps ne les rend pas aliénables.

Cependant ils deviennent prescriptibles, quelle que soit l'époque à laquelle la prescription (la possession) a commencé. (Art. 1561.)

626. Le quatrième effet de la séparation de corps est de faire perdre à l'époux contre lequel elle a été prononcée, ses droits au préciput qu'il avait stipulé. Cela résulte évidemment de l'article 1518, ainsi conçu : « Lorsque la dissolution de la com« munauté s'opère par le divorce ou la séparation « de corps, il n'y a pas lieu à la délivrance actuelle « du préciput; mais l'époux qui a obtenu soit le « divorce, soit la séparation de corps, conserve « ses droits au préciput en cas de survie. Si c'est la « femme, la somme ou la chose qui constitue le « préciput reste toujours provisoirement au mari, « à la charge de donner caution. » Donc, celui contre lequel la séparation a été prononcée ne conserve aucun droit au préciput; autrement ces mots : *Mais l'époux qui a* OBTENU.... *la séparation de corps, conserve, etc.*, n'auraient aucun sens.

627. Au surplus, la dernière partie de l'article doit être entendue en ce sens, que c'est la *part* du mari dans la somme ou la chose qui constitue le préciput, qui lui demeure provisoirement, c'est-à-dire jusqu'à la survie de la femme; car si c'était la

totalité, il en résulterait une grande injustice et
une grande absurdité. Que l'on suppose, en effet,
que la communauté soit de 100,000 fr. et le préciput de 40,000 fr. : en suivant l'article à la lettre,
le mari retiendrait ces 40,000 fr. et aurait 30,000 fr.
pour sa part dans le surplus ; et de cette manière,
si la femme ne survivait pas, il aurait joui pendant la vie de celle-ci, et sans servir d'intérêts, de
20,000 fr. qui seraient revenus à cette dernière,
lors même qu'elle n'aurait pas eu stipulé le préciput : en sorte que, dans cette hypothèse, il eût
bien mieux valu pour elle ne l'avoir pas stipulé.
Et dans l'hypothèse même où elle survivrait, elle
se trouverait privée, pendant la vie de son mari,
de la jouissance de ces mêmes 20,000 fr., qui devraient lui revenir dans tous les cas, puisque, même
en supposant que la clause fût réciproque, le mari
a perdu tout droit au préciput par l'effet de la séparation de corps prononcée contre lui. Mais en
ne laissant provisoirement à celui-ci que la moitié
du préciput, la seule chose sur laquelle, dans l'espèce, le droit de la femme soit éventuel, on est
véritablement dans l'esprit de la raison et de la loi.
De plus, si la femme avait stipulé le préciput même
pour le cas de renonciation à la communauté, et
qu'elle renonçât en effet, le préciput resterait provisoirement en totalité au mari, parce que dans ce
cas il a toute la communauté, et que la femme
n'a qu'un droit éventuel au préciput qui en fait
partie.

628. Lorsqu'en vertu de l'article 1520 il a été stipulé que la communauté appartiendrait en totalité au survivant ou à l'un d'eux, comment s'exécute la clause dans le cas de séparation de corps?

D'abord, cette convention doit avoir tout son effet, même au profit de celui des époux contre lequel la séparation a été prononcée. Ce n'est point là un préciput, c'est une convention à titre non lucratif; c'est un contrat aléatoire dont les effets trouvent d'ailleurs un contre-poids dans l'art. 1525, qui réserve aux héritiers du conjoint la reprise des apports et capitaux tombés de son chef dans la communauté. Il ne peut donc, selon nous, y avoir de difficulté que pour l'exécution provisoire de la clause.

Si c'est le mari qui a seul fait cette stipulation, il peut, soit qu'il ait obtenu la séparation, soit qu'elle ait été prononcée contre lui, garder provisoirement toute la communauté (art. 1452, *à fortiori*), à la charge de rendre à la femme ses apports; car c'est là un gain de survie, quoique ce ne soit point un préciput. Mais si la femme ne renonce pas à l'effet de l'inaccomplissement de la condition sous laquelle seulement la totalité de la communauté appartient au mari, celui-ci doit, dans le cas où la séparation aurait été prononcée contre lui, fournir caution pour sûreté de la restitution de ce qui pourrait, d'après le droit commun, revenir à la femme si c'était elle qui survécût. (Arg^t. de l'art. 1518.)

Si c'est la femme seulement qui a stipulé la totalité de la communauté en cas de survie, alors il faut distinguer. Si c'est contre elle que la séparation a été prononcée, la communauté reste provisoirement au mari, à la charge par celui-ci de rendre à la femme ses apports; mais il ne lui doit pas caution : sa position n'a pas dû s'aggraver par les torts de la femme. Si c'est elle, au contraire, qui a obtenu la séparation, la communauté reste bien encore provisoirement au mari, puisque l'article 1452 ne distingue pas, et que l'article 1518 établit d'ailleurs la même chose relativement au préciput ; mais, indépendamment de la restitution des apports de la femme, il lui doit caution pour sûreté du bénéfice de l'éventualité de la clause. (Même article, par argument.)

Enfin, dans le cas où cette clause a été stipulée au profit du survivant indistinctement, le mari qui a obtenu la séparation garde provisoirement la communauté sans caution, en rendant à la femme ses apports; et si c'est contre lui que la séparation a été prononcée, il retient encore la communauté en restituant les apports de la femme, mais il lui doit caution pour le cas de survie de celle-ci : et dans aucune hypothèse, la reprise que la femme fait de ses apports n'est pas elle-même une renonciation au droit d'obtenir, le cas échéant, la totalité de la communauté. Ce cas se réalisant, les héritiers du mari gardent ses apports (art. 1525), et ils restituent le surplus à la femme, d'après l'inventaire qui a eu lieu, si elle accepte la communauté.

629. La seule déchéance pécuniaire qui ait lieu en matière de séparation de corps est celle du préciput. Ainsi l'art. 299 qui porte que « pour quelque « cause que le divorce ait lieu, hors le cas du con- « sentement mutuel, l'époux contre lequel le di- « vorce aura été admis perdra tous les avantages « que l'autre époux lui avait faits, soit par leur « contrat de mariage, soit depuis le mariage con- « tracté, » n'est point applicable au cas de sépara- tion de corps.

C'est là une peine, et les peines ne s'étendent pas d'un cas à un autre.

Qu'importe, en effet, que l'ancienne jurispru- dence consacrât cette peine contre la femme con- vaincue d'adultère? La loi actuelle n'en faisant pas mention quant au cas de séparation de corps, cela suffit pour en écarter l'application. D'ailleurs il n'y aurait rien à inférer de l'ancienne jurisprudence contre le mari, puisqu'il n'était point frappé des mêmes déchéances. Ajoutez que la femme étant, d'après l'AUTHENTIQUE, enfermée pour la vie dans un couvent, si son mari ne la reprenait dans les deux ans, il n'avait pas paru utile de lui laisser les avantages qui lui avaient été faits, ni aucune part dans la communauté. Il n'y a donc rien à con- clure de l'ancienne jurisprudence, d'autant mieux que les déchéances n'avaient lieu que dans le seul cas d'adultère de la femme; tandis que, dans le système contraire, elles auraient lieu dans tous les cas.

Qu'importe aussi que la loi actuelle établisse la déchéance du droit au préciput, qui n'est même pas, à proprement parler, une *donation* (1), mais bien une convention de mariage, et qui n'est même en général une libéralité que de la moitié de ce dont il se compose? La loi s'est expliquée pour le préciput, et elle a gardé le silence quant aux avantages ou aux donations proprement dites. Tout ce qu'il y aurait à conclure de là, ce serait tout au plus un défaut d'harmonie dans la loi, mais qui n'autoriserait pas les tribunaux à créer des peines qu'elle n'a point établies, en appliquant celles qu'elle a portées pour un autre cas.

D'ailleurs, les motifs de la déchéance des donations et avantages matrimoniaux ont-ils bien, en matière de séparation de corps, la même force qu'en matière de divorce? Nous ne le pensons pas, et voici nos raisons. Les époux divorcés ne pouvant jamais se réunir, le rétablissement des avantages révoqués n'était point un motif qui pût retenir l'offensé dans sa propension à pardonner à l'offenseur; tandis que ce motif mettrait souvent, contre le vœu de la loi, contre l'intérêt des enfans, une barrière à la réconciliation des époux simplement séparés de corps. En ces matières, il serait fort impolitique de laisser à l'intérêt une influence quelconque sur leur détermination; il n'en exerce malheureusement que trop souvent une funeste au

---

(1) Du moins quant aux formalités, dit l'article 1516.

bon ordre. Il est bien vrai que, pour affaiblir la force de cette puissante considération, que l'on n'a point assez fait valoir dans les nombreux procès auxquels a donné lieu la question, et qui, seule, nous aurait paru décisive, l'on dit que les époux qui veulent se réunir ne sont point obligés pour cela de rétablir leurs conventions matrimoniales dans leur état primitif; que l'article 1451 leur en laisse la faculté quant à la communauté; que seulement, s'ils la rétablissent, ils ne peuvent y apporter aucun changement : d'où l'on conclut que la révocation des avantages matrimoniaux pouvant subsister nonobstant la réunion, le rétablissement de ces avantages ne sera pas un obstacle à ce qu'elle s'opère, puisqu'il n'en sera point une conséquence nécessaire.

Mais, d'abord, en admettant que la faculté de rétablir, ou non, la communauté, s'appliquât aux avantages révoqués par la séparation, la force de notre observation ne sera pas moins la même; car l'époux au profit duquel aurait lieu la révocation pourrait-il espérer de trouver un repentir sincère, un retour de bienveillance et d'attachement dans son conjoint, privé ainsi des avantages qui lui ont été faits? Le souvenir du passé, que chacun d'eux doit s'efforcer de repousser, ne viendrait-il pas sans cesse aigrir de nouveau celui-ci? Il faut bien peu connaître le cœur humain pour se faire illusion à cet égard; dès-lors la crainte raisonnable de ne trouver dans l'offenseur qu'un retour simulé à de meilleurs sentimens, retiendrait presque toujours l'offensé, et s'opposerait à la réunion.

Quant à la déchéance du préciput, l'on peut dire que cet avantage étant relatif à la communauté, dont le contrat ne reçoit plus son exécution par le fait de l'époux coupable, on conçoit que la loi a pu l'en priver, sans qu'on doive en conclure qu'elle ait également voulu le priver des autres gains matrimoniaux ; du moins son intention n'est pas manifeste quant à cette peine.

Toutefois, l'on dit que si les donations ne sont point révoquées de plein droit par l'effet de l'article 299, elles sont du moins révocables pour cause d'ingratitude, en vertu de l'article 955 ; et l'on place ainsi la question sur un autre terrain. Mais nous répondons que l'article 959 porte que les donations en faveur du mariage ne seront pas révocables pour cause d'ingratitude ; et cet article, quoique placé à la matière des *Donations* en général, s'applique aussi à celles faites *entre* époux, puisqu'il ne fait aucune distinction.

Après avoir été jugée plusieurs fois en sens divers, la question a été décidée *in terminis* suivant notre opinion par plusieurs arrêts de cassation, un du 17 juin 1822 (Sirey, 22, 1, 359); un second, du 19 août 1824. (*Ibid.*, 24, 1, 30.); et par d'autres encore rendus depuis la publication de la première édition de cet ouvrage.

630. Rien n'empêche, au surplus, l'époux qui a

obtenu la séparation de révoquer les donations faites
depuis le mariage, car elles restent toujours soumises
à l'empire du droit commun, qui les déclare révocables, quoique qualifiées entre-vifs. (Art. 1096.)

631. Quant à celles qui lui ont été faites par son
conjoint depuis le mariage, quelques auteurs (1)
ont prétendu, par une fausse application des articles 299 et 300 combinés, que l'époux donateur
contre lequel le divorce avait été prononcé, n'avait
pas le droit de les révoquer, parce que le premier
de ces articles parle aussi des avantages faits *depuis*
le mariage, et que le second dit, d'une manière générale, que celui qui a obtenu le divorce *conserve*
les avantages qui lui ont été faits par l'autre époux,
encore qu'ils aient été stipulés réciproques et
que la réciprocité n'ait pas lieu : d'où ces jurisconsultes ont conclu que si la révocation était autorisée,
l'époux ne conservant pas les avantages qui lui ont
été faits, l'art. 300, qui les lui *conserve* cependant
sans aucune distinction, ne recevrait pas son entière application, ainsi qu'il doit la recevoir. Mais
pourquoi donc dénaturer ainsi ces donations? Ont-

---

(1) M. Proudhon, tome Ier, page 319 et suivantes, et M. Toullier,
tome II, page 78. Ces jurisconsultes disent que, depuis l'ordonnance
mentionnée à l'article 238, l'époux contre lequel le divorce est prononcé n'a pu révoquer les donations faites pendant le mariage, attendu que, depuis cette époque, le mari ne peut plus rien faire en
fraude des droits de la femme, ni, par identité de raison, la femme
rien faire en fraude des droits du mari; ce qui n'est qu'une pétition
de principe, car si le mari donateur peut révoquer les donations dont
il s'agit, il ne fait qu'user de son droit, et ne fait *fraude* à personne.

elles été la condition du mariage, et ont-elles dû changer de caractère par un événement postérieur? Que disait l'article 300? que l'époux *conserve* les avantages qui lui ont été faits, tandis que l'autre a perdu de plein droit ceux dont il avait été l'objet. Et nous voulons bien, quant à la *conservation*, de plein droit, des avantages, ne faire non plus aucune distinction entre ceux qui avaient été faits par le contrat de mariage, et ceux qui avaient eu lieu depuis : ce n'est pas là une grande concession de notre part. Mais comment les *conservait*-il? Est-ce dénaturés, subvertis dans leur essence? non; la loi n'a rien dit de semblable. Il les conservait comme s'il n'y avait pas eu de divorce, tandis que ceux qu'il avait faits étaient révoqués de *plein droit*. Il les conservait dans leur état, et avec les mêmes conditions qu'auparavant : en sorte que si l'époux coupable, le donateur, prévenu par la mort, ou pour toute autre cause, ne les avait pas révoqués, ils auraient produit leur effet. Au lieu que ceux qui lui avaient été faits ayant été révoqués de plein droit, il en était irrévocablement privé. La réciprocité disparaissait donc, comme le voulait l'article (1).

Nous ne dirons pas avec M. Delvincourt, qui au reste est de notre sentiment, que lorsque l'on a

___

(1) Suivant le droit romain, dont nous avons adopté les principes généraux sur les donations entre époux faites pendant le mariage, *si ce n'est que chez nous elles ne sont point caduques par le prédécès du donataire*, ce qu'au surplus nous démontrerons en son lieu, la révocation avait même lieu de plein droit par le divorce, sans distinction. L. 62, §. 1, ff. *de Donat. inter vir. et uxor.* L. 18, Cod. *eod. tit.*

adopté l'article 3oo, le titre *des Donations et des Tes-tamens* n'étant point encore rédigé, l'on ne savait pas encore si l'on conserverait les dispositions de l'ancien droit, qui prohibaient les donations entre époux, à l'exception du don mutuel, lequel n'était révocable que du consentement des deux parties, et qu'on ne peut conséquemment dire que l'art. 3oo a eu aussi en vue les donations dont il est question dans l'art. 1o96; car, quoi qu'il en soit de cette ob-servation, l'art. 299 parlant expressément des do-nations faites *depuis le mariage contracté*, il est clair que ce sont celles faites *pendant* le mariage, et dont il est question dans l'art. 1o96. Mais nous dirons avec ce jurisconsulte que l'intention du législateur a été, non pas que le divorce pût profiter à celui qui l'obtiendrait, ce qui eût été fort impolitique, mais qu'il ne pût jamais lui nuire : or, il lui aurait profité, s'il avait transformé en sa faveur une do-nation essentiellement révocable, en une donation irrévocable désormais.

Au reste, lors même que contre tous les principes la question eût dû être jugée différemment en ma-tière de divorce, elle devrait du moins l'être en ce sens dans le cas de séparation de corps; car l'on ne peut contester que la déchéance du droit de révo-quer une donation révocable de sa nature ne soit une peine; et, d'après les arrêts de cassation cités au pénultième numéro, les dispositions pénales du titre *du Divorce* ne s'appliquent point à la sé-paration. Il serait en effet bizarre que, suivant

cette jurisprudence, l'époux ne perdît pas les avantages qu'il a reçus, et néanmoins qu'il fût déchu des
effets du droit commun quant à ceux qu'il a lui-
même conférés.

632. Comme la séparation de corps ne dissout
pas le mariage, il suit de là que la présomption de
paternité établie par l'article 312 subsiste encore;
sauf au mari à désavouer l'enfant s'il croit devoir
le faire, et s'il est d'ailleurs dans un des cas prévus
par la loi. Sous celle du 12 brumaire an 2, la règle
Pater is est quem nuptiæ demonstrant n'avait pas effet
à l'égard d'un enfant conçu postérieurement à la séparation de corps, quand l'enfant était reconnu par
un autre père. Mais cette loi est abrogée, et la règle
conserve toute sa force.

633. Puisque le mariage subsiste toujours, l'obligation, pour les époux, de se secourir, n'est point
éteinte : en conséquence, celui qui n'aurait pas les
moyens de vivre pourrait réclamer de l'autre une
pension proportionnée à ses besoins et aux facultés
de celui-ci (1).

Ce droit, selon nous, n'est pas restreint à celui
qui a obtenu la séparation, comme il l'était, par
l'article 301, à l'époux qui avait obtenu le divorce;
la réciprocité doit subsister, puisque le lien conjugal subsiste toujours. Mais, généralement, dans la
fixation du *quantum* des secours, les tribunaux se-

---

(1) Voir l'arrêt de la Cour de cassation, qui a jugé en ce sens, le
28 juin 1815. Sirey, 15, 1, 380.

ront plus favorables à l'époux innocent qu'à l'époux coupable.

634. La jouissance légale des biens des enfans au profit du père pendant le mariage n'est point anéantie par la séparation de corps, même prononcée contre lui; et, par la même raison, elle subsiste au profit de la mère après la mort de son mari, encore que le jugement ait été rendu contre elle. L'article 386, qui porte que cette jouissance n'aura pas lieu au profit de celui des père et mère contre lequel le divorce aura été prononcé, ne contenant pas la même déchéance, c'est-à-dire la même peine, dans le cas de séparation de corps, cet article ne saurait s'y appliquer sans arbitraire ; d'autant mieux que les motifs sont loin d'être les mêmes, puisque, indépendamment des effets moraux, la séparation ne cause point aux enfans un préjudice aussi grave que celui que leur causait le divorce, qui donnait aux époux le droit de former respectivement de nouveaux nœuds.

635. On doit tenir aussi pour principe que le droit de successibilité établi au profit du conjoint *non divorcé*, par l'article 767, n'est point éteint dans la personne même de l'époux contre lequel la séparation a été prononcée, encore que son conjoint ne se fût pas réuni à lui. Deux raisons le veulent ainsi : 1° après avoir créé, dans l'article 723, le droit de successibilité au profit du conjoint survivant, la loi ne fait, dans l'article 767, qu'une seule

exception, et dont le motif est sensible : c'est qu'il
n'y a plus d'époux après le divorce ; tandis que la
séparation n'en détruit point le caractère; 2° l'é-
poux qui l'a obtenue conserve incontestablement
les droits de successibilité , cela n'a pas besoin
d'être démontré : or ces droits sont réciproques,
à moins, comme dans le cas de l'article 202, que
la loi, par des motifs particuliers, n'en ait formellement disposé autrement. Nous reviendrons au
surplus sur ce point au titre *des successions.*

636. « Les enfans doivent être confiés à l'époux
« qui a obtenu la séparation, à moins que le tri-
« bunal, sur la demande de la famille ou du minis-
« tère public, n'ordonne que tous ou quelques-uns
« d'entre eux seront confiés aux soins de l'autre
« époux ou d'une tierce personne. (Art. 302.)

« Quelle que soit la personne à laquelle les en-
« fans seront confiés, les père et mère conserveront
« respectivement le droit de surveiller l'entretien
« et l'éducation de leurs enfans, et ils sont tenus
« d'y contribuer en proportion de leurs facultés. »
(Art. 303.)

Ainsi, quoique placés sous les chapitres qui
traitent du divorce, ces articles s'appliquent à la
séparation de corps (1).

637. Enfin, comme nous l'avons dit, les époux

---

(1) Jugé en ce sens par la Cour de Paris, le 11 décembre 1821. .
(Sirey. 22, 2, 161); par celle d'Aix, et par la Cour de cassation le 14
mai 1821. Sirey, 21, 1, 333.

peuvent se réunir, et la communauté, dissoute par la séparation de corps, peut être rétablie du consentement des deux parties.

Elle ne peut l'être que par un acte passé devant notaire et avec minute, dont une expédition doit être affichée sur un tableau à ce destiné, dans la principale salle du tribunal de première instance et dans celle du tribunal de commerce (1), afin que les tiers soient avertis que la femme a perdu la capacité de faire, sans autorisation, les actes qui sont dans les bornes de celle de la femme séparée de biens.

En ce cas, la communauté rétablie reprend son effet du jour du mariage; les choses sont remises au même état que s'il n'y avait pas eu de séparation; sans préjudice néanmoins de l'exécution des actes qui, dans cet intervalle, ont pu être faits par la femme en conformité de l'article 1449.

Toute convention par laquelle les époux rétabliraient leur communauté sous des conditions différentes de celles qui la réglaient antérieurement, est nulle. (Art. 1451.)

---

(1) Lors même que le mari ne serait pas commerçant; car l'article 872 du Code de procédure ayant modifié en ce point l'article 1445 du Code civil, il est naturel de croire qu'il l'a fait aussi bien pour le retablissement de la communauté, que pour sa dissolution, puisque ce sont les mêmes formalités qui sont prescrites dans l'un et l'autre cas.

FIN DU TOME SECOND.

TABLE

DES MATIÈRES.

CHAPITRE II.

SECTION PREMIÈRE.

SECTION II.

CHAPITRE III.

SECTION PREMIÈRE.

CHAPITRE VII.

TITRE VI.

De la Séparation de corps.

CHAPITRE PREMIER.

FIN DE LA TABLE.

www.ingramcontent.com/pod-product-compliance
Lightning Source LLC
Chambersburg PA
CBHW031721210326
41599CB00018B/2462